이공계 글쓰기

김소은 · 송경란 · 장미영 공저

清文閣

머리말

21세기 인간의 삶은 20세기의 그것과는 현격하게 다른 모습으로 이루어지고 있다. 삶이 점차 다원화되고 다양성이 추구됨에 따라 인종과 인종이 결합되고, 국가와 국가 간의 경계가 무너지면서 인간관계는 보다 긴밀해지고 연합적인 모습으로 나타난다. 초국가, 초민족이라는 말이 21세기를 결정짓는 중요한 징후로 대두되면서 삶은 보다 확장되고 혼동스러워진다. 이에 따라 정체성 개념의 변화에 대한 태세가 요구되기 시작하면서 '나는 누구인가'에 대한 물음이 사회와 문화 여기저기에서 제기되고 있는 실정이다.

이처럼 삶의 다원화는 사람과 사람, 사회와 사회 그리고 문화와 문화의 만남을 초래하고 서로 접촉하며 공유할 수 있는 계기를 확보해 주지만 문제를 발생시키기도 한다. 디지털 기술의 발달은 이러한 삶의 가능성과 문제를 촉발시킨 근원이라 할 수 있다. 디지털 기술의 발달로 인해 인간과 인간이 결합되어 가는 모습과 방식이 달라지면서 새로운 인간 관계의 문제가 형성되고 아울러 이를 해결할 수 있는 방안에 대한 모색이 강구되기 시작한다.

인간관계가 보다 촘촘해지고 긴밀해짐에 따라 시공을 초월해서 인간 간의 갈등이 빈번하게 그리고 국지적으로 발생하자 교육적으로 이를 해결할 수 있는 인간에 대한 양성이 요구되었다. 21세기가 요구하고 필요로 하는 인재는 의사소통 능력이 뛰어나고 문제해결 능력이 유능한 사람이다. 우리나라뿐만 아니라, 전세계적으로 이러한 능력을 지닌 인재들을 양성하기 위해 새로운 교육적 시스템을 갖추고 교육의 수혜를 제공하고 있는 것은 이를 반영한 결과인 셈이다.

말하기 · 듣기 · 읽기 · 쓰기 등에 대한 강화가 더욱 이루어지고 있는 것도 이러한 사회적 추세에 따른 결과이다. 의사소통 능력이 탁월하다는 것은 문제해결 능력이 있다는 사실과 상통하는 말이다. 본질적으로 문제가 일어나는 근본 이유가 무엇인가? 서로에 대한 이해가 부족해서가 아닌가? 결국 의사소통 능력이 있는 사람은 문제를 파악하고 잘 해결해 나가는 사람인 것이다. 따라서 21세기에는 이러한 인재가 사회와 국가 간에 발생할 수 있는 문제들을 해결해 나갈 수 있다는 기대감을 가지고 교육적으로 완성하려는 것이다.

이러한 지점에서 '이공계 글쓰기'가 요청되었고 스스로의 존재 이유를 밝힐 수 있는 입장을 마련한다. '이공계 글쓰기'는 교육적으로 21세기 인재 양성에 기여할 수 있다는 포부를 가지고 쓰여졌다. 이 책은 종래의 대학 교재가 갖고 있는 경직되고 딱딱한 분위기, 고답적인 틀 그리고 원론에 충실하고자 하는 성향을 과감하게 버리고 보다 학습하는 데에 있어 편하고 쉽고 재미있게 다가갈 수 있도록 하였다. 그리고 읽히고 마는 교재로서가 아닌 생활에서 충분히 활용될 수 있도록 실용성을 구비하였다. 따라서 아카데믹한 교재로서만이 아닌 누구나 쉽게 읽고 나서 일상생활에서 두루 적용할 수 있는 실용 서적으로서도 활용 가능하다.

종래의 대학 교재에서 다루지 않았던 창의적 사고, 창조적 글쓰기 항목은 21세기 창의적 인간 양성에 대비해서 구성하였고, 형식적으로만 다루어지던 자기 소개서와 이력서 작성하기는 매우 상세하게 기술함으로써 취업에 대비하여 만반의 태세를 갖출 수 있도록 기술하였다. 또한 기획서, 보고서 작성하기 그리고 프레젠테이션 작성하기는 논리적 사고의 향상과 함께 실제로 학교에서, 사회에서 활용될 수 있도록 구성하였다. 쓰기뿐만이 아니라 말하기 능력을 향상시키기 위해 토론과 화법을 구성하여 의사소통의 원활함을 갖출 수 있도록 편성하였다. 여러 가지 상황에서 타인과 대화를 나누면서 소통의 지점을 확보할 수 있는 대비를 하도록 도와줄 것이다. 21세기에는 문화산업이 국가 간의 경쟁력을 결정하는 근간으로서 역할을 하며 각종의 부가가치를 창출하는 원동력이 된다. 문화산업의 중요성과 함께 창의적 사고의 필요성이 동시에 부각되는 이유는 문화산업을 부흥시킬 수 있는 근원이 바로 창의적 사고이기 때문이다. 따라서 이를 중요한 사실로 받아들여 문화산업에 일조할 수 있는 글쓰기를 교재로 구성하였다. 지식과 정보가 유통되고 문화적 원천 소스를 탐색하고 제공할 수 있는 여러 인터넷 형태의 글쓰기, 문화콘텐츠 글쓰기가 이러한 일환으로 편성되었다.

본 교재의 구성은 시대에 따른 결과와 요구의 맥락 속에서 이루어진 결정체이다. 변화하는 시대에 맞추어 의사소통의 능력과 글쓰기 능력을 동시에 함양하기 위해 본 교재는 차별성과 새로움 그리고 실용성을 확보하였다. 학문적 대상이나 단순하게 읽고 쓰는 대상으로서의 교재가 아닌 실질적 삶에서 적극적으로 활용하여 도움을 주고자 하는 의지에서 비롯되었다.

특히 글쓰기의 시간 수가 부족하고 글쓰기에 익숙하지 않은 이공계 학생들이 쉽게 접근할 수 있도록 시각적 기호나 도상, 이미지, 사진 등을 활용하였다. 본 교재는 이공계 학생들을 위한 수업 교재이다. 그 동안 글쓰기의 영역과는 거리를 두고 지내 온 이공계 학생들에게도 이제는 글쓰기 능력을 갖출 것을 요구하고 있는 실정이다. 글쓰기는 21세기를 살아가는 삶의 원리로서 작동하기 시작했기 때문이다. 인문계 학생들의 전담 영역으로 인식되었던 글쓰기는 21세기 인간 누구나에게 필요한 영역으로 요구되고 있기 때문에 이공계 학생들 역시 예외일 수가 없는 것이다.

이공계 글쓰기가 단순한 글쓰기가 아닌 삶의 차원으로 넘어 오고 있는 작금의 상황에서 본 교재는 삶을 리드하고 삶을 융통성 있게 살아 나갈 수 있는 지침서로서 자리매김하고자 한다. 이공계 글쓰기는 삶 쓰기이다.

2008. 5.
저자 일동

차 례

Part I

21C 이공계 글쓰기

1장. 이공계 글쓰기의 의의

1장 이공계 글쓰기의 의의

1. 이공계 글쓰기의 필요성

현대사회는 서로 다른 영역의 사람들이 다양한 관계를 맺으며 살아가는 특징을 보이고 있다. 이러한 관계 속에서 서로 교류하며 의사를 전달하고, 정서를 교환하는 등 끊임없이 의사소통을 한다. 따지고 보면 우리의 일상은 매일 무언가를 읽고, 쓰는가 하면 말하기도 하고 다양한 소리를 듣기도 한다. 일상생활을 비롯한 일체의 의사소통 과정에서 컴퓨터와 인터넷의 발달은 우리 언어생활을 쉽고, 편리하게 만들어 주었다. 우리는 인터넷을 통해서 메일을 주고받기도 하고, 게시판에 댓글을 남기며, 자신의 블로그나 미니홈피를 관리하기도 한다. 또한 개인적으로 필요한 정보만이 아니라 다른 사람들과 공유하기 위해 글을 써야 하는 경우도 늘어나는 추세이다. 따라서 글쓰기는 개인의 의사 표현이나 전달을 위한 언어 행위일 뿐만 아니라 동시에 기록과 사고의 축적을 통한 관계 형성과 미래를 창조하는 데 필요한 기본 능력이라 할 수 있다.

글쓰기가 효과적으로 이루어지려면 학문의 영역에 따라 달라지는 지식의 범주를 올바르게 이해해야 한다. 인문과학, 사회과학, 이공계를 포함한 자연과학, 예체능과학 등이

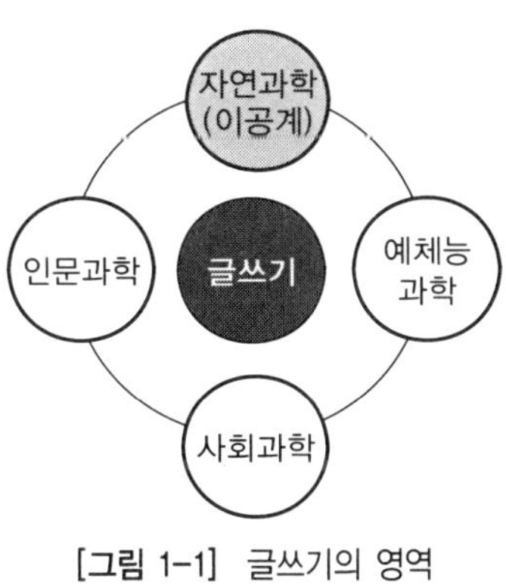

[그림 1-1] 글쓰기의 영역

다루는 지식의 범주가 다르듯이 글쓰기 방식도 다소 차이가 있다. 특히 인문과학과 자연과학의 학술 논문이나 보고서의 차이는 금방 느낄 수 있다. 인문과학이 타당한 근거를 제시하여 결론을 이끌어내는 글의 논리적 전개에 중점을 둔다면, 이공계를 포함한 자연과학은 글의 논리적 전개뿐만 아니라 도표나 그래프와 같은 시각적 자료를 제시하여 결과를 정확하게 전달하는 데 중점을 둔다. 직장에서도 부서에 따라 맡은 업무도 다르지만 글쓰기 방식도 달라진다. 일반적으로 설계부서에서는 시각적인 정보 전달을 위해 슬라이드를 많이 사용하지만, 인사나 기획담당부서에서는 인쇄매체 양식을 활용한다.

특히 이공계 학생들과 졸업생이 학교와 직장에서 활용해야 할 글쓰기는 학문 영역별 차이와 마찬가지로 글쓰기에서도 다를 수밖에 없다. 오늘날 첨단 과학과 지식정보화 시대에 살고 있는 우리는 빠른 속도의 사회 변화와 다양한 정보 관련 연구 결과물을 지면 또는 인터넷을 통해 접하는 경우가 많다. 이때 영역별로 추구하는 글쓰기의 가치도 조금씩 다를 수 있다.

과학기술 분야에서 글쓰기는 새로운 정보의 창출과 활용에 가치를 둔다는 점에서 과학성, 정보성, 생산성, 공익성의 측면이 강조된다. 과학문명의 발달이 단순히 기술의 진보를 의미하는 것이 아니라, 글쓰기를 통한 지식과 기술의 축적을 통해 오늘날과 같은 과학문명의 발달을 이끌어낸 것이다. 과학문명의 발달은 사람들에게 편리함을 제공했다. 따라서 이공계 글쓰기는 생산성과 공익성이라는 가치 실현을 위한 의사소통의 행위라고 할 수 있다.

사회가 문명화되고 정보화될수록 우리는 문자로 이루어진 글, 즉 텍스트를 통한 의사소통이 주가 되는 생활을 하게 된다. 음성, 영상, 데이터 등이 차지하는 비중이 늘기는 했지만, 여전히 정보의 생산과 공유를 담당하는 능력은 글쓰기가 바탕이 된다고 말할 수 있다.

기업체나 공공기관에서 인사 담당자들은 하나같이 신입사원들에게 국어 실력을 기본으로 한 의사소통 능력을 요구하고 있다. 신입사원들 대부분이 표현 능력이 떨어지고 창의적인 언어 능력과 논리적인 판단력이 부족해 기획서나 보고서 작성을 제대로 하지 못한다는 지적도 하고 있다. 신입사원들의 외국어 능력은 우수한 편이지만 우리말 실력은 그보다 뒤쳐진다고 하니 놀라울 따름이다.

지금까지 우리 사회에서 이공계 전공자들에게 글쓰기는 필수적인 것은 아니었다. 글쓰기를 잘 하는 것과 과학기술과는 별개로 여겨왔던 것도 사실이다. 그저 정확하고 간결한 문장을 구사하는 과학적인 글이 효과적이라는 사실만을 주지하면 되었기 때문이다. 일반적으로 대학에서 공부할 때 보고서나 졸업논문을 작성하고, 취직을 위해서 이력서, 자기소개서 등을 쓰는 것 외에는 글쓰기 능력을 통해 나를 평가받거나 뛰어난 실력이 요구되지도 않았기 때문이기도 하다.

실제로 취직을 해서 업무를 수행할 때 인문계 전공자들은 글을 많이 쓰는 업무를 주로 하고, 이공계 전공자들은 기술직 업무를 하면 된다는 이분법적 사고가 팽배해 있었다. 따라서 이공계 전공자가 업무를 수행할 때 글쓰기 능력이 필요하리라는 생각은 하지 않았다. 그러나 실제로는 기술직도 사무직 못지않게 여러 종류의 문서를 작성한다. 업무를 원활하게 처리하기 위해서는 출장계획서, 출장보고서, 실험보고서, 진행보고서, 검사보고서, 제품설명서, 제안서, 공사기간 단축 방안, 공사 지연 사유, 최신 정보 수집 및 정리, 회의 내용 정리 등 수없이 다양한 형식의 문서를 작성해야 한다. 이러한 문서 관련 업무는 간부급으로 올라갈수록 많아지고 비중도 그만큼 커진다. 더욱이 인터넷이 생활화되면서 컴퓨터와 전자기기를 통한 업무량도 늘어났다. 이에 따라 효율적이고 신속·정확한 글쓰기 능력은 이공계열 출신자에게도 기본적으로 갖춰야 할 사항이 되었다.

이공계와 거리가 먼 줄로만 알았던 글쓰기가 학교와 직장에서 비중이 커지면서 이에 대한 어려움을 호소하는 사람들도 많아졌다. 따라서 최근에는 이와 관련한 글쓰기 매뉴얼북이 이공계 전공의 필자를 중심으로 많이 출간되었다. 이러한 사실은 이공계에서도 글쓰기가 중요한 업무 능력의 하나가 되었음을 입증하는 사례이다.

기술자라고 해서 기술 관련 지식이나 작업능력으로만 그 능력을 평가받는 것이 아님을 기억해야 한다. 자신이 작성한 보고서가 자신의 기술적 능력을 판단하게 하는 기준이 되고 있음을 명심하자. 또한 아무리 새로운 기술 개발을 하고자 해도 자신의 계획을 알리기 위한 기획서로 작성되어 있어야만 기술 개발의 타당성과 자신의 전문성을 인정받을 수 있다.

글쓰기는 학교나 직장은 물론, 일상에서도 꼭 필요한 능력이다. 따라서 대학생활 중에 글쓰기 능력을 충분히 기른다면 직장생활뿐만 아니라 일상에서도 타인과 원만한 관계를 맺으며 생활할 수 있다.

2. 글쓰기의 절차

글쓰기는 여러 낱말들을 잘 조합하여 새로운 지식이나 생각을 만들어 상대방에게 전달하는 방법이다. 기술자가 작업실에서 새로운 아이디어를 가지고 낱낱의 부품을 체계적으로 조립하여 하나의 제품을 완성하거나, 화학자가 실험실에서 여러 가지 물질을 배합 또는 분리하여 새 물질을 얻는 것과 같은 과정이다.

그렇다면 좋은 글을 쓰기 위해 필요한 요건은 무엇일까?

첫째, 어휘를 풍부하게 알고 있어야 한다. 특히 자신의 전공뿐만 아니라 교양을 위해서 알아두어야 할 용어를 정확하게 알고 있어야만 제대로 된 글을 쓸 수 있다. 어휘력을 기르려면 좋은 글을 많이 읽는 것은 기본이다. 다양한 어휘는 문장을 구성하는 최소한의 단위이므로 다양한 내용의 글을 폭넓게 읽는 과정에서 자연스럽게 익힐 수 있다.

최근에는 학제 간의 경계가 사라지고 있는 추세이다. 이공계열 전공자도 인문학적 상상력과 사회학적 시각이 없다면 연구에 한계를 느끼게 될 것이다. 새로운 연구 계획을 세우고 의미 있는 결과물을 생산한다는 것은 결국 인문학적 상상력과 유사한 호기심과 미지의 세계에 대한 관심이 그 출발점이 될 수 있다. 그러므로 자기의 전공과 관련한 지식과 정보와 함께 다른 영역의 지식과 정보에도 관심을 가져야 한다.

둘째, 올바른 문장을 쓰는 법을 익혀 두어야 한다. 말을 할 때 적절한 몸짓이나 표정을 사용할 줄 안다면, 자신의 생각이나 느낌을 듣는이에게 효과적으로 전달할 수 있다. 하지만 글은 대면하여 행하는 말하기와 다르다. 문장의 형식과 문법을 지키는 것은 소통과정에서 발생할 수 있는 오해와 문제를 줄이기 위해서이다. 문장이 형식과 문법에 맞을 때 시·공간을 초월해서 정확하게 전달될 수 있는 것이다. 따라서 문법에 맞는 문장, 논리적으로 자연스러운 문장을 쓸 수 있는 기술을 기본적으로 익혀 두는 것이 좋다.

셋째, 글을 통해 자신을 드러내야 한다. 글을 읽으면 어떤 사람이 썼는지 가늠할 수 있다고 한다. 그만큼 글쓰기는 자기표현 능력의 하나라고 할 수 있다. 글은 쓰는 이의 전인성(全人性)이 담기고, 글을 통해 우리는 개인과 인격적 만남을 할 수 있다. 따라서 글을 쓰는 동안 자신만이 가진 개성과 창의적인 생각을 드러낼 수 있어야 한다. 이를 위해서는 무엇을 대상으로 글을 쓰든 그것을 처음 보고, 들은 것처럼 새롭게 생각하며 표현하는 연습을 해야 한다.

넷째, 풍부한 경험을 갖도록 노력한다. 직접 체험한 것도 좋고, 간접적으로 책이나 영상매체 등을 통한 체험도 좋다. 좋은 글은 다양하고 풍부한 경험을 어떻게 활용하여 조합하는가에 달려 있다. 좋은 사람들을 만나고, 아름다움을 경험하고, 좋은 소리를 많이 듣게 된다면 정서적으로는 물론 경험을 토대로 사고도 깊어질 수 있을 것이다.

TIP

좋은 글을 쓰기 위해 넓게 읽고, 깊이 생각하며, 많이 써라.

이러한 요건을 전제로 글쓰기 작업을 시작해 보자.

제품을 생산하기 위해서는 새로운 아이디어의 발상과 재료 준비, 설계도 작성, 조립 등의 단계가 필요하다. 물론 글이 제품 생산과 같이 엄격한 절차를 거쳐서 완성되는 것은 아니지만, 완성도 있는 글을 쓰기 위한 기본 절차는 있다. 글을 쓰기 위한 기본 절차는 다음과 같다.

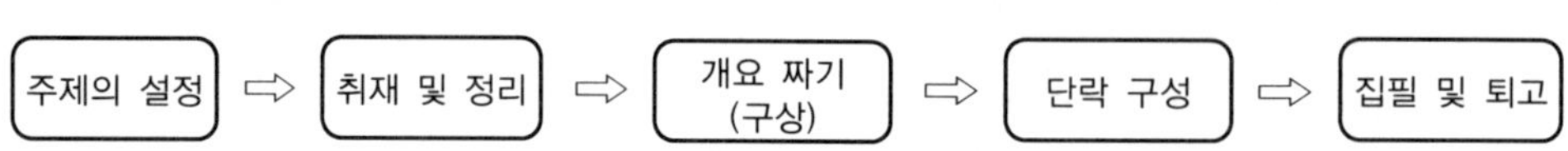

[그림 1-2] 글쓰기 절차

글을 쓰고자 할 때 우리는 주제를 먼저 설정한다. 사랑, 자동차, 컴퓨터와 같은 대상을 소재적 차원에서만 접근해서는 글을 쓰기 어렵다. 이 소재들이 갖고 있는 특성과 자신이 쓰고자 하는 바를 담은 주제를 찾아야 하는 것이다. 주제는 자신이 쓰고자 하는 글의 핵심이다. 그러므로 이때 참인 주제를 잡아야 신뢰할 수 있는 글이 된다.

TIP

창의적 사고 훈련을 통해 익혀 두었던 마인드맵이나 브레인 스토밍 등을 활용해 보라.

주제를 어떻게 고를 것인가는 다음을 고려해 보자. 주제는 되도록 좁게, 글쓴이가 관심을 가지고 있으며 또 잘 알고 있는 것으로, 그리고 독자에게도 흥미와 관심을 불러일으킬 수 있는 것으로 정해야 한다. 만약 '대학'을 소재로 한 글을 쓰고자 한다면 주제의 범위를 '대학'이란 소재에서 '현대사회가 요구하는 대학의 기능', '대학이 끼친 학문적 기여'와 같이 구체적으로 잡는 것이 좋다.

이렇게 설정된 참주제의 내용을 명확하게 알리기 위해서 주제문을 만들어 놓는다. 이때 주제문의 요건을 알아두어야 한다. 주제문은 하나의 완전한 문장이어야 한다. '현대사회가 요구하는 대학의 기능'에 대한 글을 쓰고 싶다면 대학의 기능에 대해서 구체적으로 생각해 보고, 자신이 생각하는 대학의 기능이 무엇인지 중심에 두고 하나의 완성된 문장을 만들어 보라. "현대사회가 요구하는 대학의 기능은 국가와 사회에 기여할 수 있는 인재 양성이다."와 같이.

또한 한정된 부분에 초점을 맞추어야 하며, 필자의 의견이나 태도를 분명히 드러내는 것이어야 한다. 자신의 주장은 근거에 의해 증명될 수 있는 것이어야 한다. 주제를 설정했다면, 이를 뒷받침할 수 있는 자료를 수집해야 한다. 도서관, 인터넷, 서점 등에서 주제와 관련된 정보를 찾기도 하고, 필요하다면 직접 현장조사나 실험, 관찰 등을 체험하는 것도 좋다. 이렇게 수집한 자료들 가운데 주제를 뒷받침할 수 있는 소재가 제재다. 제재는 풍부하고 다양할수록 주제를 명확하게 드러낼 수 있다. 또한 근거가 확실해야 하며 정의, 해설, 실례, 통계, 인용, 비교나 대조 등을 이용하여 설명하기에 적절한 것이어야 한다.

제재가 이러한 요건에 맞는지를 점검하면서 중요도에 따라 ① 내용이 동일한 사항, 동일한 논점에 관한 것이냐 아니냐에 따라 구분하고, ② 주요 사항, 주요 논점에 관한 것과 관련 사항과 논점에 관한 것으로 분류해 두어야 한다. 이때 실험보고서, 학술 논문 등을 위한 제재는 계획이 먼저 이루어진 다음에 자료를 정리하는 것이 좋다. 계획 자체가 자료의 정리 기준이 되기 때문이다.

글을 쓰기 위해서는 기준에 따라 정리한 제재를 통일성 있게 조직하는 작업이 선행되어야 한다. 이것을 구성이라고 한다. 제재를 어떻게 배열할 것인가를 결정하고 문장 전체를 유기적으로 짜는 작업이 필요한 것이다. 논리적으로 문장을 조직, 배열하는 것이 구성이라면, 시간의 연속성에 의해 조직한 것이 줄거리이다. 구성은 주제를 어떻게 제시하느냐가 관건이다. 이를 구분해 보면 다음과 같다.

[표 1-1] 구성의 유형

전개적 구성	시간적 순서에 따른 구성
	공간적 질서에 따른 구성
종합적 구성	단계적 구성 : 3단 구성, 4단 구성
	포괄식 구성 : 두괄식, 미괄식, 양괄식
	열거식 구성
	점층식 구성

글의 짜임새를 머릿속에서 완성하는 구성을 도식화하여 메모하는 것이 개요 작성 또는 아우트라인(outline) 작성이다. 개요 작성은 글쓰는 이의 사고를 체계화하고 독자가 글의 중심 내용과 뼈대가 되는 구조를 파악할 수 있게 도와준다. 개요 작성에서 문제의 단계, 논점의 상하 또는 주종관계에 따라 I, 1, 1), (1), ①, ㉠과 같이 부호나 숫자를 첫머리에 붙인다. 이러한 도식화를 위해서는 반드시 논점의 중요도를 먼저 살펴야 한다. 또한 같은 계열의 부호나 번호에는 대등한 내용이 놓여야 한다. 두 가지 이상의 하위 논점으로 세분화되지 않을 때는 부호나 번호를 붙일 필요가 없다.

문장이 독립된 의미 덩어리의 최소 단위라면 단락(문단)은 구체적인 사고와 판단을 표현하는 문장의 집합체라고 할 수 있다. 그러나 여러 개의 문장이 모였다고 해서 단락을 이룰 수 있는 것은 아니다. 단락은 그 자체로 완결된 주제를 가지고 있어야 하며, 글 전체를 구성하는 하나의 의미 단위(소주제)를 가지고 있어야 한다. 따라서 단일한 소주제에 의해 단락을 구성하는 문장들이 통일되어 있어야 하며, 단락과 단락은 유기적으로 연결되어 전체의 글을 형성해야 한다. 독립된 의미 단위이자 글 전체의 유기적인 부분으로서 단락을 만드는 일은 짜임새 있는 글쓰기의 중요한 과정이다.

TIP

단락은 '들여쓰기'로 쉽게 구별할 수 있다. 들여쓰기는 단락의 시작과 하나의 생각이나 화제가 들어 있음을 알리는 표시이다.

단락은 하나의 중심 생각을 포함한 소주제문과 뒷받침문장으로 이루어져 있다. 이때 소주제는 글 전체의 중심 생각인 주제와 밀접한 관계를 가지면서 그 주제의 일부가 된다. 따라서 모든 단락은 단 하나의 소주제를 명확하게 전달하는 데 충실해야 한다. 이를 목표로 하면서 글 전체의 일부로서 통일성을 갖추어야 한다. 그 자체로 완결된 하나의 전체이면서 보충을 필요로 하지 않는 완전한 구성단위가 되어야 한다는 말이다. 따라서 새로운 내용을 첨가하거나 글쓰는 이가 알고 있는 사실을 지나치게 강조하기 위해 소주제와 관계없는 내용을 보태어 단락의 통일성을 깨는 실수는 범하지 않도록 한다. 단락에서 문장들이 논리적으로 매끄럽게 연결되어 상호 긴밀성을 유지할 때 한 편의 글이 완성된다.

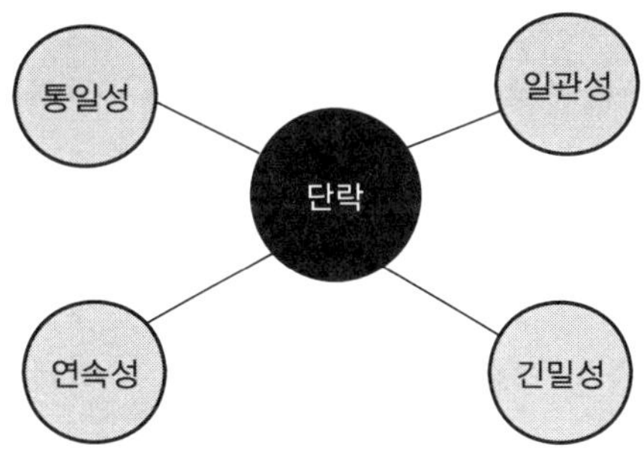

[그림 1-3] 단락의 특성

단락은 말하고자 하는 요지를 명료하게 언급하는 '서두', 소주제에 대해서 충실히 논의하는 '본문', 중간 논의를 완성하고 처음에 진술한 요점을 다시 언급하는 '결어'로 이루어진다. 하나의 소주제에 의해 단락은 제어되고, 그 자체로서 완결성을 지니고 있어야 한다. 동시에 한 편의 글 전체의 일부로서 글 전체와 유기적인 연관성을 가지고 다른 단락들과도 연계되어 있어야 한다. 이렇게 단락들이 통일성 있게 짜여져 있고, 주제를 효과적으로 드러낼 수 있도록 적재적소에 배치해야 하며, 자연스럽게 연결되도록 해야 한다.

주제가 잘 드러나도록 개요를 짜서 실제로 글을 쓰기 시작한다. 이때 글을 쓰는 목적에 따라 그 양식을 달리 한다. 가령, 독자에게 대상의 개념을 이해시키고자 할 때는 설명 양식을, 대상의 진실을 증명하고자 할 때는 논증 양식을, 대상의 이미지(생김새, 소리, 느낌 등)를 나타내고자 할 때는 묘사 양식을, 대상 또는 사건 및 그 진행과정을 실감나게 쓰고자 할 때는 서사 양식을 동원하면 효과적이다. 이공계 글쓰기에서 각종 보고서나 논문의 경우 이해와 설득을 목표로 하는 설명이나 논증 양식이 중심이 되고, 그 밖의 양식은 이를 보조하는 역할을 한다고 볼 수 있다.

글쓰기가 끝났다면 여러 번 읽어보면서 다듬는 작업을 해야 한다. 글다듬기, 즉 퇴고(推敲)를 할 때는 처음 설정하였던 주제와 실제 원고 사이의 격차를 발견하여 이를 보완해야 한다. 원고지뿐만 아니라 컴퓨터로 글을 쓰는 경우에는 출력을 하여 천천히 읽어 가면서 꼼꼼히 수정하는 과정이 필수적이다. 컴퓨터 화면에 보이는 내용과 종이에 인쇄된 원고 사이에 다르거나 누락된 것은 없는지 반드시 확인해야 한다. 또 그림이나 사진, 도표 등의 위치나 형태가 의도한 대로 되어 있는지 점검해 봐야 한다.

글다듬기에는 부가의 원칙, 삭제의 원칙, 구성의 원칙이 적용된다. 쓰고자 하는 바를 만족하게 썼는지를 생각하며 부족한 부분을 첨가・보충하면서 표현을 상세히 하는 부가의 원칙을 적용한다. 또한 글의 주제에서 벗어나는 내용은 없는가를 고려하여 일관성과 통일성을 해치는 부분을 살핀다. 즉 불필요하거나 과장된 부분을 삭제한다. 글의 순서를 바꾸어 효과를 높일 수 있도록 단락이나 문장의 구성을 변경하여 주제 전개의 부분적 구성을 수정한다.

이렇게 글다듬기의 원칙과 문장의 정확한 사용법에 유의하면서 다음 사항을 참고하여 퇴고한다. 전체적으로는 주제가 의도했던 것인지, 또는 주제문이 정확한지를 검토한다. 구성이 짜임새 있고 효과적인지, 또는 재구성할 필요가 있는지를 검토한다. 부분적으로는 글 전체에서 벗어나는 소주제를 가진 단락은 없는지, 부분과 부분 사이의 관계가 논리적인지, 단락의 전개가 자연스러운지를 검토한다. 단락 자체의 소주제문이 적절한지, 단락의 구조와 배분, 전개 등은 적절한지를 검토한다. 단락 내의 개별 문장들도 올바르게 수정, 보완한다.

Part II

사고와 표현하기

2장. 창의적 사고

2장 창의적 사고

1. 창의적 사고의 개념

21세기 사회 문화는 창의력을 갖춘 인재를 요구하고 있다. 지식 정보화 사회, 문화산업은 21세기를 특징짓고 대표하는데, 이들 모두가 창의력을 중요한 체제의 근간으로서 인식하고 있는 점에서 공통적이다. 지식과 정보 그리고 문화적 가치와 같은 정신적인 영역의 것들이 자본의 대상으로 인식되면서 창의력의 중요도는 증대되어 가고 있다. 가령 한 편의 영화나 게임 혹은 공연물들이 창출하는 부가가치는 다른 산업에서 수익을 얻어내는 것보다 훨씬 상위를 차지하고 있다.

TIP

영화 <쥬라기 공원>이 우리나라 ○○자동차 150만 대 이상을 판매하는 것보다 훨씬 많은 이윤을 창출하는 것을 생각해 보라!

또한 매체의 변화에 따라 인간의 사고 구조와 능력의 변화가 이루어지면서 사회는 능동적이고 창의적 사고를 하는 사회인을 요구하고 있다. 여기서 말하는 매체란 의사소통 수단을 의미한다. 21세기 의사소통 방식은 20세기의 그것과 다른 양상을 띠면서 원격 의사소통을 가능하게 한다. 물리적으로, 지역적으로 멀리 떨어져 있는 사람 간의 의사소통을 해결하면서 물리적 거리감의 크기를 축소한다. 이것은 세계화를 낳으며 초국가, 초민족 시대를 산출해낸다. 모든 사람들은 동시간대의 시・공간 감각을 갖고 시대의 의식과 정서를 공유한다. 매체의 발달은 이러한 세계화를 가능케 하며, 세계인의 의식과 정서를 보편화하고 관계화하기 시작한다.

그런데 문제는 인간 간의 관계가 유기적이고 긴밀해짐에 따라 여러 갈등이 발생하기 시작한다는 점이다. 그물(web)로 짜여진 인간관계의 구조는 국지적인 갈등을 발생시키면서 문제를 노출한다. 이러한 갈등과 분쟁을 해결하기 위해 창의적 사고는 요청되고 창의적 인간 양성은 21세기 교육의 중요한 목표 지점으로 떠오른다. 창의력은 문제 해결력을 내포하고 있기 때문이다.

창의적 사고란 어느 하나의 개념으로 규정할 수 없다. 강조하는 것이 무엇이냐에 따라 정의가 달라지기 때문이다. 그럼에도 불구하고 이를 종합해 보면 창의적 사고란 새롭고 알려지지 않은 것을 낳는 능력이고 이를 위해 한 개인의 내·외적 경험과 문제를 해결하는 방식이 관건이 된다. 요컨대 창의적 사고란 번뜩이고 예리한 통찰을 바탕으로 새롭고 유용한 아이디어를 산출하는 고도의 정신 기능이다. 이러한 창의적 사고는 다음과 같은 특징을 지닌다.

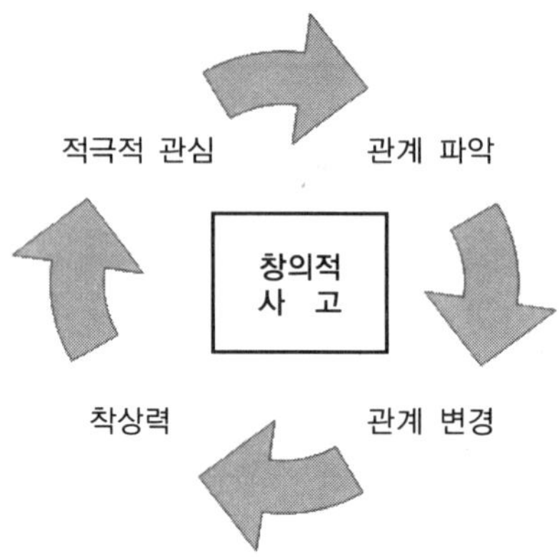

[그림 2-1] 창의적 사고의 특징

창의적 사고는 우선 새로운 사물에 대해 적극적인 관심을 갖는 것에서 비롯된다. 주변에서 일어나는 일이나 현상에 대한 홍미와 관심에서 창의적 사고는 시작된다. 창의적 사고를 하는 사람들은 대부분의 경우 사물에 대한 관찰력과 탐구심이 매우 크다. 이러한 관찰력과 탐구심은 주로 호기심에서 비롯되는데, 창의적인 사람들은 대부분 호기심을 많이 가지고 있다. 에디슨, 파브르 등은 물론 스팀 청소기와 음식물 건조기를 발명해낸 대한민국의 주부 CEO들은 일상의 사소한 것에 대한 호기심으로 인류에게 커다란 영향을 끼칠 만한 업적물을 집적하지 않았는가.

호기심은 사물 간의 관계를 파악하는 행위로 이어진다. 이때, 관계가 없어 보이는 사물과 사물들이 결부되면서 서로에 대한 관계 파악이 이루어지고 관계가 변경된다. 관계가 변경된다는 사실은 관점이 변경됨을 의미하고 동시에 관계 국면들의 가능성들이 여러 방면으로 화장되는 것을 의미한다. 이러한 진행 과정 속에서 사고의 전개가 이루어지고 사고는 사고를 낳으면서 새로운 착상의 지점에 도달하기에 이른다.

[그림 2-2] 창의적 사고의 사례 1(출처: 미디어 다음 세계엔, 2007년 3월 5일)

위의 그림은 창의적 발상에서 창의적인 그림으로 이어지기까지 일련의 과정이 잘 제시된 사례이다. 어떤 방식으로 발상된 사고가 창의적인 그림으로 이어지고 있는지 위의 그림을 통해 살펴보자. 이 그림을 구성하고 있는 요소들은 철조망, 연필, 사람의 손이다. 서로 다른 속성을 지닌 세 가지 그림의 요소들이 한데 섞여 하나의 그림으로 형상화되고 있는 것을 살펴볼 수 있다. 그렇다면 여기서 이 세 가지 요소들이 한데 어우러져 만들어내는 이미지와 의미는 무엇인가. 모든 창의적인 사고와 이 사고로 집적된 형상물들은 대체로 의미를 지니고 있다. 결국 창의적인 형상물을 마주 대할 때, 그것이 지니고 있는 의미를 탐색하는 작업이 거꾸로 창의적인 사고를 시작할 수 있는 계기가 될 것이다.

위의 세 가지 요소들이 어우러져 만들어내는 이미지와 의미는 '박탈당한 자유'이다. 그림을 자세히 살펴보면 어떤 사람이 무언가를 그리고 있다는 것을 알 수 있다. 또한 그림을 그리는 그의 손은 크게 포착되어 부각되고 있다. 무엇을 그리고 있는 것일까. 창의적인 사고에 이르기 위해서는 이 지점에서 과연 그가 그리고자 하는 것은 무엇일까가 의문시되어야 한다. 그리고 그가 그리고 있다는 사실을 알았으니 그가 그리고 있는 실체가 무엇인지를 다음으로 고민해야 한다. 그는 표 비슷한 사물에 줄을 그어 가고 있다.

그런데 줄을 그어가고 있는 과정에서 그림은 중지된다. 표는 과연 무엇인가. 자세히 보면 이 형상은 '날고자 하는 새'의 형상이다. 그런데 이 '날고자 하는 새'에 줄이 그어지고 있다. 이 그림에서 중요한 것은 이 새의 형상과 그어지는 줄의 관계에 있다. 결국 이 둘이 결합되어 또다른 의미를 생성해내고 있다는 사실이 이 그림의 관건이다. 둘의 결합은 '철조망'의 형상이다. 실제 철조망의 모습은 어떠한가.

그렇다면 철조망 속의 새가 의미하고자 하는 바가 중요해진다. 철조망 속에 갇혀 있는 새, 즉 날지 못하는 새이다. 날아야 하는 것이 태생적인 새가 날지 못한다는 사실이 우리의 삶의 차원으로 환원될 때, 결국 '자유의 박탈'로 의미화된다. 이것을 좀더 구체적인 현실의 맥락에 환치시키면 철조망은 주로 우리나라 군사 분계선에 쳐져 있다. 이를 의미화하면 '자유를 가로막는 군사분계선'으로 의미가 확장된다. 결국 이 그림은 이 의미를 전달하기 위해 서로 다른 세 가지의 요소들을 결합시켰다. 철조망의  부분이 '날고자 하는 새'의 형상으로 의식화된 것이다. 얼마나 창의적인가.

이러한 창의적인 사고는 결국 주변의 사실 및 사물에 대한 적극적인 관심에서 먼저 비롯되어 그 사물의 속성을 이해하여 사물끼리 갖고 있는 관계를 변형하는 과정에서 이루어진 것이다. 군사분계선이 놓여 있는 현실, 철조망 그리고 새에 대한 적극적인 이해와 관심이 없었더라면 이러한 그림은 창조될 수 없다.

결국 창의적인 사고는 주변의 사물 및 현상에 대한 적극적인 호기심에서 유발되어 나아가는 생각의 발현체이다. 이러한 창의적 사고의 과정 속에서 창의성을 갖게 된 사람을 창재(創才) 혹은 창의인(創意人)이라 한다. 창의성은 21세기를 살아가는 데에 중요한 삶의 덕목이자 수단이 되고 있다. 따라서 창의적 인재 양성은 21세기 교육의 중요한 목표 지점이기도 하다. 창의적 인재는 자신의 생각을 논리적으로, 독창적으로 펼칠 수 있고 다른 사람을 설득시키는 능력이 탁월하다. 그런데 논리와 설득의 능력은 비판적 사고에서 비롯된다. 다시 말해서 창의적 사고에 이르기 위해서는 비판적 사고를 선행해야 한다.

창의적 사고와 비판적 사고

비판적 사고란 논리적이고 심리적인 사고의 범주에 속한다. 판단 혹은 분석 대상에 대하여 타당성, 정당성 그리고 논리성을 밝히고 의미의 관계 및 본질을 검토하고 살펴보는 인지 능력이다. 트집을 잡고 흠을 들추어내는 부정적 성향을 다분히 배양할 수 있음에도 불구하고, 비판적 사고는 사물과 현상을 이해하고 그 의미의 진실성을 살펴보는 고도의 정신기능이다. 또한 비판적 사고의 과정을 통해 문제를 적절하게 해결할 수 있는 창의적 사고에 이르는 데에 거쳐야 할 사고의 단계로서 중요성은 지대하다.

TIP

비판적 사고에서 창의적 사고로!!!

2. 창의적 사고의 목적 및 필요성

창의성이란 사물이 가지고 있는 기본 성질과 사물이 이루어진 기본 원리를 알고 이용해 다른 무엇인가를 만들어내는 원리를 바탕으로 한다. 창의성을 갖고 있는 사람을 창재(創才)라 했는데 이러한 창의성은 우연히 생겨나지 않는다. 그것은 생활 속에서 살아가는 연습을 통하여 이루어지기 때문에 창의성을 계발하고 신장시키기 위해서는 창의적 사고 훈련을 생활화해야 한다. 때로는 꿈속에서, 때로는 화장실에서 풀리지 않던 문제가 불현듯 떠오른 한 가닥의 실마리 때문에 해결되는 경우도 더러는 있다. 그러나 이러한 갑작스러운 깨달음의 기회를 갖기 위해 생활 속에서 해결되지 않는 문제에 대해 얼마만큼 고민을 하고 심사숙고했는가를 생각해 보라.

생활 속에서 창의적 사고를 하기 위한 방법은 다음과 같다.

1. 비상식적인 것에 주목하라.
2. 괴상한 생각을 존중하라.
3. 질문을 많이 하라.
4. 되풀이하여 생각할 시간을 주어라.
5. 경험에 제한을 두지 마라.
6. 질문을 많이 하라.

이러한 창의적 사고를 신장시키는 데에 주력해야 하는 이유는 창의적 사고가 문제를 해결하고 방안을 강구하는 데에 궁극적으로 목적이 있기 때문이다. 창의적 사고의 중요한 특성 중 문제 해결력은 21세기 인간 사회 및 문화에서 절대적으로 요구되는 사항이다. 인간관계는 긴밀해지고 사회 문화는 점차 다원화되고 다양성을 추구한다. 이질적인 것들이 동시간대에 공존하면서 한데 섞이고 충돌을 유발한다. 결국 창의적 사고는 21세기 현재 시점에서 인간 삶의 문제를 조절하고 관리하는 중요한 핵심 원리로 작동하고 있는 것이다. 창의적 인재를 양성하고 의사소통 능력이 뛰어난 사람들을 요구하는 것도 이러한 맥락에서이다. 게다가 문제를 해결하는 데에 있어서 새롭고 독창적인 방법은 인간관계를 더욱 원만하고 통합할 수 있는 계기로 작용한다. 따라서 창의적 사고는 의사소통 능력은 물론 문제 해결력, 그리고 새로움을 모두 포괄하는 종합적 사고 원리이자 기능이다. 창의적 사고는 이러한 지점에서 필요하고 요청될 수밖에 없다.

3. 창의적 사고의 유형 및 작성방법

브레인 스토밍(brain storming)

브레인 스토밍이란 '두뇌 폭풍'을 의미한다. 어떤 문제가 있으면 그 문제를 해결하기 위해 머리에서 폭풍이 몰아치듯 생각을 많이 내놓게 하는 방법이다. 브레인 스토밍은 외국의 어느 기업에서 시작한 아이디어 발상법이다. 기업의 물품을 개발하기 위해 구성원들이 함께 모여 여러 아이디어를 회의하는 과정에서 유래한 집단 발상법이다.

브레인 스토밍은 한 주제에 대하여 생각이 끊임없이 연상되어 가는 것을 모두 사고하여 나가는 방법이다.

① 단독, 혹은 6~12명의 구성원으로 한다.

② 논제를 제시하고 이에 대한 자유발상을 한다.

예) 대머리에게 샴푸를 파는 방법

③ 대략 10분 정도의 시간을 준다.

④ 지도 그리기 형태로 한다.

⑤ 필요하다고 생각하는 낱말에 동그라미하고, 활용할 것을 미리 표시한다.

그런데 실제로 브레인 스토밍은 ②까지의 단계이다. 발상하는 순간의 행위 자체에 초점이 맞추어져 있기 때문이다. 일반적으로 브레인 스토밍을 ④ → ⑤까지 이어지는 과정으로 이해하고 있다. 그러나 본래 브레인 스토밍은 발상 행위 자체에 목적을 둔다. 자유 발상에서 지도 그리기를 하며 기록을 하는 것은 브레인 라이팅에서 가능하다.

브레인 라이팅 (brain wrting)

브레인 라이팅이란 브레인 스토밍이 자유롭게 생각을 하고 발언하는 데에서 오는 여러 제약을 해결하기 위하여 만들어진 방법이다. 발언 대신에 종이에 기록하여 두는 방법으로서 소극적이거나 언어의 표현력이 부족한 사람들에게 좀더 표현의 기회를 주기 위해 고안된 사고방법이다. 일명 653법이라고도 한다.

① 6명이 각 한 장의 종이를 갖고 둘러앉아

② 5분간에

③ 3가지의 아이디어를 생각한다.

시간이 지난 후 오른쪽 사람에게 돌리는 과정을 통해 30분간 6명이 각각 18개의 아이디어를 기록하고 나중에 모두 108개의 아이디어가 탄생한다.

TIP

브레인 스토밍에서 브레인 라이팅으로 연상해 나가라!

이처럼 브레인 스토밍은 브레인 라이팅과 함께 한데 섞여 활용되고 있다. 따라서 브레인 라이팅은 브레인 스토밍하는 과정에 이미 포함되어 브레인 스토밍으로서 인지되고 이해되고 있는 것이 추세이다. 브레인 스토밍은 자유롭게 연상된 생각들, 지도화하기 그리고 기록하기의 방식들을 모두 포괄한다.

좀더 구체적인 작성방법을 살펴보자. ④의 지도 그리기를 하는 단계에서 유의할 점이 한 가지 있다. 글제나 대상이 주어지면 연상을 해나가며 자유로운 발상을 하되, 한 가지의 맥락은 비슷하거나 동일한 것들로 연상될 수 있는 형태로 가야 한다는 점이다. 어느 정도의 공통적인 맥락과 속성을 지닌 일련의 연상들을 가지고 가지의 지도 그리기가 이루어져야 한다.

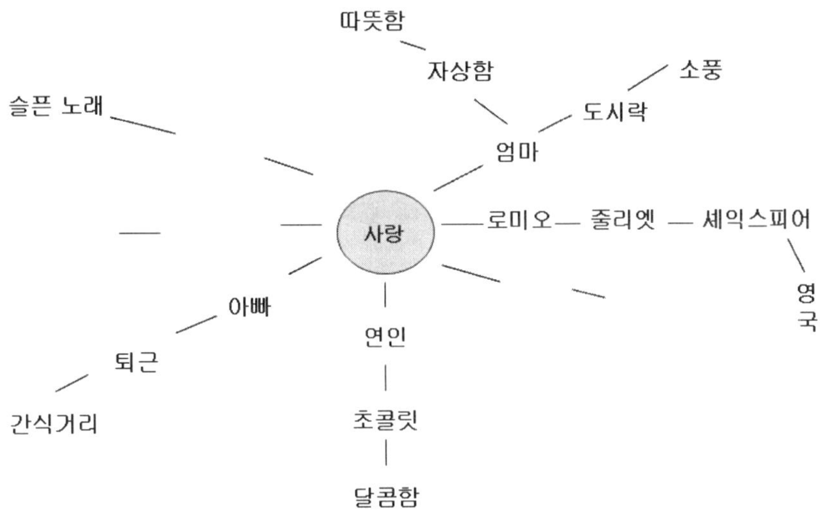

[그림 2-3] 브레인 스토밍 완성지도 (1)

위의 가시들이 뻗어 나가는 형상을 살펴보면 한 가지 안의 맥락이 어느 정도 공통적임을 알 수 있다. '사랑－로미오와 줄리엣－셰익스피어－영국 등'으로 이어 가는 한 가지와 '사랑－엄마－도시락－소풍 등'으로 이어 가는 가지들은 일정 기준을 가지고 뻗어 나가고 있는 속성을 지닌다. 발상의 엄격한 규칙은 없지만 어느 정도의 기준을 가지고 발상을 조직화하고 체계화시키는 것도 필요하다. 모든 가지들이 분류화되어 하나의 지도 그리기 형태로 완성된 그림은 다음과 같다.

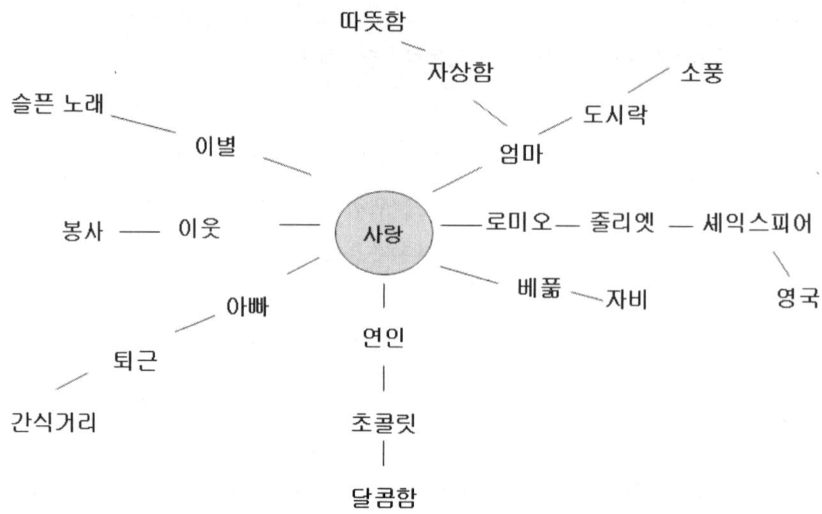

[그림 2-4] 브레인 스토밍 완성지도 (2)

한편 이렇게 완성된 가지들을 가지고 하나의 문장으로, 단락으로, 글로 완성시키는 작업이 필요하다. 발표를 하거나 글을 쓰는 형식으로 브레인 스토밍 지도 그리기를 완성했을 때 더욱 완결성을 가질 수 있다.

브레인 스토밍은 다음과 같은 특징 및 기대 효과를 제공한다.

- 양을 통해 질을 확보하는 발상법이다.
- 단체의 문제 해결을 위해 창조적인 생각들을 불러일으키는 데에 유용하다.
- 작은 아이디어로 큰 발상을 만들어 내는 사고법이다.

TIP

제멋대로, 거침없이, 무작정 연상하고 생각하라. '머릿 속에 폭풍을 일으켜라.'

마인드맵 (mind map)

마인드맵이란 글을 쓰기에 앞서서 '마음속에 지도를 그리는' 방법이다. 마인드맵은 방사사고 혹은 복사 사고라 한다. 마인드맵은 브레인 스토밍과 달리 시각적 기호, 도상, 그림 등을 이용하여 연상사고를 하는 방법이다.

마인드맵 순서 및 요령

❶ 주제와 관련된 단어를 나열한다

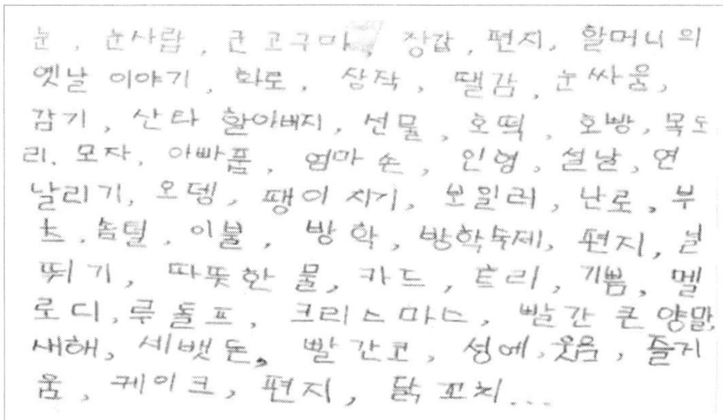
눈, 눈사람, 군고구마, 장갑, 편지, 할머니의
옛날 이야기, 화로, 장작, 땔감, 눈싸움,
감기, 산타 할아버지, 선물, 호떡, 호빵, 목도
리, 모자, 아빠품, 엄마 손, 인형, 설날, 연
날리기, 오뎅, 팽이 치기, 보일러, 난로, 부
츠, 솜털, 이불, 방학, 방학숙제, 편지, 널
뛰기, 따뜻한 물, 카드, 트리, 기쁨, 멜
로디, 루돌프, 크리스마스, 빨간 큰 양말,
새해, 세뱃돈, 빨간코, 성에, 웃음, 즐거
움, 케이크, 편지, 닭꼬치...

[그림 2-5] 마인드맵 절차 1단계 구성도

제시된 주제는 '겨울'이다. 겨울을 연상하여 떠오르는 단어들을 위와 같이 나열하여 종이에 적어야 한다. 이때 나열되는 단어들의 순서나 의미는 중요하지 않다. 마인드맵 첫 단계에서는 자유로운 연상에 집중해야 한다.

❷ 비슷한 유형의 단어들을 한데 묶어 분류한다

두 번째 단계에서는 나열된 단어들을 분류하는 작업을 해야 한다. 분류화한다는 것은 흐트러지거나 산만하게 펼쳐진 생각들을 질서화하고 체계적으로 조직화한다는 말이다. 따라서 마인드맵은 이러한 사고와 생각을 질서화하는 분류방법인 셈이다. 분류를 할 때에는 서로 묶어야 할 만한 기준을 정해 놓고 진행해야 바람직하다. 의미 없거나 기준 없이 사고가 묶어지면 통일성이나 일관성을 상실할 수 있다. 분류할 때에는 서로 다른 색연필이나 혹은 ○, □, ☆, ◇, △ 등의 기호를 사용하여 동일하게 분류될 수 있는 것들에 대한 표시를 해야 한다.

다음 그림은 서로 다른 색깔의 펜으로 분류되어 이루어진 사례이다.

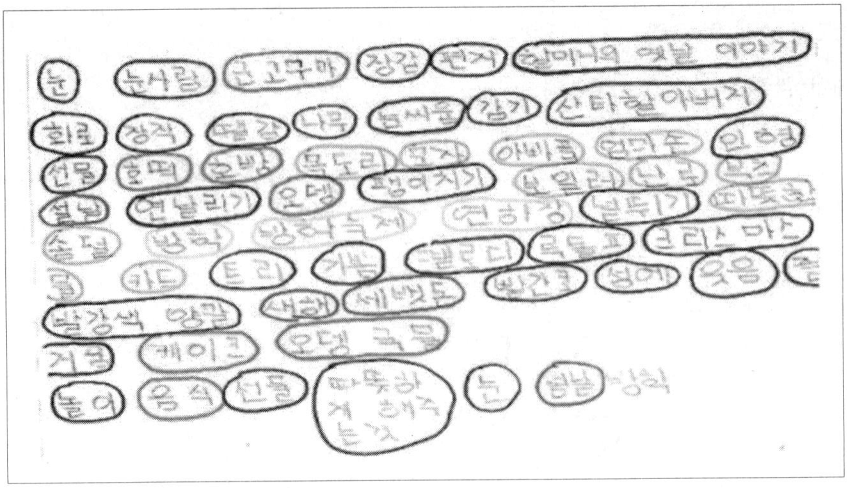

[그림 2-6] 마인드맵 절차 2단계 구성도

그림을 보면 눈, 눈사람, 할머니의 옛날 이야기, 산타 할아버지, 눈싸움 등이 한데로, 군고구마, 케이크, 오뎅 국물, 음식, 호떡, 호빵 등이 한데로, 팽이치기, 연날리기, 널뛰기, 놀이 등이 한데로, 장갑, 편지, 빨강색 양말, 모자, 목도리 등이 서로 다른 색연필로 동그라미 쳐진 상태로 묶여 있다.

❸ 대표성 있는 주제어를 정한다

위의 묶인 단어들을 좀더 정리해 보면 음식 계열의 단어들, 놀이 계열의 단어들, 산타 계열의 단어들, 그리고 소품 계열의 단어들로 분류해 볼 수 있다.

세 번째 단계에서는 한데 묶인 단어들을 대표하는 단어를 선택해야 한다. 대표 단어는 나머지 단어들을 모두 포괄할 수 있는 상의 개념어이다. 그림에서 보듯이 상위 개념어는 음식, 산타, 놀이 그리고 소품으로 정해졌다.

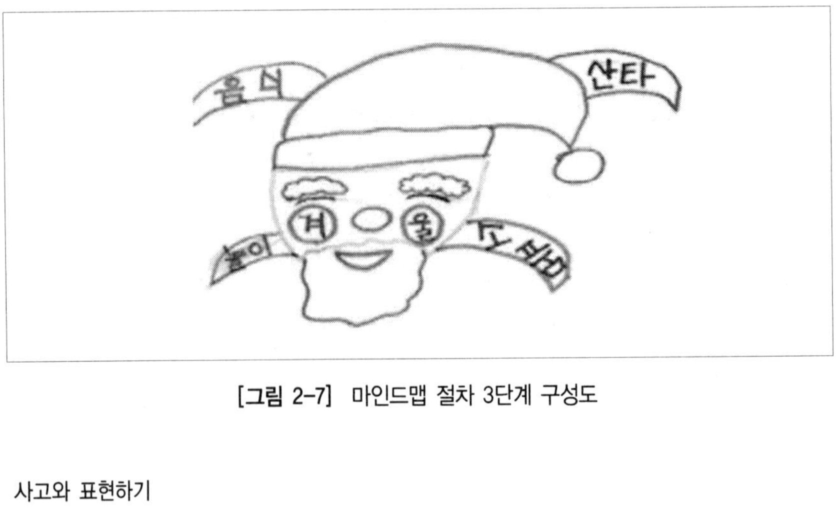

[그림 2-7] 마인드맵 절차 3단계 구성도

❹ 주가지와 부가지를 하위화한다

네 번째 단계에서는 대표 단어를 중심으로 주가지와 부가지를 만들어야 한다. 주가지란 문단의 중심 내용으로, 부가지의 상위 가지이다. 부가지는 주가지에서 뻗어 나가며 주가지보다 하위 내용을 올리는 가지로서 이 부가지에는 세부 내용을 올리는 세부 가지들이 계속 이어진다.

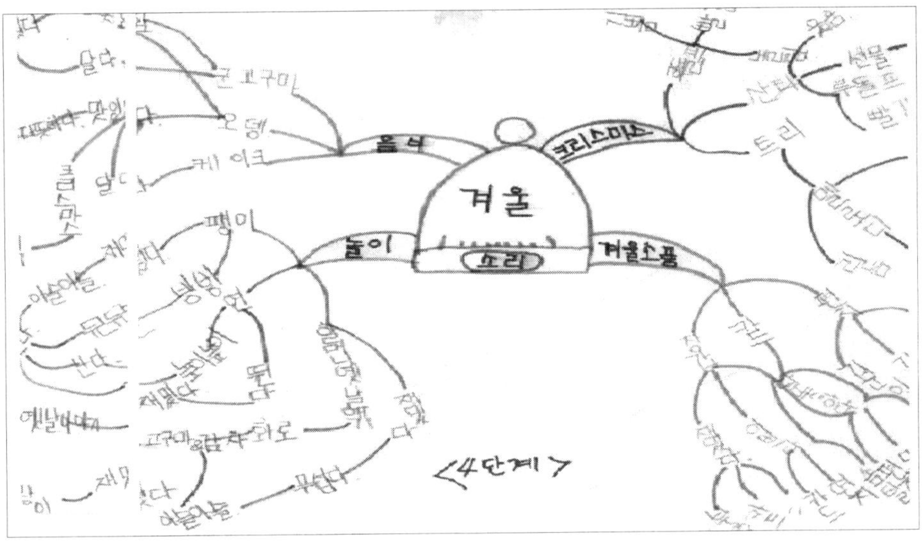

[그림 2-8] 마인드맵 절차 4단계 구성도

그런데 위의 그림을 보면 세 번째 단계에서 산타라는 대표어가 크리스마스로 변경되고 있다. 크리스마스는 겨울의 하위어이자 주가지의 중심 내용 중 하나이다. 이 가지 아래에 부가지 산타, 트리 등이 만들어지고 있고 그 아래에 세부 가지들이 뻗어 나가고 있다.

❺ 단어를 대신할 이미지를 넣는다

주가지, 부가지들의 마인드맵이 어느 정도 작성되었으면 이를 시각적 도상이나 기호로 전환해야 한다. 단어를 대신할 수 있는 사물의 형상이나 기호를 선택하여 마인드맵을 완성해 나가자.

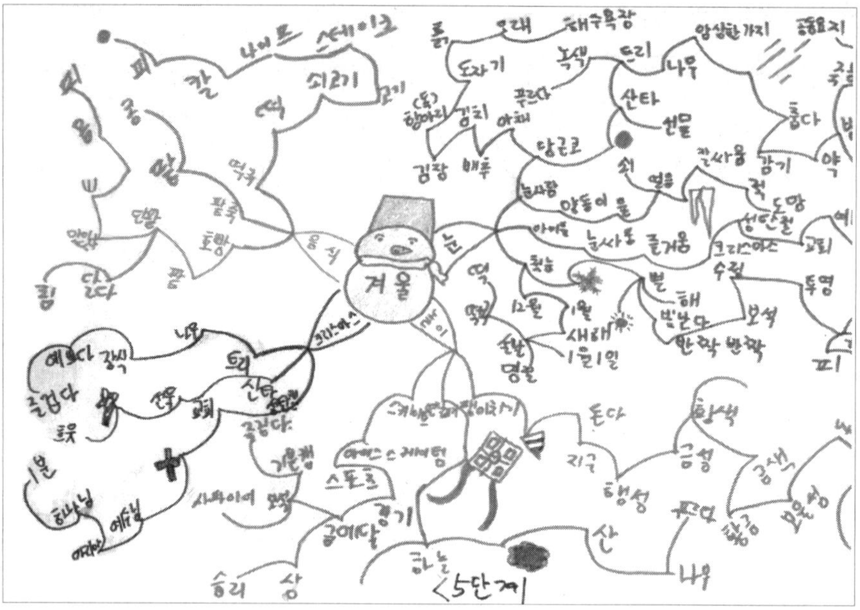

[그림 2-9] 마인드맵 절차 5단계 구성도(출처: http://invent.nafree.net/mindmap.htm)

자유작문

자유작문은 완성된 글쓰기를 하는 것이 아니라 정해진 시간에 가능한 한 많이 쓰도록 하는 사고방법이다. 자유작문은 머릿속에 있는 무수한 생각들을 꺼내어 자유롭게 생각하는 데에 목적이 있다.

자유작문 순서 및 요령

1) 글제를 제시한다.
2) 3분 동안 연상된 내용을 문장으로 쓰게 한다.
3) 쓴 글의 핵심 내용을 밑줄 긋게 한다.
4) 밑줄 그은 내용으로 다시 자유작문 훈련을 실시한다.

가령 '달'이라는 글제가 주어졌을 때, '달'과 관련하여 정해진 시간 동안 떠오르는 대로 문장을 써 나간다. 이때, 일관성이나 논리성이 없어도 상관없다. 연상되는 문장들을 생각의 차단 없이 써 나가면 된다.

❶ 글제를 가지고 자유롭게 연상하라

달은 밤에 뜬다, 달은 예쁘다, 달은 밝다, 밝은 게 좋다, 밝으니 어두운 것도 생각난다 등등의 생각들이 떠오르면서 생각이 생각의 꼬리를 물고 간다.

> 달은 밤에 뜬다, 예쁘다, 달이 밝다, 밝은 게 좋다, 어두운 골목, 어두운 세상이 밝아진다, 어둠이 싫다, 해라도 떠라, 혼자 있는게 싫다, 환한 것이 좋다, 환한 세상이 행복하다, 난 안 행복해, 별은 마음을 행복하게 한다…………………….

❷ 이 중에서 핵심적이라고 생각되는 문장에 밑줄을 그어라

이 단계는 산재되어 있는 생각들을 어느 정도 응집하고 정리해 가는 단계이다. 핵심이라고 생각되는 문장에 줄을 그어 가며 연상을 해야 한다.

> 달은 밤에 뜬다, 예쁘다, 달이 밝다, 밝은 게 좋다, 어두운 골목, 어두운 세상이 밝아진다, 어둠이 싫다, 해라도 떠라, 혼자 있는게 싫다, 환한 것이 좋다, 환한 세상이 행복하다, 난 안 행복해, 달은 마음을 행복하게 한다…………………….

❸ 다시 밑줄 그은 문장을 가지고 자유작문을 시작하라

밑줄 그은 문장들을 한데 묶어 분류해 놓고 다시 자유로운 연상을 하며 자유작문을 진행해 간다.

> 달은 밤에 뜬다, 어두운 세상이 밝아진다, 환한 세상이 행복하다, 달은 마음을 행복하게 한다, 달에 가고 싶다. 달나라 여행을 가고 싶다, 달에는 누가 살까, …………………….

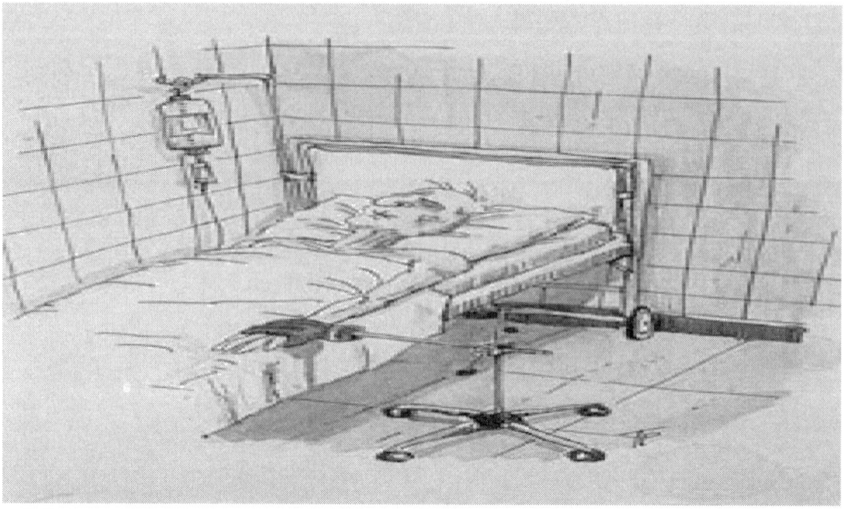

[그림 2-10] 창의적 사고 2 (출처: 미디어 다음 세계엔, 2007년 3월 5일)

이 외에도 자유작문을 하는 방법에는 사진이나 이미지 등을 제시하여 느껴지거나 생각되는 사항들을 자유롭게 기술하는 형태가 있다. 여기서 제시되는 사진이나 이미지 등은 자유작문의 글제와 같다. 시간을 정해 놓고 여러 가지 사고의 도구들을 활용하여 자유로운 사고를 연상해 나가는 연습을 해야 한다.

무엇이 연상되는지 자유롭게 주어진 상황을 상상하며 작문을 하고 제목을 붙여 보자. 우선 보이는 대로 연상해 보고, 느끼는 대로 생각해 보면서 자유작문을 시도해 간다. 그림을 보니 병실 같고, 환자가 누워 있고, 기계손이 보이고 등등의 사실들을 자유롭게 작문을 한다(그림 2-10).

자유작문을 하고 난 후에 강독 발표를 시키는 것이 좋다. 자신이 생각한 사실을 내면화하지 말고 타인 앞에서 발표하면서 생각을 발산해 보자. 자유작문을 여러 번 반복적으로 훈련해 나가면 창의적인 사고 형성에 도움을 줄 것이다.

스캠퍼 (SCAMPER)

스캠퍼는 체크리스트를 이용하는 방법이다. 대치하기(sustitution), 결합하기(combine), 적용하기(adapt), 수정하기(modify), 다르게 활용하기(put to other uses), 제거하기(eliminate), 거꾸로 하기(reverse)로 이루어지고 진행된다. 스캠퍼란 이와 같이 각 글자의 첫머리를 따서 S, C, A, M, P, E, R라는 단어가 조합되어 이루어진 말이다.

이 스캠퍼는 어느 외국의 기업에서 제품이 갖고 있는 기존의 속성이나 모습을 변화시키기 위한 의도 속에서 시작한 연상법이다. 기업은 창출한 자사의 물품을 소비자가 지속적으로 구매하여 사용할 수 있도록 하기 위해 응용·변화시켜 이윤을 창출하고자 한다. 따라서 창의적인 아이디어는 기업을 존속시키고 유지하는 중요한 요소이자 원동력이다. 창의적인 아이디어를 많이 산출하기 위해 개발된 스캠퍼는 그 동안 많은 아이디어를 창출하여 새롭고 창의적인 산물들을 창출하였다.

주로 기업에서 활용되던 스캠퍼는 일반인에게 이르기까지 확산되어 창의적인 사고를 형성하는 방법으로 활용되고 있다.

① 대치하기(sustitution)

무엇을 대신 사용할 수 없을까?

대치하기는 기존의 사물이나 현상을 대신할 것을 찾는 과정에서 이루어지는 연상기법이다. 생활 주변의 많은 것들이 대치 과정을 통해 만들어져 삶의 편리함을 제공해 주고 있다. 이러한 연상은 익숙한 것에 대한 식상함에서 줄곧 비롯되는데 식상함을 오히려 새로운 것으로 변화시키는 놀라운 사고 전개라 할 수 있다.

대치하기의 예로 대형 마트의 '카트'가 있다. 카트는 물건을 담는 공간이다. 과거에 물건은 대체로 시장에서 구매하였던 것과 달리, 점차 대형 마트들이 등장하면서 소비자는 대형 마트에서 물건을 살 기회를 많이 갖는다. 이윤을 올리기 위한 마트 쪽 입장에서는 소비자가 많은 물건을 살 수 있도록 하기 위해 시장바구니를 대형화시켜 카트로 대치하였다. 그 결과 소비자들은 카트 속에 물건을 많이 채울 수 있는 공간을 확보하여 구매를 더욱 늘리게 되었다. 물론 이것은 대형 마트라는 공간의 넓이가 크게 작용한다. 백화점이나 좁은 시장에서 카트를 가지고 다니는 것이 가능한가?

▶ 대치하기의 예로 무엇이 있을까?

....

....

....

② 결합하기(combine)

무엇을 결합할 수 없을까?

결합하기는 기존의 서로 다른 사물이나 현상을 결합시키는 과정에서 이루어지는 연상기법이다. 결합하기를 통해 이루어진 새로운 사물들은 기존의 관념을 해체하고 새로운 관념을 만들어 간다. 결합하기를 통해 이루어진 일상의 사례로 '지우개 달린 연필'이 있다. 오래 전에 만들어진 연필은 지우개가 달려 있지 않았다. 그런데 서로 분리되어 있는 지우개와 연필을 결합시키자 지우개 달린 연필이 생산되었다. 결국 이 물품은 자주 잃어버릴 수 있는 단점을 보완하면서 사용의 편리함을 동시에 제공하였다. 이 외에도 미국의 ○○사의 햄버거는 미국인들이 야채와 고기와 빵을 따로 먹던 문화를 함께 먹는 문화로 바꾸어 놓은 대표 사례이다. 점점 빠르게 돌아가는 세상의 움직임에 맞추기 위해 맥도널드는 미국인의 음식 문화를 바꾸어 사업적으로 성공하였는데 이때 활용된 사고방식이 바로 결합하기이다.

결합하기의 예로 무엇이 있을까?

....

....

....

③ 적용하기(adapt)

어떻게 적용할 수 있을까?

적용하기는 기존의 사물이나 현상을 새로운 상황과 조건 속에 맞추려는 과정에서 이루어지는 연상기법이다. 가령 자동차는 눈이 많이 내리는 겨울에 운행하기가 쉽지 않다. 사고가 많이 나고 이동의 불편함이 많다. 그런데 이를 해소하기 위해 '스노타이어'가 등장했다. 그 결과 겨울철에도 안전하게 운전할 수 있는 유익함을 가질 수 있게 되었다. 또한 산에서도 무리 없이 자전거를 탈 수 있는 산악용 자전거도 대표 사례이다. 산악자전거는 높거나 울퉁불퉁한 산을 오르내릴 수 있도록 적용하기를 활용하여 기존의 자전거 형태와 방식을 변경하였다.

적용하기의 예로 무엇이 있을까?

....

....

....

④ 수정하기(modify)

색, 모양, 형태를 어떻게 바꿀 수 없을까?

수정하기는 기존의 사물이나 현상을 수정하는 과정에서 이루어지는 연상기법이다. 가령 '컬러 콘택트렌즈'는 기존의 보는 것을 우선으로 하는 '렌즈'의 성질을 아름다움을 표현하는 형태로 변경하였다. 아름다움을 과시하고 표현하기 위해 '컬러 콘택트렌즈'는 이제 널리 사용되고 있다.

수정하기의 예로 무엇이 있을까?

⑤ 다르게 활용하기(put to other uses)

다른 용도로 활용할 수 없을까?

다르게 활용하기는 기존의 사물이나 현상을 다르게 사용하거나 용도를 변경하는 과정에서 이루어지는 연상기법이다. 가령 '재활용 쓰레기'를 수거하는 것이 이에 해당한다. 다시 사용할 수 있는 물품을 수거하여 새로운 물품으로 탄생시켜 다시 활용한다. 요즘 살림의 여왕들은 재활용품을 잘 활용하여 새로운 가정 물품으로 변형시켜 여러 가지 경제적 시너지 효과를 얻어 내고 있다. 폐교나 폐광 그리고 못 쓰는 항공기나 배 등이 작업실이나 레스토랑 등의 모습으로 탈바꿈하여 사용되는 것도 흔한 사례이다.

다르게 활용하기의 예로 무엇이 있을까?

⑥ 제거하기(eliminate)

무엇을 삭제하거나 떼어낼 수 없을까?

제거하기는 기존의 사물이나 현상을 제거하는 과정에서 이루어지는 연상기법이다. 가령 나무로 만들어진 연필에서 나무를 제거하여 플라스틱 연필이나 심지어 샤프 펜슬이 만들어졌다. 요즘 연필은 나무뿐만 아니라 여러 가지 다양한 재료로 만들어지고 있다.

제거하기의 예로 무엇이 있을까?

❼ 거꾸로 하기(reverse)

거꾸로 놓으면 어떻게 될까?

거꾸로 하기는 기존의 사물이나 현상을 '거꾸로' 혹은 다른 각도와 방식으로 바라보고 다루고자 하는 과정에서 이루어진 연상기법이다. 대표적인 예로 1990년대 서태지와 아이들이 옷을 거꾸로 입고 노래를 부르며 등장한 사실이 있다. 서태지와 아이들은 상표를 드러내는 것을 꺼려했던 기존의 관념을 과감히 변경시켜 상표를 드러내는 문화를 형성하는 데에 일조하였다. 요즘 자신감을 드러내기 위해 상표를 드러내는 것은 흔한 현상이 되었다. 거꾸로 하기는 기존의 사물이 갖고 있는 관념을 변경시켜 나갈 수 있는 장점을 지닌다.

➡ 거꾸로 하기의 예로 무엇이 있을까?

....

....

....

스캠퍼(수정하기)

자신이 좋아하는 노래 가사의 한 소절을 적어 보자.

위의 노래 가사를 바꾸어서 불러 보자.

PMI

PMI는 플러스, 마이너스 사고방법이다. 어떤 문제에 대하여 긍정적인 면과 부정적인 면을 생각해 본 후 이익이 되는 점을 찾아내는 방법이다.

Plus(좋은 점) 되는 부분을 먼저 생각하고 다음에 Minus(나쁜 점) 되는 부분을 생각한다. 마지막으로 Interesting(흥미 혹은 이익이 되는 점) 되는 점을 생각한다.

플러스식 사고법은 자신감과 희망을 주는 데에 비해, 마이너스식 사고법은 주변의 것들에 대해 고마움과 신중함을 길러 준다(인성교육과 국어교육, 110쪽).

- 플러스식 사고법
  내가 부자가 된다면....
  내가 유명한 스타가 된다면...
  멋진 집을 갖는다면...

- 마이너스식 사고법
  내일 전쟁이 일어나 모두 죽는다면...
  내가 불치의 병에 걸린다면...
  내가 갑자기 소인이 된다면...

하는 형태의 사고법과 함께 다음과 같은 형태로 사고가 이루어진다.

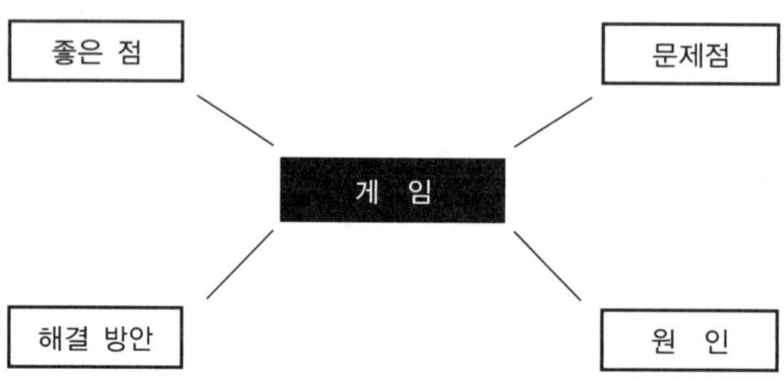

[그림 2-11] PMI의 사례

위의 사례를 가지고 PMI를 생각해 보자. 요즘 많은 사람들이 게임을 하고 있다. 물론 여기서 말하는 게임은 인터넷에서 주로 행해지는 온라인 게임을 의미한다. 게임은 많은 사람들이 좋아하는 데에도 불구하고 사회적 파장을 일으키며 문제를 일으키고 있다. 게임의 폐해를 해결하기 위해서는 우선 PMI에 근거한 사고의 과정이 필요하다.

우선 게임의 좋은 점을 이야기해 보자. 재미있다, 신이 난다, 시간 가는 줄 모른다, 스트레스 해소가 된다 등등의 사고가 연상될 것이다. 좋은 점이 열거되었으면 문제점을 지적해 보자. 게임은 중독된다, 다른 일을 할 수 없게 만든다, 과도하게 치중한 결과 병을 얻는다, 돈을 낭비한다 등등이 있다. 그런데 이러한 문제점이 있는 데도 불구하고 왜 게임을 하는 것일까? 게임 중독성의 원인은 무엇일까? PMI 사고 과정에서는 이 부분이 중요하다. 중독될 만큼 게임이 재미가 있게 만들어졌고 재미있게 만들기 위해 게임 개발업자는 장시간 몰두할 수 있는 게임 기법을 개발했을 것이다. 문제는 상업성을 추구하는 과정에서 게임의 윤리나 도덕성을 배제하는 절차가 진행될 수도 있다. 또한 게임에만 몰두하는 게이머의 상태도 문제이다. 현실을 배제하고 게임만을 추구하면서 스스로 조절할 수 있는 능력을 상실해 버린 자신에게도 문제가 있다.

게임 중독 때문에 일상과 학습 생활에 문제가 생기는 사람들도 많이 있는 것이 현실이다. 계속 방치하면 사회적 문제가 될 수 있으므로 이를 근본적으로 해결해야 한다. 그 방안으로서는 여러 가지가 제시되고 고려되어야 한다. 게임을 하는 게이머, 게임업자 등의 심리적 상태와 현실적 상황들이 조절되어야 비로소 해결될 수 있다. 다른 예로 대기오염의 주범으로서 자동차의 경우 이러한 문제해결 과정에서 전기나 열을 바탕으로 달릴 수 있는 대체 자동차가 생산되고 있다.

발문 만들기

질문 생성을 하는 사고방법이다. 질문하기는 주변에 대한 통찰과 호기심에서 비롯된다. 흔한 일상의 일들과 사실에 대해 의문을 가지고 질문을 해 나가는 과정을 통해 사고의 확대가 이루어진다. 사소한 것들에 대해 의심을 갖고 질문을 해보자. '저건 무엇이지?', '왜 저렇게 생겼지?', '왜 저렇게 움직이지?' 등등 구체적인 질문의 대상을 상정해 놓고 의미를 탐색해 보자. 소설이든, 영화이든, 무엇이든 간에. 대상에 대한 내용 이해를 위해 질문을 하면 그 과정 속에서 사고가 확대되고 창의력을 획득할 수 있다.

발문을 하기 위한 대상은 독서물이든, 영상물이든 혹은 주변의 사소한 어떤 것이든 간에 그 범위는 매우 다양하다. 대상이 무엇이든지 호기심을 가지고 발문을 하는 습성을 길러야 한다.

발문하기는 다음과 같은 방식으로 유도되면 좋다.

우선, 대상과 관련한 내용 이해를 묻는 질문의 과정에서 사고를 확대하는 형태로 나아가야 한다. 이해를 위한 질문 그 자체로만 끝나버리면 사고의 확장을 이룰 수 없다. 또한 사고가 확대됨에 따라 창의력의 신장이 동시에 이루어져야 한다. 사고의 확대라는 것은 이해의 차원에서 창조의 차원으로 나아가는 것을 의미하기 때문이다. 그러나 진정한 발문은 질문자와 질문에 응답하려는 자인 '나'를 변화시키는 형태로 나아가야 한다. 발문의 본질과 목적은 질문과 대답의 과정을 통해 '나'를 이해하고 변화시키는 데에 있기 때문이다.

가령 미야자키 하야오가 만든 애니메이션 영화 <센과 치히로의 행방불명>을 가지고 발문을 해보자. 일차적으로 내용 이해를 위해 발문할꺼리들은 많다. 왜 센과 치히로인가? 센과 치히로는 다른 사람인가? 같은 사람인가? 이것이 이해를 위한 차원에서 발문되었다면 탐색이 필요할 것이다. 알아보니 동일 인물이었다. 그렇다면 왜 이름이 두 개인 것인가? 이야기 과정에서 치히로는 마녀에게 이름을 빼앗긴다. 그래서 센이 되었다. 그런데 나중에 센은 치히로라는 이름을 찾는다. 이것이 의미하는 것은 무엇일까? 이러한 사실들을 탐색해 나가는 과정에서 영화에 대한 이해는 물론 감독이 전달하고자 하는 의미가 밝혀지고 이를 통해 질문자와 응답자 간에 자신을 이해하고 변화시키는 과정을 경험하게 된다.

발문은 이러한 형태로 진행되어야 한다. 평소에도 사소한 일상에서 특수한 사실에 이르기까지 발문의 훈련을 반복하고 계속하다 보면 사고의 확대와 변화를 이룰 수 있을 것이다.

TIP

발문은 대상에 대한 이해 질문에서 '나'를 발견하는 질문으로 진행하라.

창의적 사고 연습 1.

다음 그림은 완성되지 않았다. 이 그림을 잘 생각해 보고 완성하라. 그리고 완성된 그림에 대해 설명하라.

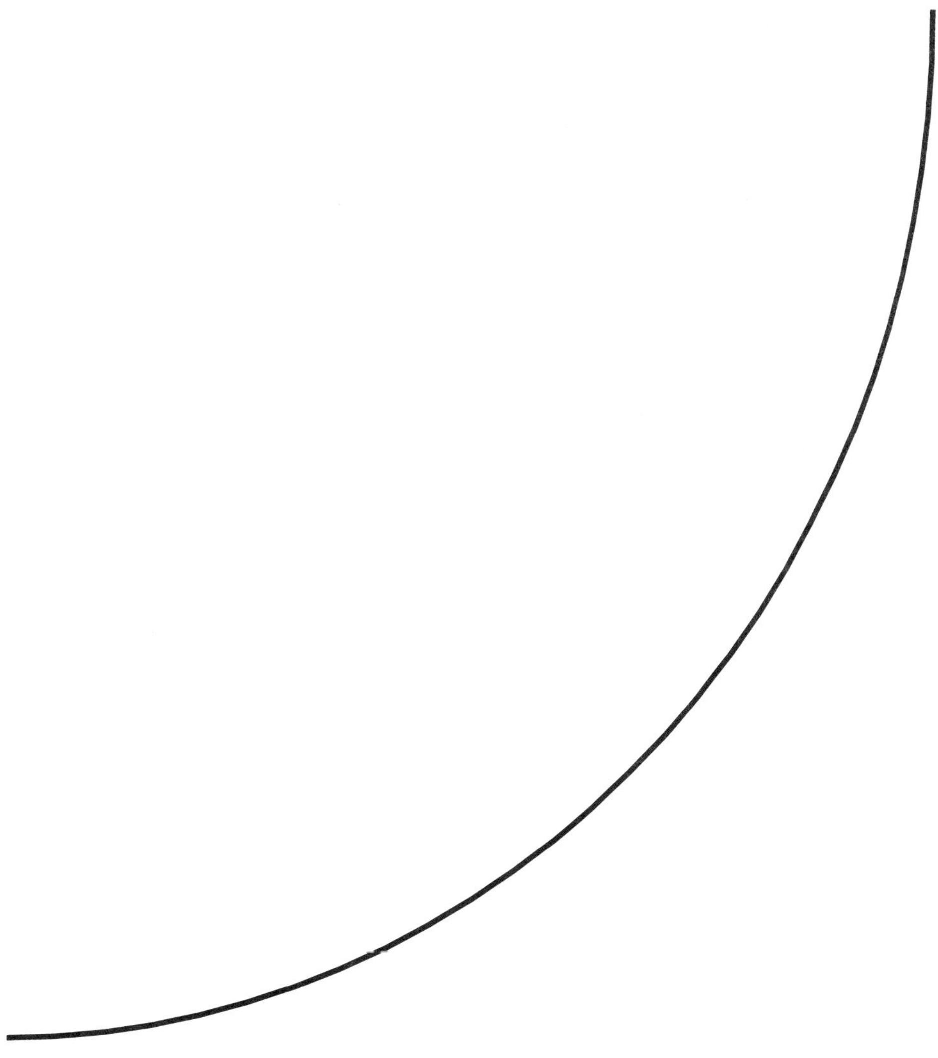

창의적 사고 연습 2.

다음의 이미지 사진들은 서로 관련이 없다. 이것을 보고 한 편의 스토리를 상상해 보라.

스토리:

창의적 사고 연습 3.

하루의 일과를 마인드맵으로 작성하여 일기로 기록하라.

일기 작성 사례

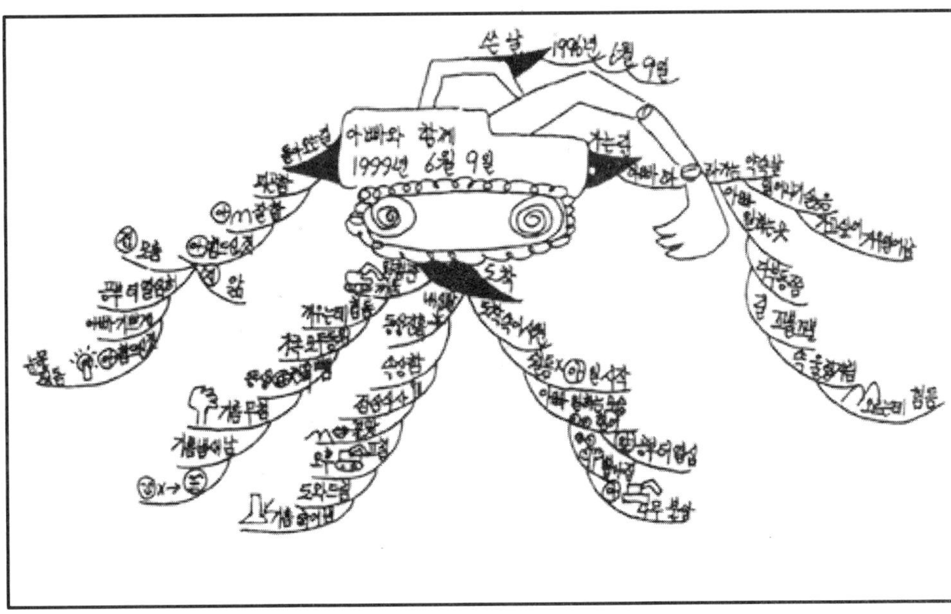

[출처: http://invent.nafree.net/mindmap.htm]

창의적 사고 연습 4.

1주일의 기간 동안 안 해 봤던 새로운 일이나 한 가지 일을 시도해 보라. 그리고 이에 대한 느낌, 경험을 문자, 그림, 이미지, 사진 등을 활용하여 창의성 일지를 작성해 보라.

창의성 일지

년 월 일

Part Ⅲ

실용적 글쓰기

3장. 자기소개서 및 이력서 작성하기

3장 자기소개서 및 이력서 작성하기

1. 자기소개서 작성하기

자기소개서의 개념

현대사회를 일컬어 자기 PR시대라고 하는 말은 더 이상 새로운 말이 아니다. 자기를 알린다는 것은 타인에게 자신을 드러내는 일에 국한되는 것이 아니라, 어떤 의미로는 생존 그 자체를 이르는 말이 되었다. 자기를 소개하는 일은 상급학교에 진학할 때, 유학을 가려고 할 때, 취업을 준비할 때, 취업 후 사회생활을 할 때 등등 우리가 외부 활동을 하기 위해서는 하나의 관문처럼 통과해야 한다. 이러한 과정을 지나가야 하는 이유는 과연 그 직무에 적합한 인물인가를 검증해 보는 첫 번째 절차이기 때문이다. 해당 직무에 필요한 인재의 수와 지원자의 수가 크게 차이 나지 않는다면 문제는 간단해진다. 그러나 현실은 지원자 수에 비해 일자리 수는 턱없이 적고 경쟁은 치열하다. 타인과 차별화하지 않고서는 치열한 경쟁 사회에서 살아남기란 생각처럼 쉽지 않은 일이다.

자기소개서란 결국 '나'는 어떤 사람인가? 라는 질문에 스스로에게는 물론 남에게 답하는 글이다. 나에 대해서 나보다 더 잘 알 수 있는 사람이 어디 있냐며 쉽게 쓸 수 있을 것 같지만 막상 종이를 펼쳐 들면 지금껏 내가 나에 대해서 이렇게 쓸 말이 없었나 하고 놀라게 될 것이다. 자기소개서는 단순히 자기에 대한 이야기를 두서없이 늘어놓는 잡문과는 질적으로나 형식적으로 차원이 다르다. 자기소개서는 나를 위한 글이 아니라, 타인을 염두에 두고 쓰는 글이다. 타인에게 읽힌다는 것은 이 한 편의 글로써 나라는 존재에 대해 한 장의 사진을 보이듯 구체적이고 사실적인 동시에 가장 멋진 모습으로 각인시킬 수 있어야 한다는 것을 의미한다. 결국 자기소개서는 나에 관한 가장 구체적인 사실에 입각한 기초 자료로서 기능을 하게 된다. 그러므로 개인의 인성(도덕성, 사회성), 가치관(세계관) 등을 풍부하게 기술하고, 면접할 때 면접관이 자기소개서를 토대로 추가 질문을 할 수 있음을 염두에 두고 작성해야 한다.

TIP

누구나 쓰는 뻔한 자기소개서를 보고 흥미를 느낄 면접관은 없다. 다른 지원자와 차별화된 나만의 색깔을 가져야 한다.

그렇다면 자기를 알리는 가장 효과적인 방법에는 어떤 것이 있는지 생각해 보자. 우선 상대방과 대화를 통해서, 옷차림처럼 외모를 통해서 알릴 수도 있다. 그러나 이러한 방법들은 이미 상대방과 내가 만날 수 있는 관계가 형성된 이후의 일이다. 그렇다면 아직 나에 대한 정보와 관심이 없는 상대방에게 나를 알릴 수 있는 효과적인 방법이란 무엇이 있을지 생각해 보자.

우선, 자기소개서를 왜? 요구하는지 상대방의 마음을 먼저 파악하라. 지피지기(知彼知己) 백전불태(百戰不殆)라는 말이 있듯이, 상대방의 의중을 정확하게 안다는 것은 승리를 향한 첫 걸음이다. 나에게 '왜? 스스로를 소개하라고 하는지' 입장을 바꾸어서 생각해 보라. 그리고 나서 이 글을 통해서 무엇을 알고 싶어하는지 면접관의 입장에서 생각해 본다면 의외로 답은 쉽게 구체적으로 떠오를 수 있다. 면접관은 자기소개서를 토대로 나에 대한 첫인상을 결정할 것이며, 지원자에 대해서 더 알아볼 것이 있는지, 없는지를 판단할 것이다. 면접관에게 흥미와 호감을 느낄 수 있도록 자기소개서를 작성해야 한다. 자기소개서를 읽는 상대방이 기대하는 내용을 충실하게 작성함으로써 자신에 대한 정보는 물론 신뢰감을 심어줄 수 있어야 한다.

자기소개서의 목적 및 필요성

자기소개서가 '나'는 어떤 사람인가? 라는 질문에 스스로에게는 물론 남에게 답하는 글이라면 최대한 구체적으로 자신에 대한 정보를 제공할 수 있어야 한다. 자신에 대한 정보 중 서류상 객관적으로 드러나는 사실을 다시 연대기순으로 나열한다면 굳이 자기소개서를 따로 제출할 이유가 없을 것이다. 면접관은 개인의 역사를 알고 싶은 것이 아니라, 다양한 경험을 하면서 어떻게 한 인간으로서 성숙하고, 지원 분야와 관련한 경력과 능력을 쌓았는지에 관한 좀더 실감나는 사실을 확인하고 싶은 것이다.

그러므로 자기소개서는 나만이 알고 있거나, 밝힐 수 있는 나에 관한 이야기를 담고 있어야 한다. 동료의 경력이 아무리 화려하고 부럽다 하더라도 흉내내거나 거짓을 써서는 안 된다. 알맹이 없는 사실을 허구적으로 만들지 말고 가장 솔직하면서도 나를 드러낼 수 있는 이야기를 써야 한다.

자기소개서를 작성하면서 염두에 두어야 할 것은 자신에 관한 객관적인 사실을 적고 있지만, 자기소개서는 단순히 정보만이 담기는 것이 아니라, 자신의 생각과 삶의 태도 등이 묻어난다는 사실이다.

자기소개서를 작성하면서 선택한 어휘나 서술태도는 작성자의 글쓰기 능력뿐만 아니라 가치관과 전인적인 면모가 담기기 마련이다. 그러므로 한 편의 글 속에 지금까지 자신이 살아 온 인생이 고스란히 드러난다고 전제한다면 자기소개서 한 편 쓰는 일이 그리 만만하지 않은 일임에 틀림없다.

다시 말하지만 자기소개서에 담아야 할 내용은 이미 알고 있는 사실의 서술형 답변이 아니다. 자기소개서를 쓰는 사람의 감추어진 혹은 드러나지 않은 내면을 확인하는 절차임을 기억해 두자.

자기소개서의 평가 요소

❶ 지원자의 성격과 인생관

가정생활, 학교생활, 친구 관계 등 일상과 관련된 일을 표현하는 가운데 성실성, 책임감, 창의성 등을 평가한다. 이때 평가 대상은 보이는 사실 그 자체보다 있었던 일화를 통해 파악되는 지원자의 인성적인 부분이다. 가령 '저는 모든 일에 끝까지 책임을 지는 성격입니다.'라고 쓴다고 그 말을 곧이곧대로 믿지 않는다는 말이다. 오히려 자기가 맡은 일을 최선을 다해 완수했던 일화가 있다면 그 이야기를 소개하는 가운데 자연스럽게 지원자의 성격과 인성을 짐작할 수 있도록 유도할 수 있다. '많은 사람들이 지하철에서 껌을 파는 어르신들을 보며 자꾸 껌을 팔아주면 안 된다고 말하지만 저는 막상 그분들의 눈과 마주쳤을 때 차마 외면할 수 없어서 어떤 날은 제 가방에 몇 개의 껌이 들어 있기도 합니다.'라는 글은 지원자의 따뜻한 심성을 짐작할 수 있다.

❷ 지원 동기와 장래성

지원 분야에 대한 뚜렷한 지원 동기, 업무와 관련한 목적의식, 업무에 대한 전문성과 발전 가능성을 평가한다. 지원자의 장래성은 결국 회사의 미래와 직접 연결될 수밖에 없으므로 현재 조건보다 오히려 지원자의 미래를 중요하게 생각한다. 이때 지원자의 미래는 단순히 업무적인 능력만을 보는 것이 아니라, 이 사람이 우리 회사에 얼마나 오랫동안 다닐 것인지도 포함된다. 인재 한 사람을 숙련시키기 위해서 들어가는 교육비가 상당액이 되기 때문에 우리 회사에서 교육받은 것을 경쟁 회사에서 활용하길 기대하는 입사담당자는 없을 것이다. 당장의 합격 여부는 물론 앞으로 지속적으로 함께 할 것이라는 의지의 표현은 상대방에게 긍정적인 영향을 미칠 수 있다.

❸ 지원 업무 관련 전문성

지원 분야 업무의 전문성 여부는 당락을 가르는 가장 핵심적인 요소이다. 아무리 인간성이 좋고, 인화 단결력이 좋다고 하더라도 믿고 맡길 만한 전문 분야가 없다면 선발할 수 없다. 자기소개서의 가장 기본적인 사항은 지원 분야와 관련한 적임자라는 사실을 상대방에게 납득시키는 일이다. 현대 조직사회에서 필요로 하는 인재란 두루뭉수리 이것저것 조금씩 다 할 줄 알고, 의욕만 앞선 사람이 아니다. 자기 전문 분야에서만큼은 다른 사람과 차별화시킬 수 있는 경쟁력을 갖추고 있어야 한다. 한 기업의 흥망성쇠는 뛰어난 인재의 손에 달려 있다고 해도 과언이 아니다. 구성원의 뛰어난 업무 수행 능력은 개인의 미래는 물론 집단의 미래와 연결되어 있기 때문에 면접관은 몇 마디의 말에 현혹되거나 판단을 하지 않는다. 자기소개서의 가장 큰 경쟁력은 실력이라는 사실을 잊어서는 안 된다.

TIP

인사담당자 점검 포인트

1. 지원 분야에 맞는 실력을 갖추고 있는가?
2. 업무에 쉽게 적응할 수 있는가?
3. 성격은 어떠한가?
4. 소신과 주관이 있는가?
5. 사고력, 창의력, 개성이 있는가?

자기소개서 작성 태도

상대방이 나의 무엇에 관심을 두고 있는지 파악했다면 이제 자기 자신을 점검할 차례다. 자기소개서를 작성하기 위해서는 철저하게 이 글을 읽을 사람이 누구인지 알고 써야 한다. 자기소개서를 읽게 될 사람들은 이미 내가 지원한 집단에 익숙하고, 중심에 있는 사람들이다. 이들에게 나를 가장 효과적으로 알릴 수 있는 방법을 생각해 보자. 이미 제출한 서류들을 통해 나에 대한 기본적인 사실은 알고 있는 상태에서 다시 중언부언한다면 나를 흥미롭게 생각하지 않을 것이다. 서류에 담을 수 없었지만 나의 진면목을 보여줄 수 있는 사실을 모아 보자. 모아진 자료는 가치 있는 자료와 그렇지 못한 것으로 나누고 무엇을 중심에 둘 것인지 정한다.

자신에게 솔직하라.

거짓은 결국 단계적 심사과정에서 다 드러나기 마련이다. 오히려 단순하고 솔직한 말이 상대방의 마음을 움직일 수 있다. 자신에게 솔직하지 못하면 진실을 말할 수 없다. 진실은 상대방에게 감동을 주는 법이다.

- **상대를 속이거나 과장하지 마라.**
  거짓은 어떻게 하든간에 결국 드러날 것이다. 오히려 과장해서 사실이 밝혀지면 상대방이 실망하게 될 것이다. 지금 그대로의 자신을 전략적으로 소개하라. 중요한 것은 딱 맞는 포장과 진솔한 내용이다.
- **과거보다 현재를, 현재와 함께 미래의 발전 가능성을 강조하라.**
  면접관이 오늘 뽑고자 하는 인재는 당장 현장에 배치할 수 있을 뿐만 아니라 회사의 미래를 이끌어 갈 사람이다. 그러므로 지금 가시적인 수치만을 염두에 두지 않는다. 오히려 불확실한 미래를 함께 할 수 있고 발전 가능성이 높은 인재를 원한다. 사실 영어 몇 점, 학점 몇 점, 몇 가지의 자격증이 그 사람의 실력을 다 보여줄 수 없는 노릇이다. 그래서 역설적이지만 객관적으로 드러난 사실이 아닌 자신만이 알고 있는 잠재성을 밝힐 수 있는 기회를 제공하는 것이다.
- **지원하는 일과 직접 관련 있는 에피소드 중심으로 기술하라.**
  단순히 다양한 경력의 소유자보다 앞으로 할 일과 관련한 풍부한 경험이 경쟁력을 좌우하게 된다. 기업체에서 원하는 인재는 그 분야의 전문인력이다.
- **자신에 대해 소개할 내용과 뺄 내용을 정확히 구분하라.**
  하나마나한 이야기는 글을 지루하게 만들 뿐이다. 수많은 지원자의 자기소개서를 읽고 있는 기업체의 담당자는 유사한 형식과 비슷한 경력을 가진 수많은 글을 읽고 있는 중이라는 사실을 상기하자.

자기소개서 작성방법

자기소개서를 쓰는 일에 대해서 흔히 자신에 관한 생각과 경력을 쓰면 되니까 빠르게, 잘 쓸 수 있으리라 착각하는데 말 그대로 그것은 착각이다. 상대방에게 나를 각인시킬 만한 자기소개서를 쓴다는 것은 고도의 전략과 충분한 시간을 확보해야 함을 의미한다. 왜냐하면 자기를 잘 소개하기 위해서는 나에 대한 다양한 정보를 수집해야 하고, 수집된 정보는 필요에 따라 분류되어야 한다. 분류된 자료는 지원하는 분야에 맞게 요구하는 형식을 갖춰서 다시 구성해야 한다. 이렇게 구성된 자료는 직접 하나하나 문장으로 다듬어져야 하는데 이 과정이 생각하는 것처럼 단순한 일이 아니다. 그러므로 자기소개서를 쓰기 위해서는 치밀한 계획과 자료 정리가 선행되어야 한다. 자기소개서를 인상적이고 충실하게 작성하기 위해서는 다음과 같은 점을 유의해서 작성해야 한다.

❶ 시간적 여유를 갖고 내용을 충실하게 쓴다

서류 제출 시간에 임박해서 쓴다면 결코 좋은 자기소개서를 쓸 수 없다. 시간 나는 대로 틈틈이 써 두는 것이 중요하며, 시간적 여유를 갖고 초고를 작성해 여러 번 수정・보완과정을 거친 후 완성하고, 독창성과 진실성이 드러나도록 쓰는 것이 중요하다. 다 쓴 다음에는 자신의 생각이 충분히 드러났는지, 중복된 내용은 없는지 되풀이하여 읽고, 수정해야 한다.

❷ 자신의 개성이 드러나도록 쓴다

자신의 특성을 소개하는 글인 만큼 자신의 개성이 배어 있는 글을 쓰는 것이 중요하다. 긍정적이고 밝은 내용을 통해 적극적으로 자신을 홍보하되 과장 없이 진솔하게 작성한다. 자신의 장·단점을 솔직하게 드러내면 오히려 상대방에게 호감을 줄 수 있다. 그렇다고 치명적인 결점을 밝힐 필요는 없다. 자신의 결점은 이미 알고 있고 개선의 노력을 기울여서 상당 부분 긍정적으로 개선된 사항이라면 밝혀도 좋다.

❸ 간결하고 정확하게 쓴다

자신을 정확하게 평가하여 논리적 일관성을 유지하고, 간결한 문체의 단문을 사용하는 것이 좋다. 지나친 수사법을 사용한 현학적 표현이나 추상적 표현을 사용하면 역효과가 난다. 문장이 길어지면 초점이 흐려지고 산만해 보인다. 이때 적확한 어휘의 선택은 글의 신뢰성을 높일 수 있다.

❹ 객관적이고 구체적으로 쓴다

막연하게 연대기순으로 사실을 나열할 것이라면 구태여 자기소개서를 쓸 필요가 없다. 현재의 자신을 설명할 수 있는 구체적인 일화, 사례를 중심으로 하여 자신을 객관적으로 평가받을 수 있도록 기술하는 것이 좋다. 지나치게 주관적이고 배타적인 표현은 삼가고, 포용적이고 긍정적인 면을 부각시키도록 한다. 일화를 중심으로 내용을 구성하는 것은 읽는 사람으로 하여금 구체적인 이해를 돕기 위해서이다.

❺ 지원 분야, 업무와 관련된 내용을 중요도순으로 쓴다

지원 분야와 업무의 특성에 맞는 내용 위주로 써야 한다. 자기소개서는 지원 분야에서 필요로 하는 자질과 능력이 있는 인재인가를 확인하는 절차이다. 각 기업체에서 요구하는 인재상은 조금씩 다르다. 이때 가장 적합한 인재에 대한 정보는 객관적인 사실만으로는 충분치 않다. 그래서 개인에게 자신을 소개할 수 있는 기회를 제공하는 것이다. 자기소개를 한다고 할 때 무엇을 알릴 것인가 다시 한 번 고민해 보라.

자기소개서에 담아야 할 내용

자기소개서는 이력서나 보고서가 아니다. 자신의 장점, 매력, 개성을 압축적으로 보여주어야 하며, 무미건조한 사실을 나열하는 것은 피해야 한다. 자기소개서의 양은 일정하고 많지 않기 때문에 오늘의 나를 만든 토대에 대한 이야기를 위주로 하여 핵심적이고 인상적인 이야기를 전달하는 데 초점을 맞추어야 한다.

❶ 자신의 장점과 단점(특기, 적성, 능력)

"제가 자랑할 만한 특기는 이런 것입니다, 제 취미는 이렇습니다, 저는 미래를 위해 이런 준비를 해 왔습니다." 등을 담고 있어야 한다. 이때, 자신의 장점만 자랑하지 말고 단점에 대한 개선 의지와 노력을 보여 줄 때 강한 인상을 심어 줄 수 있다.

❷ 학창시절 학업 이외 활동

학생회 활동, 교내·외 활동, 동아리 활동, 봉사 활동, 좋아하는 분야, 각종 자격증과 수상 경력, 기타 자기를 표현하기에 알맞은 내용을 일화 형식으로 소개하여 사실성을 높이는 것이 효과적이다.

❸ 성장 과정에서 겪었던 위기, 좌절, 성장의 계기

자신에게 미친 긍정적인 영향이나 어려움의 극복 과정은 상대방에게 신뢰를 얻을 수 있다. 유년기의 체험, 기억에 남는 일, 영향을 준 인물, 사건 등을 통해 "저는 이런 사람의 영향을 받았습니다. 저는 이런 체험을 통해 이런 깨달음을 얻었습니다."라고 써야 한다.

❹ 감명 깊게 읽은 책

감명 깊게 읽은 책은 면접에서 단골로 활용되는 부분이다. 고전 작품이나 학과의 전공과 관련된 책에서 배운 교훈, 책에서 얻은 자극과 동기를 소개하는 것이 좋다. 내로라하는 기업의 CEO들이 이구동성으로 독서의 중요성과 독서를 통해 미래를 준비하고 있다고 말하는 점에 귀 기울일 필요가 있다. 이미 자기 분야에서 성공한 사람들이 직접 관련이 없는 독서를 왜 끊임없이 강조하는지 생각해 보라.

❺ 지원 분야와 직접 관련이 있는 경험과 비전

기업체의 입장에서 자기소개서를 통해 가장 알고 싶고, 관심을 갖는 부분이다. 지원 동기에는 확고한 신념과 의지가 표현되는 것이 무엇보다 중요하다. 지원 분야 선택에 중요한 계기가 되었던 인물, 사건, 서적 등을 밝히되 논리적이어야 한다. 감정적으로 무조건 잘 하겠다, 준비된 인재라고 말해봤자 구체적인 사실이 입증되지 않으면 아무 의미 없는 것이다. 단순히 경험의 실례를 나열하지 말고, 깨닫게 된 바를 중심으로 기술하라.

자기소개서 작성방법 및 실제

성공한 자기소개서, 실패한 자기소개서

자기소개서를 쓰기 전에 앞으로 작성할 글의 성격과 유의사항을 숙지해야 한다. 또한 기술할 내용에 관한 풍부한 자료를 우선 작성해 보면 자기소개서를 짜임새 있고 알찬 글로 만들 수 있다. 자기소개서를 요구하는 상대에 따라 요구하는 형식과 내용이 조금씩 다를 수 있으므로, 예시 글을 단순히 모방하지 말고 요구사항에 맞게 작성해야 한다.

TIP

전략적인 자기소개서 작성 10계명

1. 시작은 지원 동기부터 두괄식 형태로 작성할 것
2. 입사 지원 동기는 구체적이고 확실하게 전달할 것
3. 소박하되 진실되게 작성할 것
4. 지원 기업에 맞는 '맞춤 소개서'를 작성할 것
5. 문장 및 표현은 일관성 있게 작성할 것
6. 내용의 분량은 적절하게 기술할 것(A4용지 2장 이내)
7. 수사적인 표현과 진부한 표현은 자제할 것
8. 전문용어는 피하고 약자는 사용하지 말 것
9. 자신의 열정과 정성을 전략적으로 표현할 것
10. 잘 쓰려고 노력하기보다는 솔직하게 쓰려고 노력할 것

성공적인 자기소개서를 작성하기 위해서는 지원하는 분야에 대한 정보를 정확하게 파악해야 한다. 지원 분야에 대한 업무적 특성에 관한 정보, 그 분야에서 필요로 하는 능력과 자질은 무엇인지 알아야 한다. 또한 지원 분야에 대해 장래전망에 관한 정보와 발전 가능성도 예측할 수 있어야 한다. 왜냐하면 자신이 지금 하고자 하는 일에 대해 좀더 미래지향적인 포부도 포함되어야 하기 때문이다.

자기소개서를 효과적으로 작성하기 위한 전 단계로 자신에 대한 기초자료 조사를 작성해 보는 방법도 권할 만하다.

기초자료 조사표

- 기억에 남는 일화(구체적인 사건) – 깨달은 점
- 자랑할 만한 가정 내 이야기, 부모님, 형제 관계의 특이 사항
- 가훈, 자신의 생활신조, 좌우명
- 자신이 꿈꾸는 삶 – 장래 희망, 포부
- 내가 가장 존경하는 인물과 그 이유
- 내가 가장 좋아하는 글귀와 그 이유
- 내가 가장 감명 깊게 읽은 책과 그 이유
- 내 인생에 가장 영향을 많이 준 일, 인물, 책, 선생님
- 교내 활동 및 교외 활동 – 동아리 및 교회, 사회단체, 봉사활동 등

남과 다른 경험이나 생각을 정리한 후 의미 있는 일들을 중심으로 자신의 생각을 정리해 보자. 자신만의 개성을 드러낸다는 것은 인생을 독특하게 살아왔다는 것을 의미하기보다는 자신만의 독특한 관점과 의미화 과정에 더 가깝다.

자신에 대한 다양한 정보를 규범적으로 평가하지 말고, 지금 하고자 하는 일과 연결지어 집중화해야 한다. 결국 자기소개서란 자신이 한 분야에 적합한 준비된 인재라는 사실을 상대방에게 인식시키는 과정이다. 자신이 제출한 자기소개서를 읽고 나에 대한 호기심과 함께 일해 보고 싶다는 생각이 들도록 해야 한다.

자기소개서 서식

성장 과정	
본인의 성격 및 장 · 단점	
교내 · 외 활동사항	
지원 동기	
입사 후 포부	

년　　월　　일　작성자　　　　　(인)

성공한 자기소개서의 유형들

❶ 자신만의 삶에 의미를 부여하라

자기가 성장한 고장에 대한 이해와 장점을 살려서 다른 사람과 똑같은 곳에 살았어도 나에게는 특별한 의미를 가진 곳임을 밝혀서 기술하라. 잘사는 동네냐, 도시냐, 지방이냐는 중요하지 않다. 그곳에서 어떻게 성장하고 지금의 나에게 어떤 영향을 끼쳤는지 적어 보자. 가족관계 중 대가족이 함께 산다든지, 혼자 일찍부터 가족과 떨어져 살았다든지 하는 특별한 점이 있다면 좋은 소재가 될 수 있다.

> 아름다운 시절이었습니다. 서울의 북쪽 북한산 기슭에서 태어난 것은 제 아름다운 시절의 시작이었습니다. 여름 장마 때마다 넘치는 물이 너무 좋아 조선조 어느 임금님께서 수유(水流)라 이름 붙이셨다고 합니다. 지금까지도 가장 절친한 친구라 생각하는 제 쌍둥이 동생 ○○와 함께 태어난 것은 제 생애 가장 큰 행운이었습니다.

❷ 전공과 관련된 자신의 철학을 밝혀라

언제부터 전공 분야에 관심을 가지게 되었고, 왜 선택하게 되었는지 과정을 생각해 보고 지원하려는 분야의 특성에 맞게 논의를 펼쳐 보자. 자신만의 철학이 있다면 그것을 밝히는 것도 좋다. 다만 감정적으로 접근해서는 곤란하다.

> 건축을 공부하면서 느낀 가장 소중한 것은 인간과 역사입니다. 다양한 건축 흐름 속에서도 변하지 않는 것은 인간에 대한 배려이고, 인간에게 있어서 우주적인 사고를 공유할 수 있는 이유는 공유하고 있는 역사의 존재에 있다고 생각합니다.
>
> 대학 진학으로 처음 접한 도시는 낯설었습니다. 그래서인지 건축을 통해 배워야 하는 도시의 감각을 느끼기에는 어려움이 많았습니다. 그 힘겨움 속에서 도시는 건축 행위 대상이 아니라 인간이 살아가고 있는 삶의 장소라는 걸 깨달았고, 그로 인해 넓은 시야를 가지고 세상을 볼 수 있었습니다.

❸ 경력을 구체적으로 소개하라

객관적으로 증명할 수 있는 사실을 중점적으로 써라. 경력사항이 아무리 거창해도 지원 분야와 동떨어진 내용이라면 과감히 빼야 한다. 이것저것 다해봤다는 식의 경력은 아직도 자기만의 분야가 없는 것으로 보일 수 있다. 경력사항 중 앞으로 할 일과 긴밀한 관련이 있는 경력 중심으로 써야 한다.

Technical writer로서 각종 technical 영어 문서를 작성하여 PACS의 FDA 인증을 받는 데 기여했습니다. 당시 국내에서 PACS 업종 최초로 FDA 인증을 받는 과정에 선례가 없어 어려움을 겪었으나 미국 FDA 인증에 필요한 내용과 구성을 수립하여 국내 최초로 PACS의 안정성을 증명하여 FDA 인증을 받았습니다.

❹ 지원 동기와 포부를 밝혀라

어쩌면 지원하는 집단에서 가장 궁금하고, 꼼꼼하게 확인하고자 하는 부분이 지원동기와 앞으로의 포부일 것이다. 왜냐하면 지원자가 당장의 합격을 목표로 하고 있는지 지속적인 성장과 발전이 가능한지 확인할 수 있기 때문이다. 당장 들어와서 업무를 잘 해결하는 것도 중요하지만 짧게 경력과 교육만 받고 다른 곳으로 이직한다면 피해가 클 수 있기 때문에, 장기적으로 함께할 수 있을 것인지에 대한 판단은 중요한 사항이다.

발로 뛰는 영업맨, 귀사의 이미지는 젊음과 신선함입니다. 젊은 분위기를 내세워 비약적으로 성장했습니다. 이제 한 단계 더 도약하려면 시장을 정확하게 분석하고 고객에게 친근하게 다가가는 인재가 필요합니다. 귀사의 제품을 세계에서 가장 잘 팔리는 물건이 되도록 하기 위해 발로 뛰겠습니다.

❺ 지원 대상에 대한 애정을 확인시켜라

자신이 지원하기 전부터 관심을 가지고 있었고, 잘 알고 있다는 것을 강조하라. 지원회사의 기업 정신, 대외적인 업적, 지도자에 관한 자료 등을 활용해서 자신의 애정을 밝힐 수 있어야 한다. 이는 단순히 무조건 좋다고 하는 것이 아니라, 자신의 이상과 얼마나 잘 맞아떨어지고 좋은 동반자가 될 수 있는지 알린다.

❻ 각 항목에 알맞은 제목을 붙이자

각 항목에 담아야 할 내용이 비슷하다면, 제목으로 승부를 걸어 보자. 단순히 '성장과정'을 이야기하는 것과 자기 삶을 의미화하여 함축적인 제목을 붙여 글의 핵심을 살리는 것은 차이가 날 수밖에 없다.

❼ 동영상을 활용하라

최근 들어 자기소개서를 제출하는 방법이 다양화되고 있는데, 그 중 가장 대표적인 것이 동영상 UCC 제작이다. 인터넷 기업, 통신사와 같이 매체 활용이 주업무인 기업체의 경우 인턴사원의 자기소개서를 동영상 UCC로 접수받아 선발에 활용한다.

인터넷 기업과 통신사 등은 직원의 열정과 창의성에 기업의 흥망성쇠가 달려 있는 상황에서 최근의 트렌드를 반영한 동영상 UCC 자기소개서는 지원자의 끼와 열정, 창의성을 동시에 확인할 수 있는 새로운 인재 발굴 방법이 될 수 있다.

취업 관련 포털에서 250여 개의 기업체 인사 담당에게 '조건이 같으면 문서 이력서보다 동영상 UCC를 이용한 지원자를 선호하는가'를 질문한 데 대해 62.8%가 '그렇다'고 답했다고 한다. 인사담당자들이 동영상 UCC 영상을 선호하는 이유는 '지원자의 생생한 모습을 볼 수 있어서'(47.8%), '열정이 담겨 있어서'(17.8%), '개성을 엿볼 수 있어서'(16.6%), '새롭고 신선해서'(8.9%), '컴퓨터 실력을 검증해 볼 수 있어서'(6.4%) 등을 꼽고 있다.

성공한 자기소개서

서울이란 낯선 곳으로의 초대...

파도 소리와 함께 꿈을 꾸며 어린 시절을 부산에서 보냈습니다. 20년 전 장애를 가지셨던 아버지는 세 식구를 데리고 무작정 서울로 상경하셨습니다. 전 어릴 때라 그저 놀러 가는 줄만 알고 무척 좋아했던 것으로 기억합니다. 그 후 환전해 주는 일부터 시작해서 10년 이상 노점상을 하시는 등, 힘든 생활에도 불구하고 세 식구를 훌륭하게 돌보아주셨습니다.

이후에도 여러 환경적인 어려움을 모두 극복하고, 수많은 노숙자들을 돌봐주시면서 타인에게 모범이 되셨기에 서울역의 신화라는 얘기를 듣고 계십니다. 그러한 거친 환경 속에서도 제가 올바르게 클 수 있도록 인도해 주신 것에 대해 전 항상 감사한 마음을 간직하고 아버지를 본받으려 노력하고 있습니다.

가슴으로 느낄 수 있는 사람...

초등학교 때 농구부 활동을 하였고, 중학교 때는 마라톤 선수로도 활동을 했기 때문에 체력뿐만 아니라 인내심과 뜨거운 가슴을 가지고 있습니다. 또한, 용산전자상가와 AEG라는 가전제품 회사에 판매보조 및 배달을 하면서 많은 부류의 고객들을 만날 수 있었고, 가식이 아닌 가슴으로 고객을 대해야 한다는 것을 느꼈습니다. 모든 것을 긍정적으로 받아들이고, 항상 적극적인 자세로 세상을 대하는 가치관을 가지고 있습니다.

단점이 있다면 새로운 환경에 처했을 때 다소 긴장을 한다는 것입니다. 그래서 마음을 다스리는 것과 관련된 책을 통해서 긴장감을 조절하는 노력을 하고 있습니다.

리더십과의 우연한 만남...

군 제대 후 문득 동창회를 만들어야겠다는 생각이 들어 인터넷을 통해 동창회를 만들었고, 짧은 시간 동안 많은 동창들이 가입을 했습니다. 동창회 초대 회장을 맡으면서 소중한 추억들을 다시 한 번 제 가슴 속에 담을 수 있었지만, 한 조직을 이끌어 가는 것이 그저 의욕이나 열정만으로는 기대한 만큼의 가치를 만들어 내기가 어렵다는 것을 깨달았습니다.

그래서 학교에 복학한 후로 리더십이란 어떤 것이며, 왜 중요하며, 어떤 과정을 통해 습득할 수 있는지를 고민하게 되었고, 우연한 기회에 2001년 하계 방학 때 '교수님과 함께 가는 인도 배낭여행&어학연수'라는 프로그램에 참여하게 되어 연수생 대표를 맡았습니다. 짧은 4주 동안의 일정이었지만 그 동안 배우고 익힌 리더십을 실전에 적용해 볼 수 있었고, 리더십에 대한 열망과 정열을 가지는 계기가 되었습니다. 그 후에도 교내에서 실시하는 리더십 프로그램에 참여하여 글을 통해 익힌 내용들을 한번 확인할 수 있었습니다.

그 외에도 'TIME'이라는 교내 영어동아리 활동과 자원봉사활동을 통해서 참된 리더의 모습을 찾는 데 주력하였습니다. 아직도 리더십에 대해 배울 것이 너무 많기 때문에 책이나 유명한 CEO들의 글을 읽으면서 저의 부족한 부분을 채우고 있습니다. 다른 사람들과 함께 유용한 지식과 정보를 공유하고 그것을 통해 보다 새로운 가치를 창조해 내는 존경받는 리더로 성장하고 싶은 것이 저의 포부입니다.

인도에서의 특별한 경험...

인도에서 약 8개월간 혼자 생활을 하면서 여러 부류의 사람들을 만날 수 있었습니다. 또한, 여러 문화적인 차이와 외국인의 사고방식을 직접 느껴 볼 수 있었고, 40도를 넘나드는 무더운 날씨 속에서 저의 인내심을 테스트해 볼 수 있었습니다. 그리고 짧은 영어 실력이지만 각 나라에서 온 외국인들과 이야기를 나누면서 언어에 대한 자신감을 조금이나마 얻을 수 있었습니다.

더불어서 그들의 삶에 대한 긍정적인 사고와 모든 것에 감사하는 겸손한 삶의 태도 속에서 제 자신이 정말 초라하게 느껴졌습니다. 이러한 것들을 통해서 저의 흐트러진 삶의 가치관을 바로잡는 데 큰 도움이 되었다고 생각합니다.

최전방 공격수로서...

'미래의 가치로서 사람을 귀하게 아는 경영이념과 고객만족을 가장 중요시하는 경영이념' 이것은 제가 사회생활을 하면서 가장 중요시 여기는 가치이기도 합니다. 외국에서 1년 가까이 혼자 생활하면서 사고의 틀을 넓힐 수 있었고, 어떤 일이든 수평적인 사고를 하는 습관을 익혔습니다. 이러한 것들이 제가 영업업무를 수행함에 있어 커다란 도움이 될 거라 믿어 의심치 않습니다. 저는 젊음과 유연하고 포용력 있는 성격과 다양한 경험도 갖추었다고 자부하고 있습니다.

앞으로 이러한 기초 위에 또다른 다양하고 깊은 지식을 쌓아 보다 새롭고 높은 가치를 창조하고 싶습니다. 매사에 긍정적인 사고로 도전하여 제가 속해 있는 조직에 반드시 좋은 결과를 가져다주는 모두가 인정하는 인재로 성장하고 싶습니다. 현재의 저는 100% 준비되어 있지는 않지만 채워야 할 빈 자리를 알고 끊임없이 노력하는 인재가 되겠습니다.

(출처: 취업포털 사람인)

TIP

일반적인 자기소개서 구성 내용은 크게 차이가 나지 않는다. 그렇다면 내용을 평면적으로 나열하지 말고 글의 성격에 맞는 소제목을 붙여 개성을 살려 보자.

실패한 자기소개서의 유형들

❶ 누구나 똑같은 앵무새형

"저는 서울 ○○동에서 1980년 4월에 1남2녀의 막내로 태어났습니다. 공무원이셨던 아버님은 엄격함과 자상함으로, 어머니는 다정하시고 친구처럼 저희 형제들을 이끌어주셨으며…"처럼 자기소개서 사례에서 옮겨 놓은 듯한 글은 시선을 사로잡을 수 없다.

❷ 무조건 잘할 수 있다는 머슴형

"비록 제가 능력은 부족하지만 만약 저에게 일할 수 있는 기회를 주신다면, 이것을 저의 숙명이라 여기고 어떠한 일이라도 최선을 다하겠습니다."로 시작하는 무조건 잘하겠다는 머슴형 소개서는 자신의 능력이 드러나지 않을 수 있다.

물론 조직의 명령에 집중하고 성실함을 강조하는 것은 채용에서 무시할 수 없는 중요한 기준이지만, 요즘에는 조직에 대한 단순 헌신보다는 비판적・창조적 인재가 인정받는다는 사실을 알아야 한다.

❸ 경력을 나열하는 쇼윈도형

"…대학에서 경험했던 과외활동으로는 벤처창업동아리, 여행동아리와 영어회화반 및 경영학과 학회활동 등이 있으며, 다양한 동아리 활동을 통해서 얻은 지식과 경험은 지금도 대학시절의 가장 큰 추억으로 남아 있습니다…"는 식으로 서술하고 '이 중에 하나쯤은 상대방에게 눈에 띄는 경력이 되겠지' 하는 생각을 가질 수도 있다.

하지만 자기소개서는 선택과 집중을 요구하는 글쓰기 방법이다. 내가 지원하는 분야와 경력이 긴밀하게 맞아떨어지는 것을 중심으로 서술해야 한다. 꼭 필요한 내용은 담아주고 불필요한 부분은 과감하게 삭제하는 것이 더 효과적이다.

❹ 연대기적 보고서형

"2000년 ○○고등학교를 졸업하고 동년 ○○대학교 영문과를 입학하였습니다. 재학 중 2002년부터 2004년까지 강원도 양구에서 군복무를 수행하였으며…"라는 연대기적 서술은 수백·수천의 소개서 가운데 눈에 띄지도 않는다. 자기가 왜 그 직업에 적임자인지를 설득할 수 있는 힘과 상대방을 집중시킬 수 있는 흡인력이 있어야 한다.

❺ 마무리가 허술한 부주의형

사소한 오·탈자나 누구든지 쉽게 알 수 있을 만한 숫자의 오류, 마감시간을 넘긴 서류제출 등 아주 사소한 실수로 인해 서류전형에서 탈락할 수도 있다. 서류를 작성하다가 틀렸을 때는 수정액으로 지우는 것보다는 깨끗하게 다시 쓰는 것이 좋다. 종이 한 장 아끼려다가 지저분한 인상을 남길 수 있다. 지금 작성하고 있는 자기소개서는 공식적인 문서라는 사실을 잊지 말자.

자기소개서 작성 연습 1.

자기소개서에 쓸 수 있는 성장 과정 중심으로 교훈이 되었던 일화를 작성하라.

자기소개서 작성 연습 2.

자기소개서를 지원 분야와 관련하여 작성하라.

자기소개서 작성 연습 3.

자신이 지원하고자 하는 분야에서 요구하는 양식에 맞춰서 자기소개서를 작성하라.

성장 과정	
본인의 성격 및 장·단점	
교내·외 활동사항	
지원 동기	
입사 후 포부	

2. 이력서 작성하기

이력서의 개념

이력서란 출생에서 지금까지 자신이 쌓아 온 학력사항, 경력, 경험 등을 적어 놓은 글로, 채용을 위해 자기소개서와 함께 제출한다. 이력서에 기술된 내용은 객관적으로 입증이 가능한 사항이어야 한다. 이력서를 요구하는 이유를 생각해 보라. 당신의 무엇을 알고 싶어하는지 생각해 본다면 꼭 밝혀야 할 것과 밝히지 않아도 되는 것이 드러날 것이다. 아무리 뛰어난 실력을 가지고 있다고 하더라도 그것을 어떻게 구성하느냐에 따라 이력의 가치는 달라진다. 남들과 비슷한 이력서로는 자신만의 개성을 드러낼 수 없다. 남과 다른 차별화 방법을 모색해야 하는데 이력서 작성능력은 그 지원자의 기획, 발표 능력을 알아볼 수 있는 단서를 제공하게 된다. 수많은 지원자들 틈에서 자신만의 우월성을 표현할 수 있는 방법이 바로 이력서 작성이다. 그러므로 이력서에는 평범한 연대기적 사실의 기술보다는 지원 분야에 가장 적합한 인물임을 피력할 수 있는 사실 중심으로 써야 한다. 자신이 가지고 있는 많은 재능과 능력, 자질도 중요하지만 이를 잘 표현하는 것 또한 매우 중요함을 잊지 말아야 한다.

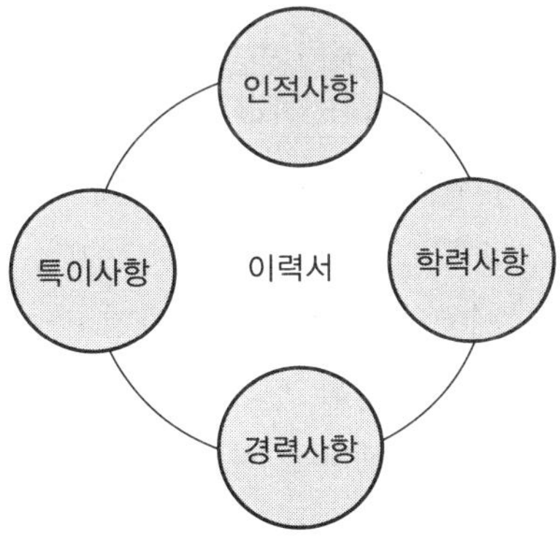

[그림 3-1] 이력서의 항목

이력서에서 가장 중요한 항목이 학력과 경력에 관한 사항인데 요즘에 이력서에 써 넣는 것은 학력(學歷)과 경력(經歷)이 아니라, 학력(學力)과 경력(經力)임을 잊지 말자. 학력(學歷)과 경력(經歷)이 시간에 따른 배움과 경험의 과정을 드러내는 일이라면 학력(學力)과 경력(經力)은 배움과 경험을 통해 축적하게 된 능력을 말한다.

우리나라 고등학교 졸업자의 대학 진학률이 이미 74%에 이른다는 보고가 있다. 경제사정이나 특별한 사유가 없는 한 웬만하면 고등학교를 졸업하고 대학교를 간다는 말이다.

TIP

내 이력서에 연대기적인 학력(學歷)과 경력(經歷)이 아닌, 축적된 능력으로서 학력(學力)과 경력(經力)을 써야 한다.

사정이 이러한데 이력서에 어느 고등학교, 어느 대학교를 졸업했다는 사실은 이제 큰 변별점이 되지 않는다는 얘기다. 그래서 많은 학생들이 대학원을 가거나 연수, 혹은 유학을 선택하기도 하는데, 이때 학습과 경험의 목적을 정확하게 하지 않으면 단순히 이력서에 한 줄의 사실로 남게 될 뿐이다. 이러한 사실의 나열만으로 자신의 우월성을 증명하기란 쉽지 않은 일이다. 자신이 지원하는 일과 연계시켜 집중할 수 있는 학력과 경력을 쌓아야 한다.

이력서의 목적 및 필요성

이력서는 자신을 심사하려는 사람들에게 자신에 관한 객관적인 자료를 제시하는 글이다. 이는 자유롭게 쓰고 싶은 내용이나 아무거나 써서는 안 된다는 말이다. 한 줄의 경력으로도 당락이 뒤바뀔 수 있다. 이력서에는 지원 분야와 관련하여 가장 직접적이고 두각을 나타낼 수 있는 사실 중심으로 써야 한다. 이력서를 통해 자신이 얼마나 준비된 인재이며 발전 가능성이 높은지를 알려주어야 한다.

이력서를 통해 자신이 지원한 분야에 얼마나 적합한 인물인가를 피력하기 위해서는 다른 사람들과는 다른 차별화 전략을 세워야 한다. 결국 이력서의 내용으로 지원자의 전문성을 가늠할 것이며, 어떤 내용이 담겨 있느냐에 따라 합격 여부도 달라질 것이다. 이력서는 자신의 전모를 객관적으로 보여주는 중요한 도구가 된다. 요즘은 필기시험뿐만 아니라 서류전형과 면접을 통해 인재를 채용하는 추세이다. 사정이 이렇다 보니 비슷한 경력과 실력을 가진 사람이라면 그것을 어떻게 구성하고 강조하느냐에 따라 당락이 달라지기도 한다.

과거와는 달리 규격화된 내용과 양식보다는 적극적으로 자신을 알릴 수 있는 개성 있는 표현 방법을 강구해야 한다. 이력서를 개성적으로 작성한다는 것은 수사학적으로 표현이 개성적이어야 한다는 뜻이 아니다. 이력서의 내용은 객관적으로 인정받을 수 있는 사실을 중심으로 써야 하므로 표현적인 차별화가 아닌, 그 안에 담긴 경력의 차별화를 의미하는 것이다. 곧 자신이 지원한 분야와 관련하여 직접적이고 다양한 경력을 채워 넣어야 한다.

흔히 이력서 쓰기와 관련하여 가지고 있는 가장 큰 착각은 수사적인 표현 기술이 떨어져 실패하는 줄 아는데, 실상은 내용을 구성하고 있는 능력의 부족으로 인한 것이 훨씬 압도적인 원인이 된다. 경험과 실력이 넘친다면 표현적인 미숙함은 얼마든지 단시간에 교정할 수 있다. 그러나 채울 알맹이가 부실한 내용을 가지고 아무리 표현방법에서 차별화 방법을 익힌다 하더라도 성공하기란 어려운 일이다. 그러므로 자기가 지원하고자 하는 분야에서 요구하는 경력과 지식이 무엇인지 먼저 파악하고 그에 따르는 경력을 만들어 나가는 장기적인 계획이 선행되어야 한다. 대학 졸업을 앞두고 허둥지둥 과거 경험을 나열하는 사람과, 1학년 1학기부터 성적 관리는 물론 단순한 아르바이트도 계획적으로 한 사람의 이력서 내용은 하늘과 땅 차이가 될 것이다. 자신이 평생토록 하고 싶은 일이 무엇인지 목표를 세우자. 그리고 나서 자신이 하고자 하는 일의 성격과 그 일을 잘 수행하기 위해서 갖춰야 할 조건을 생각해 보고, 그에 따른 순차적인 계획을 세운다면 이력서에 훨씬 충실한 내용이 담길 수 있을 것이다.

이력서의 내용은 객관적으로 인정받을 수 있는 사실을 중심으로 써야 한다. 기록된 내용과 사실이 다를 경우 당락이 번복될 수 있다는 것을 안다면 거짓 사실을 쓸 일은 없을 것이다. 기업에서 요구하는 인재가 갖추어야 할 가장 기본적인 덕목이 개인의 도덕성 여부에서 출발한다. 그러므로 우선 붙고 보자는 식으로 사실을 부풀려 적거나 허위 사실을 기재할 경우 더 큰 어려움을 겪게 될 수 있다는 것을 명심하자. 사소해 보이지만 작은 부분에서부터 솔직해서 상대방에게 믿음을 심어줄 수 있게 되고, 믿음이 바탕이 되었을 때 자신을 각인시킬 수 있다.

기업체에서 이력서를 요구하는 이유를 생각해 보자. 도대체 이력서에 무엇을 담아야 하며, 이러한 서류를 요구하는 입장에서 확인하고자 하는 것이 무엇인지 되짚어 본다면 자신의 입장에서 썼던 이력서와는 다른 작성을 하게 될 것이다. 이력서를 요구하는 입장에서 보았을 때 이력서의 내용은 객관적으로 입증할 수 있는 사실을 근거로 지원 분야에 합당한 인물인지 판단하는 제1의 관문이자, 개인의 객관적 능력을 확인하는 절차이다. 그러므로 이력서에는 지원 분야와 관련된 사실을 중심으로 증빙 서류를 첨부할 수 있는 내용을 적는다. 공인기관의 확인이 가능한 학력과 경력을 써야 유리하다. 이력서는 나와 상대방이 공식적으로 처음 만나는 문서이므로 신중하고 정확한 인상을 남길 수 있어야 한다.

이력서의 유형 및 작성방법

이력서 서식은 보통 문방구서식으로 통하는 인사서식 1호와 각 업체에서 자체 제작해 제공하는 입사지원서 서식이 있다. 요즘은 특별히 서식이 정해져 있지 않고 기업이나 기관에 따라 특성에 맞는 양식을 요구한다. 또한 인터넷 제출이 많아서 인터넷으로 이력서를 작성하는 방법을 익혀야 한다. 이력서에 기재하는 기본 사항은 이름, 성별과 생년월일을 알 수 있도록 주민등록번호도 함께 써 주어야 한다. 또한 지원자가 거주하고 있는 현주소도 함께 작성한다. 인사담당자가 궁금한 것이 있거나 합격 여부를 통보할 수 있도록 자택전화와 휴대전화, 이메일 주소 등을 반드시 기입한다. 그리고 이력서의 좌측 또는 우측상단의 여백에 어떤 업무(부서)에 지원하였는지 한눈에 알 수 있도록 깔끔하게 작성해야 한다.

일선 담당자의 말에 따르면, 많은 사람들의 이력서를 받아보면 가끔 이력서를 보내준 지원자가 어느 부문에 지원했는지 도저히 알 수 없는 경우가 있다고 한다. 대충 어느 한 곳에는 되겠지 하는 식으로 막연하게 작성하지 말고 자신이 어떤 일을 구체적으로 하고 싶은지 밝혀야 혼선이 없다. 본인이 지금까지 지원한 부문에 얼마나 적합한 인물인지 증거가 될 사항을 꼼꼼히 적는 일은 이력서 작성의 시작이다. 또한 누가 읽어 보아도 '아, 이 사람이 이런 경력과 능력을 갖추었구나.' 하고 한눈에 알 수 있어야 한다.

너무 전문적인 용어나 개인적인 표현은 삼가고, 객관적으로 납득하고 타당한 내용을 담아야 한다. TV드라마에 보면 허위 사실을 기재하여 합격한 다음 인간관계로 무마하는 내용이 있는데, 이는 현실과 동떨어진 허구에 지나지 않는다. 각 기업체의 인사 담당자의 인사 시스템이 그렇게 느슨하지 않으며, 몇 차례의 확인작업이 이루어지므로 처음부터 아예 허위 사실은 기재해서는 안 된다. 또한 다른 사람의 이력서를 베끼지 않도록 한다. 이력서 작성에 자신이 없다 보면 책에 실린 예시나 친구의 이력서 형식을 빌어서 자신의 이야기를 채우는 방식을 선택하는 예를 종종 보게 된다. 그러나 남의 것을 베껴서는 효과적으로 자신을 알릴 수 없다. 자신만의 개성적인 이력서를 만든다는 것은 결국 자신이 하고 싶은 이야기를 정하고 거기에 가장 적합한 형식을 찾아 연습해 보는 방법이 좋다.

지원 분야와 관련 없는 내용은 언급할 필요가 없다. 자신의 능력이나 성취한 내용을 드러내는 경력에 대해서는 구체적으로 서술하는 것이 좋다. 다양한 경력을 가진 사람이라면 지원하는 기업체가 요구하는 부분을 강조한다. 모든 이야기를 세세하게 다 쓸 수는 없으므로, 지원 분야에 적절한 정보를 중심으로 중요도에 따라 엮어 가야 한다. 분량을 채우기 위해 이것저것 다 써 넣다 보면 정작 그래서 무슨 일을 가장 잘 할 수 있는지 그에 따른 학력과 경력이 무엇인지 불분명해질 수 있다.

이력서를 작성하다 보면 사진을 붙이게 되는데, 이때 어떤 사진을 붙이냐는 첫인상을 남길 수 있어 신중하게 골라 붙여야 한다. 요즘에는 기술이 발달되어서 수정과 보정을 손쉽게 할 수 있는데 이력서는 공식 문서임을 기억해 두자. 때로는 서류상의 얼굴과 실물이 달라 곤란한 경우도 있는데, 이력서에 붙이는 사진은 미인대회용 프로필 사진이 아니다. 단정하고 좋은 인상을 줄 수 있는 모습이면 충분하다.

이력서 작성이 끝난 뒤에는 몇 번이고 오타가 없는지, 어색한 문장은 없는지 확인해야 한다. 내용이 아무리 좋아도 이런 사소한 실수를 하게 되면 치명적이기 때문이다. 특별한 경우가 아니면 한자를 쓸 필요는 없지만 한자를 병기할 때는 정확하게 써야 한다. 획수 하나, 점 하나로 글자가 달라질 수 있기 때문이다.

TIP

다양한 경험 중에 지원하는 분야 경력 중심으로 집중하라.

이력서 양식

지원 부서	⑪	희망 연봉	⑫

기본 정보				
성명	①	휴대폰	⑤	⑬
성명(영문)	②	자택 전화번호		
주민등록번호		이메일		
생년월일	(만 ③ 세)	보훈 대상		
연령		병역 사항		
현주소	④			

년	월	일	학력 및 경력 사항	비고
⑥			⑦	
			자격증/외국어 능력	
			⑧	
			경력 사항	
			⑨	

위 기재한 내용은 틀림없음을 확인합니다.

○○○○년 ○○월 ○○일

작성자: ⑩ (인)

국문 이력서 작성방법

각 항목별로 이력서 작성방법을 살펴보면 다음과 같다. 이력서의 내용은 증빙할 수 있는 자료를 근거로 사실대로 작성해야 한다. 조작이 발각되었을 때는 합격이 취소될 수 있다.

① 성명

② 영문 : 성과 이름의 시작은 대문자로 쓴다.

③ 만 나이 계산법

현재 연월일에서 태어난 연월일을 빼면 만 나이가 된다.

예 1) 2007.08.12 − 1984.02.06 = 만 23세

예 2) 2007.08.12 − 1984.09.06 = 만 22세

⑥, ⑦ 학력 사항

학력 사항은 보통 고등학교 졸업(검정고시 포함)부터 시작하는 것이 일반적이다. 그리고 대학・대학원의 입학과 졸업, 박사과정, 어학연수, 기타 학원 수료 등을 작성하면 된다. 학력과 관련된 입학일 또는 졸업 날짜 등도 정확하게 써야 한다. 성의 없이 대충 짐작해서 쓰지 말고 증빙 자료를 찾아서 꼼꼼하게 작성하는 정성을 보여야 한다.

년 월 일	학력 사항	
2002.00.00	○○○고등학교 졸업	
2002.00.00	○○○대학교 ○○○학과 입학	
2004.00.00	○○○대학교 ○○○학과 편입	
2006.00.00	○○○대학교 ○○○학과 졸업	

⑧ 자격증/외국어 능력

자격증과 외국어 능력, 수상 경력은 취득 연월일과 정확한 명칭, 발급기관을 정확히 작성하고 특기사항은 업무와 관련된 외국어나 컴퓨터 활용능력 등 실무에 응용 가능한 개인능력 위주로 작성하면 된다. 각종 자격증, 면허증 발급 사항 등을 기재하는 것으로 국가가 공인한 자격증만 적는 게 좋다. 하지만 지원 분야의 업무와 관련 있는 자격증이라면 비공인기관의 자격증이라도 기입하는 것이 유리하고, 반드시 취득일과 발령기관명을 밝혀야 한다.

그러나 너무 잡다한 사항은 빼는 것이 좋다. 상벌 사항은 교내·외 행사나 대회에서 수상한 사실을 기록한다. 특히 대부분의 기업들이 외국어 능력을 중시하기 때문에 외국어와 관련된 수상 경력은 언급해 두는 것이 좋다. 기타 특기와 취미를 구체적으로 작성하는 것도 지원자의 평소 생활모습을 보여주는 중요한 자료가 될 수 있다.

년 월 일	자격증	
2004.00.00	자동차운전면허 2종보통 취득	○○지방경찰청
2004.00.00	워드프로세서 1급 취득	산업인력관리공단
2005.00.00	TOEIC 800점－작문, 회화 능통	
2005.00.00	MS-Office 능숙, 아래아한글, 포토샵 등	

⑨ 경력 사항, 수상 경력

주요 아르바이트 경험을 포함해 전 직장의 업체명, 부서와 역할, 입사·퇴사 연월일 등을 작성하되, 아르바이트는 가급적 지원업체와 관련 있는 장기 근무 경험을 위주로 작성하는 것이 좋다. 이러한 근무 경력은 인사담당자나 사주에게 지원자의 업무 경험과 능력 등을 짐작하게 하므로 매우 중요하다. 특별한 작성법이 있는 것은 아니지만, 인사담당자의 이해를 도울 수 있는 간결한 문장으로 표현하는 것이 좋다.

년 월 일	수상 경력	
2003.00.00	○○○○공모전 은상 수상	00000

년 월 일	경력 사항	
2004.00.00	(주)○○○정보통신 영업부 입사	
2005.00.00	(주)○○○정보통신 영업부 퇴사	
2005.00.00	(주)○○○텔레콤 기획실 입사	
2006.00.00	(주)○○○텔레콤 기획실 퇴사	

⑩ 작성 확인

위의 내용들을 모두 작성한 후, 마지막 부분에 사실 여부를 확인하는 문장이 들어간다. 형식적이지만 기입한 내용이 모두 사실임을 강조하는 것이니만큼 빼놓을 수는 없다.

	위 기재한 내용은 틀림없음을 확인합니다.	
	2008.00.00	
	작성자 ○○○ (인)	

⑪ 지원부서, ⑫ 희망 연봉

이력서상에 자신이 지원하는 분야가 정확하게 드러나야 한다. 최근에는 각 기업체에서 연봉제를 채택하고 있어, 본인과 연봉 협상을 통해 임금을 책정하고 있다. 이때 주시는 대로 받겠다는 태도는 프로의식이 없어 보인다. 자본주의사회에서 적절한 보상은 당연한 것이다. 자신이 하고자 하는 일에 맞게 적정한 연봉을 제시하라. 동종 업계의 경력 사항을 고려한 임금을 고려하는 것도 좋은 방법이다.

⑬ 사진

사진은 표정을 밝게 하고 가장 자연스럽게 잘 나온 사진을 선택하되 기술적으로 수정을 한다든지 해서는 안 된다.

호주관계

본인의 호적상 호주의 성명을 작성하고, 관계는 호주 입장에서 본 관계를 작성한다. 또, 가족관계 등을 간단히 표현하는 방법도 이해를 도울 수 있는 좋은 방법이다.

호주	호주 입장에서 본 관계
부모(父母)님 중 한 분이 호주일 경우	장남(長男), 차남(次男), 삼남(三男) ...
배우자가 호주일 경우	남편, 내자(內子), 처
형(兄)님이 호주일 경우	제(弟)
본인이 호주일 경우	본인

내용을 충실히 채웠다면 이력서를 구김이나 흠이 없도록 주의해야 한다. 내용이 아무리 훌륭해도 포장이 허술하면 좋은 인상을 줄 수 없다. 서류는 대개 이력서, 자기소개서, 졸업증명서, 성적증명서순으로 철하되 왼쪽 상단 모서리 부분을 한 번 철하여 봉투에 넣어 직접 제출하거나 등기로 우송하는 것이 좋다. 요즘에는 인터넷으로 접수를 받는 경우가 많아져서 문서 작성과 아울러 인터넷 서류 작성방법을 익히는 것도 중요하다.

일반적으로 이력서를 작성할 때 사진은 반드시 첨부해야 하며 글씨 크기는 10~12포인트가 적당하다. 글씨체는 통일하는 것이 바람직하며, 개인적으로 양식을 수정하는 것은 오히려 역효과를 볼 수 있으므로 가급적 기업체에서 요구하는 서식대로 작성한다.

영문 이력서 작성방법

영문 이력서는 규격화된 서식이 없다. 공통적으로 요구하는 내용과 형식은 있지만, 기본적인 사항을 토대로 자신에게 맞는 스타일을 만들어 완성시켜야 한다. 작성방법과 내용은 국문 이력서를 작성하는 요령과 기본적으로 같으며, 그 기업이 요구하고 있는 직종이나 직책에 어울리는 인재로서 자신의 경험과 능력을 효과적으로 표현하는 것이 중요하다.

외국계 기업에서는 이력서를 통해서 기본적인 사항을 확인하고 적절성을 판단하므로 객관적으로 증명할 수 있는 사실 중심으로 기술해야 한다. 외국계 기업의 경우는 문화적 관습이 다른 상태이므로 정서적 공감대를 토대로 기술할 수 없다. 외국인이 직접 채용결정을 하게 되는 경우가 많으므로 학벌, 지연 등등의 편견적 요소가 상대적으로 적으므로 자신을 소개하는 이력서야말로 채용 결정을 위한 가장 기본적이며 중요한 요소라 할 수 있다. 잘 정리되어 표현된 이력서는 중요한 이미지로 남아 면접 때도 중요한 기본 자료가 된다.

영문 이력서는 타이핑을 하거나 워드프로세서를 사용하여 작성하여야 한다(단, 프랑스는 자필이력서를 원칙으로 한다. 이유는 이력서의 필적을 성격분석의 하나의 도구로 사용하기 때문이다). 이력서 말미에는 반드시 도장이 아닌 자필 서명을 잊지 않도록 한다.

영문 이력서

John Ryan
15 Spring Road
Hamlet, LS 41112
545－555－5555
December 5, 2006

Mr. Brian Carson
Hiring Manager
Rest Easy Hotel (⁘ e-mail로 보낼 경우 수신인 주소는 생략 가능)
Hamlet LS 41112
Dear Mr. Carson: (⁘ 되도록 담당자의 이름을 기입)

The management trainee position you advertised in today's Hamlet Gazette greatly interests me. The Rest Easy Hotels have always served as landmarks for me when I travel, and I would like to contribute to their continued growth. I have enclosed my resume for your review. (⁘ 지원하고자 하는 직종에 대해 언급)

In May, I will be graduating from Large State University with a degree in business. While in school, I developed strong organizational and customer service skills. As a dormitory assistant, I organized events, led meetings, and assisted students. As treasurer of the Business Society, I maintained the budget and presented budget reports. My summer jobs also required extensive interaction with the public. I believe these experiences have prepared me for your management trainee position. (⁘ 자신이 자격자임을 설명)

I would appreciate the opportunity to discuss my qualifications more fully in an interview. If I haven't heard from you by December 20, I will call to follow up. In the meantime, I can be reached at 545－555－5555. Thank you for your consideration. (⁘ 인터뷰를 희망, 마지막에 연락처 기입)

Yours Sincerely,
John Ryan
Enclosure

(자료 출처: 한국산업인력관리공단)

이력서 작성 연습 1.

자신이 지원하고자 하는 분야에 맞는 이력서 내용을 항목별로 작성하라.

1) 학력 사항

2) 경력 사항

3) 상벌 사항

4) 기타, 특기 사항

이력서 작성 연습 2.

영문 이력서를 양식에 맞게 작성하라.

Part Ⅳ

논리적 글쓰기

4장 보고서 작성하기

1. 보고서의 개념

보고서(報告書)란 어떤 일에 대하여 연구했거나 조사한 내용 또는 업무에 대한 사항을 타인에게 보고하기 위하여 작성한 문서라 할 수 있다. 보고서는 특정한 일에 관한 현황이나 그 진행사항 또는 연구, 검토 결과 등을 보고하거나 건의하고자 할 때 작성하는 문서이다. 이는 보고를 받는 사람이 정해져 있다는 말이다. 보고서를 통해 자신의 의견이나 실험의 결과 등을 알리고, 때로는 결과에 대한 평가와 능력을 인정받기도 한다.

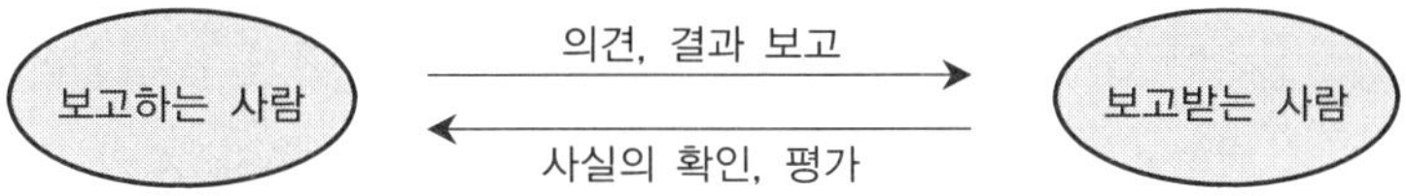

[그림 4-1] 보고서의 개념

학교에서는 학과목에 따라 다양한 주제가 주어지거나 자유롭게 과제를 선택하여 연구의 과정과 결과를 글로 표현하게 된다. 그러므로 연구의 주제와 결과는 구체적으로 밝혀야 하며, 핵심이 드러나야 한다. 주제가 있더라도 가치가 없다면 좋은 보고서라 할 수 없다. 보고할 만한 가치가 있어야 한다는 것이다.

이를 위해서는 우선 주제를 설정할 때부터 가치적인 측면을 고려해야 한다. 애써 연구하고 발표한 글이 이미 있거나, 그다지 중요한 것이 아니라면 그 동안의 수고는 허사로 돌아갈 수밖에 없다. 보고서는 미사여구를 동원해서 써야 하는 감성에 호소하는 글이 아니며, 현학적인 지식을 나열하는 글도 아니다. 보고서는 사실을 토대로 하여 구체적으로 상대방에게 보고사항을 알기 쉽게 전달하는 논리적인 글이다. 자기가 보고하려는 내용이 무엇인지 정확하게 드러나야 하며 결과에 대한 의의가 덧붙여져야 한다.

TIP

누구에게 보고할 것인가 대상을 구체적으로 생각하고 보고서를 작성해야 한다. 상대에 따라 어휘의 선택과 서술태도가 달라져야 하기 때문이다.

2. 보고서의 목적 및 필요성

보고서는 작성하는 문서의 목적에 따라 분류된다. 학교에서 학생들에게 보고서, 일명 리포트나 논문을 작성해서 제출하게 하는 목적은 학생 스스로 주어진 과제에 대해서 주도적으로 조사, 연구를 통해 성과를 이루어 낼 수 있는 능력을 기르도록 하기 위함이다. 대학에서 지식을 습득한다는 것은 수업 시간에 배운 내용을 알게 되는 단순한 과정이 아니라, 보다 적극적으로 지식의 폭과 깊이를 확장해 나가는 과정이라 할 수 있다. 이때 주도적으로 연구 과제를 선택할 수 있거나 지속적으로 하나의 주제를 연구함으로써 기존의 지식을 바탕으로 새로운 사실을 창조해 내는 일은 대학교육의 근간을 이루게 된다. 학생들에게 부과된 과제는 한정된 시간과 공간에서 충분히 수행할 수 없는 연구를 보다 효과적으로 학습할 수 있도록 유도한다. 이러한 과정에서 연구 수행 능력은 물론이거니와 표현 방법을 익힐 수 있게 된다.

보고서 작성은 자기의 연구 결과나 주장을 구조화하여 체계적이고 논리적으로 기술해야 한다. 이는 보고서를 보고받는 사람의 입장에서 보고자가 하려는 말을 정확하게 전달하고 받아들일 수 있어야 하기 때문이다. 이를 위해서 추상적이거나 수용의 폭이 확장되는 문학적 언어를 선택하기보다 대상과 그를 설명하는 용어가 오차 없이 수용될 수 있는 논리적 표현을 선택해야 한다. 용어는 객관성과 중립성이 확보된 것을 사용해야 한다.

보고서는 결과의 발표로써 종료되는 것이 아니라 이후 후속 연구 혹은 기초 자료가 될 수 있으므로 중요한 문서라고 할 수 있다.

TIP

'이 연구의 결과는 여러 가지로 가치가 있다.'라는 표현에서 '여러 가지'의 해석은 받아들이는 사람에 따라 수용의 폭이 달라질 수 있으므로 구체적으로 어느 부분에서 가치가 있는지 밝혀서 기술해야 한다.

보고서는 작성하는 문서의 목적에 따라 분류된다. 보고서는 연구한 대상과 연구 과정에 따른 결과물을 상대방에게 알리는 글이다. 그러므로 무엇을 보고해야 하는지, 어떻게 보고할지, 연구 주제에 맞는 형식과 방법을 모색해야 한다. 연구의 목적에 따라 보고서의 목적과 작성방법이 달라지므로 우선 연구 주제와 목적을 정확히 아는 것이 보고서 작성의 첫 단계라 할 수 있다.

보고서의 내용은 반드시 정확하게 증명할 수 있는 내용이어야 한다. 특히 실험, 조사, 관찰, 공학보고서의 경우 실험의 결과를 한 치의 오차 없이 기술해야 한다. 설령 연구를 시작하기 전에 예측했던 결과와 다른 결과를 얻었다 하더라도 사실대로 기록해야만 한다. 우리나라 과학계의 전대미문의 사건이었던 줄기세포 관련 경우도 연구에 대한 과도한 기대와 과대평가로 인해 돌이킬 수 없는 사태로 비화되었다. 과학적 실험과 연구의 경우 성공한 결과 못지않게 실패는 다음 연구의 새로운 시작점이 될 수 있으므로 있는 그대로의 결과를 밝히고, 다음 연구의 출발점으로 삼으면 된다.

보고서는 연구 내용을 잘 알고 있는 사람에게 보고할 수도 있고, 잘 알지 못하는 사람에게 할 수도 있다. 그러므로 어떠한 경우라도 보고 내용을 정확하게 전달하는 것은 기본적인 사항이라 할 수 있다. 보고서를 작성하는 사람은 정확한 표현과 사실을 솔직하게 전달할 수 있어야 한다. 그러기 위해서는 사실과 추측, 자신의 견해는 분리해서 인지해야 한다. 가장 효과적으로 연구의 내용을 전달할 수 있는 방법을 찾는 것은 형식적인 행위가 아니라 보고서의 근본적인 성격을 담아내는 일이다.

보고서를 잘 작성하기 위해서는 연구의 목적을 기계적으로 처리하지 않고, 깊이 있게 사고할 필요가 있다. 결국 과학적 연구라 할지라도 인간에 관한 이해와 애정이 바탕이 되어야 하기 때문이다. 한 편의 글을 작성할 때 읽을 사람을 고려하는 것은 이러한 인식에 바탕을 둔 행위이다. 보고서를 쓰기 전단계로 이러한 인식의 과정을 거쳤다면 본격적으로 보고서의 유형과 작성방법을 익혀 보자.

TIP

보고서는 정직하게 사실만을 근거로 상대방에게 연구의 결과를 알려주는 과정이다. 하나의 주제를 가지고 연구자와 보고받는 대상 간의 소통과정임을 명심하자.

3. 보고서의 유형 및 작성방법

실험 · 관찰보고서

이공계 학생들에게 실험은 가장 기본적이면서 중요한 학습방법이다. 학생들은 실험을 통해서 불확실하고 복잡한 개념과 사실을 구체적으로 확인하고 학습할 수 있는 기회를 갖게 된다. 실험을 하는 과정에서 다양한 도구를 사용해 봄으로써 조작 능력의 배양과 기술적인 정보를 습득할 수 있다. 그리고 실험 실습을 통해 학습적 흥미와 생동감을 느낄 수 있게 되어 성취감과 학습 동기를 높일 수 있다.

실험·관찰보고서는 연구자가 구체적인 대상을 상대로 실험이나 관찰을 통해 얻은 사실을 바탕으로 실험·관찰과정과 결과를 정리해서 발표하는 보고서이다. 실험보고서는 이공계열의 전공자들이 가장 많이 작성하는 문서 형태이다. 일반적으로 실험·관찰보고서는 실험·관찰의 목적, 실험·관찰의 방법, 실험·관찰의 절차와 분석, 결과로 구성된다.

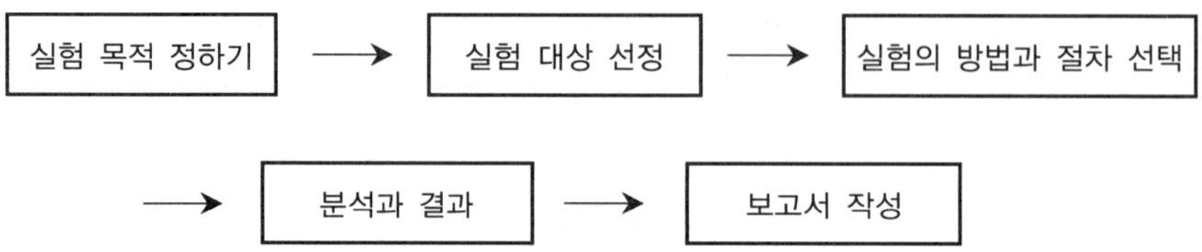

[그림 4-2] 보고서 작성 절차

실험·실습이 효과적으로 진행되기 위해서는 연구과제에 대한 선행 학습이 필수적이다. 미리 연구의 과정을 예측하고 이론적인 학습을 통해서 실험계획을 철저히 수립할 수 있고, 실험과정이 충실해질 수 있다. 이러한 연구과정의 결과는 보고서의 내용으로 구성되며 다른 연구자와 학문적 교류를 열어 준다.

실험·관찰보고서를 효율적으로 작성하기 위해서 일지를 작성해 두는 것도 좋은 방법이 될 수 있다. 실험·관찰보고서는 사전에 결과에 대한 가설을 세워 두고, 이론적 근거를 바탕으로 가설을 확인하는 과정 자체가 중요한 사항이기 때문에 일지를 작성하여 과정을 정확하게 기록하는 일은 결과 못지않게 중요한 작업이다. 실험·관찰 일지에는 일정한 조건에 따라 변화되는 데이터를 기록하게 되고, 이때 얻은 각종 데이터를 근거로 보고서를 작성하게 된다. 일지를 작성할 때는 작은 변수나 실험의 오차, 자신의 생각 등을 꼼꼼하게 작성해야 한다. 당시에는 별일 아닌 것처럼 보였던 일이 실험 결과에 막대한 영향을 미칠 수 있기 때문이다. 다른 영역은 물론 과학적 글쓰기에 있어서 꼼꼼한 기록과 치밀한 계획은 오류를 줄일 수 있는 방법 중에 가장 기본이 되는 사항이다. 이렇게 기록한 사항들은 보고서를 작성할 때 신뢰도를 높이고 오류를 줄이는 데 도움이 될 것이다.

실험·관찰의 과정을 기록하게 되면 예상과 맞아떨어진 결과를 얻게 되었을 경우와 그렇지 못한 경우 모두 유용한 자료가 될 수 있다. 왜냐하면 실험·관찰의 결과가 항상 기대했던 위대한 업적물이 아니라 오류와 실패를 통해 새로운 사실을 도출하는 경우가 빈번하기 때문이다. 곧 실패 혹은 오류의 발생은 다음 실험·관찰의 출발점이 될 수 있으며, 실패의 한계를 극복하는 과정을 통해 새로운 가치 창출이 가능해질 수 있다. 몇 년 전 전대미문의 과학계 파문을 일으켰던 '배아줄기세포 배양'에 관한 연구의 경우 성급한 성과주의를 앞세우고, 실패를 은폐하는 과정에서 사건이 확대되어 돌이킬 수 없는 지경에 이르렀다. 만약 연구의 성과만큼 연구의 근본적인 목적과 가치를 망각하지 않았다면 그와 같은 희극은 벌어지지 않았을 것이다. 실험·관찰보고서는 과정과 결과, 연구의 의의 모두가 중요한 항목이며, 조작이나 왜곡은 절대 있어서는 안 된다.

실험·관찰보고서가 일반 보고서와 가장 차이 나는 점은 실험과 관찰에 필요한 기구와 장치를 제시하고, 순서에 따라 실험과 관찰의 과정을 서술하고 필요하다면 기구와 장치에 관한 시각적 자료를 첨부해야 한다는 점이다. 그림이나 도표를 활용하여 실험·관찰에 관한 내용을 구체적으로 보여준다면 보고 내용을 효과적으로 전달할 수 있게 된다. 실험·관찰 결과를 한눈에 알 수 있도록 그래프나 차트를 활용하는 것도 좋다. 그러나 실험·관찰보고서의 핵심은 실험·관찰 과정과 결과를 정확하게 데이터화하여 전달하는 데 있다.

실험보고서의 구성과 내용

	서 식	기 술 항 목	기 술 요 령
	겉 표 지		실험제목, 제출일자, 제출자 성명
1	실험 제목	· 제목 · 실험일시 및 실험환경 · 공동 실험자 성명	
2	실험 목적		이 실험에서 측정하고자 하는 것은 무엇인가, 궁극적으로 우리가 관측하여 검증하고자 하는 사실은 무엇인가를 각각 열거한다.
3	이론적 고찰		실험의 목적을 달성하기 위해 사용하는 용어나 개념의 정의, 실험에 사용되는 물리량과 측정에 관련된 수식의 유도 등을 자세히 기술한다.
4	실험 준비물	실험장비	실험에 사용한 장비의 모델명(spec), 용량, 수량 등을 자세히 기록한다.
5	실험 방법		실험과정을 순서대로 차례차례 번호를 붙여가면서 열거한다.
6	실험 결과		실험 결과를 일목요연하게 볼 수 있도록 도표를 이용하여 정리한다. [참고자료로 나눠 준 인쇄물의 내용 중 표에 빈 칸을 측정 결과값으로 그대로 채워 쓰면 됨]
7	고찰 및 결론		위 2항의 실험 목적에서 우리가 고찰하고자 했던 내용에 대한 구체적인 결론을 기술한다. – **절대 실험에 대한 감상이나 개인적인 생각을 쓰는 것이 아니다!**
8	참고문헌		보고서 작성을 위하여 인용한 각종 서적 및 자료에 대한 사항을 일련번호를 붙여 차례대로 기술한다. 예) 1) 사종성 등 저, 알기 쉬운 생활 속의 소음 진동, 청문각 (2007), p. 65

공학보고서

이공계 학생들이 제출하는 보고서 중 가장 많이 다루게 되는 분야가 공학 관련 연구 보고서일 것이다. 이공계를 전공한 학생들의 대부분은 엔지니어를 비롯한 이공계 관련 업종에 종사하게 되고 이때 필요한 글쓰기 분야가 공학보고서의 형태이다. 아무리 독창적이고 새로운 연구를 수행하고 성과를 거두었다고 하더라도 그 사실을 효과적으로 표현하지 못한다면 불이익을 당하게 될 것이다. 일반적으로 연구를 주로 하는 이공계열의 종사자들은 자기 연구 업적을 글로 표현하는 데 상당한 어려움을 겪고 있다고 토로한다. 이공계 학생들이 겪는 어려움은 경험적으로 글쓰기 기회가 많지 않고, 문서를 어떻게 작성해야 하는지에 대한 지도가 부족했던 것 또한 원인이 될 수 있다. 그렇다고 언제까지 외부적인 이유를 들어 피해갈 수도 없는 노릇이다. 이미 현실은 표현능력에 따라 차등 대우를 받는 시대가 되었으며, 이는 이공계 전공자라고 예외적이지 않다. 학문적 넘나듦이 일반화되고 언어를 통한 표현이 중요시되고 있는 현실을 전제로 한다면 문서 작성방법을 익히는 것은 자기 능력을 보여주기 위한 첫걸음이 될 수 있다.

공학보고서는 연구와 업무의 연장선상에서 이해해야 한다. 써도 그만 안 써도 그만인 것이 아니라 꼭 잘 써야 하는 글이다. 왜냐하면 공학보고서는 자신의 연구 성과를 보여주는 실체이자, 연구 수행 과정을 보여주기 때문이다. 학교에서는 지도교수에게 사회에서는 상사에게 자신의 능력을 평가받게 된다. 보고서를 작성하는 것은 의례적인 절차가 아니라 그 자체가 연구의 목적이자 결과로서 성과와 연결될 수 있다.

공학보고서를 작성할 때 고려해야 할 사항은 다음과 같다.

- 독창적이어야 한다.

  공학 연구는 실용적으로 제품의 생산으로 이어질 수 있다. 이때 독창적인 아이디어는 기술의 발전 혹은 생산품의 질을 향상시킬 수 있기 때문에 연구자의 독창적 아이디어는 연구 성과로 이어질 수 있다. 그러므로 공학 연구는 독창성을 갖추어야 한다. 아무리 많은 시간 동안 공을 들이고 최선을 다했다고 하더라도 그것이 이미 일반화된 사실이거나 다른 사람이 먼저 한 것이라면 자신의 노력은 수포로 돌아갈 것이다. 연구를 하기에 앞서 다른 연구자들의 연구 내용을 확인해 보는 것도 중요하다. 다른 연구자가 이미 연구를 해 놓았다고 하더라도 연구 방법이나 대상, 목적, 활용 등에서 자신만의 독창성을 결합할 수 있다면 그것도 독창적인 연구가 될 수 있다.

- 객관성을 유지해야 한다.

  연구 과정과 성과에 대한 주관적 판단은 금물이다. 공학보고서의 핵심은 객관성을 확인할 수 있어야 한다는 점이다. 객관적이지 않은 사실은 과학적이라고 할 수 없다.

그러므로 수식이나 도표, 그림 등을 표기함에 있어 한 치의 오차도 없어야 한다. 공학보고서의 경우 서술보다 수치나 기호가 더 중요할 수 있으므로 공인되는 기호와 수치를 사용해야 한다. 특히 약어를 사용할 때는 공통으로 상용되는 범위에서 선택적으로 활용해야 한다. 개인이 편리성을 앞세워 함부로 표기해서는 안 된다.

CPU (Central Processing Unit) : 중앙처리장치

RAM (Random Access Memory) : 컴퓨터가 할 일을 기억하는 역할

AGP (Accelerated Graphics Port) : 그래픽을 전문으로 하는 아주 빠른 속도의 통로

이와 같이 전문 용어의 경우 편리성의 측면에서 약어를 사용하기도 한다.

정확한 표현을 해야 한다.

모든 글의 전제 조건이며, 여기에서 정확성은 사실의 정확성과 표현의 정확성을 의미한다. 사실의 정확한 보고는 의미전달의 오류를 최소화하는 기본 조건이다. 이공계열의 경우 일반인의 시각에서 보았을 때 아주 작아 보이는 오차도 결과는 크게 달라질 수 있으므로 용어의 선택과 기호의 사용에 있어 착오가 없어야 한다. 나노를 논의하는 시대에 사소한 실수가 상상할 수 없는 피해를 초래할 수 있다는 사실을 기억하고 자신의 연구보고서를 처음 작성할 때부터 치밀하고 신중해야 한다. 이를 위해서 전공과 관련하여 필수적으로 알아두어야 할 용어나 개념은 따로 정리해서 암기하도록 한다. 전공 분야와 관련하여 정확한 표현을 익히는 것은 자신의 연구 성과를 구체적으로 알릴 수 있는 토대가 되므로 꼭 확인해야 한다.

보고를 받는 사람을 고려해야 한다.

일반적으로 보고서의 내용을 잘 아는 사람이 보고를 받지만 때론 직접적인 지식이 부족한 사람이 보게 될 수도 있으므로 사실을 상대방이 이해하기 쉽게 수준을 고려해서 써야 한다. 전공과 관련된 보고서의 경우 대체로 같은 학과 교수님과 동료들 앞에서 하게 되는데 이때는 전문 용어와 표현을 활용해야 논의를 심도 있게 진행할 수 있다. 그러므로 자신이 발표할 보고서를 누구에게 보고할 것인가는 글의 수준과 논의의 전문성 측면에서 차이가 날 수 있다. 논의의 수준을 조절할 수 있어야 가장 효과적으로 상대방에게 자신의 연구 성과를 전달할 수 있다.

표나 그림은 시각적 이해를 증진시키는 목적으로 쓰여야 한다.

공학보고서에서 표, 그림, 차트 등 시각적 자료를 활용한 예가 많은데 직접 관련이 없는 자료는 오히려 글의 집중도를 떨어뜨릴 수 있다. 직접 관련이 없는 보조적인 경우 참고자료로 첨부하는 것이 좋다. 이와 반대로 논의를 한눈에 알아볼 수 있도록 표나 그림, 그래프를 적절히 활용하여 이해를 도울 수 있다. 특히 수식의 경우 정확

하지 않을 경우 답이 달라질 수 있으므로 주의해야 한다. 또한 단위를 표시할 때도 제대로 표기했는지 확인해야 한다.

[표 4-1] Specifications of test engine

Items	Specifications
Bore	82 mm
Stroke	93.5 mm
Compression ratio	10.1
Idle speed	700±100 rpm
Spark timing	BTDC 8±5°CA
Intake timing	ATDC 11 / ABDC 59°CA
Exhaust timing	BBDC 42 / ATDC 6°CA
Valve overlap	Variable, −5°CA at cranking

그림의 경우도 마찬가지로 명칭이나 모양, 기호 등을 정확하게 적어야 한다.

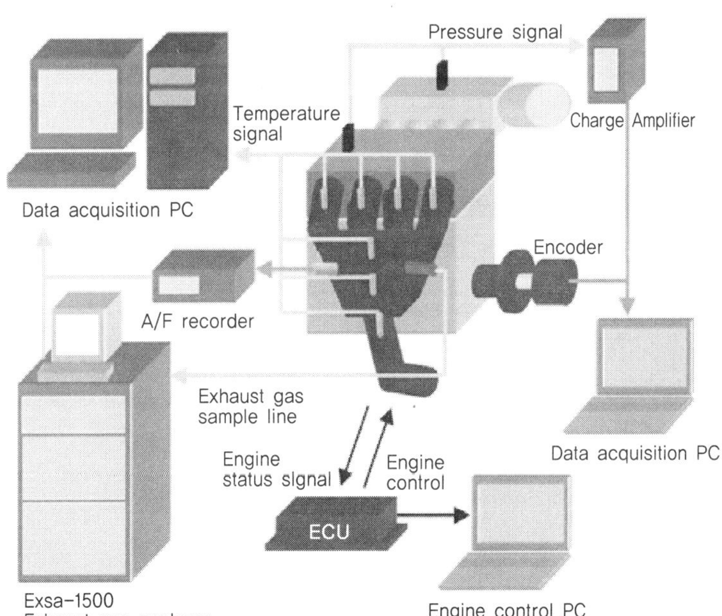

[그림 4-3] Schematic diagram of test engine bench

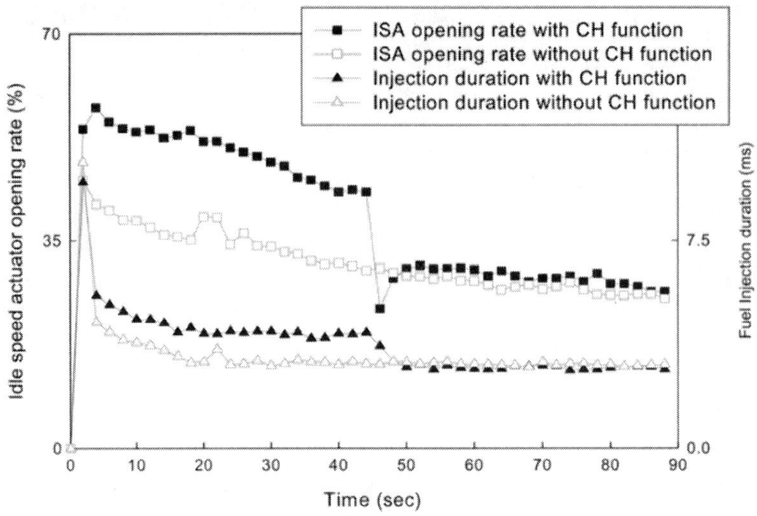

[그림 4-4] ISA open rate and injection duration with/without activation of catalyst heating function

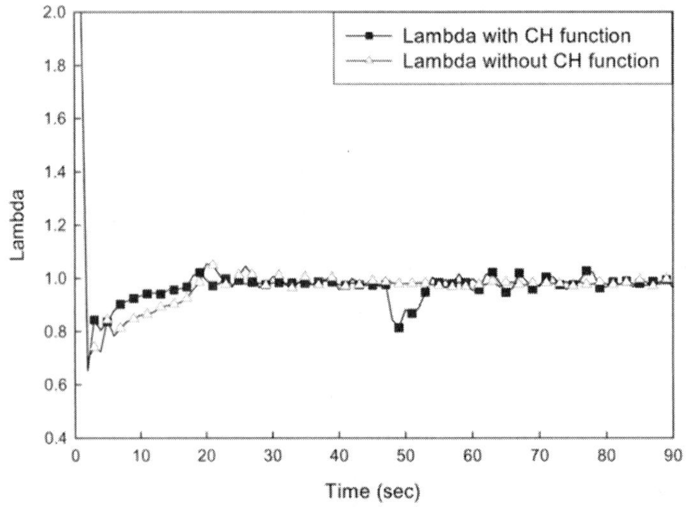

[그림 4-5] Excess air ratio with/without activation of catalyst heating function (출처: ≪가솔린 엔진의 냉시동 천이구간에서 배출가스 온도 및 유해배출물 특성에 관한 연구≫ 조용석, 정대철, 박영준, 김득상, 대한기계학회논문집, B권 제30권 제12호)

계산법의 경우 각 조건과 수식을 동시에 확실하게 표기해야 한다. 뿐만 아니라 수식에 대한 설명을 곁들어야 이해가 쉽다.

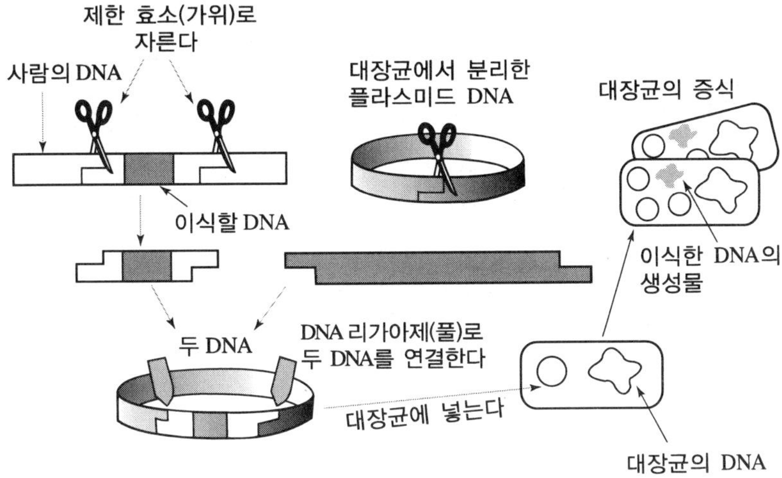

[그림 4-6] 유전자의 재조합 과정 (<한겨레신문> 2007. 6. 17.)

위의 그림의 경우 "생물공학의 발달로 '재조합 DNA'(recombinant DNA, rDNA, 유전자 재조합)라는 유전공학적 방법이 개발되었는데, 이 방법을 통해 품종 개량자들은 단일 유전자를 선택, 전이, 변형할 수 있게 되었다. 이 유전공학적 방법은 좀더 정밀하게 원하는 형질을 주입할 수 있게 되었다."고 설명을 덧붙여 그림의 내용을 더 잘 이해할 수 있다.

공학보고서의 경우 인문사회과학 분야의 논문의 체계인 서론, 본론, 결론의 삼단구성과 달리 순서에 따른 절차가 중요하다. 즉, 자신의 연구 대상이 결정되면 연구 대상의 개념과 그에 따른 정의를 설명한다. 다음으로 정의 내린 바를 증명하기 위한 계산이나 식이 필요한 경우 계산법이나 식을 제시하여 정확한 기준과 근거를 제시해야 한다. 보고서가 진행되는 동안 보고서의 내용은 연구 대상에 관한 사실을 확인하고 기대한 결과를 도출시키는 과정이 된다.

대학 리포트 및 연구 논문

대학에 처음 들어와 당황하게 되는 여러 문제 중 하나는 리포트 제출에 관한 것이다. 모든 과목에서 한 학기에 적게는 한두 개, 많게는 매주 리포트가 부과되곤 한다. 리포트를 어떻게 작성해서 제출하느냐에 따라 성실성과 학습 능력이 판가름이 나기 때문에 리포트 작성법에 대해 정확히 익혀둘 필요가 있다.

리포트(report)의 사전적 정의는 조사나 연구, 실험 등의 결과에 대한 보고서 혹은 학생이 교수에게 제출하는 소논문(小論文)이다. 그러나 실제로는 대학의 교과과정에서 학생에게 부과되는 일련의 과제를 총칭하는 말이다. 리포트는 해당 과목과 관련하여 학생의 이해 정도를 확인하고, 더 나아가 필요한 서적이나 자료를 읽게 하여 심화·확장된 지식을 얻게 함으로써 각 과목에 대한 학생의 관심도를 높이기 위한 것이다.

리포트를 작성할 때 우선 교수가 요구하는 리포트의 성격이 무엇인지를 정확히 이해해야 한다. 단순히 내용 요약을 하는 것인지 혹은 하나의 주제를 자유롭게 선택하여 조사를 해야 하는 것인지, 평가와 견해를 포함시켜야 하는 것인지를 정확히 알고 있어야 한다. 과제를 부과한 교수의 의도와 그 의도에 적합한 글을 작성해야 한다. 대개 교수는 과제의 평가 항목 및 방식을 미리 고려하고 리포트를 부과한다. 이때 리포트 작성이 어려워 인터넷 자료를 다운받아 재편집하여 제출하는 것은 가장 부적절한 행동이다. 아직은 미숙하고 논리적인 결함이 있다 하더라도 배움의 결과만이 아니라 교육과정 자체가 교육의 일환임을 잊지 말아야 한다.

인터넷을 통해서 수집한 자료는 그 자체로 쓰이는 것이 아니라 참고자료로 활용하여 스스로 확장된 사고와 지식체계를 바탕으로 리포트를 작성해야 한다. 대학은 학문적 지식만을 익히는 곳이 아니다. 대학에서 학생들은 전문적인 지식을 배우고 익히며 사회의 구성원으로서 알아야 할 기본 소양과 자질을 키우게 된다.

실험·관찰보고서나 답사·조사·발굴보고서의 경우, 가장 필요한 것은 성실한 자세와 객관성의 확보이다. 특정 주제와 관련하여 필요한 과정에 참여하거나 자료를 모은 후 그것을 세밀하게 검토하고 정리하는 작업은 지루하거나 힘든 작업일 수 있는데 이때 연구에 임하는 자세는 연구 결과에도 영향을 미치게 된다. 리포트의 성격을 잘 모르는 학생의 경우 일반적인 사실을 여러 가지 조합하여 제출하는 경우가 있는데 이럴 경우 좋은 점수를 받을 수 없다. 교수가 요구하는 것은 사실의 나열이 아니라 자료를 통해 얻게 된 학습의 결과와 과정을 확인하고자 하기 때문이다. 이때 요구되는 능력이 창의성이다. 주어진 과제에 대한 창의적인 사고는 연구 주제를 바라보는 관점이 새로울 수도 있고, 연구 방법이 참신하거나 연구 대상을 차별화할 수 있다. 이러한 과정을 통해 같은 주제라 할지라도 서로 다른 개성적인 글이 탄생하게 되는 것이다.

학생들은 개성, 창의라는 말이 나오면 뭔가 엉뚱하고 낯선 것을 떠올리는데 창의적 사고의 바탕은 타당성의 확보에 있다는 점을 알아야 한다. 기발한 발상에 대해 수긍할 수 있어야 한다는 말이다. 현대사회는 과학의 발달로 정보가 넘쳐나는 시대를 살고 있다. 특히 인터넷의 발달로 정보나 지식을 찾고 수용하는 데 훨씬 수월해졌다. 그러나 자료를 무한정 많이 구할 수 있으나 그것을 선별할 능력이 없다면 아무것도 가지지 못한 것과 다를 바 없다. 무한한 정보 중에 내게 유용한 자료는 많지 않다. 왜냐하면 인터넷을 통해 수집한 자료는 한 가지의 사실을 재연하는 구조를 가졌기 때문이다. 주제에 관한 가치 있는 연구가 축적된 것이 아니라는 말이다. 연구 주제와 가장 긴밀한 관계를 가진 자료를 토대로 연구자의 인식의 깊이를 깊게 했을 때 좋은 리포트를 쓸 수 있다.

최근 들어 리포트 제출과 관련한 가장 심각한 문제는 학생 스스로 연구한 결과물로써 리포트를 제출하는 것이 아니라, 인터넷을 통해 다운받은 자료를 재편집하여 제출하는 것이다. 그러나 대개 학생들이 사용한 어휘(語彙)만 보아도 그것이 학생의 것인지 아닌지는 단박에 드러난다. 더욱이 남의 지식을 베껴 사용하는 것은 교육상 가장 부적절한 행동이다. 논리적으로 내용적으로 부족한 결과를 제출할 수 있지만 이러한 부족함을 채워 나가는 과정이 곧 교육이다. 학생 스스로 탐구하고, 성취감을 경험하고, 지식을 채워 나가면서 성숙한 인간으로 성장하게 되는 것이다. 인터넷을 통하여 필요한 자료의 목록을 확인하고 또 적합한 정보를 수용하여 기본적인 지식 습득의 과정을 거치는 것은 시대적인 흐름이라 할 수 있다. 그러나 이렇게 얻어진 자료를 함부로 사용해서는 안 된다. 모든 과제는 자신의 사고의 과정을 거쳤을 때 비로소 지식으로 쌓이게 되는 것이다. 이렇게 쌓인 지식은 문제를 해결할 수 있는 능력으로 자리잡게 된다.

대학은 단순히 지식만을 전수받고 사회 진출을 위한 전초기지에 해당하는 곳이 아니다. 리포트를 잘 작성하여 좋은 학점만 받으면 된다는 성과주의 사고방식은 결국 자신을 부실한 지식인으로 만들게 될 것이다.

리포트의 종류에 따라 절차와 서술이 조금씩 다르지만 기본적으로 지켜야 할 공통 사항은 다음과 같다.

[그림 4-7] 리포트 작성과정

리포트 및 연구 논문 작성의 절차

❶ 주제 정하기

주제는 필자가 주장하고자 하는 중심 내용을 뜻한다. 글쓰기에서 제일 먼저 주제를 잡아야 하는 것은, 주제를 통해 자기가 쓰려는 글의 성격과 절차가 정해지기 때문이다. 주제 설정을 정확하고 구체적으로 잡아야 글의 일관성을 유지할 수 있으며 논점이 살아난다.

주제는 포괄적인 것에서 세부적이고 구체적인 범위로 한정시켜 잡는다. 왜냐하면 포괄적으로 주제를 설정하면 글의 논점이 흐려질 수 있으며 수박 겉핥기식의 논의가 되기 쉽다. 처음에는 주제의 범위를 작고 자기가 잘 알고 있는 지식을 활용할 수 있는 것에서 잡는다. 예를 들어 '환경오염의 원인과 실태 연구'보다 '수질오염의 주범인 생활 오수를 줄여야 한다'처럼 구체적이어야 한다. 주제문은 완전한 문장의 형태로 작성해야 한다. 주제문은 자료 조사와 연구 과정 중에 수정되거나 좀더 구체적으로 드러나기도 한다.

❷ 자료 찾기

인터넷이 일반화된 세상을 살다 보니 자료를 인터넷으로 찾아 그것을 가공해 쓰면 되는 줄 아는 학생들이 많다. 그러나 자료를 찾고자 할 때에는 1차적으로 주제와 관련 서적을 먼저 읽고 연구 방향과 내용을 정해야 한다. 도서관은 지식의 보물 창고라고 할 수 있다. 인터넷이 아무리 발달했다고 하더라도 여전히 출판 도서는 유용한 자료이다. 요즘은 도서관의 자료가 전산화되어 있으므로 해당 주제의 키워드를 중심으로 관련 자료를 검색한다. 키워드로 찾은 자료가 다 내 연구에 도움이 되는 것은 아니다. 찾은 자료의 목차나 서론 등을 확인하여 적절한 자료인지 확인한 후 선택하는 것이 좋다. 그리고 선택한 자료를 꼼꼼하게 읽고 정리해야 한다.

리포트나 연구 논문 작성 시 가장 중요한 점은 자료로서 활용되는 내용이 신뢰할 수 있는 것이어야 한다는 것이다. 신뢰할 수 있는 자료란 해당 분야 전문가의 글이나, 축적된 지식을 근거로 하고 있는 글, 출처가 분명한 글, 학술 전문지나 신문, 검증받은 기관의 보고서나 조사기관의 통계 및 설문 결과 등도 자료로서의 가치가 있다.

❸ 자료 정리하기-독서 카드의 활용

자료 정리에 있어 주의해야 할 것은 독서 카드의 활용이다. 자료를 찾고 정리해 나갈 때 자신이 읽은 자료를 목록으로 만들어 정리해 두지 않으면 리포트를 작성할 때 인용 자료의 출처를 확인할 수 없는 경우가 발생한다. 아주 짧은 글의 경우는 기억력을 발휘하여 쓸 수 있을지 모르지만 대개의 리포트나 연구 논문의 경우 인간의 기억력만으로는 부족한 부분이 있다.

독서 카드는 목록 카드와 자료의 내용을 요약한 자료 카드로 나눌 수 있다. 목록 카드에는 저자, 자료 및 책 제목, 서지사항(출판지, 출판사, 출판연도 등) 등을 기록해 둔다. 자료 카드에는 자신이 읽다가 참고해야 할 부분을 옮겨 적거나 생각을 요약하여 기록해 두는데 이때에 항상 해당 쪽수를 적어 두어야 한다. 작성된 독서카드는 주제별, 연도별, 자료의 성격별로 나누어 관리하는 것도 좋다. 자료의 정리를 통해 자신의 주제문이 구체적으로 드러나면 개요를 구성한다.

❹ 개요 작성하기

개요란 자신이 쓰고자 하는 글의 전체 구조를 체계화하여 순서를 정하는 일이다. 일반적으로 개요를 '글의 설계도'라고 하는데 이는 개요가 글의 전체적 구상을 확정짓는 과정이기 때문이다. 개요를 작성한 후 글을 쓰면 좀더 체계적이고 정돈되게 쓸 수 있으며, 동시에 전달의 효율성도 높일 수 있다. 글의 체계가 잡히면 일관성을 유지하고 논리의 자연스러운 흐름을 이끌어낼 수 있다. 개요 작성이 치밀하고 세부적일 때 집필이 한결 쉬워진다. 개요 작성을 하지 않으면 내용이 중복되거나 생략되는 경우가 발생하며, 논의의 자연스런 흐름을 놓칠 수 있다. 글의 일관성과 흐름을 놓치게 되면 논지가 흐려지고 의도했던 글과 다른 글이 될 수 있다. 개요를 작성했다 하더라도 머릿속으로만 구상하고 글로써 표현해 두지 않았다면 개요 작성을 했다고 보기 어렵다. 어떤 종류의 글을 쓰든 글의 경제적인 집필과 논의의 일관성을 유지하기 위해서는 필수적인 부분이다.

일반적으로 논리적인 글은 서론－본론－결론의 삼단구성이 기본이다. 여기에서 삼단구성이란 기계적인 삼단구성을 말하는 것이 아니라 전체 내용의 도입 글과 중심 내용, 마무리 글이 있어야 한다. 서론에는 앞으로 글의 방향과 목적, 문제 제기 등을 쓴다. 본론에서는 세부 항목들의 층위를 어떻게 설정할 것이지 결정해야 한다. 상위에 놓을 것과 하위에 놓을 것의 각 층위를 구분하고 이를 적절히 배치하는 작업이 필요하다. 한 편의 글은 자연스러운 흐름을 갖게 되는데 글의 흐름은 논의의 순서에 따라 형성된다. 무엇을 먼저 말하고 나중에 말할 것인가에 따라 글이 달라질 수 있다. 대개는 문제의 실태 → 원인 → 경과 → 해결 방안순으로 구성한다.

개요 작성방법은 크게 화제 개요와 문장 개요로 할 수 있다. 화제 개요는 각 단계별로 중요 내용을 문장이 아닌 핵심어구만을 사용하여 작성하는 개요를 말한다. 간단하고, 쉽게 다룰 수 있으며, 넓은 내용을 다룰 수 있고, 개요 작성의 시간이 짧다. 짧은 글이나 구조가 단순한 글, 쉽게 이해할 수 있는 내용의 개요를 짤 때 주로 사용한다. 이와 달리 문장 개요는 각 단계별로 중요 내용을 주어와 서술어를 갖춘 완전한 문장 형식으로 정리하는 개요이다. 글의 구조나 주제가 복잡하거나, 복잡한 내용을 담아야 할 때 주로 사용한다. 화제 개요보다 자세하고 구체적이지만, 완전한 문장으로 작성하는 만큼 시간이 많이 필요하다.

화제 개요의 예

주제문 : 과학기술자로서 연구 수행에 있어 책임과 권리가 있다.

Ⅰ. 서론 : 과학기술의 사회적 영향력에 대한 인식

Ⅱ. 본론

  1. 과학기술자의 책임

    가. 과학기술 측면 : 과학기술 개발을 위한 지속적인 노력

    나. 윤리 측면 : 사회 윤리 의식의 실천

  2. 과학기술자의 권리

    가. 연구의 자율성을 보장받을 권리

    나. 비윤리적인 연구 수행을 거부할 권리

Ⅲ. 결론 : 과학기술자의 책임 인식과 권리 확보의 중요성

문장 개요의 예

주제문 : 문화 개방시대에 슬기롭게 대처하자.

Ⅰ. 서론 : 외래문화가 급속히 유입되고 있는 현실

Ⅱ. 본론

1. 외래문화 수용에 따른 문제점
   가. 문화의 정체성을 지나치게 고집하는 태도는 버려야 한다.
   나. 고유문화 중심주의는 국제적 고립의 한 요인이 될 수 있다.
2. 외래문화 수용의 이유
   가. 외래문화도 우리 문화 발전에 기여한다.
   나. 외래문화에 대한 부정적 선입관을 없애야 한다.
3. 외래문화 수용의 바람직한 태도
   가. 외래문화를 주체적으로 수용해야 한다.
   나. 민족문화의 전통을 계승 발전시켜야 한다.

Ⅲ. 결론 : 외래문화의 선별적, 주체적 수용 자세를 촉구하자.

⑤ 집필

일반적으로 리포트나 연구 논문의 서술방식은 설명과 논증이 주로 사용된다. 연구자의 평가나 비평을 요구하지 않는 보고서 등에는 설명문이 주로 쓰이고, 연구자의 주장을 분명하게 내세워야 하는 글에서는 논증이 필수적이다. 하나의 주제를 잡아서 연구자의 연구결과와 평가를 써야 할 경우 논의의 신뢰성을 높이기 위해 논증의 서술방식을 선택해야 한다. 이때 기억해 두어야 할 사항은 논증을 하는 것이 자신의 생각이 어떠하다는 것을 강력하게 주장하면 되는 것이 아니라는 점이다. 오히려 차분하게 자신의 주장이 타당하다는 것을 조목조목 따져가며 증거를 제시해야 한다. 글 안에서 증거란 권위 있는 전문가의 의견일 수도 있고, 기존의 연구 결과나 전문 서적의 내용이 될 수도 있다.

⑥ 주석과 참고문헌 작성하기

일반적으로 리포트나 연구 논문의 경우 글의 객관성을 유지하기 위해서 다양한 자료를 참조하여 글을 쓰게 되는데, 이때 특히 주의하여야 할 것은 참조한 자료의 출처를 밝히는 일이다. 이를 밝히지 않을 경우, 남의 글을 단순히 베끼는 것이 되거나 표절이 될 수 있다. 표절은 학문적 도둑질에 해당하는 나쁜 일이므로 반드시 인용 자료의 출처를 밝혀야 한다. 특히 요즘처럼 손쉽게 자료를 접할 수 있는 환경에서 연구자 각자 학문적 윤리의식을 강화하는 것은 학문의 시작이라 할 수 있다.

인용의 경우, 직접적으로 글을 그대로 일정 분량 옮겨 적거나(직접 인용) 혹은 자신의 글 속에 일부를 포함시켜 쓰는(간접 인용) 방법이 있다. 어떤 종류의 인용이든지 간에, 그에 따른 주석 처리를 해야 한다.

주석은 크게 세 가지로 나눌 수 있다. 각주(脚註), 미주(尾註), 내주(內註)가 그것이다. 각주는 각 페이지의 하단에 출처를 밝히는 것이고, 미주는 각 장이나 글의 마지막에 일괄하여 주를 정리하는 것을 뜻한다. 내주는 참고한 자료의 간단한 정보만 밝히는 것으로 대개 반복하여 인용하거나 참조할 경우에 사용된다. 내주는 각주 대신 본문에서 간략하게 자료의 출처를 밝히고자 할 때 사용할 수 있는데, 이때에는 필자 이름과 출판연도, 인용 페이지를 괄호 안에 쓰면 된다.

7 수정 및 퇴고(推敲)

어떤 종류의 글이건 다 쓴 후에는 한번 읽으면서 전체적인 측면에서 재검토하는 작업을 거쳐야 한다. 이를 퇴고라 한다. 퇴고는 단순히 틀린 글자나 문장을 손질하는 수준을 넘어서 글 전체를 자신의 의도에 맞추어 재조정하고 전달의 효율성을 고려하여 재배치하는 작업이 되어야 한다. 그러므로 고치기의 순서는 글의 전체 구조에서부터 시작하여 세부적인 작은 단위로 나아가는 것이 좋다. 퇴고의 단계에서 빠진 부분을 채워 넣거나, 불필요한 부분을 삭제하기도 하고, 논리적으로 맞지 않는 것은 조정하며 글의 완성도를 높인다. 수정과 퇴고를 거쳐 자신이 내세운 주장을 마지막으로 점검하고 확인한다.

자연과학 분야 논문의 작성방법

자연과학 분야 논문이란 이학, 공학, 의학 및 농수산학 분야 등의 자연과학 연구에서 주로 쓰는 논문을 가리킨다. 자연과학 분야의 논문은 인문・사회과학, 예술 분야의 논문에 비해 서술 방식과 양식에서 차이가 있다.

자연과학 논문의 길이는 인문・사회과학 논문의 10분의 1 정도에 그칠 정도로 짧다. 노벨상을 받은 왓슨의 'DNA 이중나선구조에 관한 연구' 논문이 약 9백 단어로 구성되었다는 이야기를 들은 적이 있는데, 자연과학 분야 논문이 분량의 제약을 받지 않는다는 단적인 예라고 할 수 있다. 이렇게 자연과학 분야 논문의 길이가 짧은 것은 한 논문에서 다루는 분야와 주제가 다른 분야에 비해 상대적으로 한정되기 때문이다.

자연과학 분야의 논문은 인문・사회과학 분야의 논문에 비해 간단명료하게 쓰여진다. 이는 장황한 설명보다는 정확하고 간결한 언어나 기호, 수식 등을 선호하기 때문이다. 또한 실험이나 관찰의 결과를 기술하는 경우가 많은데, 이는 자연과학 분야의 연구 대상이 갖는 특성상 불가피한 일이다. 실험과 관찰은 재현되는 일이 많기 때문에 논문의 타당성이나 독창성이 쉽게 검증되기도 한다. 따라서 명확하게 독창적인 결과를 내지 못한 논문은 자연계 논문으로 성립하기 어렵다. 자연과학 논문은 주석, 참고문헌 작성에 있어서 인문 · 사회과학 분야와 달리 일련번호 표시, 학술지명의 축약 표시 등의 차이가 있다.

❶ 인용문의 출처 표시 양식

자연과학 분야 논문에서 인용한 문헌에 대한 표시는 일반적으로 번호 체계를 사용하고 인용한 부분에 [1], [2] 등과 같이 인용 순서에 따라 일련번호를 붙인다. 일련번호로 표시된 인용문헌에 대한 자세한 정보는 인용 번호순으로 논문 끝에 첨부하는 참고문헌 목록에 적는다. 자연과학 분야 논문의 본문 인용 방식에서는 일련번호가 중요하다.

인용문헌 목록의 구성 요소는 번호, 필자명, 학술지나 단행본의 이름, 권(호)수, 페이지 및 연도 표시로 이루어지는데, 참고문헌 목록과 큰 차이가 없다. 그러나 일련번호가 있고, 연도 표시가 마지막에 나타나는 점에서 필자 연도 체계와는 다르다.

자연과학 분야 논문의 인용문헌 목록에서는 흔히 학술지명을 간단히 줄여서 표기한다. 예를 들어 Physical Review는 Phys. Rev.라 쓰며, Chemical Review는 Chem. Rev.와 같이 쓰는 것이 관용화되어 있으므로 이러한 약호를 잘 익혀 사용해야 한다. 권(호)의 번호는 대체로 고딕체로 적고, 연도는 괄호 안에 넣는다. 책 이름이 밝혀진 경우에는 논문 제목은 따로 쓰지 않는다. 영문 문헌의 경우 단행본이나 책의 제목은 이탤릭체로 적는다.

분야에 따라서는 위의 방식과는 달리 인문 · 사회계열에서처럼 필자 연대 체계를 활용하는 경우(지질학, 자원 환경 등)도 있으며, 저자명이나 연도 표시 방법 등에서 약간씩의 차이를 보이기도 한다.

자연과학 분야 논문 인용 표시 양식

…………… [1] ……………………… [2] …………………… [3] ……………………

……………………………………………………………………… [4]

[1] 김시원, 응용물리, 33, 365 (1977).

[2] K. D. Hong, *J. Korean Phys. Soc.* **10**, 150 (1970).

[3] E. Piers, *J. Chem* **52**, 3563 (1974).

[4] V. R. Voller and S. Sundarraj, Modeling of Microsegregation, *Mat. Sci. Technol.* **9**, 474 (1993).

❷ 참고문헌 목록 양식

자연과학 분야 논문의 참고문헌 목록은 논문 본론에서 언급한 인용문헌 목록이 된다. 따라서 인문 · 사회계 논문과 달리 참고문헌 목록에 문헌의 인용 순서를 나타내는 일련번호가 표시되며, 인용 면수도 나타나게 된다.

수학, 물리학 등의 논문 작성에서는 기호, 수식 등이나 특수한 문자들의 처리를 위해 라텍스, 암스텍스, 레브텍스 등과 같은 컴퓨터 프로그램을 많이 사용한다. 이들 프로그램은 분야별로 논문을 정형화할 수 있도록 일정한 양식을 제공하고 있는데, 집필자가 이 양식에 맞추어 제목, 항목, 주석 등을 용이하게 처리할 수 있다. 참고문헌 목록 또한 이들 프로그램 사용 시에는 자동으로 정리되어 나타나게 된다.

이학계

1) See, for example,
   a) D. A. Leng, "Raman Spectroscopy", McGraw－Hill, New York, 1977.
   b) S. K. Freeman, "Applications of Laser Raman Spectroscopy", Wiley－Interscience, New York, 1974.
   c) H. A. Szymanski, edit., "Raman Spectroscopy. Theory and Practice", Plenum Press, New York, 1967.
   d) J. G. Grasselli, M. K. Snavely, and B. J. Bulkin, *Phys. Reports*, **65**(4), 231(1980).
2) Blendon R. J., Kim M., Benson J. M. 2001. "The Public Versus the World Health Organization on Health System Performance", Health Affairs, **20**(3): 10-20.
3) Cromack K. Jr., R. L. Todd and C. D. Monk. 1975. Patterns of basidiomycete nutrient accumulation in conifer and deciduous litter. Soil Biol. Biochem. 7:265-268.

공학계

1) Sungho Cho, Songsoo Park, Yongjae Lee, Shingun Ryi, Chunboo Lee, Seunghoon Choi, "The Application of Reforming Reaction of Diesel Fuel on Regeneration System for DPF", KSAE Fall Conference Proceeding. pp. 416~421, 2005.
2) Yougen Kong, Tom Kozakiewicz, Randy Johnson, Chris Huffmeyer, Jon Huckaby, John Abel, Jon Baurley and Kendall Duffield, "Active DPF Regeneration for 2007 Diesel Engines", SAE 2005-01-3509, 2005.
3) P. Richards, B. Terry, M. W. Vincent and J. Chadderton, "Combining Fuel Borne Catalyst, Catalytic Wash Coat and Diesel Particulate Filter", SAE 2001-01-0902, 2001.
4) P. Zelenka, S. Schmidt and G. Elfinger, "An Active Regeneration Aid as a Key Element for Safe Particulate Trap Use", SAE 2001-01-3199, 2001.

논문평가 지침표

구 분	점검 내용
제 목	논문의 제목이 결론에 부합되는가?
서 론	연구배경(문제점)이 명료하게 기술되었는가? 제기된 문제점이 중요한가? 연구목적이 분명하게 기술되었는가? 창의성이 있는가?
대상 및 방법	연구방법이 충분히 설명되었는가? 연구방법이 문제점의 해결에 적합한가?
결 과	분석 결과가 명확하게 제시되었는가? 결과의 타당성의 신뢰도가 정립되었는가? 결과가 학술적 또는 현실적 측면에서 가치가 있는가?
고 찰	제기된 문제점의 해결에 필요한 내용이 충분히 고찰되었는가? 주안점과 관계없는 내용이 기술되지는 않았는가?
결 론	제시된 성적이 결론을 충분히 뒷받침하고 있는가?
체 제	논문이 논리적으로 구성되어 있는가?
표 및 그림	표 및 그림이 논문의 중요 내용을 대표하고 있는가? 표 및 그림의 수가 적당한가?
영문초록	초록이 간결하고 중요 내용을 포함하고 있는가?
문 헌	필요한 문헌만을 인용하였는가?

보고서 작성 연습 1.

전공과 관련해서 자신이 쓰고 있는 보고서 중 표나 그림을 활용한 예를 제시해 보라. 제시된 보고서의 형식이 제대로 되었는지 논문평가 지침서에 따라 스스로 평가해 보라.

보고서 작성 연습 2.

자신의 전공 관련 보고서 작성 전에 자신이 쓰려는 내용과 유사한 보고서가 없는지 찾아서 목록을 만들어 보라. 그러고 나서 보고서를 작성해 보라.

5장 기획서 작성하기

1. 기획서의 개념

기획서(企劃書)는 무엇을, 어떻게 할 것인가에 대한 기획을 실현하기 위한 문서이다. 이때 '무엇을'은 문제 해결 또는 새로운 가치 창조와 같은 기획의 목적에 해당한다. 그리고 '어떻게'는 기획 목적을 좀더 효과적으로 실현하기 위한 방법으로 계획을 포함한다. 따라서 기획서는 목적에 맞게 설정된 기획 아이디어, 즉 콘셉트에 따라 기획의 전체상을 요소별로 구분하여 체계적으로 조립해 놓은 설계도라고 할 수 있다.

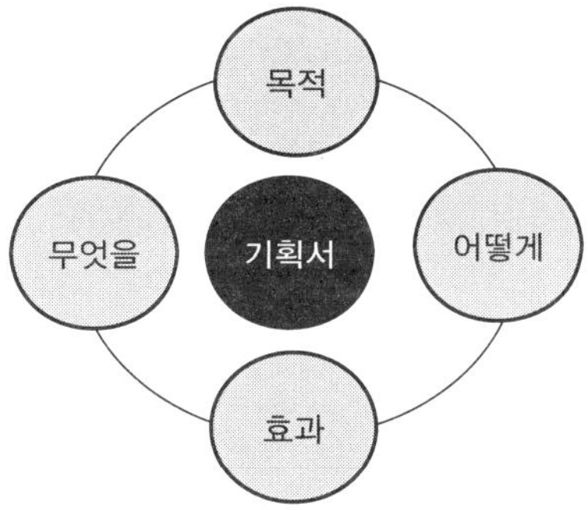

[그림 5-1] 기획서의 내용

여기서 잠깐 기획의 의미를 생각해 보자. 기획(企劃)이란 한자를 보면, 사람(人)이 머물러 서 있으니(止), 뭔가를 '바라는 바'라고 풀이할 수 있고, 획(劃)은 '글과 그림으로 새긴다'는 뜻으로 풀이할 수 있다. 즉 '무엇을 어떻게 할 것인가'를 표현한다는 뜻이 된다. 이때 기획자가 바라는 바와 경영자나 의뢰인이 바라는 바가 일치할 때 기획의 목표가 뚜렷해짐을 알아두어야 한다. 기획이 무엇을 어떻게 할 것인가를 추구하는 것이라면, 이를 상세하게 그려놓은 지도가 바로 기획서인 것이다.

TIP

시험기간에 어떤 과목을 얼마만큼, 어느 정도의 시간을 가지고 어떻게 공부할 것인가? 오늘 학교에 갈 때 어떤 길을 이용하는 것이 효율적일까? 이번 방학을 어떻게 보낼 것인가? 등등 일상생활에서도 우리의 기획은 계속된다.

기획(企劃)은 새로운 아이디어를 포함하는 방향성을 지닌 창조행위이며, 이를 실현하는 과정이 바로 '계획(計劃)'임을 구별해 두자.

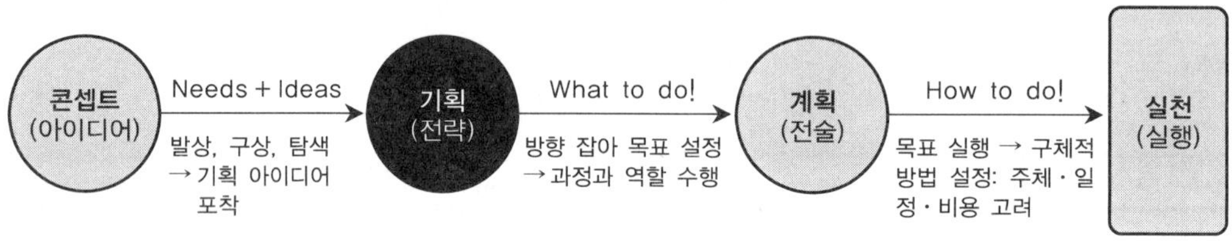

[그림 5-2] 기획 절차

기획서란 기획 아이디어인 콘셉트를 중심으로 정보를 수집 · 정리하여 다른 사람이 쉽게 이해하고 공감할 수 있도록 논리적 체계를 갖추어 마련한 결과물이다. 기획을 수용하거나 직접 실천하도록 관계자를 설득하기 위해서는 프레젠테이션을 효과적으로 준비하여 실시해야 한다. 이때 기획자와 관계자가 서로 합의하여 실천하기로 결정하는 데 기여할 수 있는 의사소통 도구가 필요하다. 그것이 바로 기획서이다. 다시 말해서 기획서란 체계적으로 업무를 추진하고 적절한 계획을 세워 시행할 수 있게 하기 위한 사무적 문서라고 말할 수 있다.

2. 기획서의 목적 및 필요성

기획서는 상대방을 설득하는 데 목적이 있는 것이 아니라 그 기획을 '실행해 보고 싶다'고 생각하게 만드는 데 목적이 있다. 영화 예고편을 보고 '이 영화를 꼭 봐야 겠다'고 생각하게 만들듯이 기획서도 '해 보고 싶다'는 의욕을 불러일으켜야 성공적인 기획서가 될 수 있다. 그러기 위해서는 누가 기획서를 읽을 것인지, 상대방이 어떤 행동을 취해 주길 바라는지를 명확히 해야 하므로 하나의 기획서에는 하나의 목적을 담는다. 그럴 때 기획서의 목적이 명확히 전달될 수 있다.

기획은 정보와 아이디어를 바탕으로 새로운 생각을 창출하기 위한 지적인 작업이라는 데 핵심이 있다. 특히 성공할 수 있는 기획을 하기 위해 필요한 기술 중의 하나가 바로 세상의 변화를 읽는 힘이다. 빠른 속도로 변하는 환경을 올바르게 읽고 분석할 수 있을 때 무엇이 문제인지를 올바로 파악할 수 있다. 그런 다음에 어떤 대안을 가지고 어떻게 문제를 해결하거나 개선할 것인지에 대한 해답을 자신의 기획서에서 제시할 수 있다.

TIP

시장점유율 세계 1위의 기업들이 트렌드 변화와 새로운 패러다임의 창출에 실패해 최고의 자리를 경쟁사에 넘겨준 사례들을 보라. 기획 능력이 부족했던 제록스가 휴렛패커드에, 모토롤라가 노키아에, 네슬레가 제너럴 푸드에, 다시 스타벅스에 자리를 넘겨주었다.

기획서는 자신의 업무 이력서인 동시에 기술 증명서가 될 수 있다. 이렇게 중요한 기획서를 어떻게 하면 잘 쓸 수 있을까?

먼저 어떤 사회현상을 봤을 때 늘 자기에게 플러스 요인이 될 것인가, 마이너스 요인이 될 것인가에 대해 생각하는 습관을 들여야 한다. 이것은 목표 설정의 단계를 거쳐 이를 실천하는 과정에서 단련될 수 있다.

1단계 상상	눈을 감고 무엇을 하고 싶은지, 또는 무엇이 되고 싶은지를 떠오르는 대로 적어 보기
2단계 질의응답	이것을 목록으로 만들어 점검하면서 그 이유를 따져 보기
	흔쾌히 답하기 어려운 것은 목록에서 과감히 삭제하기
3단계 구체화	목록에 남아 있는 항목이 실현 가능한지 검토하기
	자신이 실현하려는 목표 확인하기
	도덕적 방법으로 실현 가능한지 여부를 확인하기
	최종 목표를 달성한 자신의 모습 그려보기
4단계 기간 설정	목표를 압축한 후, 장·단기 목표로 분류하기
	목표 달성을 위한 구체적인 기간 설정하기
5단계 준비물 점검	목표 실현을 위한 준비사항을 모두 기록하기
	준비사항의 우선순위 정하기

[그림 5-3] 기획력 향상을 위한 목표 설정의 5단계

그런 다음, 창의적인 기획자가 되기 위해 아래와 같은 변화를 추구해야 한다.

- **기획 능력과 기획서 쓰는 능력이 일치한다는 생각을 버려라.**
  기획서의 형식이나 작성능력에 집착하는 것은 창의적 발상에 방해가 된다.
- **기획이 즐겁지 않다면 잠시 쉬어라.**
  상대를 설득할 수 있는 생각 에너지를 기획서에 담고자 한다면 자신을 자유롭게 하고 기획하는 것을 즐길 수 있어야 한다.
- **하루 종일 기획한다는 태도를 가져라.**
  기획과 일상이 다른 것이 아님을 알면 생활 자체가 기획 차원으로 승화된다.
- **모든 것을 정확히 분석하고 표현하려고 노력하라.**
  능력은 습관에 의해 만들어진다.
- **분석하고 표현한 것에 의미를 부여하라.**
  세상에 의미 없는 것이 어디 있겠는가.
- **의미 부여한 것들을 모두 연결하라.**
  그 의미 연결 속에서 새로운 것을 찾을 수 있게 된다. 이때 좋은 아이디어가 생각났다면 바로 구체화시켜야 한다.
- **이렇게 마련한 자료들을 기획에 활용하라.**
- **인간과 세계의 본질에 관심을 갖고 책 속에서 기획 자료를 찾아보라.**
- **분야별로 자신의 스승을 만들라.**
  기획에 도움을 줄 수 있는 스승은 많다. 그들을 만나며 관계를 형성하여 커뮤니티 네트워크를 만든다.
- **주변 사람들의 충고와 도움에 적극 반응하라.**
  때로는 경쟁도 하고 도움도 받으며 자신의 인품을 만들어가는 것도 기획의 힘이다.

TIP

기획 먼저, 기획서 형식은 나중에!!

이처럼 변화를 두려워하지 않고 스스로 변화하려고 노력하는 가운데, 통찰력·창의력·논리력·표현력을 동반한 기획력을 발휘할 수 있게 된다. 즉 자신이 과제를 인식하고 이와 관련된 현상을 분석하며 조건을 검토할 수 있다. 또 발상과 구상을 통해 기획 아이디어를 포착하여 정보를 수집·정리하여 체계적으로 표현하게 된다. 이러한 일련의 기획력을 가지고 있다면, 윗사람에게 단 한 장의 문서만 제출하고도 결재를 받을 수 있다.

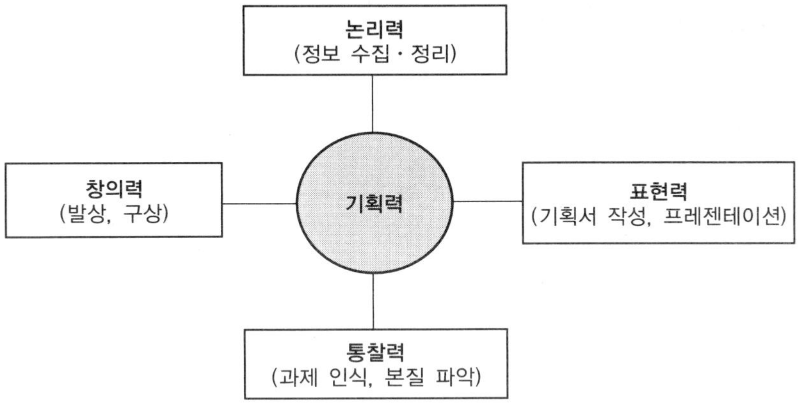

[그림 5-4] 기획력의 기본 요소

TIP

좋은 기획자란, 만화영화 <스머프>에 나오는 투덜이 스머프, 공상이 스머프, 편리 스머프, 허영이 스머프 등을 혼합한 모습이라고나 할까!

충분한 지식과 논리적인 사고, 그리고 설득 기술과 실행 능력(방법론)이 조화롭게 결합되어 있을 때 기획을 잘할 수 있다. 기획서는 그 결과물인 동시에 이를 기반으로 한 실무적인 '글쓰기의 종합예술'이라고 할 수 있다. 기획이 멀리 바라보고 지도를 그리는 것과 같은 작업이라면, 기획서는 누구보다 멀리 바라보고 계획하는 일에 대한 전체적인 틀을 보여주는 것이다. 여기에는 논리성과 창의성, 설득력이 동반된다. 이를 위해 글쓰기를 중심으로 그림, 도표 등을 활용하여 시각화함으로써 효과적인 의사소통 기능을 발휘한다.

한편 기획서는 자아실현을 위한 의사소통 수단으로 생각할 필요가 있다. 왜냐하면 기획을 하면서 업무나 과제의 본질을 이해하고, 시야를 넓히면서 문제의식을 키울 수 있으며, 실무 능력을 강화할 수 있을 뿐만 아니라 자신감을 키우고 일에 대한 의욕도 강화할 수 있기 때문이다. 따라서 기획은 자신이 하고 싶은 일을 스스로 만들어가는 것이며, 자아실현의 길을 개척하는 과정이라고 할 수 있다. 이때 기획서는 하고 싶다는 욕구를 자신은 물론 상대방에게 불러일으키고, 이를 실천할 수 있도록 안내하는 역할까지도 한다는 데 그 중요성이 있다.

3. 기획서의 유형 및 작성방법

기획서의 유형

기획서를 작성할 때 먼저 기획의 목적에 맞는 기획서 유형을 정하는 것이 중요하다. 기획서의 유형에는 내용 전개에 따라 '포인트 방식'과 '논문 방식'이 있고, 형식과 작성방식에 따라 '문장형 기획서'와 '도해형 기획서'가 있다.

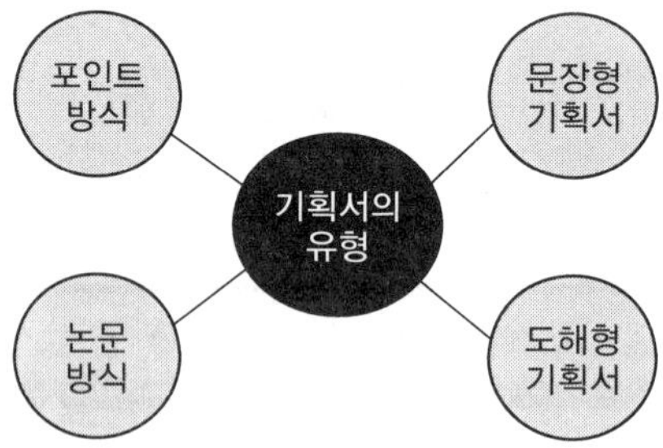

[그림 5-5] 작성방식에 따른 기획서의 유형

포인트 방식은 꼭지점(결론)에서 시작해 밑변(세부 실행)으로 나아가는 것이고, 논문 방식은 그 반대로 생각하면 된다. 포인트 방식은 서론, 이론적 배경, 실증분석에 20%, 결론과 시사점에 10% 정도의 비중을 두되, 구체적 대안에 70%의 비중을 둔다. 반면 논문 방식은 서론, 이론적 배경, 실증분석, 결론과 시사점 등에 95%의 비중을 두고 구체적 대안은 5% 정도의 짧고 명쾌한 내용으로 마무리하는 방식이다.

두 가지 중에서 기업체는 주로 포인트 방식의 기획을 선호한다. 가능하다면 모든 문장을 도해로 변환하면 좋겠지만, 기획서의 목적과 내용에 따라 적절한 비중의 문장과 도해로 작성하는 것이 바람직하다. 그 중 문장형 기획서는 처음부터 끝까지 읽어야만 어떤 내용인지 알 수 있다. 자칫 애매한 표현이나 설명이 불충분한 문장이 문제가 될 수도 있다. 더욱이 문장을 만드는 과정에서 관념이 고정될 수도 있다는 점에서 주의가 요구된다. 반면 도해형 기획서는 내용의 핵심 단어가 눈에 잘 띈다. 또한 주장하는 바를 전체적으로 알아볼 수 있으며, 기획 내용을 직감적으로 이해할 수 있게 한다. 특히 미세한 부분의 지적을 피하고 큰 틀에 관해 말할 수 있어서 효율적인 편이다. 작성과정에서 새로운 아이디어 발견도 가능하다는 점이 장점이다.

기획의 대상에 따라 기획서 유형이 달라질 수 있다. 대상은 업무, 시스템 도입, 업무 개선, 상품 개발, 이벤트, 광고・판촉, 고객 만족, 신규 사업, 채용, 신규 점포 등에 이르기까지 다양하다. 이에 따라 기획서를 내부용과 외부용으로 나눌 수 있고, 이를 다시 내용에 따라 다음과 같이 구분할 수 있다.

[표 5-1] 내부용 기획서와 외부용 기획서

내부용	외부용
개선형 기획서: 직장이나 업무 시스템의 개선 등 환경 개선을 목적으로 하는 기획서	**영업형 기획서**: 영업·판매 확대로 이어지는 기획서
개발형 기획서: 신상품과 신규 사업의 기획 등 업무의 확대로 이어지는 기획서	**상품형 기획서**: 기획 자체가 상품인 기획서

이러한 기획서 유형 중에서 많이 활용되는 연구 기획서, 사업 기획서, 광고 기획서, 웹 콘텐츠 기획서, 문화행사 기획서, 게임 기획서 등에 대해 살펴보기로 하자.

1) 연구 기획서

연구 기획서는 학술적인 목적으로 작성하는 것이다. 주로 대학이나 학술연구기관이나 단체에서 연구비의 지원과 연구 승인을 받기 위해 제출하는 기획서이다. 우리나라에서는 한국학술진흥재단과 한국과학문화재단, 한국학중앙연구원, 여러 사립학술재단, 지방자치단체 등에서 연구비 지원을 위해 연구 기획서를 공모하고 있다.

연구 기획서에 연구과제명, 연구 기간, 예상 연구비 액수, 담당 연구자 성명 및 연구 업적 등을 연구 조건으로 반드시 밝혀 쓴다. 구체적인 기획안으로 연구 목적과 의의, 방법과 내용, 결과 활용 방안, 개략적인 연구 진행 일정 등 연구 내용과 계획을 자세하게 써야 한다. 특히 연구 목적에 맞는 진행을 강조한다는 뜻에서 '연구 계획서'라는 명칭을 붙이기도 한다.

한국학술진흥재단에 지원하는 연구 기획서(계획서) 양식을 소개하면 다음과 같다.

【붙임 2】

연 구 계 획 서

[2007년도 기초연구과제(기초과학분야) 지원]

<table>
<tr><td rowspan="2">연 구
과제명</td><td>국 문</td><td>※ 연구과제명은 온라인 신청 시 입력한 과제명과 동일하여야 합니다.
(참고 후 삭제하고 작성하십시오.)</td></tr>
<tr><td>영 문</td><td></td></tr>
</table>

구 분	신 청 내 역
연구기간	1년, 2년, 3년 중 택일하여 작성

Ⅰ. 연구계획

※ 아래 사항은 참고하신 후 삭제하고 작성하십시오.

※ Ⅰ.연구계획은 “심사항목 및 측정지표”를 참조하시어 연구주제 및 내용에 맞게 자유형식으로 기술함.

※ 다년과제 또는 해외출장이 필요한 경우에는 각각의 필요성을 추가 기술함.

※ 연구계획서(연구계획, 참고문헌 목록, 연구추진계획, 기타 필요한 사항 포함)는 총 15 Page 이내로 작성하여야 함(본문의 문자 크기 최소 10호 이상).
단, 연구업적 요약문은 연구계획서 15 Page에 포함되지 않음.

※ 연구계획서 파일의 총 용량(Size)은 10 Mbyte 이내로 제한함.

※ 연구과제의 심사는 무기명심사(Blind Review)로 진행됨. 공정한 심사를 위하여 신청자 및 연구 보조원을 알아볼 수 있는 소속, 성명 등을 기재하지 마시기 바람. 이를 지키지 않은 경우에는 심사 대상에서 제외되는 불이익을 받을 수 있음. 단, 참고문헌 목록에 있어 본인이 저자인 경우는 본인의 표기는 무방.

[연구계획서를 흔글로 작성하여 탑재 시 유의사항]

1. 문서의 메뉴에서 파일 > 인쇄 또는 Alt+P를 선택하여 인쇄창을 띄워 인쇄 방식이 “자동 인쇄”로 되어 있는지 확인하고, 자동 인쇄로 되어 있지 않을 경우 자동 인쇄로 변경합니다. (그림 1.)

2. 오른쪽 버튼 중 "화면(V)"을 선택하여 그림 2.의 화면에서 페이지당 한 개 면씩 출력되는지 확인하시고, 상단의 닫기(닫기 아이콘)를 선택하여 인쇄 화면을 빠져 나오도록 합니다.
3. 위 과정을 모두 확인하시고 파일을 저장하신 후 탑재하시기 바랍니다.

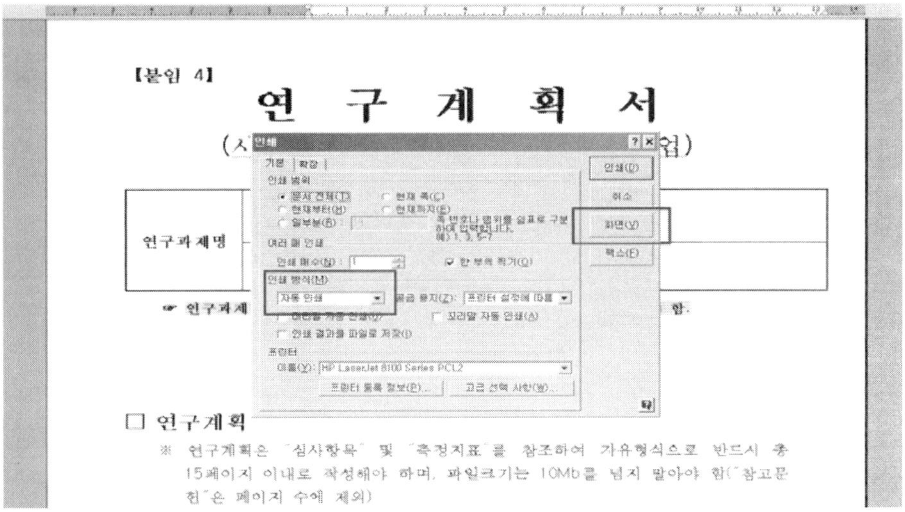

[그림 1]

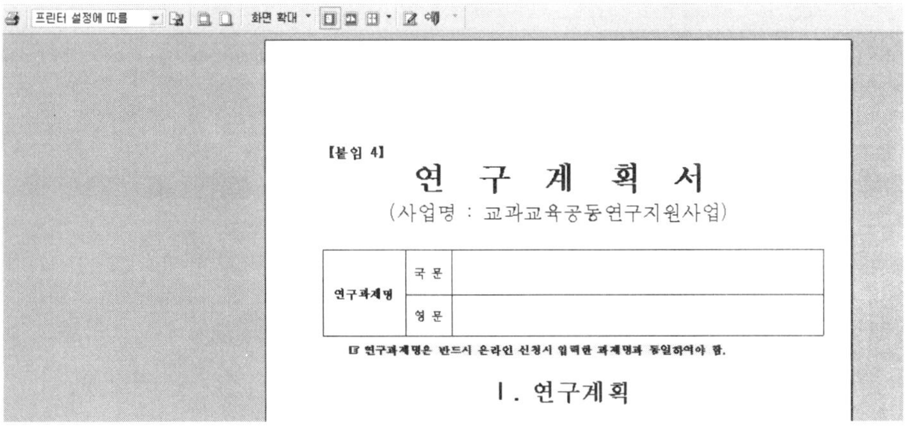

[그림 2]

제출된 연구계획서는 재단이 심사를 위하여 PDF 파일로 변환하게 되는데 수정하지 않은 채 위 형태의 파일을 탑재하시면 글자 및 그림이 겹쳐 보이게 되어 심사에 지장을 초래하므로 원활한 심사를 위하여 파일 탑재에 주의를 기울여 주시기 바랍니다.

II. 연구추진계획

☞ 다년과제의 경우에는 연차별로 따로따로 추진계획을 작성하십시오.

년 월 일	연구 수행 내용	비 고
2007. 8.		
9.		
10.		
11.		
12.		
2008. 1.		
2.		
3.		
4.		
5.		
6.		
7.		

연구업적 요약문

<table>
<tr><td>온라인 신청 시 선택한
연구업적 제목</td><td></td></tr>
<tr><td>업적 구분</td><td>저서( )　역서( )　학술지( )　외국특허( )</td></tr>
<tr><td>논문 참여자 수</td><td>1명 ( )　2명 ( )　3명 ( )　4명 ( )
5명 이상 ( )</td></tr>
<tr><td colspan="2">▣ 초록(abstract) 또는 요약문
(특허의 경우 출원일, 출원국가 및 내용 등을 기재)</td></tr>
</table>

※ 공동연구원이 있는 경우 책임연구자와 공동연구원 각각 5편씩 작성
(전임연구인력은 작성하지 말 것, 연구업적 요약문은 Page 제한에 포함되지 않음)

※ 온라인 신청 시 선택한 업적에 대하여 각각 작성

※ 심사의 공정성을 위하여 신청자를 알아볼 수 있는 내용은 절대 기재하지 마시기 바람

2) 사업 기획서

사업 기획서는 개인이나 기업 또는 공공기관에서 이익 추구를 위해 작성한 문서이다. 주로 사업을 위한 새로운 제도의 도입, 업무 개선, 인사 총무, 신상품 개발 및 판매계획 등에 관한 생각이나 제안을 정리한 것이다. 새로운 아이디어에 무게를 두면 사업 기획서, 사업의 실천적 부분을 강조하면 사업 계획서, 사업상 직면한 문제 해결을 위한 경우에는 사업 제안서라고 한다.

사업 주체와 분야에 따라 사업 기획서의 주제와 형식도 달라진다. 마케팅 면에서 광고 선전 계획, 신상품 개발 계획, 판매 계획, 점포 개발 등이, 사업적인 차원에서 경영 계획, 신규 사업 계획, 자금 확보 계획 등이, 인사 총무 관련하여 교육 연수 계획, 채택 계획, 사내 개선안, 행사 기획서 등이 이에 해당된다.

사업 기획서의 기본 양식을 살펴보면 다음과 같다.

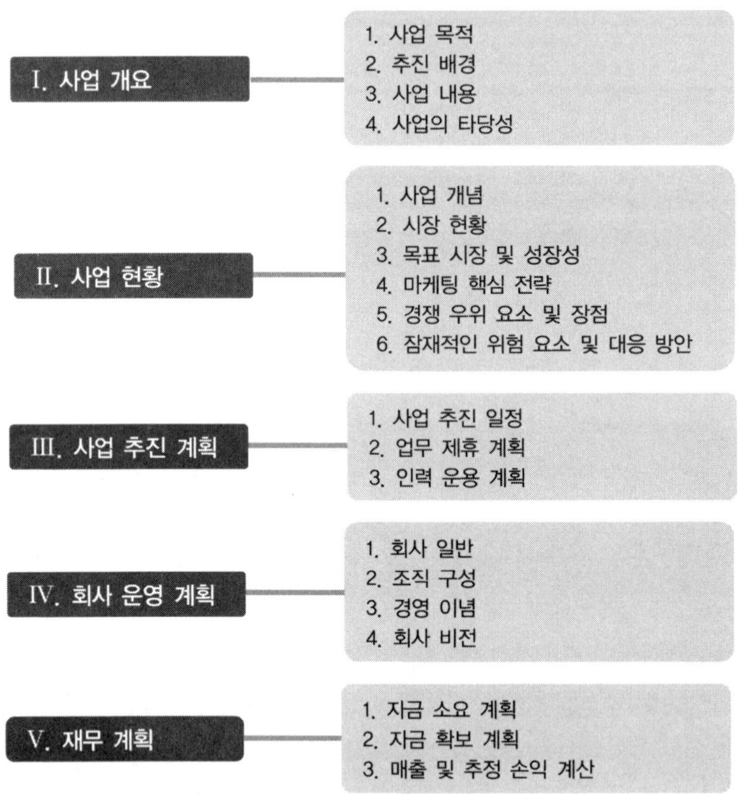

[그림 5-6] 기획서 기본 양식

3) 광고 기획서

광고 기획서는 마케팅을 위한 기획서이다. 주로 제품의 수익 및 판매량 증대를 위한 방안을 다룬다. 따라서 광고에 대한 창의적 전략이 필요하며 소비자가 브랜드에서 느껴주기를 바라는 이미지에 대해 표현해야 한다.

광고 기획서를 작성할 때 표현방식면에서 제품을 크게 보여주고, 부정적인 표제(헤드라인)는 피하며, 표제에 상표(브랜드)를 넣는다. 또 신제품이란 사실을 알리고 제품사용자를 보여주어야 한다.

광고 기획서의 구성 요소와 유념할 점을 살펴보면 다음과 같다.

구성 요소	내용
Ⅰ. 배경	기업 이미지 및 특성, 브랜드 이미지 및 특성, 시장 상황 및 시장점유율, 유통 구조, 경쟁사 전략 특성, 차별화 가능 요소 등등
Ⅱ. 목표 대상	인구통계학적 구분, 사회경제적 위치, 지역적 특성, 보편적인 정서와 관념, 취미와 기호, 생활양식 등등
Ⅲ. 목표	매출 및 이미지 제고, 시장점유율 향상, 신뢰도 및 호감도 개선, 메시지 회상을 확보, 메시지 인지도 제고, 메시지 도달의 목표 등등
Ⅳ. 매체	전체적인 매체 전략 개요, 매체 집행의 시기적인 단계, 매체의 역할 특성, 매체의 배포 특성, 매체 규격, 마감 시한 등등
Ⅴ. 콘셉트	차별화 요소, 마케팅상 강조점, 상호 협력적이고 생산적인 콘셉트, 대상 콘셉트, 입장의 핵심, 광고 콘셉트 등등
Ⅵ. 표현	큐 아이디어, 제품 처리방법, 이전 캠페인과의 연계 문제, 생략되어야 할 점, 법규에 의한 제약 요소, 요구되는 톤과 분위기

[그림 5-7] 광고 기획서의 구성 요소

배경은 광고하는 이유에 대해 기술하는 부분이다. 수식어를 달 필요가 없으며 수치와 요점만 간단히 정리해서 쓴다. 단, 항목은 자세하게 열거하는 것이 좋다.

목표 대상은 광고 대상을 분석하는 부분이다. 이 자료를 토대로 광고 대상의 생활양식(life style)을 소설로 쓰듯이 묘사하여 서술할 때 가상의 인물을 만들면 더욱 좋다. 목표는 광고를 통한 기대 효과를 정한다. 구체적이고 객관적인 목표가 필요하다. 그럴 때 주어진 예산에 따라 그 목표를 달성할 수 있는 합리적인 매체 전략을 세울 수 있다. 예산이 극히 탄력적이지 못하다면 목표를 낮추어 잡는 것이 광고 효과를 높이는 데 좋다.

매체는 목표와 대상 분석을 거쳐 그 결과에 맞게 선정하는 것이 바람직하다. 매체가 창의력에 영향을 주므로, 필요하다면 그 특성과 속성을 기록해 둔다. 광고에서 아이디어가 중요한 것은 주지의 사실이다. 새로운 아이디어들 가운데서 가장 최선의 것을 선택하여 실제 안으로 잡는 것이 콘셉트이다. 이 콘셉트를 통해 광고의 창의적인 방향을 결정할 수 있으며, 광고의 성패가 여기에 좌우되기도 한다.

콘셉트를 시각화할 때 제한선이 필요하다. 직설법을 쓸 것인지 은유법을 쓸 것인지, 이성에 호소할 것인지 감성에 호소할 것인지, 상황에 맞게 합리적인 결정을 내려야 한다. 또한 메시지 요소로 반드시 들어가야 하는 것만 정리한다. 사전에 세심하게 검토해 두면 사고가 날 우려도 줄어들 것이고 시간과 비용의 낭비도 예방할 수 있다.

4) 웹 콘텐츠 기획서

웹 콘텐츠 기획서는 웹사업 기획, 사이트 기획, 콘텐츠 기획, 커뮤니티 기획 등과 관련된 사업 기획서의 일종이다. 웹사업 기획은 웹 관련 사업 아이템 기획을, 사이트 기획은 웹사이트의 외형적 틀과 성격을 구성하는 문제를 다룬다. 콘텐츠 기획은 사이트가 있다는 것을 전제로 방문자 특성을 파악하거나 로그 분석과 데이터 마이닝(data mining)을 통해 또는 직감적으로 잠재수요를 추출하거나 벤치마킹하여 콘텐츠를 구성한다. 여기서 데이터 마이닝이란 데이터베이스로부터 과거에는 알지 못했지만 데이터 속에서 유도된 새로운 데이터 모델을 발견하여 미래에 실행 가능한 정보를 추출해 내고 의사 결정에 이용하는 과정을 말한다. 구성된 콘텐츠 부분에 대해 사이트 정렬방식에 맞게 내비게이션 플로차트를 작성하여 제출한다. 커뮤니티 기획은 인세 제고를 위한 이벤트 구상, 네트워크 효과를 높이기 위한 방안을 제시하며, 피드백 작업이 대부분을 차지한다.

웹 콘텐츠 기획은 웹 콘텐츠 수집, 웹 스타일 분석, 콘텐츠 배치, 기획서 작성순으로 이루어진다. 작업 일정, 추구 목적, 콘텐츠, 메뉴 구성 및 레이아웃을 상세하게 적어야 한다. 또 스토리보드를 통한 웹사이트의 전체 골격을 파악할 수 있는 기획서를 작성해야 한다.

다음은 한국문화콘텐츠진흥원에서 제시한 콘텐츠 기획서의 목차이다.

目 次

※ 각 목차의 공란에 해당 페이지를 반드시 기재

5) 문화행사 기획서

문화행사 기획서는 말 그대로 '각종 문화행사를 어떻게 진행할 것인가'에 대해 다루는 기획서이다. 각종 공연, 전시, 여행, 답사, 지역문화축제, 방송 이벤트 등 다양한 문화행사를 대상으로 한다. 언제 어디서 어떤 행사를 누구에게 어떻게 거행할 것인지에 따라 문화기획은 다양해진다. 그 구성 형식을 보면 다음과 같다.

1. 행사 목적
2. 행사 개요
3. 행사 구성
4. 행사 일정표
5. 행사 프로그램
6. 소요 예산

별첨 1) 예상 참여인원 분석
별첨 2) 행사호응도 분석

[그림 5-8] 문화행사 기획서의 구성 형식

6) 게임 기획서

게임 기획서는 게임 제작을 위한 기획서로, 게임 제작을 위한 설계도이다. 오늘날 게임산업은 아직 학문적으로 정형화되지는 못했지만, 온라인 시장의 개방화로 그 수요가 늘어나는 미래산업이다. 특히 우리나라와 같이 컴퓨터 보급률이 세계 우위를 차지하고 인터넷 활용이 높은 나라에서는 미래의 무한경쟁 시대에 경쟁력을 발휘할 수 있는 분야가 바로 게임산업이다. 게임산업은 영상매체의 발달과 문화콘텐츠 개발에 힘입어 창의력을 발휘할 수 있는 미래산업이다. 이에 대한 역량을 발휘하기 위해서는 기획서를 작성하는 능력 또한 필요하다.

게임을 기획하는 과정을 살펴보자. 먼저 게임 기획팀마다 제안서(Treatment)를 작성하여 제출하면 그 중에서 잘 된 제안서를 선택한다. 제안서에는 스토리, 게임 플레이 방식과 등장하는 캐릭터, 게임의 전반적인 개요 등의 요점이 들어가 있어야 한다. 선택된 제안서를 가지고 아이디어 회의를 진행한 끝에 어떤 게임을 어떻게 만들 것인가를 계획한다. 그런 다음 그래픽 프로그래머와 기획 회의를 거쳐 지속적인 회의와 수정을 한 후 기획을 확정하고 작업 지시서를 포함한 디자인 문서(Bible)를 작성하고, 최종적으로 기획서를 완성한다.

기획서는 게임의 모티프와 콘셉트를 명확하게 전달하는 데 그 첫 번째 목표가 있다. 여기에는 무엇을 이야기하려고 하는지, 무엇으로 이 게임을 재미있게 할 수 있도록 하려 하는지를 고려해야 한다. 그런 다음 장르를 결정한다. 모티프에 맞는 장르를 결정하고 시스템을 설계하기 위해서이다. 근래 여러 장르가 복합된 게임이 나오면서 게임도 탈장르화되고 있다. 다음으로 시나리오를 작성한다. 배경 스토리, 등장인물, 이벤트 등 게임의 실제 시나리오에 관한 내용은 비교적 자세하면서 융통성이 있도록 작성해야 한다. 즉 현재 유행하는 장르는 무엇이며 게임이 발매될 때에는 어느 장르가 유행할지, 범용화될 사양은 어느 정도인가 등을 고려한다. 충분히 기획팀원들과 아이디어 회의와 기획 회의를 거쳐 단시간, 즉 5~10분 안에 정확한 핵심을 전달할 수 있도록 기획서를 작성해야 한다. 어떻게 하면 효과적으로 내용을 구성하여 전달할 것인가를 고민하여 세부 기획서를 40페이지 이하로 작성한다. 기획서를 통해 게임의 기획 내용만이 아니라 게임 제작 이후의 마케팅 결과와 기대효과 등을 보여줄 수 있어야 한다.

다음은 게임 기획서 양식의 사례이다.

[표 5-2] 공주대학교 주최 전국 학생게임 공모전 기획서 양식(출처: 네이버 지식검색)

<table>
<tr><td colspan="2">※ 주의 사항
1. 게임 장르에 대해서는 제한을 두지 않으나 장르 선택 시 아래의 자세한 내용을 참고하여 선택하시기 바랍니다.
2. 목차를 반드시 기재한 형식에 맞추어 작성하시기 바랍니다.</td></tr>
<tr><td>게임 장르</td><td>롤플레잉 (　) 어드벤처 (　) 전략 시뮬레이션 (　)
시뮬레이션 (　) 액션 (　) 퍼즐 (　) 기타 (　)</td></tr>
<tr><td colspan="2">※ 장르 선택 시 참고 사항
1. 롤플레잉 : 일본식 롤플레잉, 정통 롤플레잉, 액션형, 전략형 등 모두 포함.
2. 어드벤처 : 정통, 액션형 모두 포함
3. 전략 시뮬레이션 : 턴제, 시간제 모두 포함
4. 시뮬레이션 : 스포츠, 육성형, 밀리터리, 레이싱, 경영 등 포함
5. 액션 : 슈팅, 아케이드, 액션, 대전격투 등 포함
6. 퍼즐
7. 기타 : 기존 분류에 적용할 수 없는 전혀 새로운 장르 등 포함</td></tr>
<tr><td>게임의 개요</td><td>(※ 게임을 기획하게 된 기획 의도와 게임에 대한 전반적인 내용을 설명)</td></tr>
<tr><td>배경 시나리오</td><td>(※ 게임 줄거리와 게임 세계관, 게임 목표에 대한 설명)</td></tr>
<tr><td>시놉시스</td><td>(※ 간단한 줄거리와 선택한 게임 장르와 그에 부합하는 게임의 목표 설명)</td></tr>
<tr><td>인물(캐릭터)</td><td>(※ 시놉시스에 등장하고 게임에 사용될 주요한 인물들에 대한 설정, 즉 캐릭터의 외형과 성격을 부여하는 것에서부터 상세한 캐릭터 설정까지 포함)</td></tr>
<tr><td>게임 인터페이스</td><td>(※ 화면 인터페이스와 게임 조작을 위한 키에 대한 설명을 첨부)</td></tr>
<tr><td>게임 방법</td><td>(※ 게임 승리 조건, 등장 캐릭터, 게임 요소, 규칙과 게임 시작에서 종료까지의 서술적인 설명 등 게임에 대한 자세한 설명을 첨부)</td></tr>
<tr><td>흥미 요소</td><td>(※ 이용자가 게임을 플레이했을 경우 재미있게 생각할 점을 위주로 설명)</td></tr>
<tr><td>차별화 요소</td><td>(※ 다른 게임과 차별화된 점, 강점이라고 할 수 있는 점 소개)</td></tr>
<tr><td>기타</td><td>(※ 기타 추가 사항)</td></tr>
</table>

기획서 작성방법

기획서는 상대방에게 실천 욕구를 가질 수 있도록 설득하는 문서이다. 따라서 기획자와 관계자가 서로 '통(通)'하게 만들어야 한다. 즉 원활한 의사소통을 전제로 만들어야 하는 것이다. 이럴 경우 각 개념과 요소의 철저한 분류와 정리가 필요하며 상대의 '인식력'이 미치는 범위 안에서 개념을 정확하게 전달할 수 있는 디자인이 필요하다. 쟁점이나 데이터를 체계적으로 분류하고 정리해 충분한 시각적 효과가 나오도록 작성해야 한다.

기획서 작성의 순서나 방법은 기획의 내용이나 조건에 따라 달라지겠지만 '무엇을 위한 기획인가?'라는 기획의 방향성을 명확히 하는 것이 그 출발점이 된다. 기획의 방향은 기획의 유형에 따라 추진팀원 구성, 의뢰자와의 인터뷰, 본인의 판단 등으로 결정한다.

논리화 작업	기획이 사리에 맞는가?
기획의 배경	현재 상황 분석 및 정보 수집
기획의 분석	전제 조건 확인, 과제 설정, 과제 종합 · 정리
기획의 평가	과제의 핵심 파악, 현재 상황과의 대조, 방향의 집약
현실화 작업	현실화에 필요한 것
기획의 구상	목표의 설정, 콘셉트의 정립, 아이디어의 발상
기획의 설계	구체적 시안 입안, 실시 계획 설정, 기획서 작성
기획의 성취	프레젠테이션, 기획의 실시, 피드백 실시

[그림 5-9] 기획의 과정

1) 기획서의 구성

오늘날과 같이 급변하는 정보화 사회에서는 이 정보의 속도에 맞추어 가야만 개인이나 기업 또는 조직이 살아남을 수 있다. 따라서 기획서 또한 이러한 변화를 읽고 변화를 주도할 수 있어야 한다. 그렇다면 기획서를 어떻게 구성해야 할까?

기승전결에 기본을 두면서 도입 부분에서는 콘셉트를 인상적으로 표현하여 시선을 붙잡는 '표지', 읽고 싶어지는 '제목', 흥미를 불러일으키는 배경과 과제 제시가 담긴 '머리말', 일목요연한 '목차'가 필요하다.

가장 중요한 내용은 전개 부분에 들어가는데, 기획의 전체적인 모습, 과제 해결 방법, 기획의 개요, 구체적인 내용, 구체적인 계획 등을 밝힌다. 전개에서 결론을 먼저 밝혀야 한다. 기획의 목적, 어떤 것을 지향하는지, 어떤 과제를 해결하는 것인지를 먼저 설명한다. 이를 중심명제로 제시한다. 이를 위해 항목과 자료를 첨부하여 전개하면 된다. 이때 콘셉트 맵을 사용하여 전체적인 기획을 도식화하면 좋다. 한눈에 어떤 기획인지 알 수 있도록 말이다.

그런 다음 상대방이 어떤 행동을 취해 주길 바라는지에 대해 설명해 준다. 또한 설득력이나 신뢰성을 높이기 위해 다양한 자료를 활용하더라도 '자료편'을 따로 두어 예산이나 스케줄, 스텝 소개 등의 내용을 담는다.

기획서를 구성할 때 사람들에게 가장 익숙하고 친숙하며 일반적인 문서작성 기준에 따르는 것이 좋다. 특히 사업기획에서는 다음과 같은 내용을 기본으로 담아야 한다.

[표 5-3] 사업기획의 구성

<table>
<tr><td>도입</td><td colspan="3">• 표지
• 머리말
• 목차</td></tr>
<tr><td rowspan="3">전개</td><td rowspan="3">• 기획의 전체적인 모습
• 과제 해결방법
• 기획의 개요
• 구체적인 내용
• 구체적인 계획</td><td>도입</td><td>기획의 전체적인 모습(콘셉트 맵 등)</td></tr>
<tr><td>전개</td><td>기획에 대한 상세한 설명
• 과제 해결방법
• 기획의 개요
• 구체적인 내용
• 구체적인 계획</td></tr>
<tr><td>정리</td><td>기획의 응용
• 메인 기획에서 파생되는 '응용 기획'을 설명</td></tr>
<tr><td>정리</td><td colspan="3">• 기획을 실시함으로써 얻을 수 있는 결과
• 현실적으로 가능하다는 사실을 재확인
• 예산 · 스케줄 · 스텝 소개 등의 자료</td></tr>
</table>

❶ 도입부(표지, 머리말, 차례) : 흥미와 관심을 불러일으켜라

표지는 기획서의 얼굴이다. 눈에 잘 띄도록 개성 있게 작성해야 한다. 표지에는 제출처의 명칭, 기획의 제목, 보충을 위한 캐치프레이즈나 부제목, 제출자명, 제출일자 등의 요소를 담아야 한다.

기획 제목과 부제목은 시선이 가도록 만들어야 한다. 검은 바탕에 흰 글씨로 쓰거나 밑줄을 긋거나 박스 테두리를 하거나, 서체나 글자 크기, 색상 등을 고려해 충분히 눈에 띄게 해야 한다.

이공계서점은 입장료를 받을 수 있을까요?

– 새로운 웰빙 공간 제안

인터넷 시대!

서점은 입장료를 받을 수 있을 만큼
감동을 제공하지 못하면 쓰러집니다!

이공계 대학교
강푸름

2008년 5월 1일

[그림 5-10] 기획서 표지 사례

제출처 이름을 제목에 넣으면 관심을 끌어 모을 수 있다. 또한 제목을 '~의 제안'이나 '~의 기획'과 같은 직접적으로 기획 내용을 나타내지 않아도 된다. 제출처나 회사의 로고를 넣고 "이공계서점은 입장료를 받을 수 있을까요?"와 같은 제목을 넣어보면 어떨까? 시각적 이미지를 자주 사용하면 디자인의 효과도 날 뿐만 아니라 기획서의 내용을 상상할 수 있게 만들 수 있다. 즉 기획서의 내용이 전달되기 쉬운 제목, 고객이 흥미를 가져주는 제목, 기억되기 쉬운 제목, 강한 인상을 주는 제목이어야 한다. 또한 12글자 정도로 제목을 붙이는 것이 좋다. 부제목은 의뢰인의 흥미를 돋울 수 있어야 한다. 즉 다음에 나오는 상세한 정보를 읽어보고 싶도록 만들어야 한다. 특히 로고를 넣음으로써 '이 기획서가 당신만을 위한 것'이라는 뜻을 강조할 수도 있다.

제출자의 이름은 작게 넣는다. A4 세로 모양의 기획서에서는 아래쪽 가운데에 회사명을 넣는다. 기획서의 '제출일'은 기획서 제출날짜를 말하는데, 프레젠테이션을 한다면 그 날을 기재하면 된다.

머리말은 필요에 따라 제한적으로 활용한다. 외부문서의 경우 기획 의뢰에 대한 감사인사, 기획의 전제조건, 기획 테마 재확인 등의 내용을 다룬다. 긴 기획서인 경우 전체를 짧게 요약한 내용을 넣으면 좋다. 머리말에 일반적으로 인사말, 감사의 글, '잘 부탁합니다' 등을 쓴다. 기획서와 인사는 구별하자. 기획서 안에 인사말을 넣기보다는 따로 편지 한 장을 써서 보내는 것이 상대방에게 좋은 인상을 심어줄 수 있다.

흥미를 불러일으킬 수 있는 차례여야 한다. 본문의 내용이 10장 이내로 짧다면 굳이 차례를 기재하지 않아도 된다. 하지만 그 이상이라면 차례를 별도로 제시하는 것이 좋다. 단, 차례가 눈길을 끌 수 있도록 매력적인 목록을 정해야 한다.

❷ 기획 의도(배경, 과제, 목표) : 무엇하려는 기획서인가?

제출하는 기획서가 어떤 상황에서, 무엇을 위해서, 어떤 과제를 해결하려는 것인지를 환기시키고 공유하는 부분이다.

본문에 들어가기 전에 기획서 읽는 사람에게 예비지식을 전달하면 좋다. 경영 환경, 소비자 동향, 시장 동향 등의 기획과제와 관련된 배경을 제시한다. 또 이 기획 내용에서 추진하고자 하는 내용과 계획대로 추진했을 때 기대되는 결과 등을 서술한다. 필요하다면 최종적인 프로젝트의 이미지를 제시하여 흥미와 기대를 유발한다.

❸ 기획의 개요와 구상 : 콘셉트와 개요를 연계하라

기획 의도를 읽는 사람에게 강하게 심어줄 수 있도록 강력한 메시지를 작성한다. 문자의 크기나 글꼴의 변화, 테두리 선이나 기호, 비주얼을 활용해 콘셉트 부분을 강하게 연출하는 것이 좋다. 또한 전체 구상을 보여주고 부분 구상을 보여주는 순서로 한다. 부분 구상에서는 차트나 일러스트 등을 사용해 읽는 사람이 충분히 이미지를 이해할 수 있도록 한다.

④ 실시계획(안)과 참고자료 : 70% 이상의 비중을 두어라

실시계획(안)은 스태프, 스케줄, 예산으로 구분해 구성한다. 기업에서 선호하는 포인트 방식의 기획서에서는 실시계획에 전체의 70% 이상 비중을 두는 것이 좋다.

별첨의 참고자료에는 본문과 같은 표지를 붙이고 제목, 제출일, 참고자료 구성 등을 기입한다. 표지 다음 쪽에는 참고자료의 출전과 발행일을 기입한 참고자료 목록을 기입한다. 필요에 따라서 조사결과(조사일, 장소, 방법)를 기입할 수도 있다.

기획서를 작성했다면, 이에 대한 점검을 통해 기획서를 평가해 볼 차례다.

구분	점검 사항	수정 지시
구조	· 제목은 흡입력이 있는가? · 목적과 배경은 갖추어져 있는가? · 본문은 기본구조(현황 파악 → 원인 분석 → 대책 개발 → 세부 계획)를 갖추었는가? · 기대 효과는 잘 표현되어 있는가? · 분량은 적절한가? · 차례만 보아도 말하고자 하는 바를 파악할 수 있는가?	
내용	머리말 · 목적, 문제의식이 간결하고 정확하게 서술되었는가? · 현상을 설명하는 데 사용한 자료가 적절한가? · 객관적으로 보아 내용을 이해할 수 있는가? 본문 · 논리 전개가 독선적이지 않은가? · 내용의 중복(단순히 말을 바꾼 것도 포함)은 없는가? 자료편 · 도표의 표현방식은 적절한가? · 설명을 붙일 필요는 없는가? · 출처와 조사일시 등을 명기했는가? · 불필요한 자료는 없는가?	
논리	· 본문의 현황과 과제, 대책은 제대로 파악되었는가? · 항목별 내용 간의 관계는 논리적인가?	
표현	· 각각의 문장은 간결한가?(1문 30자 이내, 1문 1항목) · 어휘의 중복은 없는가? · 서술어의 표현에는 애매함이 없는가? · 문장과 도표가 적절하게 제시되었는가? · 잘난 체하거나 과장된 표현은 없는가? · 오자나 잘못된 어투는 없는가? · 불필요한 경어를 사용했는가?	
요소	· 기획서에는 무엇을 하겠다는 점이 분명한가? (What) · 어떻게 하겠다는 계획이 있는가? (How)	

간단한 기획서 작성의 실제

I.P.T.B.

(Intellectual Property Transaction Brokerage)

지적 재산권 거래 중개업

21세기 정보화 사회, 지적 재산권은 수호되어야 한다!
정부 공인인증기관 I.P.T.B.의 지적 재산권 수호 대작전!

지식 정보의 올바른 유통과 지적 재산권 수호를 위해 나섰습니다.

I.P.T.B.의 지적 재산권 수호 대작전!!

상황 과제

아직까지도 정부와 대기업이나 단체가 보유하고 있는 지적 재산권 중 상당 부분이 활용되지 못하고 있는 실정이다. 이는 거시적인 면에서 큰 손해일 뿐만 아니라 지적 재산권 소유자에게도 이를 유지하기 위한 재무적 부담을 주는 일이다. 지적 재산권을 적재적소에 활용해야 한다는 요구가 늘고 있다. 실질적으로 정부 주도하에서 지적 재산권 활용이 이루어지고 있으며, 시장성도 전망되고 있다. 따라서 지적 재산권의 활용과 경영전략에 따라 수익 창출이 가능할 것으로 보인다.

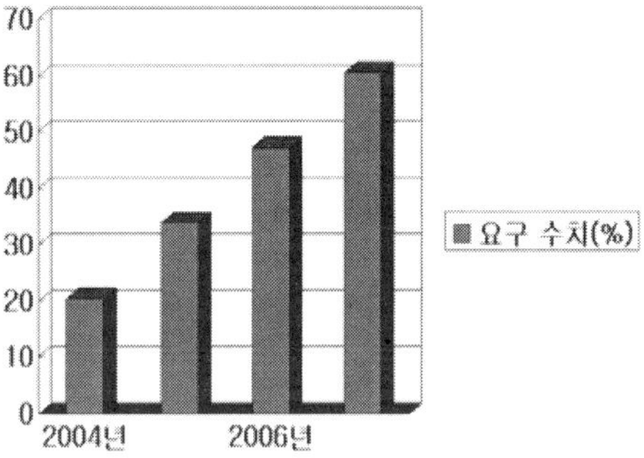

마케팅 법칙

- 지적 재산권을 적재적소에 활용해야 한다는 요구가 늘고 있다.
- 사이버 거래의 신뢰성 확보에 노력하여 인터넷을 통한 지적 재산권 중개 및 경매를 실시한다.

해결 방향

- 지적 재산권 소유자와 이에 대한 수요자를 확보하여 적재적소에 활용될 수 있도록 한다.
- 등록된 지적 재산권은 실명으로 거래될 수 있도록 정부기관과 긴밀한 협조 체제를 이룬다.

지적 재산권의 가치를 높인다!

지적 재산권은 개인만의 것이 아니라 나라의 중요한 자산입니다. 지적 재산권의 효율적인 활용은 21세기의 생존전략이기도 합니다. 정부 공식인증기관 I.P.T.B.에서 여러분의 지적 재산권을 널리 이로운 자산으로 키워 가십시오.

기획서 작성 연습 1.

자신의 전공과 관련된 분야에서 새로운 아이디어를 찾아보고 기획안 콘셉트 맵을 만들어 보라.

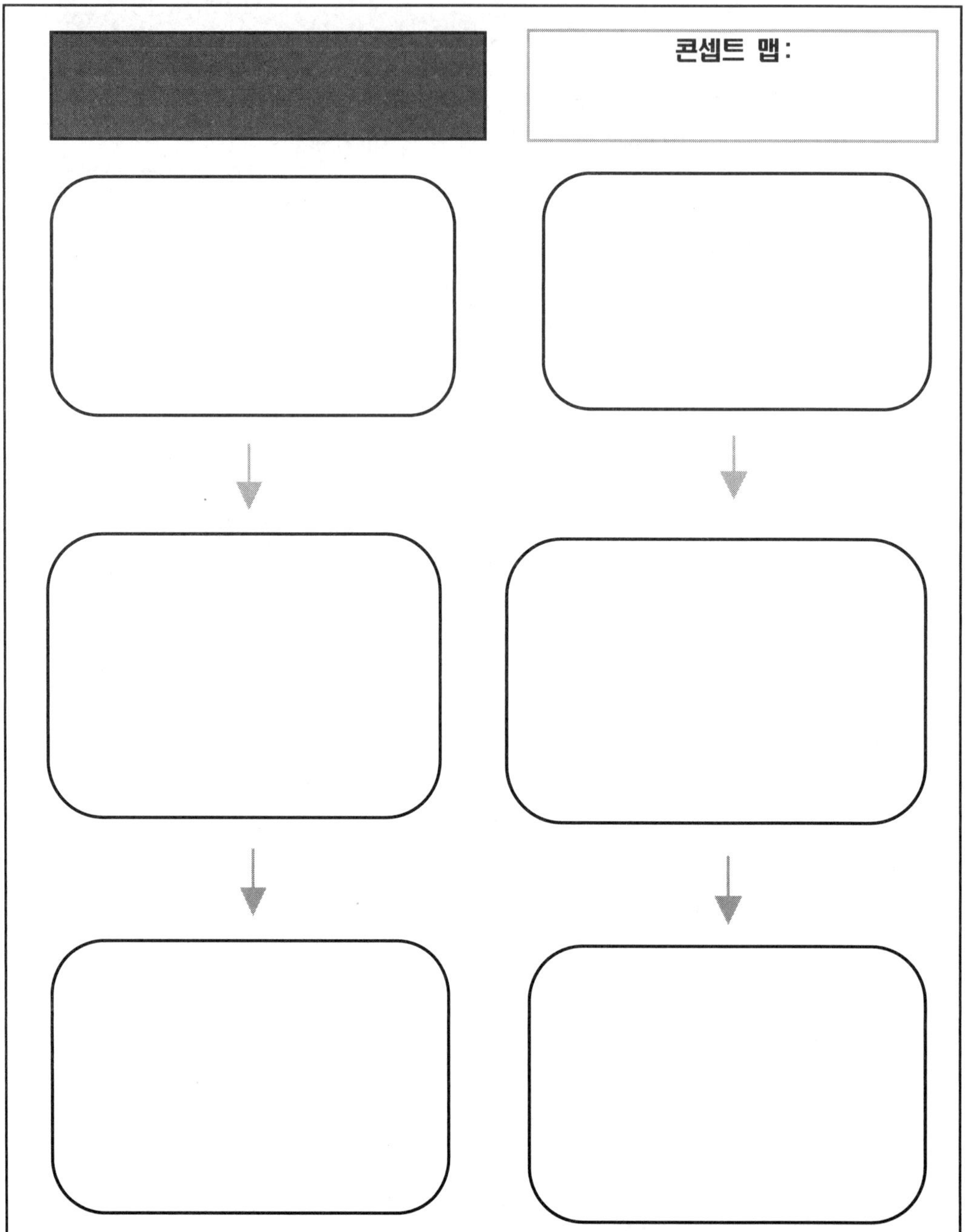

기획서 작성 연습 2.

다음은 MBC 드라마 〈태왕사신기〉의 기획 의도이다. 이 기획 의도를 바탕으로 드라마 광고 기획서를 만들어 보라.

기획의도

한반도 역사에서 유일하게 광활한 대륙 정복을 통해
한민족의 기상을 드높였던 광개토태왕의 활약상을
역동적인 화면 가득 구성하여 드라마를 통해 시청자들에게 보여주고자 했다.

그리고, 사신에 의한 판타지
즉, 광개토태왕과 함께 고구려 강서고분벽화의 사신도에 그려져 있는 사신을
드라마 속에 등장시켜 판타지적인 요소를 가미하였으며,
사신과 함께 광개토태왕이 왕이 되어가는 과정을 통해
역경과 고난을 딛고 일어서는 광개토태왕의 성공 스토리와
그 과정에서 보여지는 신하와 국민을 사랑하는 따뜻하고 인간적인
왕의 모습이 정복군주로써 광개토태왕의 모습과 함께 어울러져
시청자들이 화면을 통해서 광개토태왕을 직접 보고 느낄 수 있는
판타지 서사 드라마를 만들게 되었다.

(출전: MBC 드라마 홈페이지)

기획서 작성 연습 3.

자신이 연구하고 싶은 분야를 정하고 한 장의 연구 기획서를 작성해 보라.

1. 연구 목적 및 방법

2. 연구 세부 내용

3. 연구 계획

6장 프레젠테이션 작성하기

1. 프레젠테이션의 개념

프레젠테이션(presentation)이란 청중들에게 전하고자 하는 메시지를 전달하는 것을 의미한다. 이때 전하고자 하는 메시지는 어떤 의견일 수도 있고, 아이디어일 수도 있다. 여기서 중요한 사실은 전달하고자 하는 의견이나 아이디어를 상대에게 설득시키고자 한다는 데에 있다. 요컨대 프레젠테이션이란 일종의 '설득하기'이다. 아래 그림은 이 과정을 잘 제시해준다.

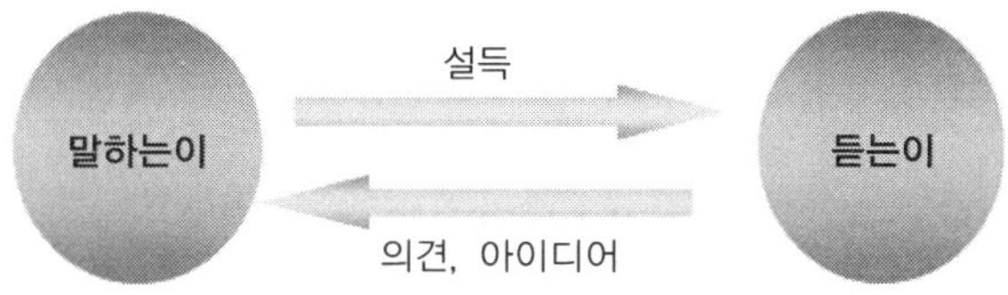

[그림 6-1] 프레젠테이션 구성도

다시 말해서 프레젠테이션이란 말하는이가 전달하고자 하는 의견이나 아이디어를 설명하고 이해시키기 위하여 상대방을 설득시키는 활동이다. 그런데 프레젠테이션은 '소개, 발표, 표현, 제출'과 같이 문자 그대로 '발표하기'이다. 따라서 프레젠테이션을 효과적으로 진행하기 위해 여러 가지 방법들이 동원된다. 각종 도상 및 이미지, 동영상, 사진 등의 자료들이 시각적으로 활용된다.

프레젠테이션은 애초에 광고 대행업자가 예상 광고주를 대상으로 광고 계획서 따위를 제출하는 활동이었다. 광고 대행업자는 광고주에게 자신이 기획하고 구상한 광고 콘셉트를 이해시키고 설득시키기 위해 각종 수단을 이용하며 전략을 세운다. 여기서 광고주는 광고 대행업자가 말하는 사실들을 경청하는 청자이다. 또한 이런 청자에게 자신의 생각을 전달하고 관철시키기 위해 광고 대행업자는 노력을 하는데, 이때 광고업자는 말하는이인 화자이다. 프레젠테이션 활동이 진행되고 성립되기 위해서는 화자와 청자의 관계가 성립되어야 한다. 그래야 상호 의사소통이 이루어질 수 있기 때문이다.

TIP

상대를 알자. 그리고 '나'가 누구인지를 알자.
지피지기(知彼知己) 백전불태(百戰不殆)!! 그리고 설득하자. 나의 장점은? 약점은? 등등

2. 프레젠테이션의 목적 및 필요성

프레젠테이션은 의사소통의 한 방식이다. 그런데 대다수의 사람들은 프레젠테이션하기를 꺼려하거나 어려워한다. 그것은 청중을 대상으로 자신을 드러내는 말하기 방식이기 때문이다. 남 앞에 서서 자신의 의견과 생각을 드러내는 것이 익숙하지 않은 사람들의 경우는 더욱 그러하다. 그러나 21세기에는 의사소통을 잘 하는 인재들을 각종 사회와 기업에서 요구하고 있다. 특히 프레젠테이션 면접 방식이 있을 정도로 기업에서는 프레젠테이션 전달 능력을 신입사원 채용의 조건으로 내세운다. 따라서 프레젠테이션은 사회생활을 유지하는 중요한 의사소통의 수단으로서 점차 중요해지고 있다.

프레젠테이션의 중요성은 21세기 사회체제와 무관하지 않다. 21세기 지식 기반 사회에서는 지식과 정보가 경제 운용의 단위로서 위치한다. 따라서 수많은 지식과 정보를 경제적 자산으로서 소화하고 전달할 수 있는 능력이 점차 중요해진다. 과거 일부 사람들만이 프레젠테이션을 활용했던 것과 비교하면 현재 프레젠테이션의 사용은 기하급수적으로 보편화되고 확대되고 있다. 시간과 공간을 초월하여 프레젠테이션은 언제, 어디서든지 활용되고 있는 것이다.

이러한 이유로 프레젠테이션 능력은 더욱 필요해진다. 프레젠테이션은 의사소통의 성립을 목적으로 한다. 과거에 이루어진 프레젠테이션은 일부 사람들이 목적한 바를 달성하기 위해 일방적으로 의견을 개진했던 것과 달리 현재는 화자와 청자 간의 의사소통 합의에 목적을 둔다. 따라서 프레젠테이션은 쌍방 간의 의사전달을 가능케 하면서 문제점을 협력적으로 의논하며 해결해 나갈 수 있도록 한다. 이것은 21세기 협력적 인간관계를 요구하는 사회상과 일치하는 부분이다. 따라서 모든 사람이 프레젠터가 되는 시대에 이르렀다.

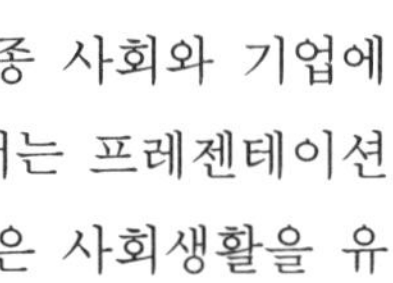

[그림 6-2] 프레젠터

프레젠테이션은 쌍방간의 의사소통을 성사시키는 데에 목적이 있다. 크게 살펴보면 프레젠테이션은 설득, 정보 제공, 오락을 주고자 하는 목적에 따라 그 유형이 달라진다. 본질적으로 의사소통을 통한 설득에 그 목적이 있는 것이지만, 동기에 따른 목적성도 차이가 있다.

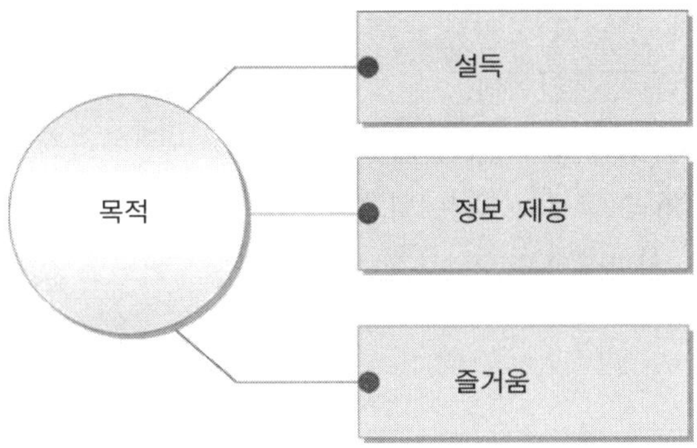

[그림 6-3] 프레젠테이션의 목적

- 설득을 위한 프레젠테이션은 말하는 사람의 의도에 따라 듣는이의 행동을 바꾸거나 수긍하게끔 하는 것이 목적이다. 물론 이때 설득을 하기 위해서는 이유와 근거를 제시해야 한다. 그렇지 않으면 한 번의 프레젠테이션으로 행동 변화를 기대할 수는 없다.
- 정보 제공을 위한 프레젠테이션은 일종의 설명 프레젠테이션이다. 이것은 설득보다는 새로운 사실이나 정보에 대한 제공에 목적을 둔다. 이때 중요한 점은 듣는이가 얻고자 하는 정보가 무엇인지에 대한 사항을 고려하여 정보 전달이 이루어져야 한다. 그렇지 않으면 프레젠테이션에 대한 흥미와 관심을 유발할 수 없다.
- 즐거움을 주기 위한 프레젠테이션은 말 그대로 프레젠테이션 자체가 오락적 대상이 되어 즐거움을 주는 것이 목적이다. 대부분 기념식, 결혼식, 회식, 파티 등에서 활용되는데 분위기를 돋우고 흥겹게 만든다. 따라서 상황과 분위기가 어떠한가를 살펴보고 프레젠테이션을 수행해야 한다. 그렇지 않으면 재미와 오락에 대한 기대감이 감소될 수 있다.

가령 샴푸를 만드는 회사에서 대머리에게 샴푸를 팔려고 할 때 제일 먼저 무엇을 생각해야 할까? 우선 샴푸를 왜 파는지, 왜 사야 하는지에 대한 근거와 이유가 제시되어야 할 것이다. 그렇지 않으면 샴푸를 사야 할 이유가 없지 않은가. 머리가 없는 사람이 샴푸가 웬 말인가. 그런데 이 샴푸는 머리가 자라게 하는 신비한 효능이 있는 샴푸이다. 여러 가지 특별한 효능을 가진 성분과 재료로 만든 '난다머리 샴푸'.

프레젠터는 이 점을 청중에게 설명해야 할 것이다. 이 샴푸를 사용하면 머리가 자란다는 사실을. 이 순간 프레젠터의 말하기는 설득하기에서 정보를 제공하는 설명하기 단계로 나아간다. 샴푸의 특징, 효능, 구성 성분 등에 대해서 프레젠터는 청중에게 상세한 설명을 하기 시작한다. 이제 프레젠테이션은 설득과 설명을 하는 복합적인 형태로 진행되어 간다. 그러다가 갑자기 한 중년 남자가 프레젠테이션 현장에 나타난다. 연단에 오른 이 남자는 이 샴푸를 먼저 사용해 본 사용자이다. 머리가 반쯤 남아 있는 이 중년의 남자는 샴푸의 효능을 성공적으로 얻은 장본인이다.

이보다 더 확실한 증거 자료가 어디에 있겠는가? 프레젠테이션 화면에서 중년 남자의 최초 모습과 그 동안 머리가 자라 나온 과정의 사진들이 펼쳐지기 시작한다. 그러자 장내는 술렁거리고 청중은 희망에 들뜨기 시작한다. 프레젠테이션은 이미 청중을 위해 즐거움을 주는 형태로 바뀌었다.

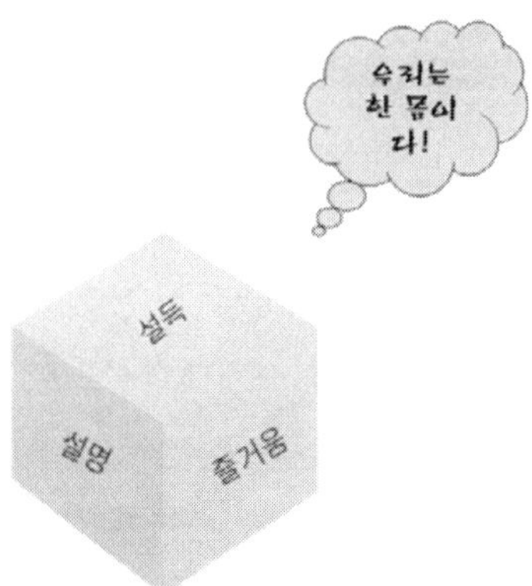

[그림 6-4] 프레젠테이션의 목적

설득, 설명, 혹은 즐거움, 이 세 가지의 목적에 따라 프레젠테이션은 진행되지만, 명확하게 한 가지 유형의 형태로 프레젠테이션이 진행되기는 어렵다. 설득을 위해선 설명이 필요하고 설명을 하다 보면 설득이 이루어진다. 그리고 이것은 동기유발이 되어 청중에게 즐거움을 제공하는 프레젠테이션으로 바뀌게 된다.

프레젠테이션의 목적은 근본적으로 '설득하기'이다. 설득은 상대방의 삶에 긍정적으로 변화할 수 있는 유용한 것일수록 의미가 있는 것이다.

3. 프레젠테이션의 유형 및 실제

프레젠테이션의 유형

프레젠테이션은 형태와 수단에 따라 나누어 볼 수 있다.

1) 형태에 따른 프레젠테이션

형태에 따라 나누어 보면 설명 제안형, 회의형, 강의형으로 구분된다.

❶ 설명 제안형

설명 제안형은 듣는이의 요구에 따라 제안 내용을 설명하거나 받아들이게 하는 형태의 프레젠테이션이다.

❷ 회의형

회의형은 각종 회의에서 간결하게 의견을 발표하는 형태이다. 회의가 빈번하게 일어나는 사업장이나 공공기관에서 회의 주제 및 내용에 따라 진행된다.

❸ 강의형

강의형은 일방통행식의 프레젠테이션이지만 듣는이의 흥미와 관심을 고려해야 한다. 강의나 강연 장소에서 이루어지는 형태의 프레젠테이션이다. 강연 및 강의 주제에 맞게, 청중의 수준과 관심을 고려하여 프레젠테이션이 작성되어야 한다.

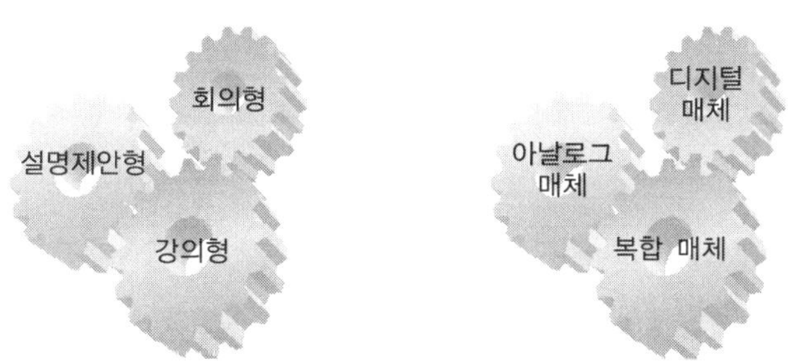

[그림 6-5] 프레젠테이션 형태 유형도

2) 수단에 따른 프레젠테이션

❶ 자료 유형

어떤 자료를 가지고 프레젠테이션을 작성하느냐에 따라 프레젠테이션의 성격, 효과 등이 달라진다. 프레젠테이션의 유형에는 시각 자료, 청각 자료 그리고 시청각 자료가 있다.

시각 자료에는 사진, 그림, 그래픽, 삽화 등이 활용되고, 청각 자료에는 음악, 음향, 내레이션 등이 주로 이용된다. 시청각 자료에는 비디오나 영화 같은 영상 자료들이 활용되면서 프레젠테이션 작성에 도움을 준다.

어떤 자료를 가지고 선택하느냐의 문제는 프레젠테이션의 주제 및 목적과 관련하고 결국 이것은 프레젠테이션을 만드는 관건이다. 그리고 청중들이 효과적으로 전달받을 수 있는 자료들을 선별하여 프레젠테이션 전달을 효율적으로 이루어야 한다. 마지막으로 개별적인 프레젠터의 취향이 자료의 선택에 중요한 사안이 될 수 있다.

TIP

필요한 자료를 누군가 먼저 제작해 놓았다. 그러면 사용 허가를 얻어라!

❷ 활용 매체

프레젠테이션을 효과적으로 수행하기 위해서는 다양한 매체를 활용해야 한다. 프레젠테이션의 시각적 효과가 여러 매체를 활용함으로써 증대될 수 있기 때문이다. 프레젠테이션을 위해 활용되는 매체에는 여러 가지가 있다. 아날로그적인 매체에서 디지털 매체에 이르기까지 무수히 많은 매체가 활용되고 있다.

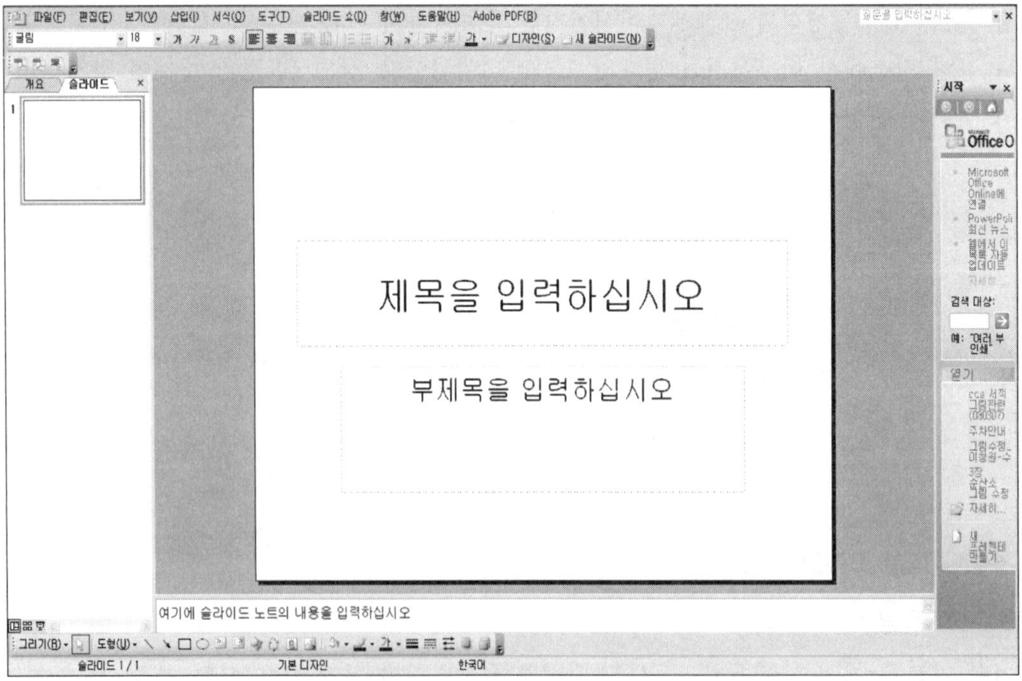

[그림 6-6] 파워포인트 시작화면

아날로그 매체에는 슬라이드 필름, OHP, 화이트보드, 플립보드들이 사용된다. 디지털 매체에 비해서는 현재 활용률이 현저하게 감소하고 있는 추세이지만 여전히 널리 사용되고 있다.

디지털 매체로는 PC가 대표적이다. PC에 내용을 구성한 후 문서로 작성하여 스크린을 통해 프레젠테이션을 제시한다. 대표적으로 파워포인트가 있다. 파워포인트는 현재 가장 많이 사용되고 있는 프레젠테이션 형태이다. 손쉽게 제작할 수 있고 자유롭게 실시할 수 있는 장점을 가지고 있다.

복합 매체는 아날로그 매체와 디지털 매체를 복합적으로 사용하는 형태이다. 화이트보드에 키워드를 사용하며 프로젝트를 비추면서 이루어진다. 양자의 특성을 지니고 있는 만큼 듣는이의 흥미와 관심을 자극해 집중도를 높일 수 있다.

3) 멀티프레젠테이션과 다중매체 프레젠테이션

멀티프레젠테이션이란 컴퓨터를 중심으로 텍스트, 동영상, 사진, 음악, 음향 등이 하나의 매체로 통합되어 이루어지는 형태의 프레젠테이션이다. 이때 통합시키는 최종 매체는 컴퓨터이다.

반면에 다중매체 프레젠테이션이란 각 자료와 매체들이 동시에 보여지는 것이 아니라, 따로따로 순서에 따라 보여지는 형태의 프레젠테이션이다. 요컨대 한 매체 안에 통합된 형태로 응집되어 있는 것이 아니라, 개별적으로 독립되어 있는 형태로 프레젠테이션화된다. 가령 텍스트 → 영화 → OHP → 녹음기 등과 같은 순서로 진행되는 형태의 프레젠테이션이다.

프레젠테이션의 작성방법

1) 목표를 정하라

프레젠테이션의 목적은 설득하는 데에 있다. 따라서 확실한 목표를 세우고 프레젠테이션을 구성하지 않으면 의미 없는 프레젠테이션이 되기 쉽다. 의사 결정을 이루게 하는 것이 목표인지, 이해시키고자 하는 것이 목표인지, 즐거움을 주고자 하는 것이 목표인지를 우선 정하고 난 후, 효과적으로 프레젠테이션을 실행하기 위한 전략을 세워야 한다.

이를 위해서 프레젠테이션의 계획서를 먼저 작성하면서 목표를 설정하는 것이 효과적이다. 그리고 계획서를 작성하기에 앞서 프레젠테이션을 위한 사소한 사항들을 먼저 점검하고 체크해 보는 작업일지를 따로 작성해 보자.

❶ 프레젠테이션 준비 작업지

프레젠테이션을 원활하게 진행시키기 위해서 미리 여러 가지 사항을 기록해 보자. 기록은 상세할수록 좋다. 담당자의 연락처, 이메일 주소, 주제, 목적, 제목, 원고 마감일, 장소, 기자재, 청중 리스트 등을 조목조목 작성하여 작업지를 만들자. 형태는 자신이 작성하기 편한 방식으로 하면 된다. 표나 그림 정도의 형태로 하면 일목요연하게 살펴보고 체크할 수 있으므로 이를 적극적으로 만들어 보자.

프레젠테이션 준비 작업지

담당자 ____________________ 연락처 ________________

이메일 주소 ____________________

프레젠테이션의 주제 ____

목적 ____

제목 ____

원고 마감일 ____

장소 ____

기 자 재 ____

청중 리스트 ____

기 타 ____

② 프레젠테이션 계획서 작성

프레젠테이션의 상세한 작업일지 작성이 끝났으면 직접적으로 계획서를 작성해 보자. (표 참조) 우선 누가 의뢰하였으며 개최일은 언제이고 주제가 무엇인지를 작성해야 한다. 또한 프레젠테이션을 발표할 사람을 기입한 후 본 프레젠테이션의 목표가 무엇인지를 구체적으로 설명해야 한다. 그리고 목표상을 정확하게 설정하여 프레젠테이션을 계획해야 한다. 이때 목표상이 상세할수록 프레젠테이션의 전달 효과는 더욱 커질 수 있다. 그래야 프레젠터가 자신이 무엇을 위해 프레젠테이션을 하는지에 대한 명분을 가질 수 있는 것이다. 되도록 구체적으로 계획서가 작성될수록 프레젠테이션의 목표는 분명해지고 전달의 성공은 명백해진다.

목표상을 설정할 때, 5W 2H로 표현하면 더욱 좋다. 5W 2H란 who(누가), when(언제), where(어디서), what(무엇을), why(왜), how(어떻게), how(얼마나)를 의미한다.

5W 2H에 맞추어 목표상을 설정하면 프레젠테이션이 훨씬 효율적으로 진행될 수 있으므로 이를 유념하고 5W 2H를 구체적으로 상술해 보자.

who (누가) : ....

when (언제) : ....

where (어디서) : ....

what (무엇을) : ....

why (왜) : ....

how (어떻게/얼마나) : ....

프레젠테이션 계획서

고객명	
개최 일시	
프레젠테이션 주제	
발표자	
프레젠테이션의 목적·목표 □ 설득 □ 설명 □ 즐거움 □ 기타	예: 무엇을 위해 프레젠테이션을 하는가? 전달하고 싶은 중요 메시지, 이해해 주기, 바라는 것 등
프레젠테이션의 목표상 (Goal Image)	제1목표 : 제2목표 : 최종 목표 : 프레젠테이션의 목표상이 무엇인지 5W 2H로 명확히 표현한다.

계획서 사례

고객명	20대 아가씨들
개최 일시	○○○○ 년 ○ 월 ○ 일
프레젠테이션 주제	다이어트의 부작용 및 실태, 해결방안
발표자	○ ○ ○
프레젠테이션의 목적 · 목표 ☑ 설득 ☐ 설명 ☐ 즐거움 ☐ 기타	1) 다이어트의 부작용 실태를 살펴본다. 2) 다이어트의 부작용 사례를 제시한다. 3) 무분별한 다이어트가 초래하는 건강상의 문제를 제기한다. 4) 현명한 다이어트 방법을 제시한다.
프레젠테이션의 목표상 (Goal Image)	제1목표: 다이어트의 부작용 실태를 논의한다. 제2목표: 다이어트의 여러 가지 폐단을 논의한다. 최종 목표: 20대 젊은 아가씨들이 무분별한 다이어트로 인해 건강을 잃지 않도록 설득한다.

2) 듣는이를 분석하라

프레젠테이션은 듣는이를 이해시키고 설득시키는 데에 목적이 있다. 따라서 프레젠테이션을 경청할 듣는이에 대한 여러 가지 사항들을 분석하는 것이 우선이다. 상대가 왜 이 프레젠테이션을 듣고자 하는지, 무엇을 듣고자 하는지에 대한 고려가 있어야 어떻게 프레젠테이션을 만들 것인지에 대한 구체적인 계획이 세워지기 때문이다.

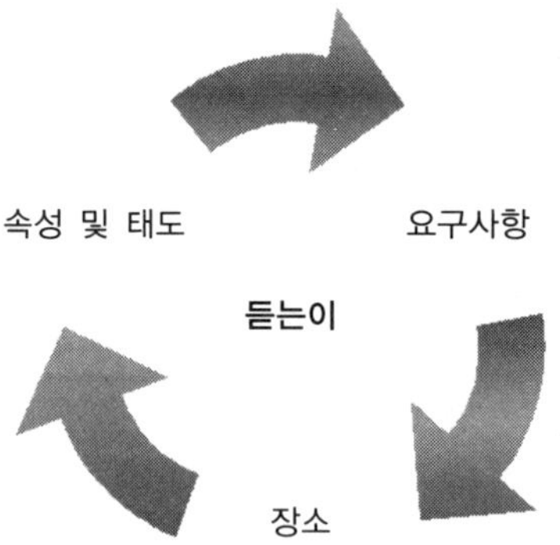

[그림 6-7] 프레젠테이션의 기본 요소

듣는이를 분석하기 위해서는 일반적으로 듣는이의 속성과 태도, 요구하는 사항 그리고 프레젠테이션이 실행되는 장소와 환경을 살펴보아야 한다.

속성 및 태도:

나이가 얼마인가?
성별이 무엇인가?
소속이 어디인가?
직업이 무엇인가?
지위가 무엇인가?
청중의 수는 얼마인가?
지식 수준은 어떠한가?

청중의 학력, 지식 수준, 직업 등의 속성이 프레젠터에게 있어서 어떻게 전달할 것인가에 대한 기준점을 제공할 수 있다. 청중에 따라 단어나 수식어 같은 언어의 선택을 우선 계획해야 하고 청중이 갖고 있는 경력이나 지식 수준이 프레젠테이션 주제의 수준 정도를 결정하기 때문이다. 또한 청중이 남성이냐 여성이냐에 따라 남성에게 접근하는 방법, 여성에게 하지 말아야 하는 행동과 언어의 선별을 미리 준비해야 하기 때문이다. 청중이 젊은 사람들로 구성되었는가, 나이 든 사람들로 구성되었는가에 따라 말의 속도, 말의 선택, 음성의 크기 등을 또한 고려해야 하기 때문이다.

청중의 속성이나 태도를 미리 살펴보는 작업은 성공적인 프레젠테이션을 이루는 첫 번째 관문이다.

요구사항:

무엇 때문에 참가하는가?
무엇을 듣고자 하는가?
무엇에 관심과 흥미를 갖고 있는가?
무엇을 기대하는가?
무엇을 얻고자 하는가?

프레젠테이션은 프레젠터의 것이 아닌 청중을 위한 것이다. 따라서 프레젠테이션의 주제는 청중이 듣고 싶고 기대할 만한 것이어야 한다. 따라서 프레젠테이션의 주제 결정은 이 사항들과 연관되어 이루어질 필요가 있다. 그래야 효과적인 프레젠테이션의 목표를 달성할 수 있기 때문이다. 요컨대 주제 선택은 청중의 목적, 관심사 등에 따라 이루어져야 한다.

그런데 청중의 목적과 관심사는 곧 프레젠터의 관심사와 목적이 되어야 한다. 단순히 프레젠테이션을 하기 위한 목적론에만 빠지지 말고 주제에 대한 프레젠터의 관심과 흥미의 증폭을 시도해야 한다. 요컨대 프레젠터인 '나'도 이 주제에 대해 관심과 흥미를 갖고 있으며 매우 이 문제를 고민하고 해결하기 위해 노력하고 있다는 사실을 전제로 삼아야 한다. 더욱이 이 점을 강조하면서 프레젠테이션을 진행하면 오히려 청중의 동기유발을 이루어낼 수 있다.

그럼으로써 청중과 프레젠터는 공동의 관심사와 문제점을 해결해 나갈 수 있다. 이에 따라 청중과 프레젠터는 상호 의사소통을 이룰 수 있고 청중은 프레젠터의 말에 더욱 귀 기울이게 된다. 이러한 청중의 반응에 신이 나 프레젠터는 열정적인 발표를 한다. 결국 프레젠테이션은 청중과 프레젠터 모두에게 성공적으로 끝이 난다.

누군가가 선물을 상대방에게 주려 할 때, 어떤 사람은 자신이 선호하거나 임의대로 물건을 고른다. 반면에 어떤 사람은 상대가 무엇을 갖고 싶어할지를 고민하고 알아본 후 선물을 선택한다. 이 두 경우 어떤 선물을 받았을 때 상대가 좋아하겠는가. 후자의 경우가 상대의 기쁨을 배가시킬 수 있을 것이다.

프레젠테이션도 이와 같다. 청중의 목적 및 관심사 등을 미리 살펴보고 준비하면 절반은 성공에 이른 셈이다.

TIP

훌륭한 세일즈맨은 구매자가 사고 싶어하는 것이 무엇인지를 간파한다.

장소:

위치가 어디인가?
교통편은 어떠한가?
장소의 형태는 어떠한가?
장소의 크기는 어떠한가?
창문과 출입문의 위치와 개수는?
무대의 모양은 어떠한가?
화장실과 휴게실은 갖추어져 있는가?
영상기기들은 잘 갖추어져 있는가?

프레젠테이션은 듣는이를 설득하는 것이 궁극적으로 목표이기 때문에 듣는이의 입장과 요구를 충분히 고려한 상태에서 작성되어야 효과적이다. 프레젠테이션을 통한 제안 사항들이 듣는이에게 얼마만큼의 이익을 가져다줄 수 있는지, 수용할 만한 것인지에 대한 탐색의 작업과정이 필요하고 아울러 듣는이의 감정 상태까지 고려할 수 있다면 더욱 좋다. 프레젠테이션을 경청하고 바라보는 듣는이의 감정까지 설득할 수 있는 논리적인 프레젠테이션이 되어야 한다. 프레젠테이션은 말하는이와 듣는이와의 쌍방간에 이루어지는 의사결정이기 때문이다.

마지막으로 청중을 분석하기 위해서는 심리적 상태까지 우선 고려할 수 있어야 한다. 청중이 좋아하는 프레젠터의 언어구사 방식이 무엇인지, 시각적인 것을 좋아하는지, 청각적인 것을 좋아하는지 아니면 이론적인 것을 듣고 싶어하는지, 사례 제시를 많이 해주기를 바라는지, 감정적으로 다가서기를 원하는지에 대한 심리적 분석이 이루어진다면 더욱 효과적인 프레젠테이션이 될 것이다. 이러한 사항들이 충족된다면 청중의 마음은 크게 움직일 것이다. 급기야 프레젠터가 설득한 대로 행동을 실천할 것이다. 좋은 프레젠테이션은 청중의 마음을 움직여서 행동화하는 데에 있기 때문이다. 그러기 위해서는 프레젠터가 청중의 마음을, 이야기를 먼저 읽고 들을 수 있어야 한다. 결국 상대를 이해하고 다가서는 것이 프레젠테이션의 중요한 실마리이다.

TIP

청중의 심리를 읽어라. 그리고 행동에 옮기도록 하라. 남의 이야기에 귀기울여라.

3) 시나리오를 구성하라

❶ 결론을 정하라

프레젠테이션의 결론은 주제이다. 주제란 프레젠터가 듣는이에게 전달하고자 하는 메시지이다. 다시 말해서 결론은 듣는이가 요구하고 듣고자 하는 목적이자 목표인 셈이다. 따라서 듣는이가 프레젠테이션을 통해 듣고자 하는 구체적인 사실이 먼저 구성되어야 한다. 결국 결론은 듣는이에게 유리한 이익이어야 한다. 물론 직접 프레젠테이션을 수행할 때 결론을 먼저 제시하고 나서 이를 증명해 가는 형태로 나아가면 훨씬 효과적인 프레젠테이션 제시가 될 수 있다. 듣는이의 관심과 흥미를 자극하며 기대감을 부추길 수 있기 때문에 프레젠터와 듣는이가 즐거운 마음으로 상호작용할 수 있다.

❷ 3단으로 구성하라

결론이 정해졌으면 이를 증명해 나갈 수 있도록 근거를 제시해 가는 과정이 필요하다. 프레젠테이션은 결론을 증명해 나가는 논리적 과정이기 때문이다. 따라서 논리적인 근거를 제시하는 과정이 서론-본론-결론으로 이루어지는 구성 배치이다. 서론-본론-결론 형태의 3단 구성은 논증을 해나가는 일반적인 구성 방식이다. 프레젠테이션의 구성도 3단 구성 방식을 통해 이루면 효과적일 수 있다.

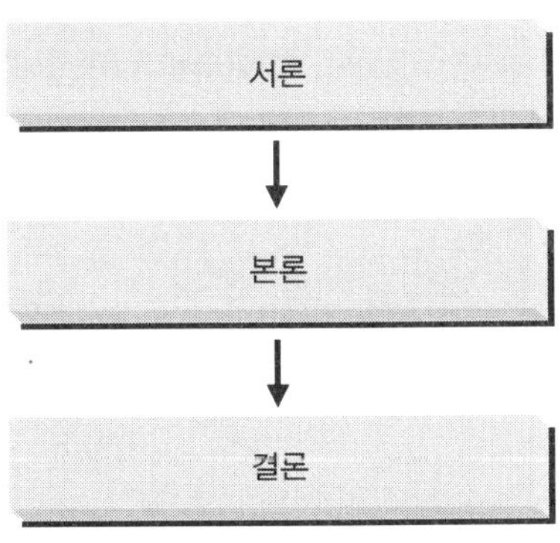

[그림 6-8] 프레젠테이션의 3단계 구성도

서론과 본론은 결론을 증명해 나가는 근거에 해당한다. 근거를 잘 제시하기 위해서는 논리적으로 서론과 본론이 구성되어야 한다. 실제적으로 본론은 결론을 증명하는 중요한 구성 단계이다. 따라서 본론의 논리성과 타당성은 중요하게 요구되는 자질이다. 본론을 어떻게 구성하느냐의 문제는 프레젠테이션의 성공 여부와 직결된다. 어차피 결론은 서론에서 미리 제시되고 예견된 상황에서 이를 증명해 나가는 형태로 본론이 제시되기 때문이다. 서론과 본론의 논리적 구성은 프레젠테이션의 성공과 실패를 판가름나게 한다.

서론-본론-결론의 3단 구성을 어떻게 해야 하는지를 살펴보자.

서론에서는 소개, 인사, 듣는이와의 관계 형성이 우선적으로 요구된다. 이것이 서론의 주요한 역할에 해당한다. 우선 프레젠터 자신을 소개하는 사회자에게 인사를 하며 예의를 갖추어야 한다. 그리고 나서 듣는이와 의사소통을 원활하게 이룰 수 있도록 접촉을 해야 한다. 그러기 위해서는 진실하고 솔직한 태도로 듣는이를 환영해야 한다. 신실한 마음으로 대면할 때 소통은 원활해질 수 있기 때문이다. 그럼으로써 듣는이의 주의를 환기시키며 관심을 고취시킬 수 있고 프레젠테이션을 적극적으로 경청할 마음가짐을 가질 수 있도록 할 수 있다.

그리고 나서 결론을 미리 제시한다. 결론을 제시하기 전에 그 배경을 우선 알려야 한다. 주제와 결론에 이르게 된 경위를 제시하면서 문제제기와 함께 문제의식을 불러일으켜야 한다. 이것은 듣는이의 궁금증과 호기심을 자극하며 프레젠테이션에 적극적으로 참여할 수 있는 계기를 마련해 준다. 서론의 역할은 바로 이것이다.

TIP

서론을 구성하라.
소개, 인사, 분위기 조성을 하자 → 결론을 제시하라 → 문제의식을 고취시켜라.

본론은 본격적인 증명의 단계이다. 프레젠테이션의 주제를 상세하게 설명하며 근거를 제시하는 과정인 만큼 본론의 구성은 매우 중요하다. 서론에서 제기한 문제와 방향점에 맞추어 본론이 구성되어야 한다. 이때 본론에서는 근거로서 각종 자료, 데이터, 의견, 실례, 사진, 이미지, 그림 등의 구체적 사실들이 활용되는데, 적절한 근거 자료들을 수집하고 선별하여 주제를 논증해 나갈 수 있도록 해야 한다.

본론의 구성은 여러 형태로 가능하다. 인과식 구성, 연역적 구성, 귀납적 구성, 문제 해결형 구성 등 다양한데, 이는 전달하고자 하는 주제의 성격이 어떠한 것인가에 따라 선택 구성될 수 있다.

가령 예를 들면,

시간의 흐름에 따라: 과거 → 현재 → 미래
문제원인 해결에 따라: 문제 제기 → 문제 원인 파악 → 해결 방안 모색
지역에 따라: 가까운 곳 → 먼 곳, 먼 곳 → 가까운 곳

과 같은 구성 방식으로 전개할 수 있는데, 어떤 방식을 선택하느냐의 문제는 주제와 내용에 따라 이루어질 것이다.

TIP

본론을 구성하라.
증명을 하라 → 각종 근거자료를 제시하라 → 주제에 따라 구성 방식을 선택하라.

결론은 정리 단계이다. 본론에서 상술한 내용을 요약하고 재확인하며 강조하는 것이 주요하다. 프레젠테이션의 마지막 단계인 만큼 듣는이가 다시 집중하고 확인할 수 있도록 마무리를 잘 해야 한다. 아울러 듣는이의 의사결정을 촉구할 수 있도록 해야 한다. 좀더 듣는이를 프레젠터에게 적극적으로 다가올 수 있도록 강한 자극을 해야 한다. 그러기 위해서는 듣는이의 마음을 움직일 수 있도록 감동을 주어야 한다. 감동을 주기 위한 방법은 프레젠터의 진실한 마음과 자세에 달려 있다. 궁극적으로 프레젠테이션이 성공하기 위해서는 프레젠터가 듣는이의 마음을 움직이는 것이 관건이다.

프레젠테이션은 프레젠터와 듣는이의 의사소통을 이루는 소통 경로일 뿐이다. 중요한 것은 듣는이의 마음을 움직이는 것이 프레젠테이션에서 중요한 지점이다.

TIP

결론을 구성하라.
포인트를 강조하라 → 결론을 재확인하라 → 의사결정을 유도하라 → 듣는이의 마음을 움직여라.

③ 시간의 길이를 정하라

서론-본론-결론을 구성할 때, 프레젠테이션의 길이를 정해야 한다. 가령 정해진 프레젠테이션의 시간이 총 60분이라면 전체 시간 60분 중 시간 배분을 어떻게 할 것인지를 계획해야 한다. 특히 청중과의 질의응답 시간까지 계산하여 미리 시간을 정할 필요가 있다. 프레젠테이션 현장에서는 예기치 못한 상황이 일어날 수 있기 때문이다. 또한 준비해 간 프레젠테이션의 내용을 충분히 전달하지 못하고 마는 불상사가 일어날 수 있다. 따라서 미리 철저한 시간의 배분에 대한 계획이 이루어진다면 성공적으로 프레젠테이션을 수행할 수 있다.

그렇다면 어떻게 시간 배분을 할 것인가? 주어진 시간이 총 60분이라면 10분에서 15분 정도는 서론과 결론으로 할당하면 좋다. 그리고 나머지 45분에서 50분 정도를 본론의 시간으로 기획하라. 시간 배분은 조각조각 쪼개어 설정할수록 계획이 견고해진다. 서론의 시간 배정이 5분이라면 5분 내에 서론에서 해야 하는 이야기를 시간별로 기획하라. 가령, 소개 및 인사는 2분, 분위기 조성은 3분 등으로 말이다. 결론 역시 10분 정도 할당되었다면 끝맺는 인사 1분, 질의응답 9분 정도로 설정하라. 본론은 구체적인 설득의 단계이자 청중의 관심사와 목적이 집중적으로 이루어지는 단계인 만큼, 본론의 내용을 좀더 세밀하고 단계적으로 구성하면 된다. 본론에서 전달하고자 하는 내용이 세 개의 항목이라면 45분 정도를 3등분하여 시간을 배분한다. 이렇게 되면 한 항목은 15분의 소요 시간을 가질 수 있다. 그리고 한 항목의 시간을 하위 항목별로 시간 배분을 해 나간다.

TIP

쪼개고 또 쪼개라!

4) 정보를 시각화하라

프레젠테이션은 내용, 시각 자료, 전달을 3요소로 한다. 제시하고자 하는 주제와 관련한 것들은 문자와 도상, 그림, 이미지 등의 시각적 자료를 바탕으로 전달된다. 프레젠테이션은 시각을 우선적으로 고려하는 말하기 방식이다. 시감각에 호소하는 방식의 말하기로서 시각적으로 표현될수록 효과적으로 전달될 수 있고, 의사소통에 성공할 수 있다. 따라서 최대한 많은 정보들을 시각적으로 구성하도록 해야 한다.

시각적인 정보들은 이해를 돕고 흥미를 촉발한다. '백문이 불여일견'이라는 속담이 있지 않은가. 많은 말과 문자를 나열하여 설득하는 것보다 그림이나 도표 등을 한 번 보여줌으로써 설득하는 것이 쉬운 방법이다. 이것은 한눈에 알아볼 수 있게 하고 기억에 오래 남을 수 있도록 하기 때문이다. 이를 위해서는 각종 시각적 도구들을 활용해야 한다.

시각적 도구에는 컴퓨터, 프로젝터, 화이트보드, 슬라이드, 도해용 차트, 표, 그림, 색채, 영상물 등 다양하다. 시각적 도구마다 특성이 다르므로 수행될 장소, 목적, 주제 등을 고려하여 시각적 도구들을 선택하도록 해야 한다. 문자로 프레젠테이션을 작성하는 것은 관심과 흥미를 감소시킬 수 있고 지루하게 만들 수 있다. 모든 자료들을 시각화하도록 하라.

그림을 보면 사랑의 종류에 대해 여러 가지가 소개되고 있다. 플라토닉한 사랑, 에로스적인 사랑, 그리고 아가페적인 사랑이 설명되고 있다. 만약 이것에 대해 프레젠테이션을 할 경우 청중은 슬라이드 화면을 보는 데에 어려움이 있을 것이다. 특히 장소의 규모가 크고 청중 수가 많을 경우 이 텍스트를 읽기 위해 청중은 노력을 해야 할 것이다. 한눈에 알아볼 수 있도록 내용이 잘 전달되지 않기 때문이다.

원고

> **사랑의 종류**
>
> 사랑에는 정신적인 교감을 중요시하는 플라토닉한 사랑, 감각적인 교감을 중시하는 에로스적인 사랑 그리고 숭고하고 신에 가까운 아가페적인 사랑이 있다

레이아웃 1

> 사랑의 종류
>
> -플라토닉한 사랑
>
> -에로스적인 사랑
>
> -아가페적인 사랑

이 화면보다 레이아웃 1은 보다 간결해 보인다. 사랑의 종류가 일목요연하게 정리가 되어 있다. 그러나 앞의 '원고'에 비해 조금 더 간략해졌을 뿐 청중을 한눈에 사로잡기 위해서는 효과적이지 않다.

그런데 다음의 레이아웃 2와 3은 '원고'의 내용을 한눈에 알아볼 수 있도록 다이어그램을 이용하여 구성하였다. 시각적으로 효과적이다. 청중은 프레젠터가 하고자 하는 이야기에 대해 화면을 보면서 쉽게 이해해 나갈 수 있다. 프레젠터는 구성된 레이아웃의 순서에 따라 설명을 진행할 것이다. 따라서 청중은 이 화면을 보면서 프레젠터가 설명하는 내용을 간략하고 쉽게 이해하며 정리해 나갈 수 있다.

레이아웃 2와 레이아웃 3을 자세히 살펴보면 구성방법이 다른 것을 볼 수 있다. 레이아웃 2가 사랑을 플라토닉 → 에로스 → 아가페의 순서로 중요도를 설정한 것과 달리, 레이아웃 3은 사랑을 에로스 → 플라토닉 → 아가페의 순으로 설정하고 있다. 프레젠터가 대상 내용을 어떻게 이해하고 어떻게 표현하느냐에 따라 프레젠테이션은 이와 같이 다르게 구성될 수 있다.

레이아웃 2

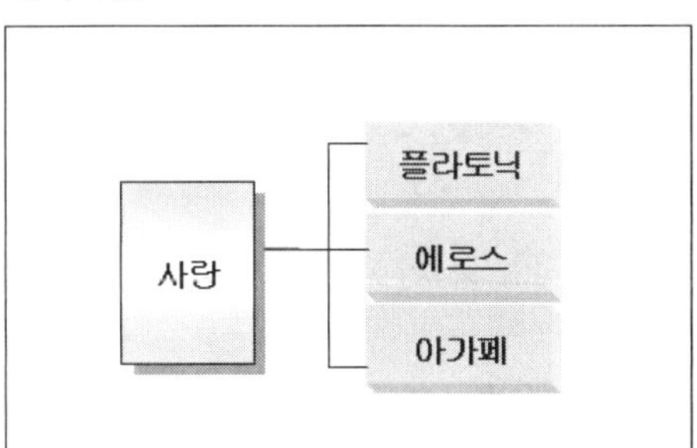

레이아웃 3

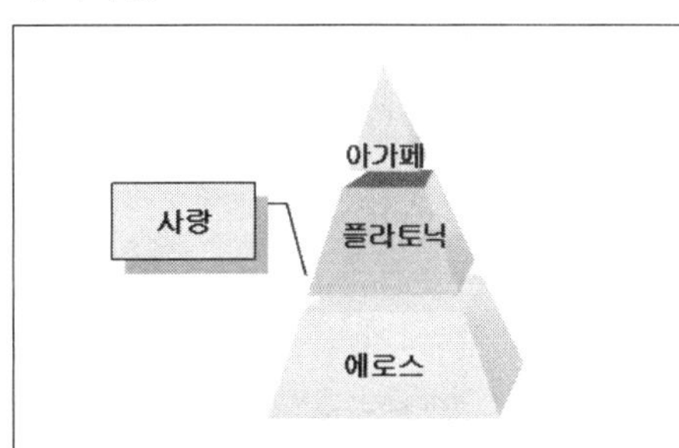

앞의 '원고'와 레이아웃 1을 레이아웃 2 및 3과 함께 비교해 보면 어떤 것이 효과적인지를 알 수 있다.

레이아웃 2와 3에 동영상 파일이나 클립 등을 삽입하여 평면적인 프레젠테이션을 입체적으로 구성할 수 있으면 더욱 효율적으로 진행될 것이다. 프레젠테이션은 보고 듣는 것이 목적이다. 다시 말해서 시·청각에 의지하고 기반하여 이루어지는 것이 프레젠테이션이다. 그러므로 프레젠터는 청중의 시감각을 어떻게 자극시키고 반응을 유도할 것인지, 그리고 프레젠테이션의 내용을 어떻게 보여줄 것인지를 고민하고 결정해야 한다.

5) 질문에 대비하라

프레젠터 발표를 마치고 난 후, 듣는이가 제기할 질문을 미리 예측하여 대비해야 한다. 긴장이 유지되는 상황에서 쉽게 대답할 수 있는 질문에도 실수할 수 있기 때문이다. 간혹 프레젠터가 질문을 원할 때 무응답하는 경우가 발생한다. 완벽한 프레젠테이션이었기 때문일까? 아니면 질문할 만한 가치가 없는 프레젠테이션이었기 때문일까? 이유야 어찌 되었든 간에 프레젠터는 예상될 질문과 제기되지 않은 질문의 상황을 고려하여 대비할 필요가 있다.

프레젠터는 듣는이가 궁금해 할 만한 예상 질문을 미리 뽑아 놓고 이에 대한 답변을 검토해야 한다. 질문은 듣는이가 가장 목표하는 사안 중 하나일 것이다. 따라서 듣는이는 자신의 질문에 대한 답변이 만족스러울 경우 의사결정을 내릴 수 있다. 만약 질문이 제기되지 않는다면 질문을 하게끔 상황을 유도해야 한다. 어쩌면 프레젠터의 발표과정이 너무 일방적인 것은 아니었을까.

질문을 유도하기 위해서는 우선 프레젠터가 먼저 질문을 던질 필요가 있다. 물론 이때 듣는이가 궁금해 하고 이익이 될 수 있는 질문이어야 한다. 혹은 발표 중간에 제기될 만한 질문들을 환기해 가며 듣는이의 궁금증을 증폭시켜 나가는 것도 한 방법이다. 질문은 프레젠테이션을 더욱 충족시키고 설득시킬 수 있는 마지막 단계이다.

질문에 대비하는 방법

(1) 청중이 질문을 했을 때, 경청하는 자세를 가져야 한다. 충분히 그 질문에 대해 성의 있게 들어주어야 청중은 편안한 마음과 자세로 솔직하게 질문을 할 수 있다. 가령 질문을 잘 듣고 있다는 몸짓이나 고갯짓 혹은 '으흥~' 하는 감탄사 정도로 대꾸를 하는 모습을 보여주어야 한다.

(2) 질문의 의도 및 성격을 파악하라. 청중은 내용에 대해 몰라서 할 수도 있고 일부러 프레젠터 앞에서 자신을 과시하기 위해 질문을 던질 수 있다. 이때 프레젠터는 어떻게 대처해야 할까? 이미 과정에서 나온 내용이더라도 모르는 청중에게는 소상하게 정성껏 설명해야 한다. 그리고 과시형 질문에는 질문자에게 소요 시간을 제공하여 내용에 대한 식견을 들을 수 있는 기회를 제공하면 좋을 것이다.

(3) 질문 자체를 안 하거나 반응이 없고 무응답일 경우, 그냥 끝맺지 말고 내용과 관련한 어떤 포인트를 역질문하면서 다시 청중의 반응을 유도한다. 그 과정에서 생기 있는 질문이 나올 수 있다.

(4) 마지막으로 위의 사항들이 일어날 수 있다는 사실을 미리 가정하고 질문을 리스트화해본다. 질문은 발표한 프레젠테이션의 주제와 관련한 범위 내에서 예상할 수 있는 질문을 산출해서 필요에 임한다.

6) 파워포인트(PowerPoint)를 활용하라

프레젠테이션을 구성할 때 일반적으로 파워포인트를 많이 활용한다. 파워포인트에는 각종 그림, 도표, 도해 등의 시각적 도구들이 구성되어 있고 여러 가지 프레젠테이션을 할 수 있는 기제들이 배치되어 있다. 파워포인트를 활용하면 효과적으로 프레젠테이션을 만들 수 있다.

파워포인트란 프레젠테이션 문서를 작성하는 프로그램 도구이다. 미국 마이크로소프트사에서 처음 개발한 프로그램 도구로서 효과적으로 메시지를 전달하고자 할 때 사용한다. 특히 청중이 많이 운집해 있는 규모가 큰 장소에서 파워포인트를 활용하면 효율적이다. 소개, 발표 등의 의미를 가진 프레젠테이션을 성공적으로 완성하는 도우미로서의 파워포인트의 기능은 바로 여기에 있다. 요컨대 프레젠테이션을 효과적으로 작성하고 발표하고, 공동작업을 하는 데 도움을 주는 도구들의 모임이 파워포인트이다.

파워포인트의 가장 큰 기능은 프레젠테이션을 위한 자료를 만드는 데 있다. 이러한 파워포인트는 보고회, 세미나, 화상교육, 각종 강연이나 교육 현장에서 주로 활용되는데, 특히 파워포인트를 이용해 만든 화면을 스크린에 투사하여 사용할 경우 프레젠테이션의 효과를 높일 수 있는 장점이 있다. 훨씬 실감이 나는 상황과 분위기를 연출하면서 프레젠테이션이 이루어질 수 있기 때문이다. 따라서 프레젠테이션은 공공장소나 교사나 기업체의 연수 등에서 많이 이용된다.

파워포인트를 활용하기 위해서는 기본적인 기능에 대해 숙지해야 한다. 파워포인트의 기본 기능 수단에는 슬라이드, 다이어그램, 디자인 서식 등이 있다. 우선 파워포인트 프로그램을 구한 후, 컴퓨터에서 프로그램을 작동시키면 각 기능을 하는 도구들이 화면에 나타난다. 각 기능 도구들을 활용법을 살펴가며 이해하면서 실제 적용해 보는 연습을 해보는 것이 도구를 익히는 데에 유리하다.

슬라이드는 스크린에 빔 프로젝트나 액정 프로젝트로 빛을 쏴서 보여주는 매체로서 프레젠테이션을 하고자 하는 내용들을 하나하나씩 이 슬라이드에 구현해 가야 한다. 따라서 슬라이드는 전달하고자 하는 내용에 적절한 형태로 글자체, 디자인, 색깔 등을 고려하면서 구성할 수 있어야 한다.

다이어그램은 텍스트만으로 표현하기 어렵거나 복잡해 보이는 상황이나 관계를 잘 이해할 수 있도록 도식화한 도구이다. 다이어그램은 여러 개념을 표현할 수 있는 형태로 구성되어 있는데 프레젠테이션을 할 때 이것을 활용할 경우 전달력이 높아진다. 다이어그램은 발표 내용과 콘셉트에 맞추어 선택되어야 하고 이것을 가지고 도식화할 수 있도록 디자인되어야 한다. 도형, 그림, 클립 등을 삽입하면서 함께 구성해 나갈 수 있다.

디자인 서식 파일은 슬라이드 화면에 구성할 내용을 효과적으로 표현하기 위해 활용되는 디자인 양식들이 응집되어 있는 파일이다. 이 파일의 여러 디자인 서식들을 내용에 맞추어 표현하면 좋은 프레젠테이션을 만들 수 있다.

이 외에도 애니메이션, 화면 전환 도구 등이 구성되어 있다. 파워포인트를 활용하는 방법에 대한 서적을 이용하면 쉽게 이 도구들을 익힐 수 있다. 물론 직접 파워포인트 프로그램을 살펴보면서 도구들을 사용하는 방법을 터득할 수 있지만 조금 시간이 걸릴 수 있다. 여러 가지 프로그램 도구와 기능들을 살펴보면서 프레젠테이션을 잘 할 수 있도록 연습을 해보자.

파워포인트를 실제로 작성할 때, 가장 중요한 점은 콘셉트에 따라 내용을 구성하는 것이다. 가령 해당 페이지에서 설명할 개념이 하나인가, 두 개인가 혹은 여러 개인가를 먼저 생각해 보고 파워포인트의 여러 서식과 도구들을 채택해야 한다. 일반적으로 도구나 디자인 서식 혹은 여러 시청각 자료들을 이용하는 데에 급급한 나머지 가장 중요한 개념을 어떻게 전달할 것인지에 대한 모색은 뒷전이다. 여러 자료들은 형식에 속한다. 이 형식을 활용하여 어떤 내용을 전달할 것인지를 우선 염두에 두고 파워포인트를 작성해 가야 한다.

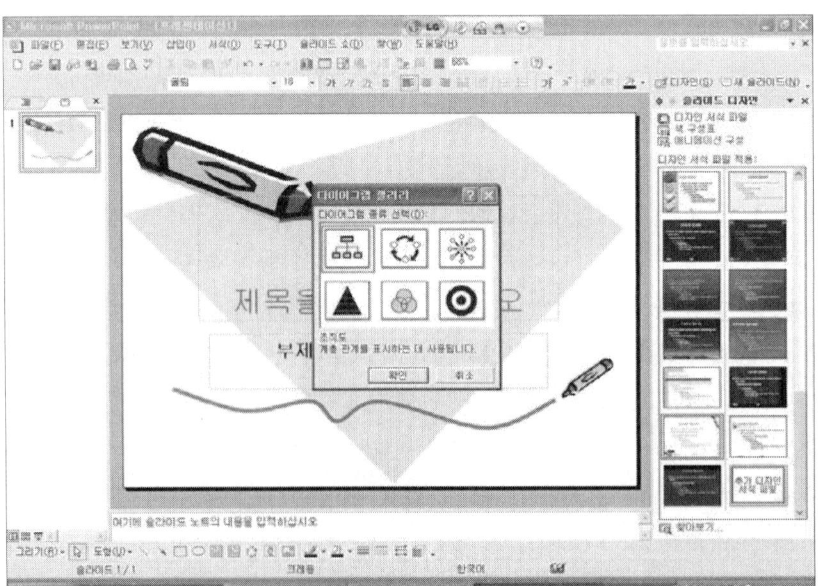

❶ 두 개의 개념

두 개의 개념은 기본적으로 원이나 사각형을 중심으로 구성된다. 원과 사각형을 어디에, 어떻게 배치하느냐에 따라 디자인을 해야 한다.

다음은 두 가지의 개념을 구성할 수 있는 기본 패턴이다. 하나의 주제 아래에 다음과 같은 형태로 콘셉트를 구성하여 프레젠테이션으로 만들어 볼 수 있다.

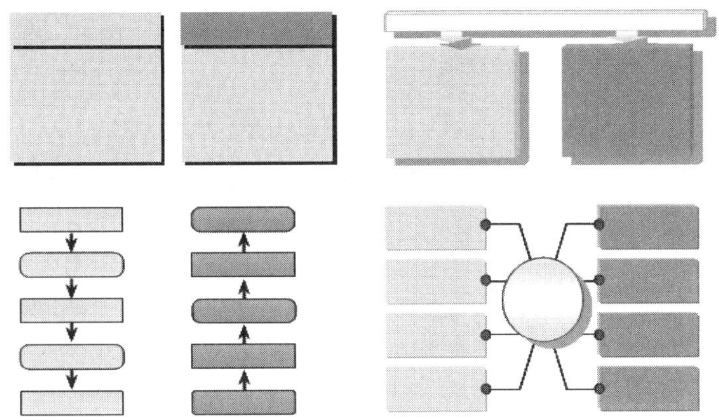

가령 성별로 나누어서 이 세상에 존재하는 '인간 유형'이라는 주제를 위의 개념 구도에 따라 만들어 보면 다음과 같다.

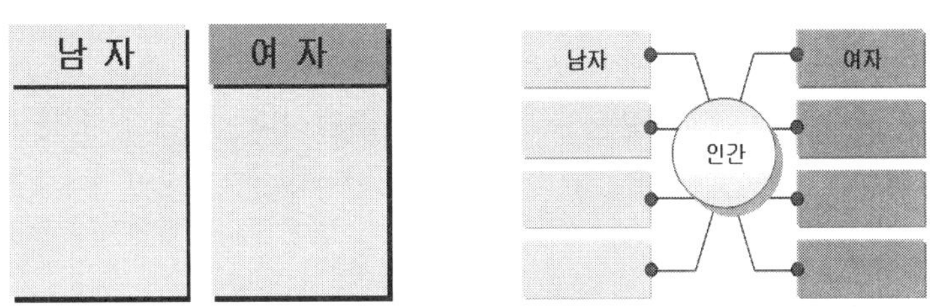

❷ 세 개의 개념

세 개의 개념은 기본적으로 삼각형을 중심으로 구성된다. 삼각형을 어디에, 어떻게 배치하느냐에 따라 디자인을 해야 한다.

다음은 세 가지의 개념을 구성할 수 있는 기본 패턴이다. 하나의 주제 아래에 다음과 같은 형태로 콘셉트를 구성하여 프레젠테이션으로 만들어 볼 수 있다.

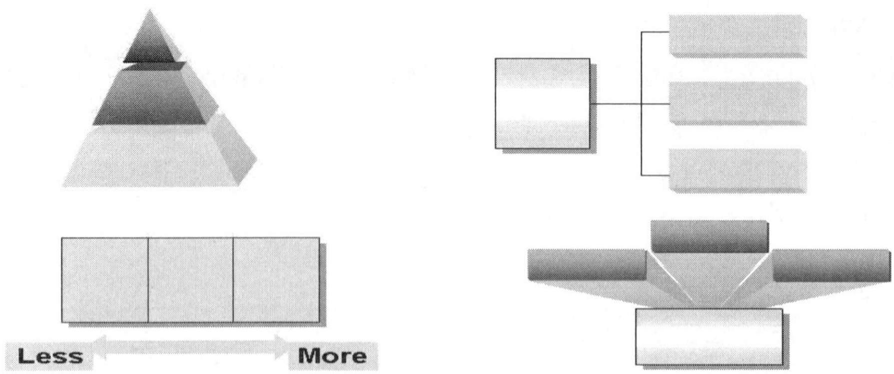

가령 '사랑의 종류'라는 주제를 위의 개념 구도에 따라 만들어 보면 다음과 같다.

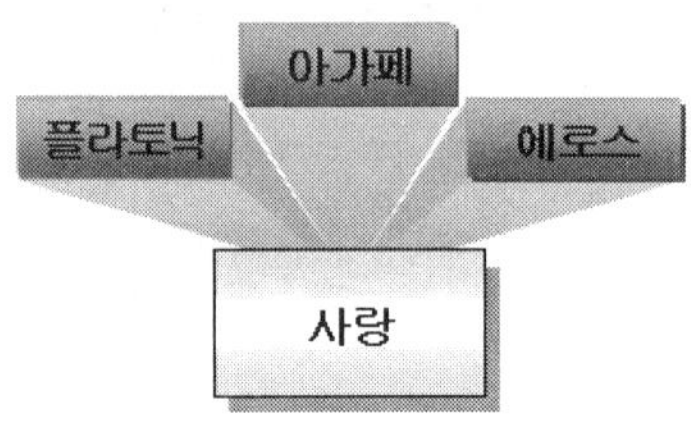

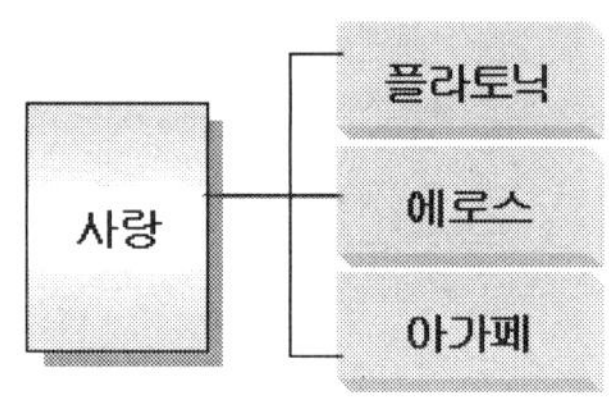

❸ 네 개의 개념

네 개의 개념은 기본적으로 사각형이나 마름모꼴을 중심으로 구성된다. 사각형이나 마름모꼴을 어디에, 어떻게 배치하느냐에 따라 디자인을 해야 한다.

다음은 네 가지의 개념을 구성할 수 있는 기본 패턴이다. 하나의 주제 아래에 다음과 같은 형태로 콘셉트를 구성하여 프레젠테이션으로 만들어 볼 수 있다.

가령 '삶의 요소'라는 주제를 가지고 위의 개념 구도에 따라 만들어 보면 다음과 같다. 살아가다 보면 인간은 희로애락의 삶의 의미와 요소를 경험한다.

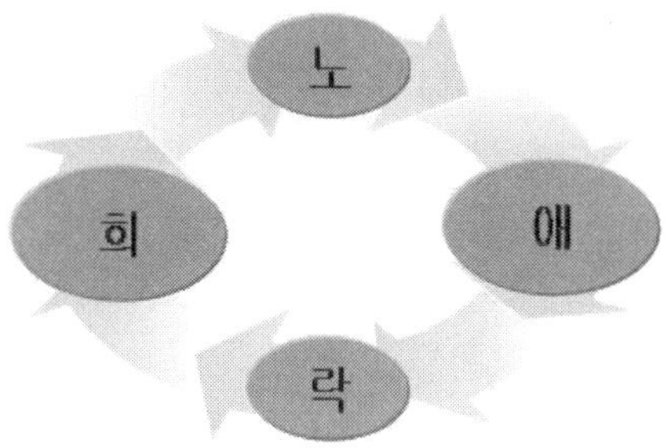

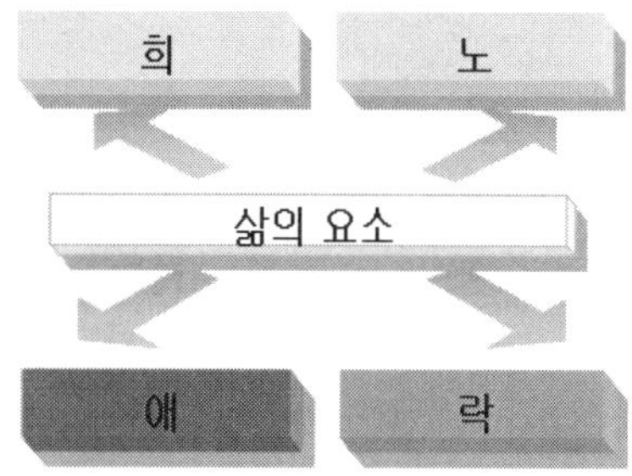

④ 기타 개념

기타의 개념들은 위의 두 개, 세 개 혹은 네 개의 개념을 변형하고 응용하면서 구성해 나가면 된다.

⑤ 과정에 따라 선, 화살표를 활용한다

→, ↑, ↓, ↔, ↗, ↙, ↖, ↘, 

TIP

'쉽고 간결하게'. 이것이 파워포인트의 핵심이자 목적이다.

7) 기타 사항

① 미리 발표 예행연습을 하라

프레젠테이션을 성공적으로 이끌기 위해서는 미리 예행연습을 해야 한다. 장소는 내가 만든 프레젠테이션과 다르게 보일 수 있다. 따라서 프레젠테이션이 행해질 장소에 미리 가서 장소의 분위기와 시설 및 기자재 등의 구비를 살펴보는 것이 좋다. 발표 장소에서 미리 선행 연습을 하는 것은 실제 발표가 이루어질 때 심리적으로 안정감을 얻을 수 있다. 장소에 적응하고 분위기를 살펴봄으로써 실제 발표를 성공적으로 이룰 수 있도록 하자.

② 의상 및 태도를 점검하라

프레젠터의 복장, 태도, 말씨 등 이것은 전체적인 인상을 좌우한다. 태도는 표정 관리, 몸짓, 그리고 청중을 대하는 모습이 시종일관 냉랭한 모습이거나 왔다갔다 부산하게 움직이면 집중력이 떨어질 것이다. 특히 청중에 따라 의상 및 발표의 태도가 결정되면 효율적인 프레젠테이션을 이룰 수 있다. 청중의 나이, 성별 혹은 관심사 등에 맞추어 발표자가 여러 가지 자세와 태도를 준비한다면 성공적인 프레젠테이션을 이룰 것이다.

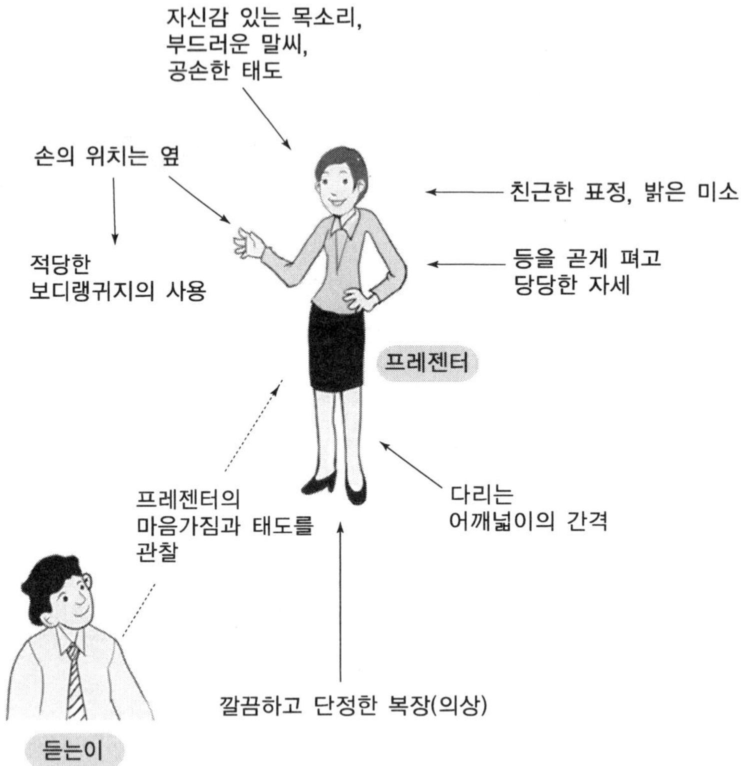

[그림 6-9] 프레젠테이션 발표 시의 자세

프레젠테이션 연습 1.

다음의 글을 가지고 파워포인트를 활용하여 레이아웃해 보라.

이규태 코너_**민들레 김치**

민들레의 별칭이 구덕초(九德草)다. 사람들이 흠모하는 아홉 가지 덕을 갖추었다고 하여 얻은 이름으로, 옛날 서당 마당에는 이 들꽃을 옮겨 심어 조석으로 보고 인성을 닦게 했다. 훈장이 민들레 구덕을 외우라고 하면 허리를 절도 있게 앞뒤로 흔들며 암송했던 기억이 난다.

모진 환경을 이겨내고 피어난다는 것이 민들레의 일덕(一德)이다. 씨가 날아 앉으면 바위 위건 길 복판이건 마소의 수레바퀴에 짓밟혀 가면서도 피어나고 마는 억척이다. 그 자체가 가공할 생명력을 지니고 있음이 이덕(二德)이다. 뿌리를 캐어 대엿새 동안 볕에 노출시킨 후에 심어도 싹이 돋고, 뿌리를 난도질하여 심어도 싹이 돋아난다. 역경의 인생에 더없는 교훈을 주는 민들레다. 한 뿌리에 여러 송이의 꽃이 피는데 동시에 피는 법이 없고 한 송이가 지면 차례를 기다렸다 피는 장유유서(長幼有序)의 차례를 아는 것이 삼덕(三德)이며, 어둠에 꽃잎을 닫고 비가 오려 하거나 구름이 짙어지면 꽃잎을 닫으니 명암의 천기를 알아 선악(善惡)을 헤아리는 것이 사덕(四德)이다. 꿀이 많고 진해 멀리서까지 벌들을 끌어들이니 정이 많다는 것이 오덕(五德)이요, 새벽 먼동이 트면서 가장 먼저 꽃을 피우니 그 근면이 육덕(六德)이다. 그래서인지 유럽에서는 '농부의 시계'라는 별명을 얻고 있는 민들레다. 또한 씨앗이 제각기 의존 없이 바람을 타고 멀리멀리 날아가 자수성가하여 일가를 이루니 그 모험심이 칠덕(七德)이고, 그 흰 즙이 흰머리 검게 하고 종기를 낫게 하며 학질 등 열을 내리게 하니 그 인(仁)이 팔덕(八德)이다. 여린 잎은 삶아 나물 무쳐 먹고 서양에서도 샐러드로 만들어 먹었으며 그 유즙을 커피나 와인, 맥주 차에 타 쓴맛을 더하게 하여 마셨으니 살신성인이 구덕(九德)이다. (이하 생략)

(출처: 조선닷컴 2002년 2월 9일)

다음에 제시된 자료들을 가지고 어떻게 파워포인트로 구성할 것인지를 개념화하여 구성하라. 다음은 한국의 FTA와 관련한 여러 자료이다. 과거 몇 년 전부터 최근에 이르기까지 해결되지 않고 있는 FTA에 대한 문제를 각각 자료를 살펴보고 이와 관련한 기타 자료들을 탐색하여 보자.

자료 1.

[그림 6-10] 국민만평, 2007년 4월 20일

자료 2.

FTA(Free Trade Agreement, 자유무역협정)란 회원국 간의 관세와 통상규제를 완화하거나 철폐해 무역자유화를 추구하는 지역경제 통합의 한 형태를 말한다. 자원의 효율적 배분과 시장 확대에 따른 경제적 이익을 함께 누리려는 윈윈(win-win) 전략이라 할 수 있다. 세계적으로 FTA는 약 220개가 체결돼 170여 개가 발효된 것으로 집계되고 있다.

(중략)

FTA를 체결하면 특정 산업에 비교우위가 많은 국가가 유리할 것이다. 따라서 손익을 철저히 따져 협상에 응해야 한다. 우리가 일본과 FTA를 체결한다면 우리나라의 무역적자는 더 확대되고 경제성장률도 약간 감소하게 된다는 게 학자들의 분석이다.

(중략)

협정 대상국의 특정 산업보다 경쟁력이 낮은 산업은 피해를 볼 수 있다는 점에서 FTA가 전적으로 경제에 이득만 되는 것은 아니다. 칠레와의 관계에서 볼 때 칠레의 값싼 농수산물이 무관세로 수입되면 농어민은 피해를 보게 된다. 따라서 농어민의 피해를 보상해 주고 농어업의 경쟁력을 키우는 과제가 남게 된다. 칠레의 농수산물과의 경쟁에서 이기려면 값이 비싸더라도 고품질 무공해 농수산물을 개발해 자생력을 갖추는 방법밖에 없을 것이다. 이를 위한 정부의 적극적인 대책이 요구된다 하겠다. 공업 부문에서 벌어들인 무역 이득을 일정 부분 농민에게 되돌려 주는 것이다.

(출처: 서울신문 2004년 11월 30일)

프레젠테이션 연습 3.

자신이 팔고자 하는 물건을 설정하여 사업 계획서를 파워포인트를 활용하여 작성해 보자. 다음의 프레젠테이션 계획서를 먼저 작성한 후 실행하자.

고객명	
개최 일시	
프레젠테이션 주제	
발표자	
프레젠테이션의 목적 · 목표 ☐ 설득 ☐ 설명 ☐ 즐거움 ☐ 기타	
프레젠테이션의 목표상 (Goal Image)	제1 목표 : 제2 목표 : 최종 목표 :

Part V

의사소통과 문제해결을 위한 글쓰기

7장 토론과 화법

1. 토론과 화법의 개념

21세기 들어 우리는 60억에 이르는 인구가 존재하는 세계에서 살아가고 있다. 그 속에서 자신의 생각을 말하고 또다른 사람의 말을 듣는 것은 가장 기본적이면서 중요한 능력이다. 선천적으로 주어진 언어 능력을 얼마만큼 진취적인 의사소통 능력으로 향상시키느냐에 따라 인간관계 형성은 물론 자아 성취나 사회 발전에도 개인의 차이가 난다. 이런 점에서 의사소통의 중요한 수단인 말하기가 중요할 수밖에 없다. 따라서 말 잘하는 것도 사회생활을 하는 데 중요한 능력이라 할 수 있다.

일반적으로 말을 잘하기 위해서 화법을 올바로 익히는 것이 필요하다. 그렇다면 화법(speech communication, 話法)이란 무엇인가? 화법이란 말하는이, 즉 화자가 자신이 전달하고자 하는 바를 음성언어나 표정, 몸짓 등을 사용하여 표현하고 이해하는 과정이다. 다시 말해서 화자와 청자가 협력하여 의미를 만들어 내어 상호 전달하는 의사소통 행위인 것이다. '협력하여 의미를 만들어' 낸다는 것은 언어 본래의 의미보다는 사용하는 사람 개인의 체험과 그 말이 사용되는 상황에 따라 결정된다. 언어의 사전적 의미에서 보면 화자에서 청자에게 이르는 전달과정은 내용 · 목적 · 상황과 같은 맥락에 의해 여러 가지 변화를 거쳐

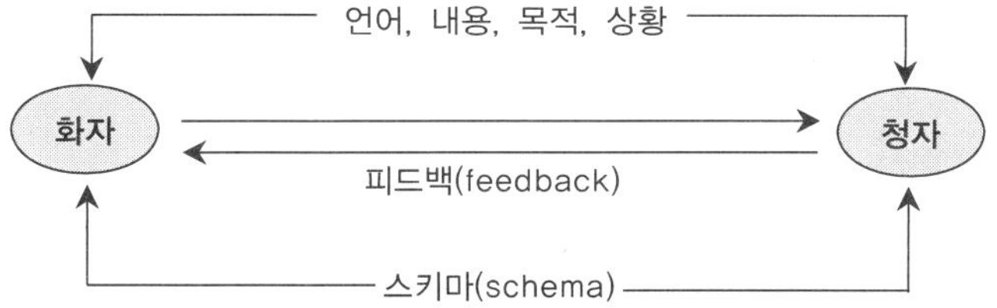

[그림 7-1] 의사소통 과정

소통된다. 그 과정에서 화자와 청자의 스키마와 둘 사이의 피드백 과정을 거쳐 의사소통이 이루어지는 것이다.

우리가 살고 있는 사회는 점차 복잡해지고 있다. 따라서 가정에서부터 학교, 공공장소, 직장, 국가에 이르기까지 복잡한 사회 속에서 다양한 생각과 문화를 가진 개인이나 집단이 늘어날 수밖에 없다. 그만큼 이해관계도 얽히게 마련이다. 그러다 보면 이해 부족으로 인한 오해와 갈등이 심화되어 물리적인 폭력까지 야기될 수도 있다. 실제로도 그러한 사회적 문제를 곳곳에서 많이 목격하거나 겪게 된다.

이때 화법은 이러한 사회문제를 타결할 수 있는 기능을 발휘하게 된다. 특히 의견의 차이나 갈등을 전제로 해결방안을 모색하는 과정에서 '토론(討論)'이 필요하다.

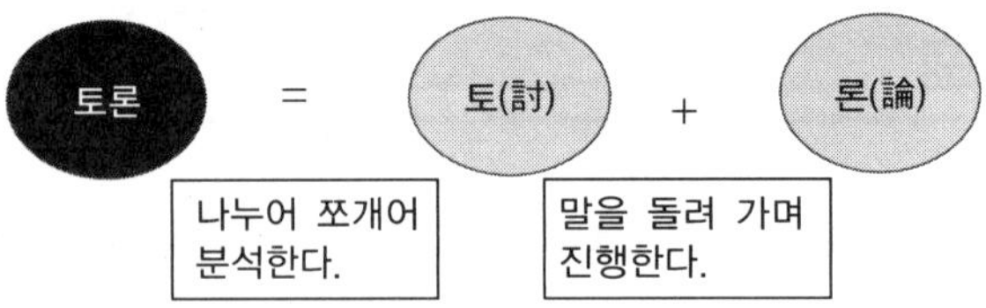

[그림 7-2] 토론의 의미

토론이란 여러 사람이 어떤 문제에 대해 낱낱이 분석하며 의견을 돌아가며 나누어 가는 과정이라고 할 수 있다. '어떤 문제에 대하여 여러 사람이 각각 의견을 말하며 의논하는 과정'인 것이다.

토론은 서로 다른 입장에서 찬·반 의견을 명확히 나누어 진행한다. 그러므로 자신의 주장을 상대방이 수용할 수 있도록 타당한 근거를 마련하여 설득적으로 말하는 데 힘써야 한다. 또한 상대방의 주장과 반박을 경청하고 이를 철저히 분석하여 비판할 수 있는 능력도 발휘해야 한다. 이러한 점에서 토론은 화법의 주요 기능인 듣기, 말하기, 자기 표현하기, 설득하기 등의 능력을 최대한 활용할 수 있는 말하기 방식이라고 할 수 있다.

2. 토론과 화법의 목적 및 필요성

사람들은 자기감정을 표현하고 싶을 때, 사람들과 관계를 형성하며 사귀고 싶을 때, 정보를 전달하거나 아름답게 표현하고자 할 때, 무엇인가를 지시할 때 언어 표현의 방식이 달라진다. 이때 사용하는 언어는 '입말'이라고 하는 말하기와 듣기, 표정·눈·입·손·팔·다리 등의 몸으로 표현되는 몸말, 의사소통에 영향을 끼치는 옷차림, 머리 모양, 액세서리 등의 사물언어 등으로 구분해 볼 수 있다.

화법은 이러한 입말과 몸말, 사물언어를 동시에 활용하여 효과적으로 말하기 목적을 실현하는 데 필요한 기술이다. 대체로 사람의 몸짓과 표정은 그 사람 됨됨이의 60% 정도를 판단하게 한다고 한다. 즉 굳이 입말을 사용하지 않아도 몸말이나 사물언어로 처음 만난 사람을 판단할 수 있다는 말이다. 따라서 의사소통을 잘하려면 입말과 함께 몸말과 사물언어를 목적・대상・상황에 맞게 적절히 구사할 수 있는 능력을 길러야 한다.

화자와 청자가 말을 통해서 상호 협력하는 과정이 바로 화법이라고 할 수 있다. 의견의 조정과 통합은 결국 화법 참가자들이 각자 가졌던 일방적 생각이나 견해가 화법 과정을 통해서 지양되면서 형성된 새로운 결과물이다.

대화를 통해 이견을 좁히고, 합의된 실천 방안에 따라 함께 문제를 해결하는 의사통합 과정은 문제 해결을 위한 새로운 방안과 실천을 포함한다는 점에서 창조적 행위라고 할 수 있다. 개인 간의 협상이나 거래, 어떤 조직 내의 회의, 국가 간의 외교 등이 기본적으로 화법에 의해 결정된다는 점을 생각해 봐도 알 수 있다.

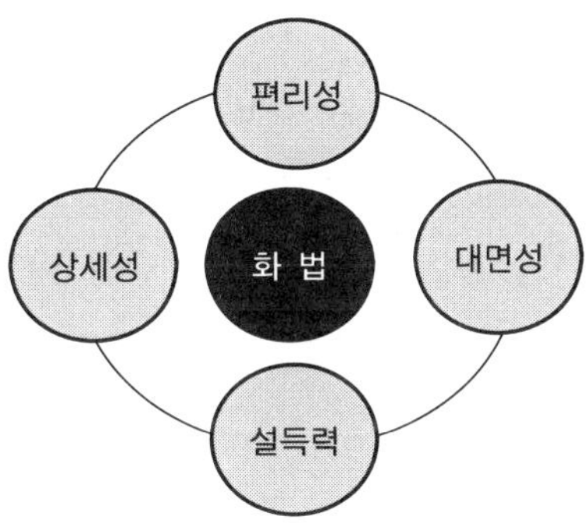

[그림 7-3] 화법의 특성

오늘날과 같은 지식기반 사회에서 지식과 정보를 공유하고 양방향 커뮤니케이션을 가능하게 하는 것도 화법에서 이루어진다. 다양한 뉴미디어에 의한 의사소통 속에서도 화법은 정보와 지식을 손쉽게 전달하고 교류하는 편리성뿐만 아니라 그 대면성에 의한 정보와 지식 전달의 정확성과 상세성, 친근성을 확보할 수 있게 되었다. 상대의 반응을 전제로 한 강한 설득력도 발휘하게 되었다. 더욱이 인터넷의 보급으로 통신언어가 많이 생성됨으로써 국어의 올바른 사용과 화법 교육이 더욱 절실해졌다.

칼 포퍼(Karl Popper)는 서로의 논증을 교환하는 합리적 토론을 통하여 문제 중심적 갈등을 해소하려는 사회가 바로 민주주의 사회이며 열린 사회라고 했다. 과거에는 대중적인 의사소통의 수단이 크게 발달하지 못했기 때문에 정보를 독점했던 정치적 지배 권력층이 정당화 논리와 선전 선동으로 지배해 왔다. 그래서 이로 인한 갈등을 전쟁과 같은 폭력적인 방식으로 해결하려는 경향이 우세했다.

그러나 이러한 폭력보다는 갈등 해소 방법을 다양하게 모색하게 되면서 인류 역사의 발전도 이루어졌다고 볼 수 있다. 특히 민주주의는 상대방의 다른 의견에 대해 관용을 전제로 하고 있다는 점에서 오늘날 주요한 갈등 해소의 방법론이 되었다. 사람들은 사실의 문제, 가치의 문제, 정책적 문제로 서로 다른 견해를 가질 수 있다. 다만 이것을 좁혀 나가는 데 합리적인 대화와 설득의 과정이 필요하다는 것이다. 상대방의 의견을 존중하면서 갈등이 해결될 수 있도록 조절해야 한다. 이때 토론은 합리적 이유에 입각한 설득이라는 민주사회의 기본적인 갈등 조절 방식이라 할 수 있다. 이를 통해 갈등이 악화되어 폭력적으로 해결되는 경우를 줄일 수 있기 때문이다.

다양한 화법을 익혀 사용할 때 우리는 상대방의 말을 정확하게 이해하고 그 의도를 알아 말 전체의 맥락을 명확하게 파악할 수 있을 때 그에 대한 평가도 가능한 것이다. 그러므로 화법의 종합선물 세트라고 할 수 있는 토론을 통해 화법을 올바로 실현하다 보면 문제해결의 효과를 더욱 높일 수 있을 것이다. 특히 반성적 성찰에 입각한 논증적 대화를 자신의 내부에서 진행하여 주장이나 생각에 대해 끊임없이 이성적 기초를 다져 나갈 수 있게 된다.

요컨대, 사고의 논증적 교환을 통해 타인으로부터 배우고자 하는 개방성에 기초한 사회적 차원의 대화가 바로 토론인 것이다. 민주사회의 일원으로서 갖추어야 할 기본적인 소양이 바로 상대방 또는 다른 사람의 견해에 대한 개방적 태도이다.

토론에서 학생들은 상대방의 주장을 경청하고, 자신의 주장을 정확하게 표현할 수 있는 공적인 의사소통 능력을 키울 수 있다. 즉 듣기, 쓰기 능력을 기초로 한 언어능력을 발휘하며 연설을 통해 상대방을 설득하는 능력도 갖추게 된다. 한편, 토론을 통해 논증, 문제 분석과 비판적 사고능력 등을 배양하고 판단능력과 리더십을 함양하여 지적 수준과 사회성을 높일 수 있다.

3. 토론과 화법의 유형 및 실제

토론의 유형 및 실제

토론은 앞서 말한 바와 같이 어떤 논제에 대해 찬성과 반대로 입장을 나누어 진행된다. 각자 논리적인 근거를 제시하여 주장하면서 상대방을 설득하는 말하기인 것이다.

토론의 구성 요소로는 논제, 사회자, 참가자, 토론 규칙, 청중 등이 있다. 여기서 토론 규칙은 토론을 공정하게 진행하기 위해 필요하며, 발언 시간과 순서, 찬반 양쪽에 균등한 토론 시간 배분, 토론에 대한 판정 발언 등을 고려하여 미리 정해 두는 것이 좋다.

논제(論題, proposition, central question)는 토론에서 양쪽의 의견이 서로 엇갈리는 논쟁의 핵심 쟁점이다. 내용에 따라서 사실·가치·정책에 대한 논제로 구분한다. 이러한 논제와 관련하여 논증하는 과정을 거치면서 토론을 진행하게 되면 더 효율적인 토론이 될 수 있다. 툴민(Toulmin)의 모델을 참고하여 실제 논증이 이루어지는 과정을 살펴보자.

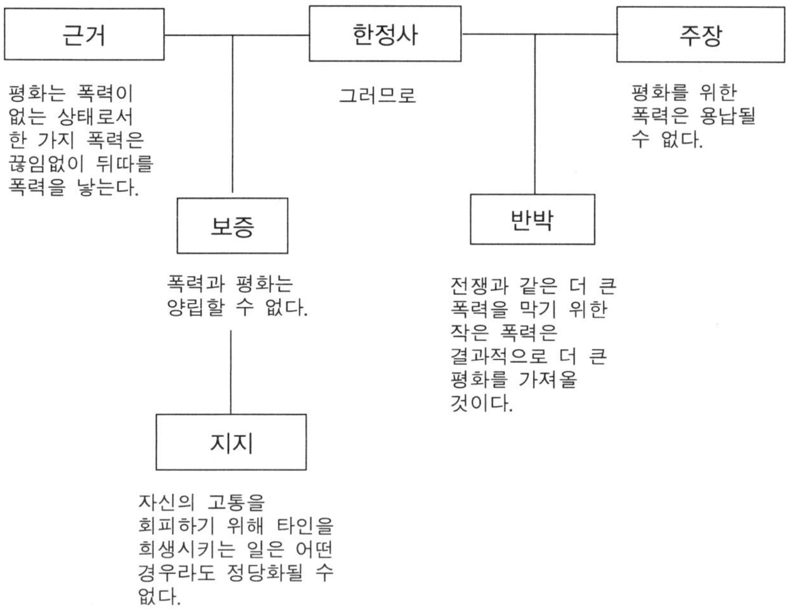

[그림 7-4] 툴민의 모델을 활용한 논증의 예

그렇다면 토론 참가자들은 자기주장이 옳다는 것을 어떻게 상대방에게 인정받아야 할까? 상대편이 내세우는 논거의 모순을 지적하고 자신의 논거가 정당하고 합리적이라는 것을 보여주어야 한다. 그래야 상대편이 반론을 제기하거나 반박할 여지를 갖지 못하게 된다. 이를 위해서는 다음 사항을 고려해야 한다.

- 논제와 관련된 충분한 자료와 정보를 수집하고 이를 여러 각도에서 분석, 검토한다.
- 여러 가지 논법을 탐구하고 이를 효과적으로 활용하여 자기주장이 분명하고 논리적이라는 것을 드러낸다.
- 확신을 가지고 상대방을 설득할 수 있도록 평소에 주요 토론 대상이 되는 문제에 관심과 흥미를 가진다. 이에 대한 정보와 지식을 모아 개성 있는 화법을 꾸준히 연구한다.

1) 토론의 유형

토론은 형식, 목적, 진행방식에 따라 직파식 토론, 2인 토론, 반대 심문식 토론 등으로 나누어 볼 수 있다.

❶ 직파식 토론

직파식 토론이란 논제에 대해 찬성과 반대 입장이 서로의 논거를 직접 반박하며 논쟁하는 방식이다. 광범위한 논쟁점에 대한 핵심을 찾아내려는 토론으로, 보통 2인조 팀으로 벌인다. 논쟁점에 토론 시간을 집중시키는 데 효과적이다.

〈디-워〉 과연 한국영화의 희망인가?

김조광수(청년필름 대표): 제 생각에는 뭔가 열광할 수 있는 꺼리에 불을 잘 붙인 것 같아요. 이를테면 CG라고 얘기하는 컴퓨터 그래픽을 한국기술로 했다, 특히 영구아트가 그것을 자기 기술로 만들어냈다는 것이 관객들한테는 뭔가 자부심을 갖게 하는 그런 요소가 된 것 같아요.

하재근(문화평론가): 유독 디워에서만은 상당히 냉정한 잣대를 들이댔다는 감이 있고 그런데 일반 국민들이 생각할 때는 디워는 유독 안 냉정했어야 더 좋았을 것 같다라는 느낌을 받는 거죠. 예를 들어 우리나라 일류대는 애들한테 평가목표만 계속 요구하는 겁니다. 그런데 학습목표는 뭐냐하면 너가 몇 등이든지 몇 점이든지 상관없이 네가 얼마큼 노력을 했는가, 그리고 설사 꼴찌를 했다고 하더라도 옛날보다 네가 이만큼 진보가 있다면 내가 너를 칭찬해 주겠다, 전혀 관점이 다른 거거든요. (이하 생략)

진중권(문화평론가): 비평이다라는 것은 최대의 예의, 가장 객관적으로 냉정하게 하는 비평의 예의입니다. 이거 왜 그러냐 하면 워낙 허술합니다. 영화 전체를 보게 되면 주인공들이 하는 일이 없어요. 계속 도망만 다니거든요. 그 다음에 구해주는 것도 주인공 이 사람이 도와주는 게 아니라 다 남들이 도와줘요. (중략) 이 영화에 아무리 스토리 구조가 허술하다 하더라도 결말에서 주인공이 한 역할이 그렇게 허술한 구조를 갖는 영화는 사실 없거든요. 그러니까 당연히 평론가들의 평이 짤 수밖에 없는 겁니다.

김천홍(스포츠조선 영화전문기자): 아까 진 교수님이 말씀하셨듯이 평론가들의 입장은 늘 냉정하게 객관적으로 바라보는 입장이거든요. 영화 이후에 비평집단에서 영화 이외의 관객에 대한 평가를 내려 버린 거죠. 이 영화의 성공요인은 1,20만도 아니고 벌써 4백만이 든 영화를, 이 영화의 성공요인은 단지 마케팅의 승리다라고 이야기하는 건 진짜 무슨 바보 영구의 주술에 이끌린 어떤 관객들을 좀비 취급하는 게 아니냐, 굉장히 거기서 열을 받을 것 같습니다. (2007. 8. 9. 〈MBC 100분토론〉 중에서)

제1 찬성자 : 주장, 용어 한정, 긍정 주장의 이유 제시
제1 반대자 : 제1 찬성자의 내용 논박, 반대의 주장 제시
제2 찬성자 : 제1 반대 논박과 찬성 주장의 보완
제2 반대자 : 찬성자 내용 논박 계속, 반대 주장 보완

❷ 2인 토론

2인 토론은 두 명의 토론자와 한 명의 사회자로 진행되는 토론이다. 한 사람당 15분의 시간이 배정되는데, 먼저 찬성 쪽 토론자가 10분 동안 자기 주장을 말하고, 반대 쪽 토론자가 15분 동안 찬성 쪽 토론을 반박한 뒤 자기주장을 말한다. 그 다음 찬성 쪽 토론자가 다시 5분 동안 논박하고 자기 주장을 거듭 강조하면서 끝을 맺는다. 짧은 시간에 토론할 수 있는 논제에 적합하다.

사회자: 마케팅이 흥행 절반 이상 좌우되는 그런 시대가 돼버렸기 때문에 그것마저도 비판적으로 접근하는 것은 <디워>에게만 가혹한 것이냐 아니냐 하는 의견들도 있던데요?

김경수(오마이뉴스): 영화가 괜찮게 흥행을 이렇게 크게 하고 있는 이유를 단순히 마케팅이다, 마케팅 때문이다라고 말씀들 하시는데, 새삼스러운 게 아니라는 거죠. (중략) 그 전에 다른 영화들도 민족주의적인 애국심 마케팅과 비슷한 맥락의 그런 마케팅을 했었던 적도 있었습니다. 그런데 그때는 그런 얘기가 이렇게 비평가들이 천편일률적으로까지 볼 수 있을 만큼 얘기를 했던 적은 없었거든요.

서대원(무비스트 편집장): 어떤 문제든지 정도의 문제라고 생각을 해요. (중략) 이 문제가 본질적인 어느 영화적인 측면보다는 그런 게 더 많은 게 더 보여지지 않나, 그것 때문에 더 많이 가중돼서 결과치가 나오지 않나, 그런 측면에서 조금 우려스러운 거죠.

김경수: (중략) 어느 분은 이렇게 표현하시더라고요. 바보 영구가 눈물로 호소하는 애국심 마케팅에 놀아났다, 관객들이 놀아났다, 굉장히 기분 나쁠 수 있는 관객들이 보고 잠시나마 머리를 식힐 수 있는 영화라고 굉장히 좋아하고 어느 분들은 CG에 열광을 하셨고 한국영화의 희망이라고 보시는 분들도 계시는데 그런 천편일률적인 그런 부분들, 그렇게 말씀을 몰아가시면서 관객들이 굉장히 안 좋은…….

사회자: 두 분의 이야기를 정리하자면, 전문가들의 평, 그리고 네티즌이 표현하는 일반 관객들의 평가, 이런 것들이 괴리가 발생하기 시작하면서 그것이 지금까지 영화평론가들에 의해서 주도적으로 이루어져 왔던 한국영화에 대한 평가 및 흥행으로 이어지는 그런 구도가 이번에 바뀌고 있는 것 아니겠습니까.

(2007. 8. 9. 〈MBC 100분토론〉 일부를 참조하여 변용한 것임)

❸ 반대 심문식 토론

반대 심문식 토론은 일반 토론과 법정에서 행해지는 반대 심문을 접목한 토론이다. 미국 오리건 주립대학에서 채택했다고 해서 '오리건식 토론'이라고 부른다. 이 토론은 다음과 같은 순서로 진행된다.

① 찬성자: 주장(10분)
② 반대자: 긍정에 대한 반대 심문(5분)
③ 찬성자에 대한 청중의 질문(5분)
④ 반대자: 주장(10분)
⑤ 찬성자: 부정에 대한 반대 심문(5분)
⑥ 반대자에 대한 청중의 질문(5분)
⑦ 반대자의 답변(3분)
⑧ 찬성자의 답변(3분)

사회자는 질문과 응답의 적절성과 예의 정도에 따라 판정하도록 규정하고 토론 후에는 3~5명의 심판관이 투표를 하여 판정을 내린다.

토론자들은 심문에 대해 '예'나 '아니오' 또는 한두 문장으로 짧게 답변해야 한다. 그러므로 명확한 답변을 위해 충분한 연구와 준비를 해야 한다. 한편 청중에게는 흥미를 주는 토론이다. 이 토론은 즉석에서 질문과 답변 자료를 마련해야 하므로 숙련된 토론자에게는 매우 효과적인 토론이다.

토론을 평가하는 심판은 공정하게 심사 규준과 심사 결정표를 작성해야 한다. 특히 설득력, 시종 일관성, 결론의 명확성, 상대방 주장에 대한 정당한 논박, 자료의 정확성, 시간과 횟수의 규칙 엄수, 발성·용어·태도 등의 적합성 등을 기준으로 평가한다.

그 밖에 우리가 알고 있는 토론으로는 실제의 삶 속에서 이루어지는 응용토론 혹은 현장토론이다. 주로 현안문제와 관련해서 실질적인 영향력 행사를 목적으로 한다. 응용토론에는 선거를 앞두고 벌어지는 후보자들 간의 토론, 법정에서 일어나는 검사와 변호사 간의 토론, 국회나 지방의회에서 벌어지는 정책토론, 그리고 다양한 형태의 방송토론이나 공청회 등이 있다.

2) 토론방법

❶ 토론 준비

토론에 앞서 5단계의 준비과정이 필요하다. 먼저 토론 논제의 성격을 분석한다. 사실적,

가치판단, 정책적 논제인지를 파악하여 찬성인지 반대인지의 입장을 결정하는 것이다. 그 다음으로 예상되는 쟁점들이 무엇인지 찾아본다. 논제를 분석하면서 예상 쟁점을 미리 파악하여 자기주장의 근거와 상대방 주장을 반박할 논거들을 미리 마련해 두면 토론에서 유리한 입지를 마련할 수 있다. 이를 토대로 논증방법을 연구한다. 자기주장을 입증하고 상대방 주장의 오류를 지적하기 위해 연역법, 귀납법, 유추법 등의 논증방법을 익혀 적절한 방법을 사용할 수 있도록 한다.

다음으로 토론에 필요한 증거 자료를 수집하고 검증해 본다. 증거 자료에는 통계, 사례 등의 사실적 증거와 정황적 증거, 전문가의 의견, 관찰자의 증언 등 의견적 증거 자료가 있다. 또한 수집한 자료에 대해서는 그 정확성과 신뢰성을 검증하고 출처를 명확히 알아둔다.

토론을 원활하게 전개하기 위해서는 토론 개요를 작성하고 연습해야 한다. 토론 증거 자료를 수집, 검증한 후 자기주장과 논거들을 배열하면서 전체 토론 개요를 작성해 본다. 토론 개요를 통해서 토론의 전체적인 흐름을 미리 짐작해 보고 자기주장에 논리적 모순이나 허점이 없는지를 면밀히 살펴본다. 이때 찬성편과 반대편을 같이 작성하면 자기편의 주장 내용뿐만 아니라 예상되는 반박에 대한 반론도 검토할 수 있다. 이렇게 한 후 예행 연습을 해 보면 자신감도 얻을 수 있고 발언 시간 조정도 할 수 있다.

② 토론의 개요 작성

토론 개요서를 작성해 보면 주장과 논거의 관계와 같은 토론이 전반적인 밑그림이 분명해진다.

토론 개요서는 논점을 중심으로 작성하되, 특정한 논거가 갖는 전제와 그 논거를 뒷받침하는 증거들이 분명하게 드러나도록 해야 한다. 또 완전한 문장들을 사용해야만 주장과 근거는 무엇이고 타당한지를 밝힐 수 있다. 또한 그들 사이의 관계가 논리적인지를 알 수 있다. 또한 토론 개요서에 사용되는 기호체계와 형태들은 일관성을 유지해야 한다. 그러한 일관성은 순발력을 필요로 하는 토론상황에서 논점과 논거, 증거들을 쉽게 찾을 수 있게 돕는다.

한편 중요도가 비슷한 항목들은 같은 수준에 배열시킨다. 어떤 논점에 대해 찬성하는 쪽을 뒷받침하는 중요한 이유들이 각각의 논점들에서 같은 수준에 놓여야 하며, 논점을 뒷받침하는 증거들과 섞이지 않도록 해야 한다. 이때 항목들 간의 논리적 종속 관계를 따져서 배열시킨다. 하위 항목에 있는 것들은 상위 항목이 왜 참이고 받아들여야 하는지를 설명해 주어야 한다. 또한 주장을 분명하게 뒷받침하는 증거만을 포함시킨다.

예를 들어 '양심적 병역거부 허용되어야 한다'라는 논제로 토론을 벌인다고 해보자. 각자의 입장을 찬성과 반대 중에서 선택하고 찬성과 반대의 논거를 바탕으로 전제와 증거를 다음과 같이 제시할 수 있다.

▶ 찬성 논거

찬성의 경우, 양심의 자유와 양심적 병역거부 인정을 통한 국가의 이익과 이미지 쇄신을 논거로 제시했다. 이를 뒷받침할 수 있는 전제를 논거 하나에 두 가지씩 들면서 관련된 증거를 통해 타당성을 입증해 나갔다.

논거 (1) 헌법이 보장한 양심의 자유를 인정해야 한다.
전제 ① 양심적 병역거부와 병역기피는 전혀 다른 개념이다.
증거 ① 양심적 병역거부자는 양심과 신념상 도저히 총을 들 수 없으니 다른 형태로 복무할 수 있게 제도를 만들어 달라는 사람이고, 병역기피자는 병역의무를 아예 수행하지 않겠다는 사람이다.
전제 ② 개인의 인권은 존중되어야 한다.
증거 ① 국민은 종교, 사상 등에 있어서 자유를 가진다.(대한민국 헌법 제19, 20조)
증거 ② 개인의 천부인권은 그 어떤 것보다 앞선다는 뜻이다. 이런 사람들에게 집총훈련을 시키는 것은 그 사람의 인권을 무시하는 행위로 볼 수밖에 없고 헌법에도 어긋난다.
증거 ③ 양심적 병역거부자가 박해로부터 보호받아야 한다.(유엔인권위원회 1998년 결의안 채택)

논거 (2) 국가의 이익과 국가의 이미지를 쇄신시킬 수 있다.
전제 ① 양심적 병역거부 인정은 세계적 추세다.
증거 ① 유럽의 경우 유럽인권규약 제9조에 의거 양심적 병역거부권을 인정하고 있다.
증거 ② 국제 인권단체인 엠네스티도 양심적 병역거부자가 투옥되었을 때 그 사람을 양심수로 간주하고 있다.
전제 ② 대체복무 확대로 사회봉사 기회를 줘야 한다.
증거 ① 대만은 2000년도부터 대체복무를 실시하여 인권 국가로 위상이 올라갔으며 해외에 대체복무자 파견으로 외교적으로 많은 이득을 보았다. 또한 대체근무로 사회복지기관에서 근무하면서 복지서비스의 질이 크게 향상되었고 약 100억원에 달하는 예산절감 효과를 보았다. 뿐만 아니라 사회에서 기피하는 현장에 투입하여 인건비 절감과 고수익 창출도 가능해졌다고 한다.

▶ **반대 논거**

반대의 경우, 국가 안전보장을 위한 국방의무와 양심적 병역거부 인정이 합법적 병역기피 수단으로 악용될 수 있음을 논거로 제시했다. 특히 국내 상황과 현실문제에 입각하여 전제를 내놓고 증거를 들어 병역거부 인정의 부당성을 입증해 나갔다.

논거 (1) 국방의무는 국가 안전보장을 위해 준수해야 한다.

전제 ① 지금 우리나라는 북한과 휴전 상태에 있다.

증거 ① 2002년 6월 한일월드컵 열기로 휩싸여 있던 때 '서해교전'이 일어났다. 북한 경비정의 선제공격으로 시작된 남북한 해군 간의 교전으로 우리 젊은이 6명이 장렬하게 전사했다.

전제 ② 양심의 자유보다는 국방의 의무가 우선이다.

증거 ① 2004년 7월 15일 대법원에서는 양심의 자유를 이유로 군입대를 거부한 혐의로 기소된 최모 씨에게 상고심에서 1심의 '무죄'를 깨고 징역 1년 6월을 선고한 원심을 확정했다. 판결문에서 "양심의 자유가 국방의 의무에 우선할 수 없고 헌법상 기본권 행사는 타인과 공동생활을 영유하면서 모든 기타 법질서에서도 이탈해서는 안 된다."고 밝혔다.

논거 (2) 양심적 병역거부 인정은 합법적 병역기피 수단으로 악용될 우려가 크다.

전제 ① 종교라는 것은 자신이 마음 속으로 믿는 것이므로 어떠한 종교를 얼마나 믿는지 명확하게 증명하기 어렵다.

증거 ① 현실적으로 일부 국회의원 자녀들이나 연예인들의 병역비리가 만연하는 이때 종교적 신념에 의한 병역거부를 병역기피에 악용할 확률이 매우 높다.

전제 ② 대체복무제 시행은 시기상조다.

증거 ① 현재 징병제를 채택한 국가는 한국과 북한, 이스라엘을 비롯한 90여 개국에 이른다. 양심적 병역거부자를 위해 대체복무제를 도입한 나라는 독일, 이탈리아, 스페인 등 40여 개국으로 국가안보가 안전한 나라들이다.

증거 ② 우리나라를 비롯해 북한, 중국 등 48개 징병국은 주변국과의 경계가 심해 대체복무제가 국가 존립을 위태롭게 한다고 해서 인정하지 않고 있다.

증거 ③ 병역 복무기간 단축으로 군병력이 줄어든 지금 대체복무제까지 시행된다면 우리 군사력 저하는 물론, 국가안전을 보장하기 어려울 것이다.

❸ 토론의 진행

토론이 시작되면 사회자는 토론 문제와 이를 토론하게 된 이유를 밝히면서 논제를 청중에게 알려 준다. 토론자의 인적 사항과 토론에서 맡은 역할을 소개하면 토론자는 인사를 한다.

토론 방식과 순서, 토론 규칙, 발언 시간을 알려 준다. 그 다음으로 사회자는 첫 번째 토론자에게 토론을 시작하라고 지시한다. 토론은 찬성 쪽에서 먼저 발언하며 마지막도 찬성 쪽에서 발언하도록 한다. 이는 찬성 쪽이 여러 가지 면에서 불리한 점이 많기 때문이다.

따라서 자기주장을 분명하게 말해야 한다. 그리고 상대방 주장의 논거를 일단 인정하고 상대방 표현 그대로 반복 인용하여 자신이 이해한 것과 일치하는지 확인한다. 자기주장의 논거가 상대방의 것보다 훨씬 가치 있고 믿을 만하다는 것을 간결하게 역설한다. 한편 상대방이 내세운 주장의 근거를 여러 각도에서 분석하여 명백한 이유를 들어 상대방 주장이 지닌 논리적 모순을 지적한다. 자기주장의 요점을 반복해서 말한다. 필요한 경우 상대를 납득시켜 자기주장에 동조하게 하고 특정 행동을 하도록 한다.

화법의 유형 및 실제

1) 화법의 유형

화법은 화자와 청자의 관계, 의사소통의 목적, 상황에 따라 나눌 수 있다. 그 중에서 화자와 청자의 관계가 사적이냐 공적이냐에 따라 사적인 화법과 공적인 화법으로, 관계가 일 대 일이냐 일 대 다수냐, 집단적이냐에 따라 대화, 대중화법, 집단화법 등으로 나눈다. 또한 의사소통의 상황에 따라 길 묻기, 시청자 의견조사, 퀴즈, 이야기 들려주기, 교화, 수업, 판매, 전화 등으로 분류하기도 한다.

TIP

의사소통을 잘하려면 대우법, 호칭어와 지칭어를 정확히 알고 사용하는 언어 예절 정도는 갖추는 것이 기본이다!

화법 중에서 여러 상황과 관련하여 비중이 높은 대화, 연설, 토의, 회의, 면담 등에 대해 살펴보기로 하자.

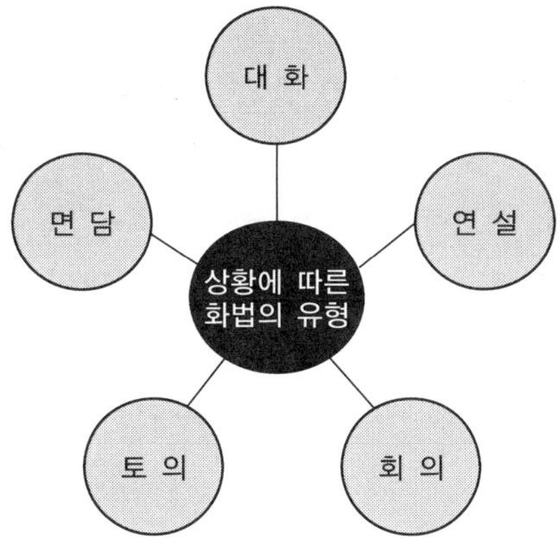

[그림 7-5] 상황에 따른 화법의 유형

대화하기

대화는 상대방과 직접 마주하여 이야기하는 것을 말한다. 주로 일상생활에서 이루어지며, 친교를 목적으로 한 사적인 대화와 대담, 회견, 정상회담, 면담(인터뷰)과 같은 공적 대화로 나눌 수 있다. 그 중에서 칭찬, 질책, 부탁, 거절, 충고, 위로, 설득, 격려, 축하, 사랑의 속삭임 등의 사적인 대화에 대해 살펴보자.

대화를 어떻게 하면 원활히 할 수 있을까? 대화에 필요한 인위적 조건과 상황적 조건이 충족되어야 한다. 모든 대화에는 반드시 일정한 목적과 형식이 있기 마련이다. 이를 따르되 화자와 청자의 역할이 차례로 바꾸어지면서 진행될 때 그 흐름은 자연스러워야 한다. 대화를 시작하는 사람은 항상 상대방이 쉽게 알아들을 수 있도록 말을 하되, 그렇게 되고 있는지를 확인해야 한다. 그리고 청자는 하는 말에 대해 적절한 반응을 보여 대화 전체가 잘 전개되도록 한다. 이때 대화에 참여한 화자와 청자 모두 예의를 지키는 것은 필수이다.

❶ 칭찬

"칭찬은 고래도 춤추게 한다."는 말을 인용하지 않더라도 상대방의 좋은 점을 부각시켜 서로 즐거울 수 있도록 하는 대화 중의 하나다. 칭찬은 삶의 활력소일 뿐만 아니라 기대하는 목적을 달성하는 데 원동력이 된다. 이때 몇 가지 유의할 사항이 있다.

첫째, 상대방이 칭찬할 만한 행위를 했을 때만 칭찬을 한다. 둘째, 상대방의 사소한 행위라도 그것이 좋은 일이면 반드시 칭찬한다. 셋째, 칭찬할 때는 밝은 표정으로 진심에서 우러나오는 칭찬을 한다. 넷째, 상황, 이야기의 분량, 방법 등을 고려하여 칭찬한다.

❷ 질책

남을 꾸짖어 말하는 것이 질책이다. 사실 일상생활에서 칭찬하는 것보다 질책하기가 힘든 경우가 더 많다. 하지만 꾸짖기를 적절히 함으로써 상호 보완이 이루어질 수 있다.

첫째, 꾸짖기 전에 잘못한 사람의 사유를 들은 뒤에 꾸짖을 필요가 있다고 판단될 때만 질책한다. 둘째, 이성을 가지고 평온한 마음으로 꾸짖는다. 셋째, 화자와 청자가 1:1일 때 조용히 꾸짖는다. 넷째, 품위 있는 말로 질책한다. 다섯째, 질책하는 양태가 변덕스럽거나 편파적이어서는 안 된다. 여섯째, 질책은 칭찬보다 더 간단명료하고, 길이는 짧게 한다. 일곱째, 질책과 더불어 개선방법을 함께 말해 준다. 여덟째, 상대방의 입장이 되어 깊이 생각하여 본 뒤에 질책한다. 아홉째, 질책하고 나서 일정한 시간이 지난 뒤에 위로나 격려를 해 준다.

③ 부탁

상대방에게 어떤 일을 도와줄 것을 의뢰하기 위해 하는 대화를 뜻한다. 물건을 빌려야 하거나 예약한 기차표를 바꿀 때, 자신의 의견에 동의해 줄 것을 상대방에게 부탁하는 등 여러 가지 상황이 있을 수 있다. 이 또한 자신의 의도대로 생각하게 하거나 행동하게 하는 것이 목적이므로 넓은 의미로 설득적 말하기에 속한다.

상대방을 설득하여 자신의 부탁을 들어주도록 하려면 상대방의 마음을 움직일 수 있는 방법을 사용할 줄 알아야 한다.

첫째, 부탁하기 전에 상대방의 정신과 건강 상태, 취미, 성격, 인생관, 처지, 경제 사정, 학력, 출생지, 종교, 가족 관계 등에 대해 최대한 많이 알아둔다. 둘째, 먼저 상대방이 안도하고 신뢰할 수 있도록 예의를 갖추어야 한다. 셋째, 상대방에게 친근감이나 친밀감을 느끼게 한다. 넷째, 부탁할 내용을 명료하고 간결하게 요약하여 정중히 말한다. 다섯째, 어려운 일을 부탁할 때는 반드시 보답할 것임을 분명히 밝힌다. 여섯째, 조그만 부탁이라도 상대방이 흔쾌히 받아준다면 진심으로 감사의 말을 해야 한다.

④ 거절

남의 부탁을 들어주지 않고 물리치는 대화이며 강도 높은 거절이 바로 거부(拒否)이다. 대인관계를 맺으면서 생활하다 보면 남에게 받은 부탁을 거절해야 할 경우가 많다. 이때 상대방이 납득할 수 있는 거부의 구체적인 이유를 들어 분명하게 말한다. 또한 부드러운 어조로 완곡하게 거절한다. 상대방이 불쾌하거나 원망하거나 민망해하지 않도록 한다.

⑤ 격려

상대방의 용기나 의욕을 북돋우고 힘을 내게 하기 위한 대화다. 먼저 상대방의 처지를 이해해야 한다. 또한 상대방의 처지를 중심으로 대책을 제시하고 상대방의 능력과 장점 등을 들어 어떤 일이든 노력하면 충분히 이루어질 수 있다고 말한다. 여기에 역사상 훌륭한 인물 중에서 실패를 성공으로 이끈 실화를 인용하여 들려주면 효과가 좋아진다.

❻ 사랑

사랑을 위해서는 사랑을 전달하는 대화를 할 수 있어야 한다. 유머나 위트가 있는 말을 한다. 이것이 대화의 활력소 기능을 할 것이다. 상대방의 좋은 점을 들어 칭찬한다. 상대방의 생활에 관심을 표명한다. 비유적인 언어를 적절히 사용하여 생동감 있는 대화를 진행한다. 또한 품위 있고 예의바른 말을 구사해야 한다. 그래야만 상대방이 존중받는다는 생각을 갖고 호감을 가지게 된다. 화제가 빈곤할 때는 상대방과 함께 겪은 과거의 경험을 화제로 삼아 대화한다. 하지만 자신의 비밀을 털어 놓거나 어떤 일에 대해서 거짓말을 해서는 안 된다. 상대방에 대한 모든 것을 알게 되면 자칫 애정이나 호기심이 사라질 수도 있으니 조심하라. 사랑의 관계를 지속하고 싶다면 절제되고 진실한 언어를 사용한다.

❼ 설득

상대에게 어떤 이치를 이해시켜 화자가 의도한 대로 상대방이 생각하거나 행동하게 하는 대화다.

첫째, 상대방의 정서적·정신적 상태, 연령·취미·식성·출생지·학력·경제사정·가족관계·성격·인생관 등에 대해 사전에 면밀히 조사하여 알아둔 뒤에 상대방을 만난다.

둘째, 예의바른 언행으로 상대방이 안도하고 신뢰할 수 있도록 한다. 특히 외판원의 경우 첫인상이 상품 판매율의 20% 이상을 차지한다고 한다.

셋째, 논리적 호소와 감정적 호소를 적절히 활용한다. 상대방이 잘 알고 있는 사실, 눈앞에 있는 사실, 상대방이 신뢰하는 사람이 말한 것, 과학적으로 입증된 사실 등이 효과적인 논거이다.

넷째, 인내심과 지구력을 가지고 설득한다. 지성(至誠)이면 감천(感天)이라고 하는데 삼고초려(三顧草廬)의 자세로 한 번 설득을 해서 상대방이 설득되지 않으면, 상황과 방법을 바꾸어 가며 설득한다.

다섯째, 상대방이 긴장할 때에는 유머와 위트가 있는 말을 하여 긴장을 풀도록 한다. 상대방이 한 번 웃고 나면, 그는 화자의 입장을 이해하고 화자의 뜻에 동조할 가능성이 높아진다.

연설하기

연설(演說)은 청중을 대상으로 연사가 자신의 주의·주장·사상·의견을 말하는 방식이다. 일방적으로 전달하는 대중적 말하기라고 할 수 있다. 말하기의 목적과 성격에 따라 연설과 웅변, 강의와 강연으로 나눌 수 있다.

[표 7-1] 연설의 유형

설득적 말하기	연 설	여러 사람 앞에서 자신의 주의·주장이나 의견을 진술하는 것
	웅 변	여러 사람 앞에서 자신의 주의·주장을 힘차고 거침없는 변설로 설파하는 것
설명적 말하기	강 의	학생들을 대상으로 글이나 학설의 뜻을 설명하여 가르치는 것
	강 연	많은 사람들 앞에서 어떤 주제에 대하여 이야기하여 알게 하는 것

일반적으로 많이 활용되는 정보적 연설, 설득 연설, 환담 연설, 각종 행사 연설 등에 대해 살펴보자.

❶ 정보적 연설

정보적 연설은 지식이나 정보를 상대방에게 전달할 목적으로 하므로 보고연설이라고도 한다. 전달방법에 따라 묘사·시범·설명으로 나눈다.

묘사 연설은 대상을 눈으로 보듯이 실감나게 묘사하는 것으로, 대상의 시각화, 영상화가 중요하다. 시범 연설은 물건을 제작하고 작동하는 방법, 어떤 일을 하는 방법에 대해 직접 모범을 보이면서 하는 것이다. 시범의 효과를 높이려면 청중의 수효를 제한하고 시청각 보조자료를 적극 활용하면 된다. 설명 연설은 학문적 지식을 청중이 쉽게 이해할 수 있도록 전달해야 한다. 예시, 비교와 대조, 분류와 분석, 비유 등의 다양한 설명 방식을 사용하는 것이 좋다.

> 지금은 5년 단위로 예산을 사전에 편성합니다. 확정된 예산은 아니지만 중기재정계획이라고 해서 편성하기 때문에 임기 1년 남은 대통령, 정부가 오늘 이 자리에서 정책을 내놓았습니다마는 그러나 실제로 재정계획은 앞으로 5년, 계획을 우리가 내다보고 가고 있기 때문에 오늘 여러분들에게 우리가 보고드린 정책은 차질 없이 갈 것입니다. 다음 정부가 이것을 홀랑 뒤집지 않는 이상 갈 것입니다. (중략) 국민들의 목소리가 어느 쪽에서 더 높게 나오느냐 하는 것은 결과에 영향을 미치기 때문에 노인복지라든지 이런 데 대해서 관심을 많이 가지고 있는 국민들이 일상적으로 관심을 계속 표명해 주시는 것은 꼭 필요한 일입니다.
>
> (국민과 함께하는 노인정책 업무보고 '대통령 연설' 중에서, 2007. 3. 6.)

이러한 정보적 연설을 효과적으로 전달하기 위해서는 청중의 주의와 흥미를 끌 수 있는 아이디어가 필요하다. 또한 단순한 내용으로 청중이 집중할 수 있도록 해야 한다. 연사에 대한 청중의 신뢰성 유지 또한 중요하다. 그리고 기억에 남는 연설이 될 수 있도록 핵심적인 생각을 반복해서 말하거나, 암기를 쉽게 할 수 있는 공식을 만들어 사용하는 것도 좋으며, 적절한 유머와 시청각 보조자료를 활용한다.

❷ 설득 연설

설득 연설이란 연사가 청중에게 어떤 사실을 납득시키거나 상대방의 의견이나 행동에 변화를 주려는 의도로 이루어지는 것이다. 주로 연사의 메시지를 청중이 채택하도록 하거나 청중의 기존 행위를 중지시키거나 사전 예방을 위해, 또는 청중의 기존 행위를 지속시키기 위해서 하는 경우가 많다. 청중을 설득하는 데는 논리적 호소와 감정적 호소가 필요하다. 청중의 이성에 호소하는 경우에는 사실의 옳고 그름을 분명히 가려 확신을 가질 수 있도록 하는 논리적 호소가 효과적이다. 반면 선거 연설이나 추모 연설 같은 경우에는 청중이 정서적으로 만족하고 태도 변화를 유도하기 위해 감정적 호소를 활용한다.

> "눈 뜬 소경에게 글자를 가르쳐 주는 것은 두말헐 것 없이 필요헙니다. 계몽운동이 우리에게 있어서 가장 시급헌 사업 중의 하나인 것도 사실입니다. (중략) 어떡허면 그네들이 그 더헐 수 없이 비참헌 생활에서 벗어날 수가 있을까? – 허는 문제를 머리를 싸매구서 생각해 봐야 헙니다. 지금부터 육칠 년 전 노서아의 청년들이 부르짖던 브나로드('민중 속으로'라는 말)를 지금 와서야 우리가 입내내듯 하는 것은 더할 수 없이 슬프고 부끄러운 일입니다. (중략) 무엇보다도 먼저 모든 것을 지배하고 온갖 행동의 원동력이 되는 정신(精神), 요샛말로 이데올로기를 통일하기 위해서 전력을 기울여야 하겠습니다."
>
> (심훈의 ≪상록수≫ 중에서 박동혁의 연설 일부)

❸ 환담 연설

환담 연설은 청중과 친교의 즐거움을 나누기 위해 하는 오락적 연설이다. 흥미로운 이야깃거리(화제)를 꺼내어 적절한 유머와 위트로 청중들에게 웃음을 주는 것이 중요하다. 더욱이 시대에 맞는 유행어를 사용해서 청중과 호흡을 맞추어야 한다. 따라서 연사의 몸짓, 표정, 동작 또한 중요하며 이를 위해 연설을 세심하게 준비해야 한다.

> 여러분, 제 강의를 오만방자한 자세로 들어주세요. 대신 가슴만 열어주세요.
>
> 열심히 살다보면 좋은 일이 있을 거라고 생각했어요. 돈 없는 게 죄는 아니잖아요? 가난한 것, 못생긴 것, 못 배운 것, 이거 죄 아니예요. 내가 선택할 수 있는 사항이 아니잖아요. 인생을 살면서 짓는 죄는 딱 하나, 바로 '열심히 안 산 죄'뿐이죠.
>
> 요즘같이 힘든 때엔 긍정적인 마음가짐으로도 부족해요. 그 앞에 '초'자를 붙이세요. '초긍정' 바로 이게 행복의 비결이에요. 스피노자의 명언 중에 제가 제일 좋아하는 말이 있어요. "할 수 없다는 건 하기 싫다는 것이다." 절망대학 포기학과 학생이 될 것인지, 희망대학 감사학과 학생이 될 것인지는 여러분 선택이에요.
>
> (최윤희의 ≪행복학 개론≫ 중에서)

④ 각종 행사 연설

각종 행사에서 하는 연설을 의식사(儀式辭)라고 한다. 즉 어떤 특별한 행사나 모임에서 하는 축사, 기념사, 환영사, 주례사, 추모사 등이 여기에 해당된다. 의식사는 의식의 목적과 진행과정에 제한을 받으며, 의식 목적에 적합해야 한다. 또 의식사의 성격과 격식을 미리 확인하여 의식사 주제와 내용을 마련한다. 단어와 어구의 적절성, 경어, 금기어에 대한 점검이 필요하다. 상황에 맞게 실행하되, 주어진 시간을 엄수해야 한다.

식사는 의식이나 모임에서 주최자가 하는 인사말이다. 주로 의식의 목적, 의의, 안내, 참석자와 하객에 대한 감사 등을 표현한다.

축사는 공적・사적인 경축 행사, 축하 의식이나 모임에서 주최자의 식사에 답하는 참석자 또는 하객의 인사말이다. 행사에 대한 축하, 노고에 대한 위로, 앞날에 대한 축원과 당부 등으로 이루어진다.

환영사・환송사는 사람을 맞이하거나 보내는 의식이나 모임에서 이루어진다. 환영사는 사람을 맞이하는 기쁨을 표현하며 방문에 대한 감사와 먼 여로에 대한 치하, 새로운 관계에 대한 기대 등을 담는다. 반대로 환송사는 사람을 떠나보내는 의식에서 행하는데, 방문객이 돌아갈 때, 또는 초청자가 떠날 때 이루어진다.

그 밖에도 이・취임사, 주례사, 추모사, 기조연설 등이 있다.

연설을 잘하기 위해서는 먼저 연설의 목적을 결정해야 한다. 이에 따라 주제와 화제를 선정하고, 청중의 지적 수준, 성향 등을 분석하여 연설 준비에 들어간다. 주제에 맞는 자료를 수집, 정리한다. 이때 연설자 자신의 독특한 경험과 사고, 관찰 등에 기반을 둔 것으로 자신이 충분히 이해한 내용이어야 한다. 또한 청중에게도 흥미와 감동을 줄 수 있어야 한다. 다음으로 자료를 바탕으로 연설 개요를 작성한다. 화제의 성격에 따라 구성방식을 시간적 · 공간적 구성, 인과관계, 문제해결식, 삼단논법식 구성 중에서 선택하면 더 잘 짜인 연설을 할 수 있다.

연설 원고를 작성할 때 개요를 먼저 짜놓고 시작하는 것이 더 효과적이다. 연설문은 간단명료한 문장, 구체적이고 쉬운 용어, 적절한 예시를 사용하여 작성한다. 연단에 올라서서 청중을 직접 상대하여 말하는 것이므로 청중의 예상 반응을 고려하여 준비를 해야 한다. 또한 음성의 높낮이, 몸짓과 같은 언어적 · 비언어적 표현, 필요한 유머나 일화 등을 함께 기록해 두면 좋다. 연설문을 작성했으면 실제와 비슷한 상황을 연출하며 예행연습을 하면 효과적으로 생각한 것을 전달할 수 있다.

면담하기

면담(interview)은 질문자가 면담 대상자에게 얻고자 하는 자료, 즉 의견, 신념, 태도 등을 일정한 조건 아래 질문이라는 자극을 가하여 그 반응을 인지해 내는 수단이다. 면담은 질문자가 면담 대상자와 직접 대화하여 필요한 정보를 얻는 방법이다. 상담(相談)이라고도 한다. 특히 다른 사람의 경험, 구체적인 장면에서 일어나는 일들에 대해, 잘 알려지지 않은 일을 하는 사람의 생각, 특정한 사건에 대한 주변 사람들의 생각을 듣고 싶을 때, 어떤 일에 관련된 사람을 직접 만나야 할 때 사용된다.

질문자는 면담 대상자가 질문의 요지를 잘 파악할 수 있도록 먼저 질문 내용에 대한 개요를 설명하고, 문제의 초점을 짚어주어 답변이 산만해지지 않고 구체적 내용을 이룰 수 있도록 한다. 더욱이 특정 의견에 편승하도록 유도질문을 하지 않도록 한다. 면담 대상자가 자유롭게 자신의 생각을 말할 수 있도록 분위기를 만든다. 또한 면담 내용을 질문자가 반복해 주고 면담 대상자의 동의를 얻도록 한다. 즉 “지금 말씀하신 것이 이러이러한 내용이지요?” 식으로 반복해서 확인하면 좋다.

면담은 의도와 목적을 가진 대화이므로, 그 결과를 정리하고 문제해결을 위한 자료로 활용한다. 이를 위해 면담 내용을 기록하고 사안별로 분석 정리하여 해당 문제를 해결하는 근거로 삼을 수 있게 한다. 면담 대상자 개인의 문제일 경우에는 그 면담 처리 결과를 본인에게 알려준다.

면담의 유형은 면담 목적, 대상, 방법 등에 따라 전문가와의 면담, 연구 목적을 위한 면담, 학생 활동으로 이루어지는 면담 등이 있다.

전문가와의 면담은 특정 주제에 대해 그 분야의 전문가를 상대로 질의응답하는 방식이다. 시사프로그램이나 텔레비전 뉴스 등에서 이 방법을 많이 사용한다.

연구 목적을 위한 면담은 특정 주제에 대한 질문자를 선정하여 주제에 대한 필요한 정보를 수집, 이를 연구 자료로 삼으려는 것이다. 질문지로 대신하기도 하는데, 직접 대상자를 방문하여 의견을 듣는 것이 효율적이다. 인문과학이나 사회과학 분야에서 인적 대상 연구를 할 때 흔히 사용한다.

학생 활동으로 이루어지는 면담은 학생들이 특정 주제에 대한 여론을 수집하거나 어떤 문제의 해결책에 대한 견해를 들을 때 사용한다.

오늘날 대학생의 음주문화

기자: 저는 지금 사건이 일어난 현장에 나와 있습니다. 한창 꿈을 안고 입학한 학생들과 선배의 만남을 위한 자리가 이렇듯 한 학생의 비극적 죽음을 초래하게 될 줄은 아무도 몰랐습니다. 이 시간 저는 어제 신입생환영회에 참석했던 한 학생을 만날 수 있었습니다.

학생: 대학에 입학하면 중고등학교 때 금지되었던 모든 일들을 할 수 있다는 생각에 즐겁기만 했습니다. 어제 선배들의 행동은 너무 지나쳤어요. 술을 처음 마시는 신입생들에게 신고식이라면서 갖가지 이물질을 섞은 '폭탄주'를 억지로 먹이다니. 그걸 먹고 어디 제 정신이었겠어요? 몸도 가누지 못하는 친구를 학교 전통이라면서 연못에 빠뜨리다니…….

토의하기

토의(討議)란 여러 사람이 모여 어떤 공통된 문제에 대한 최선의 해결방안을 찾기 위해 협의하는 말하기다. 참가자 전원이 협력해서 집단적 사고를 통해 바람직한 방안을 마련하여 해결점에 도달하는 데 목적이 있다. 각기 다른 의견의 지적 의사소통이 이루어져야 하므로 다수결도 중요하지만 소수의 의견도 중요하다.

토의가 이루어지기 위해서는 토의할 문제인 의제(議題)가 시의적절하고 가치가 있어야 한다. 구성원 전체가 관심을 가지고 있는 것으로 선정하되 '교육 문제'와 같은 단어 나열식, 또는 '공교육을 살려야 한다'와 같은 단정적인 진술, '예' '아니오'의 답이 나오는 단답형 서술은 적절하지 않다.

의제가 결정되면 토의 참가자는 관심과 흥미를 가지고 토의에 임해야 한다. 의제에 대한 자료 수집과 분석을 통해 나름대로 해결책을 마련해 두는 것이 좋다. 자신 있게 자신의 의견을 밝히고 다른 사람들의 의견을 존중하는 태도를 가진다. 자신의 의견과 다른 사람이 제시한 의견의 합일점이 무엇인지를 면밀히 살펴 최선의 해결책을 마련하도록 노력한다.

이때 사회자는 토의문제를 명확하게 규정해 주고, 토의해야 할 사항들을 순서대로 제시하면서 그에 대한 적극적인 의견 교환을 유도해야 한다. 토의 진행 중간중간에 내용을 간단히 요약해 주면, 부적합한 문제를 배제하여 토의가 의제에서 벗어나지 않도록 한다. 또한 토의 분위기 조성을 위해 공정하고 결단력 있는 태도와 상황에 대처할 수 있는 융통성을 발휘해야 한다. 참가자들이 자유롭고 편안하게 발언할 수 있도록 하되, 말이 지나치게 많은 사람의 발언은 자제시키고 소극적인 사람의 의견을 이끌어내도록 유도한다.

토의는 주제의 성격과 목적, 참가자의 수효, 청중의 유형에 따라 브레인 스토밍, 심포지엄, 원탁 토의, 패널 토의, 포럼 등으로 나눌 수 있다.

[표 7-2] 토의의 유형과 방법

토의의 유형	토의 방법
브레인 스토밍	6~12명 정도의 사람으로 구성. 어떤 문제의 개선·해결방안에 대해 바람직한 아이디어를 찾아내는 자유로운 토의방식. 집단적 사고의 효과를 살림.
심포지엄	전문가 3~6명이 차례로 자신의 의견을 주제별로 발표한 뒤 청중이 참여하여 질문이나 의견을 제시하는 토의방식. 학술적 성격을 띤 토의.
원탁 토의	10명 내외의 소규모 집단이 탁자 주위에 둘러앉아 자유롭게 상호 관심사에 대해 의견을 나누는 방식. '문제의 설정 → 문제의 조사 → 문제 해결안이나 가설의 도출 → 문제 해결안의 평가 → 해결안의 실행'과 같은 5단계 절차가 필요.
패널 토의	전문 지식을 가진 4~6명의 토의 참가자들이 청중 앞에서 자신의 견해를 발표하고 의견을 제시하는 공개적인 토의. 특정 문제를 해결 또는 해명을 위해 활용.
포럼	공공의 장소에서 공공의 문제를 해결하기 위해 공개적으로 하는 토의방식. 주로 대담 포럼, 강의 포럼, 토론 포럼 등으로 나눔.
버즈 세션	참가한 사람 모두가 의견을 제시하기 위해 마련된 토의. 인원수가 많은 경우, 7인 이내로 이루어진 소집단 몇 개를 구성하여 토의한 후 종합토의를 거침.
필립 66	구성원이 많은 경우 몇 개의 소집단을 나누되 6인으로 편성하여 6분 동안 집중적으로 토의. 버즈 세션과 유사하나 정리된 의견의 발표자와 기록을 맡은 기록원이 있음.

토의를 잘 진행하기 위해서는 도입 단계에서 토의 분위기를 조성해야 한다. 먼저 사회자가 의제를 소개하며 의제 설정의 배경, 토의 목적 등을 설명하고, 토의 규칙을 알려주며 토의문제에 참가자들이 공감대를 형성할 수 있도록 한다. 다음으로 논점을 제시하고 해결안을 제시한다. 제시된 논점에 대해 다양한 의견의 제시와 교환을 통해서 가능한 모든 해결안을 제시하고 검토한다. 그리고 제시된 해결안들을 검토하여 최선의 해결안을 선택한다. 제시된 의견을 비교, 검토하고 그 장단점, 이해득실을 따져서 참가자의 중지를 모아 결론을 내리면 된다. 그런 다음 실천방안을 모색한다. 구체적인 실천방안에 대한 검토와 실천을 위한 지침을 검토한다. 마지막으로 토의 내용을 정리한다. 의제와 토의 목적을 되

돌아보고 토의의 결론과 실천방안 등에 대한 전체적인 연관성, 목적의 달성 여부 등에 대한 정리와 평가를 한다. 참가자들의 승인과 결의 등을 확인하고 토의를 마무리한다.

회의하기

회의(會議)는 여러 사람이 모여 특정한 의제나 문제를 해결하기 위해 의논하는 과정을 말한다. 의제(議題)를 채택하여 참석자들의 동의를 얻어 의제에 관련된 사항을 결정한다. 토의의 과정을 포함하면서 다수결의 원칙에 따라 의사를 결정하는 과정을 첨가한 것이다.

회의에서 의장, 서기, 회계 등이 회의를 효율적으로 진행하는 책임을 진다. 의장은 회의의 질서를 유지하고 회원들의 견해가 찬성과 반대로 갈라질 때와 토론으로 들어갈 때 표결을 실시한다. 의장은 대리를 지명하거나 의장 서리가 취임한 뒤에만 회원의 자격으로 말할 수 있다. 서기는 회의록을 작성하고 간직하며 보존하는 역할을 한다. 회계는 단체의 재정을 담당하는데, 회비를 징수하고 영수증을 발부하며 청구액을 지불한다. 또한 일정 회계기간의 결산, 보고서나 예산집행 보고서를 작성한다. 한편 회의 참가자는 발언권을 얻었을 때 회의 절차와 규칙을 준수하면서 정당한 동의와 설명 또는 논박을 할 수 있다.

회의 진행 순서는 다음과 같다.

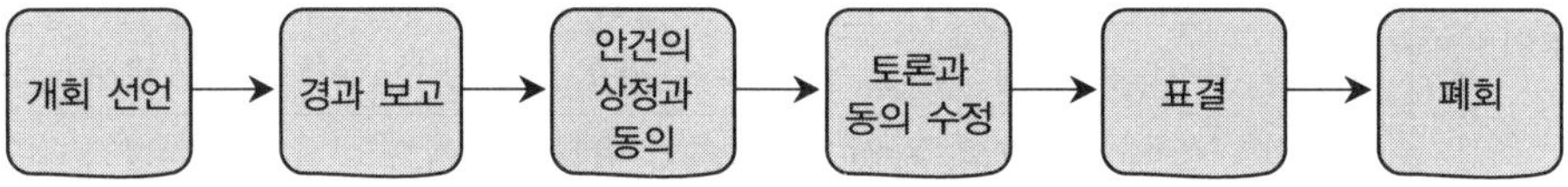

[그림 7-6] 회의 진행 순서

2) 화법의 실제

말하기와 듣기

화법은 말하기와 듣기에서부터 시작된다. 무엇을 어떻게 말하고 잘 듣는가에 따라 화법의 목적 달성에 차이가 나기 때문이다. 따라서 말하기 과정을 살펴보며 화법의 기본을 익힐 수 있다.

말하기의 과정을 살펴보자.

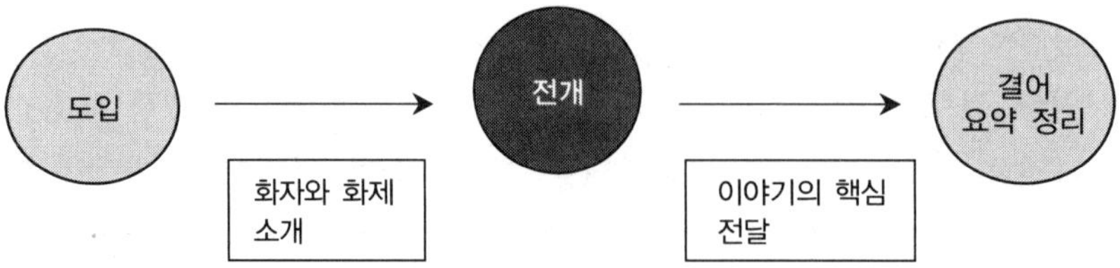

[그림 7-7] 말하기의 과정

먼저 도입 단계에서 화자 자신과 화제를 소개한다. 짤막한 유머나 에피소드 등을 통해 주의를 집중시키는 것이 효과적이다. 화자는 친근하고 우호적인 분위기를 조성하여 자신의 언어 행위에 대한 청중들의 암묵적인 수용 의사를 확인한다.

이때 화자는 청중들을 전체적으로 한 번 훑어본 뒤 바른 자세를 갖추어 45도 각도로 정중하고 천천히 인사를 한다. 청자들이 관심을 가질 만한 뉴스나, 일화의 제시나 유머를 이야기하거나, 청자들이 누구나 공통으로 인상 깊이 아는 것부터 말하고, 중대 뉴스와 현장 사태에 대해서 언급하거나 권위자의 말을 인용한다. 수사학적인 질문을 하고, 시각에 호소하거나 화자의 개인적 사정을 말할 수도 있으므로 역사적 사건과 관련된 이야기를 할 수도 있다.

화제를 소개할 때는 청중에게 화제 자체를 소개하거나 화제를 선정한 이유나 경위 등을 간단히 알려준다. 그리하여 청중의 주의와 기대, 흥미를 모으도록 한다. 이어서 화제에 대한 주의사항, 즉 용어의 정의, 화제 범위의 한정 등에 대해 일러준다.

다음으로 전개 단계에서는 청중에게 이야기의 핵심을 전달한다. 효과적인 전개를 위해 예시, 사실, 권위자의 인용, 실화, 감상, 일화 등을 동원해 상술하고 여러 가지 논거와 반증 등을 통해 이야기를 전개한다. 주제 제시에서 주제를 명백히 하고, 주제에 관계 있는 극적 사건이나 주목할 이야기를 한다. 주제와 화자 자신의 관련성은 물론, 주제와 주장을 여러 각도로 이야기하여 청중이 기대감을 갖게 한다. 이야기하는 과정에서 설명과 예시, 사실, 통계, 개괄 등을 사용하여 논증하거나 권위자의 학설, 의견, 일반이 정당하게 보는 사조 등을 근거로 말한다. 사례는 특수하고 구체적인 것일수록 좋으며, 유추를 사용하여 논증하는 것도 좋다. 다만 논리정연하게 이야기를 전개하도록 하고, 이성적 · 정서적 반응을 이끌 수 있는 삽화를 사용하면 더욱 효과적일 수 있다.

결어 단계에서는 본론을 요약하거나 주제를 강하게 각인시키거나 여운을 남겨 이야기의 효과를 최대화한다. 주요 논점들을 요약, 정리해 주며, 전개 단계에서 사용한 표현 방법과 다른 방법을 사용하여 정서적 반응 혹은 의지적 반응이 일어나게 청중들의 심정에 강하게 호소한다. 필요에 따라서는 최후의 열변을 토할 수도 있다. 이와 함께 결론에 일치되는 일화나 전망을 내놓는 것도 좋다.

이러한 말하기 과정 속에서 청자는 어떻게 반응해야 하는가? 청자는 어떤 자세로 경청해야 하는가?

'듣다'는 감각적 차원의 '귀를 통해 소리를 느끼다', 인식과 수용 차원의 '칭찬이나 꾸중을 듣다', '이르거나 시키는 말에 잘 따르다', '부탁이나 요청을 받아들이거나 허락하다' 등으로 이해된다. 즉 듣기란 청각적인 문제이면서 감각적 자극의 결과 인식 행위와 수용 자세를 포함한다. 그러므로 '말을 잘 듣는다'는 것을 '수용을 잘 한다. 그리고 그 결과에 따라 그렇게 실천을 한다'는 것을 의미한다.

듣기

문(聞) = hearing / 청(聽) = listening
(물리적 행위) (의식적 행위)

'잘 듣기' 즉 '경청(傾聽)'을 잘하기 위해서는 첫째, 정확하게 듣는 태도가 필요하다. 화자의 언어적 표현을 정확하게 들어야 하므로 화자의 단어 발음이나 어휘 사용이 전체의 맥락을 달라지게 할 수 있다. 둘째, 이해하며 듣도록 한다. 화법 상황을 제대로 이해하면서 들어야 한다. 셋째, 비판적으로 들으려고 노력한다. 화자의 의도를 정확하게 듣고 올바로 이해한 다음 들은 내용에 대해 비판적으로 수용해야 한다.

실천은 인식의 문제이며 우리의 인식은 '듣는 것'으로부터 시작한다. 무엇을 어떻게 듣느냐에 따라 인생도 달라질 수 있다. 들어야 할 정보의 양이 엄청나게 증대되고 있는 오늘날, 우리는 듣기의 중요성을 다시금 확인할 수 있다. 즉 시간과 공간의 경계가 없는 인터넷과 뉴미디어들 속에서 지식과 정보가 매일 수없이 많이 전달된다. 이제는 읽는 행위보다 보고 듣는 행위가 중시되고 있는 것이 현실이다. 학생들의 경우 하루 일과의 대부분을 강의 듣는 일로 보낸다. 언어 행위의 절반 이상을 매스미디어나 대면하여 듣기가 차지하고 있다.

듣기를 통해 화자에 의한 일방적 말하기에서 쌍방적 말하기로 이어진다. 화자와 청자가 서로 역할을 바꾸어 가며 대화를 이어가기 때문이다. 또한 화자가 하는 말에 대해 청자는 반응을 보이게 된다. 그 반응의 결과에 따라 대화의 질이 달라진다.

TIP

듣고 싶지 않아도 귀에 '들린다', 의지를 가지고 '듣는다', 의지를 가지고 주의해서 '귀담아 듣는다', 의지를 가지고 주의 집중해서 '경청(傾聽)하다', 화자에게 답을 요구하며 적극적으로 '심문(審問)하다'

그렇다면 어떻게 하면 효과적인 듣기가 가능할까?

이를 위해서는 먼저 화자가 말하는 내용에 대해 생각하면서 시간을 효과적으로 사용해야 한다. 화자가 다음에 무엇을 이야기할 것인지 생각해 보고, 화자의 말을 요약하면서 중심내용을 파악한다. 그런 다음 화자가 내놓는 증거를 식별해 보라. 근거가 믿을 만한지, 완전한지, 타당한지 스스로 물어보며 말이다. 여기서 화자의 본뜻을 해석하기 위해서는 감수성과 참을성을 동원하며 행간을 읽어야 한다.

사실 듣기는 감정의 영향을 받는다. 따라서 감정의 평정을 유지하고, 주의가 산만해지는 것을 피하려고 노력해야 한다. 주의가 산만해지는 요인으로 자신의 다른 생각과 소음,

주위사람들의 태도, 실내온도 등의 외적 환경 요인, 화자의 억양, 말투, 옷차림, 인상 등을 들 수 있다.

화법을 위한 준비

❶ 개요 작성

우리가 글쓰기를 할 때 개요를 짜서 잘 짜여진 글을 쓰려고 하듯이, 말을 잘하기 위해서도 개요 짜기가 필요하다. 건축의 설계도와 같은 개요를 통해 잘 짜여진 대화를 해나간다면 주제 전달의 효과도 높아질 것이기 때문이다. 개요 작성에서 구성은 시간 순서, 공간 순서, 원인과 결과의 순서, 문제와 해결의 순서, 열거식, 논리적 구성 등으로 구분해 볼 수 있다.

- 주제를 설정하고 한정한다. 일반적인 화제를 글로 표현해 본다. 화법의 목적, 제한 시간, 청중 및 정황에 대해서 생각해 본다. 위의 제한 사항에 알맞게 화제를 다시 진술한다.

화제 : 환경오염
주제의 한정 : 환경오염의 문제와 해결책

- 다음 순서대로 개략적인 개요를 작성한다. 주요 요점들을 대략적인 형태로 열거해 보면서 체계를 잡아가며 재배열한다. 이때 각각의 주요 요점에다 보조 요점들을 삽입해 배열한다. 각 요점에 관련되는 자료들을 적어 넣는다. 그런 다음 개요를 검토한다.

[표 7-3] 주요 요점과 보조 요점

주요 요점	보조 요점
1. 환경오염의 실태는 어떤가?	토양, 대기, 수질, 기타
2. 주된 원인들은 무엇인가?	인적 요인(인식, 행위), 정부 정책 요인, 기타
3. 오염에 대한 해결책들은 어떤 것이 있나?	개인, 시민단체, 정부

- 개요를 최종 형태로 고쳐 만든다. 주요 요점을 간결하고, 생생하고, 동기화된 동질적인 구조의 문장으로 다시 표현한다. 그리고 보조 요점들을 완전한 문장으로 기술한다. 동등한 위상의 내용인가, 주요 요점의 하위에 속하는가를 점검한다.

[표 7-4] 보조 요점의 기술

주요 요점들	보조 요점들
1. 환경오염의 현황	1) 대기오염
	2) 수질오염
	3) 토양오염
	4) 기타
2. 환경오염의 원인	1) 인식 차원
	2) 물질만능주의
	3) 실천문제
3. 환경오염의 해결책	1) 개인 차원
	2) 시민단체 차원
	3) 정부 차원

다음으로는 각각의 요점들을 뒷받침하는 자료를 채워 넣는다. 적절하게 뒷받침하는가, 충분하게 뒷받침하는가를 점검한다. 그리고 전체 개요를 다시 점검한다. 개요의 형태가 잘 되어 있는가, 주제를 포괄하고 있는가, 목적을 달성하고 있는가를 자세히 살펴보아야 한다.

전체 개요 예시: 환경오염의 문제와 해결책

1. 도입부
2. 전개부
   1) 환경오염의 현황
      (1) 대기오염
      (2) 수질오염
      (3) 토양오염
      (4) 기타
   2) 환경오염의 원인
      (1) 인식 차원
      (2) 물질만능주의
      (3) 실천문제
   3) 해결 방안
      (1) 정부 차원 - 홍보, 규제(공장, 산업체)
      (2) 민간 차원
      (3) 개인
3. 종결부

❷ 화법 원고의 작성

대중 앞에서 공식적 말하기를 할 경우 화법 계획과 준비를 하는 것이 좋다. 그리고 이를 원고로 작성하여 연습한다면 효과적인 화법을 구사할 수 있을 것이다. 환담이나 친교를 위한 화법은 간단하고 의례적인 말하기인 만큼 구상을 해서 간단히 메모하거나 기억에 의존해 말하기를 하면 된다. 하지만 강의나 연설 등은 상당량의 분량과 시간을 요하는 화법이 필요하므로 반드시 화법 원고를 작성하는 것이 좋다. 미리 원고를 작성해 봄으로써 주어진 시간 내에 소화할 수 있는 분량인지를 알 수 있고, 부족한 부분을 수정 보완할 수 있기 때문이다. 조리 있고 짜임새 있는 화법을 통해 화법의 목적을 실현할 수 있다.

먼저 화법의 목적을 고려해야 한다. 설득이 목적이라면 논리성이 강조되며, 설명이 목적이라면 전달하고자 하는 지식과 정보의 정확성에 중점을 두고, 보고가 목적이라면 사태의 경과나 경위, 현황이 중심이 되며, 환담과 친교가 목적이라면 재미와 우호적인 관계를 유지하는 데 중점을 둔다. 특히 화법 목적에 따라 말투도 달라져야 한다. 설득 화법은 낭독조나 연설조의 말투가, 설명 화법은 설명조나 대화조가, 환담과 친교 화법은 대화조나 설화조의 말투가 적절하다.

화법의 문장은 쉽고 명료하게 써야 한다. 또한 쉬운 고유어를 살려 쓰되, 뜻을 정확하게 알고 있는 단어를 위주로 쓴다. 같은 단어를 반복해서 쓰지 않는다. 특별한 의도가 있는 경우가 아니면 사투리나 비어, 속어, 은어, 유행어 등을 사용하지 않는다. 군더더기 단어나 상투적인 표현을 쓰지 않도록 한다.

화법 문장의 요건

1. 짧고 분명한 문장을 사용하는 것이 의미 전달에 도움이 된다.
2. 문장이 길다고 해서 이해하기 어렵고 비논리적인 것은 아니다. 그러나 화자도 일정한 논리를 따르기 어렵고 청자도 주의가 산만해지거나 앞에 들은 내용을 기억하기 어렵다.
3. 접속어와 지시어를 적당히 사용하면 한 문장 안에서나 문장과 문장 사이에서 뜻을 분명하게 해 주는 역할을 한다.
4. 호응관계를 정확히 한다. 주어와 서술어의 호응, 부사어와 서술어의 호응, 구조어의 호응, 높임법, 시제의 호응 등에 특히 유의해야 한다.
5. 명확한 수식어를 사용하도록 한다. 수식어가 가리키는 피수식어의 범위가 명확해야 한다.
6. 피동 표현의 남용 등 외국어식 표현을 삼간다.

3) 화법 연습

말을 잘하기 위해서는 화법 활용의 사전 준비도 필요하지만 이에 대한 연습이 무엇보다 중요하다. 물론 일찍 시작하는 것이 좋다. 충분한 시간을 두고 사전 연습을 하여 이야기 내용은 물론 음성 표현을 완전히 소화할 수 있도록 한다. 실제 청중을 향해 말하듯 일어나서 크게 소리내어 연습한다. 이때 열의와 동작 등의 변화에 유념하면서 연습한다.

연습도 실제와는 다르다. 다양한 화법 양식을 구사하여 연습해 보면서 적절한 화법을 찾아본다. 화법을 잘 활용하기 위해서는 화법 원고를 반드시 만들어 두는 것이 좋다. 즉흥적 말하기 외에는 암기식 말하기, 메모를 들고 말하는 방법, 원고를 보며 말하는 방법 등이다. 원고 여백에다 끊어 읽기와 위치를 표시하거나 강조할 부분, 특별한 제스처가 필요한 부분 등에 나름대로 표시를 하면서 연습한다.

토론과 화법 연습 1.

2007년 인기리에 방영된 〈커피프린스 1호점〉에서 극중 주요 인물들의 개성적인 화법의 특징을 살펴보고, 이를 인물들 각각의 성격과 관련하여 생각해 보라.

극중 인물	구분	비교 내용
고은찬	화법적 특징	
	화법적 특징과 인물의 성격	
최한결	화법적 특징	
	화법적 특징과 인물의 성격	
최한성	화법적 특징	
	화법적 특징과 인물의 성격	
한유주	화법적 특징	
	화법적 특징과 인물의 성격	
홍사장	화법적 특징	
	화법적 특징과 인물의 성격	
진하림	화법적 특징	
	화법적 특징과 인물의 성격	
노선기	화법적 특징	
	화법적 특징과 인물의 성격	
황민엽	화법적 특징	
	화법적 특징과 인물의 성격	

토론과 화법 연습 2.

토론 논제로 적합한 쟁점들을 찾아보고, 가장 관심 있는 논제를 대상으로 토론 개요의 도입 부분을 만들어 보라.

쟁점들: 대학 영어수업 확대, 인터넷 악성 댓글, 〈디워〉를 둘러싼 논란, 한미 FTA의 득과 실 등등

도입

(명제를 진술한다) "분명한 것은 ______________________________________"

1. 토론의 정당화(토론의 이유)
   1)
   2)
   3) (기타 등등)
2. 질문의 유래
   1)
   2)
   3) (기타 등등)
3. 토론의 여지가 있는 용어의 정의
   1)
   2)
   3) (기타 등등)
4. 보류된 논점들
5. 명백한 문제들
6. 토론의 주요 논점

1) 찬성	2) 반대
(1)	(1)
①	①
②	②
(2) (기타 등등)	(2) (기타 등등)

토론과 화법 연습 3.

최근 방영된 드라마 중에서 관심 있는 대본을 하나 찾아보라. 그리고 일부를 발췌하여 대화 전개면에서 화자와 청자가 서로 역할을 바꾸는 지점을 찾아보고, 그것의 대화적 특징과 극적 재미에 대해 조원들과 의견을 나눈 후 이를 정리해 보라.

8장 취업 논술과 구술면접

1. 취업 논술 작성하기

취업 논술의 개념

현대사회는 과거와는 달리 예측할 수 없는 다양한 갈등상황이 빈번히 발생하고 있으며 이에 따라 적절한 대응을 하지 못했을 때는 갈등이 심화되거나 난관에 봉착하게 된다. 이는 개인에게도 적용할 수 있는 상황인데, 고도의 과학 기술의 발달과 문명의 진화는 인간의 삶을 풍요롭고 편리하게 바꾸어 놓았지만, 사람 사이의 소통은 오히려 어려운 지경에 이르렀다. 이에 따라 사람 사이의 문제는 물론 집단 사이의 갈등을 해소하기 위해서는 무엇보다 의사소통 능력이 필수적이다.

의사소통과 논술이 무슨 관계인가 하고 반문할 수 있다. 넓은 의미로, 논술이란 출제자의 의도를 읽고, 서로 소통하는 가운데 자신의 주장을 상대방에게 설득하는 과정이라는 것을 전제로 한다면 결국 논술은 논제를 매개로 한 출제자와 지원자, 그들을 포함하고 있는 사회와의 소통과정이라고 볼 수 있다. 그러므로 집단 내에서 발생할 수 있는 다양한 문제를 통해 지원자가 우리 집단에 적합한 인재인가를 확인한다. 이때 확인할 수 있는 사항은 지원자의 지적 수준, 사회를 바라보는 관점, 창의적 문제해결 능력, 논리적 사고력 등을 본다.

논술이란 주어진 과제에 대하여 객관적이고 타당한 논리적 근거를 바탕으로 자기가 주장하는 바를 언어로 서술하는 글쓰기이다. 이를 수행하기 위해서는 문제를 발견하고, 논리적 사고를 바탕으로 발견한 문제를 해결할 수 있어야 한다. 즉, 문제의 해결은 합리적인 근거와 종합적인 검토에 의해 빈틈없이 처리되어야 하며, 이러한 과정은 글쓰기의 원리에 따라 언어로 표현되어야 한다.

취업 논술의 목적 및 필요성

논술이란 주어진 문제에 대해 자기 나름의 견해나 주장을 내세운 다음, 객관적이고 합리적인 근거를 제시하여 자기 견해의 정당성을 입증하는 글쓰기이다. 이때 자신이 알고 있는 지식과 정보를 활용하여 문제를 발견하고 종합적, 논리적 사고를 통해 문제를 해결해 가는 과정이 글로 드러난다. 배경 지식이 풍부하고 다양한 경험과 사고를 통해 비판적 사고 능력이 형성된 사람이 논술을 잘할 수는 있어도 문장 표현이나 글쓰기 능력만 가지고는 논술을 잘할 수는 없다.

쓰기 범주의 일부로서 논술은 어떤 문제에 대해서 의견이나 주장을 합리적이고 타당한 근거를 바탕으로 하여 다른 사람들을 논리적으로 설득한다. 또한 여기에는 논리적인 사고가 반드시 바탕이 되어야 한다.

논술은 정리되지 않은 사물이나 현상에 대한 합리적 분석력, 사고력, 창의력, 언어 표현력 등을 평가하기 위한 시험 형식의 글이다. 좋은 논술을 위해서는 인간의 삶에 대한 올바르고 폭넓은 이해가 필요하며, 체험과 지식의 축적이 중요하다. 시사적인 문제에서 생각거리를 찾고 독서를 통하여 이를 자기 것으로 만드는 것이 매우 중요하다.

필기시험은 일반상식을 묻는 시험에서부터 영어, 전공시험, 논술, 인성·적성검사까지 그 종류가 다양하다. 지원자들이 가장 어려워하는 것은 단연 논술시험. 일반논술과 직무논술로 나누어 출제되는 것이 일반적이다.

일반논술에서는 시사와 일반교양에 대한 문제가, 직무논술에서는 지원분야와 관련된 문제가 주로 등장한다. 직무논술은 기본지식을 갖추고 있어야만 작성이 가능한 문제가 출제되기 때문에 최신 시사와 전공분야를 연계해서 생각하는 연습이 필요하다.

보통 한 문제당 60분의 시간이 주어지는데 A4용지로 2장(원고지 1,000자) 내외의 분량을 써내야 한다. 정해진 시간 동안 자신의 의견을 논리적으로 전개하기 위해서는 평소 꾸준히 글쓰는 연습을 하는 것이 중요하다. 단기간에 논술을 완벽하게 준비하기란 어려운 일이다. 평소 자신의 생각을 정리해 서론·본론·결론의 구성에 맞춰 작성해 보자. 원고지 사용법과 맞춤법 등을 습득해 두는 것은 기본이다. 희망하는 기업의 성격을 파악해 두는 것도 필수다. 기업마다 논술 유형이 다양하고, 출제 경향이 다르므로 기출문제를 참고하는 것이 좋다.

논술 준비를 위해 가장 많이 권장되는 방법은 신문읽기이다. 논술시험의 단골 주제로 꼽히는 정치, 경제, 교양, 문학 등의 상식을 쌓기 위해서는 신문을 매일 읽도록 하자. 특히 신문 사설과 다양한 칼럼을 계속 접하다 보면 논리적인 글의 구성을 익힐 수 있다. 다만 같은 사항에 대해서도 각 신문마다 의견이 다를 수 있으므로 특정 신문을 고집하기보다 다양하게 접해 볼 필요가 있다.

최근 시사에 관련된 논술문을 실제로 작성해 보고 신문 사설과 비교·분석해 보는 것도 또 하나의 방법이다. 시중에 판매되고 있는 기본 상식 책을 2~3회 정도 정독하는 것도 도움이 된다. 또한 평소에 TV시사프로그램을 즐겨보는 것도 좋은 방법이다. 논술시험을 위해서는 평소 사회 이슈에 관심을 갖고 원인과 경과를 깊이 생각해 보라. 문제를 위한 문제가 아니라 우리 삶의 일부로서 평소부터 관심을 갖는다면 굳이 따로 대비하지 않아도 된다.

최근에 기업에서 인재를 선발하는 방법으로 인성·적성검사를 하는 곳이 늘었다. 이들 기업은 시험을 통해 지원자가 업무에 적합한 인물인가, 원만한 대인관계를 형성할 수 있는가를 평가하여 조직생활에 적당한지를 검증하고 있다. 대부분의 대기업에서는 이미 오래전부터 자체 시행하고 있다. 공기업, 중견기업에서도 자체 혹은 대행으로 검사를 실시할 뿐만 아니라 검사결과만을 요구하는 기업들도 하나, 둘 생겨나는 추세다. 기업에 따라서는 인성·적성검사의 결과가 합격의 당락을 좌우하기도 한다. 하지만 아직까지는 대부분의 기업들이 지원자의 인성과 대인관계를 평가하는 참고자료 정도로 활용하는 경우가 더 많다.

기업에서는 점점 채용에 앞서 인재가 조직 내에서 원만한 대인관계를 형성할 수 있는가, 감정조절 능력이 있는가, 기업 문화에 적합한 인물인가, 지원 분야에 적합한 기본 소양을 갖추고 있는가 등을 평가하고자 하기 때문에 인성·적성검사의 중요성은 커질 것이다. 검사결과는 채용 후 적합한 업무부서로 배치하는 데 참고하기도 한다.

지원자의 인성과 업무능력 관련시험으로는 인성·적성검사, 직무수행능력평가, 직업적성검사, 직무적성검사 등 그 종류도 여러 가지다. 기업에서 검사 도구를 자체 개발하기도 하지만 인성·적성검사를 실시하는 채용포털사이트나 전문업체도 늘고 있다. 기업마다 출제유형이나 방식이 다른 만큼 자신이 희망하는 기업과 지원 분야에 대한 지식을 정확하고 구체적으로 알고 있어야만 다양한 검사도구에 대비할 수 있을 것이다.

인성·적성검사는 적게는 100문항에서 많게는 400문항 이상까지 제시되는데, 다른 필기시험과 마찬가지로 시간이 제한되어 있다. 대략 3시간 동안 300문항 정도를 풀어야 하고 문제 자체도 생소하다. 문항 수를 고려해 적절히 시간 배분을 하는 것이 관건이다. 보통 언어능력, 수리능력, 사회상식, 직무수행 능력 등으로 나뉘어 평가된다. 시중에 모의고사 문제집이나 관련 책자가 판매될 정도로 관련 정보는 찾기 쉽다. 취업 관련 온라인 카페나 스터디 모임, 해당 기업 홈페이지 등에서 기출문제를 구하는 것도 가능하다. 경험이 없는 구직자들은 한번쯤 풀어 보고 유형을 익혀 시험에 대비해야 한다.

인성·적성검사에서는 여러 문제를 통해 같은 능력을 평가하는 크로스 체크 방식이 사용된다. 자신의 긍정적인 면만을 보이기 위해 순간순간 다른 답변을 체크하면 신뢰도에서 타당성이 떨어질 수도 있다는 것을 명심하자. 가장 좋은 점수를 받는 방법은 자신에 대해 솔직하고 일관된 답변을 하는 것이다.

취업 논술의 유형 및 작성방법

취업 논술의 논제는 입시 논술의 유형과 크게 다르지 않다. 논술 형태의 시험을 통해 확인하고자 하는 부분과 다루는 문제는 우리의 현실과 맞닿아 있기 때문이다. 논술의 논제는 시사적인 것과 철학적인 것, 특정 사안에 대한 자신의 견해를 묻는 것 등이 있다. 논술의 논제를 정확히 파악하는 것이 논술 쓰기의 첫 단계이다. 이 말은 출제위원이 왜 이러한 문제를 냈는지, 무엇을 묻고 있는지의 의도를 파악할 수 있어야 한다는 것이다. 의도가 파악되면 문제에 따라 답안을 작성하는 방법을 전략적으로 접근해야 한다. 유사해 보이는 문제도 구체적으로 답하라는 요구사항에 맞게 답안을 작성해야 한다. 논술의 답안 작성방법은 크게 6가지로 유형화할 수 있다. 각 유형에 따라 답안 작성에서 중점을 두어야 할 부분에 차이가 난다. 기출문제를 통해 작성방법을 알아보면 다음과 같다.

❶ 특성 분석형

> 광복 이후 60년간 급격히 사회가 변화되면서 세대별 격차가 많이 발생하게 되었다. 이에 따른 각 세대별 특성을 설명하고 세대 차이를 극복하여 세대 간 조화를 이룰 수 있는 방안에 대해 논하라.
> (발전회사 기출문제)

이 유형은 제시된 대상의 특성이나 문제점 등을 밝히는 것이다. 특성을 분석할 때는 긍정적인 측면과 부정적인 측면으로 나누어 다양한 요소를 찾아낸다. '~의 특성을 밝히고, 자신의 견해를 논술하라, ~이 시사하는 바를 밝히고, 자신의 견해를 논술하라.'는 문제 유형을 보인다. 이 유형의 개요 작성은 논제에 드러난 대상에 대한 특성을 정확하게 파악할 수 있어야 그에 따른 자신의 주장을 확실하게 펼 수 있다.

개요 작성

서론 – 논제 제시
- ① 대상의 확인
- ② 논제 제시

본론 – 대상의 특성 분석
- ① 긍정적 특성
- ② 부정적 특성
- ③ 대상에 대한 견해

결론
- ① 요약
- ② 제언

② 비교・대조형(장・단점 분석형)

> 한국전력의 일반 사기업에 대한 차별성은 무엇이며, 그것이 한국전력의 사회적 책임에 어떠한 영향을 미치고, 사회적 책임을 높이기 위한 구체적인 아이디어는 무엇이 있는지 서술하시오.
> (한국전력 기출문제)

이 유형은 둘 또는 그 이상의 대상들을 여러 각도에서 분석하여 그 장・단점을 비교・대조하는 것이다. 그런데 이 유형의 문제에서는 단순히 그 특성을 비교・대조하는 데 그치지 않고 한 걸음 더 나아가 극복 방안이나 해결 방안 또는 이상적인 상태에 관해서도 논할 것을 요구하는 경우도 있다. '~와 ~을(를) 비교하라, ~와 ~의 차이점을 분석하라, ~의 장・단점을 분석하라'는 식의 문제로 출제된다. 이 유형의 문제는 비교대상이 되는 A와 B의 가장 핵심적인 특성 중심으로 비교하라. 장・단점을 통해 제3의 제안을 도출할 수 있어야 한다.

개요 작성

서론 – 문제 제기
- ① 현실의 실태 또는 문제점 제시
- ② 대상의 개념 파악
- ③ 논제 제시

본론 – 두 대상(A・B)의 비교・대조
- ① 비교・대조의 기준 설정
- ② A의 특징(장・단점)
- ③ B의 특징(장・단점)

결론
- ① 요약
- ② 제언, 전망

③ 원인 분석형

> 투명경영에 대한 사회적 요구와 압력이 증가하는 원인에 대해 설명하시오.

이 유형은 제시된 문제 상황의 원인이나 이유를 밝히는 것이다. 이때에는 제시된 문제와 관련되는 다양한 요소를 빠짐없이 찾아 분석한다. '~의 원인을 분석하라, ~의 이유에 대해 논술하라'는 식의 문제가 이 유형에 속한다. 원인 분석을 단편적으로 하지 말고 다각도로 접근하여 근본적인 원인을 찾아내어 밝혀야 한다. 주어진 문제나 현상에 대해 사회학적, 문화적, 경제적 상황 등을 고려해서 원인을 탐색한다면 보다 근본적인 원인을 찾을 수 있을 것이다. 이때 주의해야 할 점은 드러난 현상에 집중하지 말고, 현상의 원인을 깊이 있게 탐색하는 것이다.

개요 작성

서론 – 논제 제시

① 과제의 실상

② 논제 제시

본론 – 원인 분석

① 원인 1 분석

② 원인 2 분석

결론

① 요약

② 제언

④ 영향 예측형

> 현대사회는 다양한 미디어에 의해 영향을 받으며 생활한다. 이 중 UCC가 미래 미디어에 미칠 영향에 대해 자신의 견해를 밝히시오.

이 유형은 어떤 요인 때문에 일어나게 될 결과, 즉 그 요인이 끼치게 될 영향을 예측하는 것이다. 이때에는 긍정적인 영향과 부정적인 영향으로 나누어 예측하고, 부정적인 영향에 대해서는 그 대책을 제시한다. '~의 영향에 대해 서술하라, ~의 부정적 영향을 쓰고 그 대책을 밝혀라' 등으로 문제가 출제된다. 이때 중요한 것이 현재 상황을 토대로 예측할 수 있는 추론 능력이다. 현재 상황을 정확하게 진단해야만 미래를 예측할 수 있고, 그에 따른 대책을 강구할 수 있다. 그러므로 예측하라고 해서 막연히 핑크빛 전망을 하는 것은 금물이다. 여기에서 중요한 것은 미래를 정확하게 예측할 수 있는 지식과 정보를 얼마나 많이 확보하고 있는가가 관건이다.

개요 작성

서론 – 문제 제기

① 영향 요인의 위상 확인

② 논제 제시

본론(1) – 긍정적 영향 예측

① 문제적 상황

② 문제 해결 가능성

본론(2) – 부정적 영향 예측

① 문제적 상황

② 문제 악화 가능성

결론

① 요약

② 제언

❺ 논박 · 옹호 / 제3 의견 제시형

환경보호운동 목적으로 개발을 제한해야 한다는 입장과, 개인의 행복추구권과 사유재산 보호의 차원에서 재산권 행사를 허용해야 한다는 입장이 팽팽히 맞서고 있다. 이 두 입장 중 하나를 선택하여 자기주장을 써라.

이 유형은 두 의견이 제시된 상태에서 대립하는 의견을 반박하거나, 어느 한쪽의 관점을 택하여 그것을 옹호하거나, 대립하는 의견을 반박하는 동시에 자기의 관점을 옹호하는 것이다. 두 의견을 모두 비판하고 제3의 의견을 제시하는 경우도 있다.

논박하는 방법은 상대방의 논거의 허점을 찾아 지적하거나, 가치 있는 논거를 제시하여 자신의 주장을 옹호하는 방법이 있다. 제3의 의견을 제시하는 경우 이것도 옳고, 저것도 옳다거나, 이도 저도 그르다는 양비론, 양시론은 금물이다. 이 유형의 문제의 핵심은 양측이 팽팽히 맞서고 있다는 점이다. 그렇다면 어느 한쪽이 일방적으로 옳거나 틀린 것이라고 말할 수 없다. 다만 절차에 따라 가장 합리적인 대안을 제시하면 된다. 문제를 해결하는 방안은 창의적인 아이디어에 따라 달라질 수 있다.

이 유형의 문제는 '~두 주장 중 하나를 선택하여 자기주장을 써라, ~에 대해 논박하라, ~을 비판하라, ~두 주장 중 하나를 선택하거나 제3의 견해를 개진하라'는 식으로 나온다. 논박 · 옹호형 문제는 자기의 주장을 정확하게 밝혀야 무엇에 대해 비판을 할 것인지, 내 주장의 타당성을 논거를 통해 납득시킬 수 있어야 한다. 그러므로 논거를 제시하는

데 더욱 신중해야 한다. 상대방을 설득할 수 있어야 하고 자기주장에 확실한 증거가 될 수 있어야 한다.

개요 작성

서론 – 문제 제기

① 사건의 개요 제시

② 자신의 입장 제시

본론 – 상대방의 주장과 나의 주장 분석

① 상대의 주장과 근거와 그에 대한 비판

② 나의 주장과 근거

③ 문제 해결 방안

결론

① 요약

② 전망

❻ 이상 제시형

> 21세기는 인류가 이전에 경험하지 못한 사회적 변동이 심화될 것이라고 한다. 그것에 비추어 21세기 우리 교육이 나아가야 할 방향을 논술하시오.

이 유형은 우리의 삶이나 사회 속에서 문제가 되는 상황을 살피고 그보다 더 바람직한 상태는 어떤 것인가를 논하는 것이다. 단순하게 주장만을 내세울 것이 아니라 그 주장을 뒷받침하는 근거를 꼭 제시하여야 한다. 지향점을 제시한다고 해서 무조건 잘 될 것이라는 낙관은 위험하다. 예상되는 어려움을 고려하여 그 극복대안이 될 수 있는 제안을 할 수 있어야 한다. 이 유형은 '~의 바람직한 방향을 제시하라, ~의 지향해야 할 바를 논술하라'는 식으로 출제된다. 이 유형의 문제를 잘 해결하기 위해서는 현재의 상황을 정확하게 파악하고 있어야 한다. 또한 문제에서 제시되는 분야에 대한 풍부한 지식이 토대가 되어야 한다. 이를 위해 평소 전문 분야는 물론 폭넓은 지식과 정보를 습득해야 한다.

개요 작성

서론 – 문제 제기

① 실태 또는 문제점 제시

② 논제 제시

본론(1) – 문제 상황 제시
① 문제 상황 확인
② 문제 상황의 부정적 측면
본론(2) – 바람직한 방향 제시
① 개인적 측면
② 사회적 측면
결론
① 요약, 강조

논술의 작성과정

1단계	논제 분석	논의의 핵심이 무엇인지 파악하는 것으로 무엇에 대해 어떤 방식으로 논술할 것인지 방향을 잡는다.
2단계	주제문 작성	주제란 '논의하고자 하는 중심 문제'로 범위를 한정시켜 정한다. 주제문은 문장의 형태로 진술한다.
3단계	자료의 수집과 정리	자기 머릿속에 있는 배경지식 가운데 주제와 관련된 지식, 경험, 시사 상식 등을 떠올리며 정리한다.
4단계	개요작성	글을 쓰기 전에 그 내용을 도식화하여 적어 본다. 이때 문장의 형태로 자세히 기술하면 실제 글쓰기를 할 때 글의 논지와 일관성을 유지하는 데 도움이 된다.
5단계	집필	실제 자기의 생각을 정리하여 글쓰기를 한다. 이때 논리적 전개와 창의적 기술을 염두에 두어야 한다.
6단계	퇴고	다 쓴 글은 부족한 부분은 없는지, 순서를 바꿔야 하는 부분은 없는지, 불필요한 부분은 없는지 확인하고 마무리한다.

논술 평가 기준

논술시험에서 좋은 평가를 받기 위해서는 평가의 기준을 먼저 알고 있어야 한다. 논술은 자기주장을 일정한 순서에 따라 전개하되, 글 전체의 내용이 일관되어야 하고, 내용 연결이 자연스러워야 한다. 특히 내용 전개에서 논리의 비약이나 중복된 내용이 없어야 한다. 글의 내용은 상식적이거나 상투적이지 않고, 문제에 대해 자기 나름의 독창적이고 참신한 내용의 전개가 필요하다.

논술은 삶의 본질과 현상에 대한 자신의 사고력, 판단력, 분별력, 문제 해결력을 확인하는 작업이다. 이를 확인하는 과정은 논리적이되 비약해서는 안 된다. 논술의 평가 기준을 구체적인 항목별로 살펴보면 다음과 같다.

정확성	자료의 정확성	추측을 사실이라고 하지 않았는가? 불확실한 것을 확실한 것처럼 다루지는 않았는가?
	논리의 정확성	인용이 정확하고 출처를 분명히 밝혔는가? 부분적인 사실을 성급하게 일반화하지는 않았는가? 논리에 호소해야 하는데 감정에 치우치지는 않았는가? 충분한 근거 없이 주장만 내세우지 않았는가? 인과관계가 적절한가? 단락은 체계적으로 구성되었는가?
	관점의 정확성	특수한 관점을 보편적으로 보고 있는 것이 아닌가? 부분과 전체의 관계를 정확하게 보고 있는가? 편견에서 벗어나 중립을 지키고 있는가?
	표현의 정확성	문장이 문법적으로 맞는가? 맞춤법, 띄어쓰기가 맞는가? 문장 부호나 원고지 쓰는 방법이 옳은가? 속담이나 속어 표현이 정확한가? 지시어, 접속어를 올바로 쓰고 있는가? 어휘는 정확하게 골라 쓰고 있는가? 지시한 대로 원고량을 지켜 썼는가?
적절성	과정의 적절성	충분한 논거를 사용하였는가? 정당한 논리를 전개하였는가? 필연적인 과정을 통해 결론을 끄집어냈는가?
	내용의 적절성	글쓰는 목적에 맞는 내용을 알맞은 형식으로 진술했는가? 문제 상황이나 글쓴이의 견해 등을 적절하게 선정했는가?
	표현의 유기성	한 주제에 수렴하는 내용을 서론, 본론, 결론 단계별로 맞추어 썼는가? 간결하고 명료하게 표현했는가? 진지한 자세로 단조롭지 않게 표현했는가?
	해결의 완결성	신빙성 있는 정보로서 가치 있는 내용을 다루었는가? 독자가 충분히 이해할 수 있도록 문제를 해결하고 있는가?
타당성	합리성	이치에 맞는 내용을 다루었는가?
	사실성	사실과 의견을 구별하여 진실하게 표현하였는가?
	윤리성	진술 내용이 보편적인 윤리에 맞는가?
	보편성	글의 내용이 독자가 수용할 수 있는 것인가?
논리의 일관성	논의의 자연스러움과 일관성	서론, 본론, 결론의 짜임을 갖추고 있는가?
		논리를 체계적으로 전개하고 있는가?
		전체 내용이 일관된 방향으로 전개되고 있는가?
		단락과 단락, 문장과 문장의 연결이 자연스러운가?
		단락 쓰기의 원리에 맞게 단락을 쓰고 있는가?
사고와 표현력	독창성과 참신함	문제의 의도를 제대로 파악했는가? 내용, 제재, 표현 등이 상식적이고 상투적인가, 아니면 독창적이고 참신한가? 자기 나름의 판단 기준이 뚜렷한가? 정확하고 명료한 단어를 사용하였는가, 단어의 개념을 정확하게 알고 문맥에 맞게 구사하였는가? 주술관계, 문장의 호응 등 어법에 맞고 정확한 문장인가? 간결하고 의미 전달이 명확한 문장인가? 맞춤법과 띄어쓰기는 제대로 되었는가?

논술의 평가기준을 기계적으로 대입하지 말고 각 항목에서 요구하는 바가 무엇인지 생각해 보라. 논술은 자신의 삶에 대한 통찰을 시작으로 세계에 대한 균형잡힌 비판력과 통합적 사고능력을 갖추었는가 확인하는 과정이다. 이때 자신의 생각을 얼마나 정확하고 효과적으로 표현하는가 하는 표현력을 가늠하는 것이다.

기출문제

(1) 한국전력

1) 기업의 사회적 책임(2002)

① 기업의 사회적 책임에 대한 중요성을 논하시오.

② 기업의 사회적 책임을 기업 내부와 기업 외부로 구분할 때 기업 외부 측면에서의 사회적 책임에 해당하는 내용을 설명하시오.

③ 기업의 사회적 책임을 반대하는 입장의 논거를 논하시오.

2) 투명 경영(2003)

① 투명성과 경영성과는 어떠한 관련성이 있는지에 대하여 논하시오.

② 현실적으로 한국 사회에서 투명성을 저해하는 요인들은 무엇인지에 대해 설명하시오.

③ 기업에서 경영투명성을 제고하기 위한 방안이 무엇인지에 대한 자신의 의견을 서술하시오.

3) 글로벌 경영(2006)

① 글로벌 경영의 필요성을 논하시오.

② 글로벌 경영을 위해 필요한 경쟁력은 무엇인지 설명하시오.

③ 경쟁력 확보를 위한 방안을 논하시오.

④ 공기업의 글로벌 경영 전략은 무엇인지 논하시오.

4) 부서장으로서의 권한(한전, 2006)

⇒ 내일은 회사 회식 일정이 잡혀 있는 날이다. 그런데 부서의 중요한 프로젝트를 내일까지 완수해야 한다. 일단 사원들을 강제해서라도 일을 마쳐야 하는 상황이다. 자신이 부서장의 입장이라고 가정해 보자.

① 부서장의 힘의 원천은 무엇인지 서술하고, 그 중 가장 중요한 사항을 논하시오.

② 사원들을 어떻게 하면 효율적으로 설득시킬 수 있는지 논하시오.

③ 수평적 조직을 기반으로 했을 때 효과적인 운영 방식은 무엇인지 논하시오.

(2) 한국수력원자력

① 환경보호운동 등이 개발계획에 미치는 긍정적인 요소와 부정적인 요소에 대하여 논하라.(2003)

② 공직에서 인재 지역할당제에 대하여 자신의 의견을 피력하라.(2003)

(3) 발전회사

① 2005년 통계청의 발표에 따르면 우리나라의 1가구당 책이나 신문을 읽는 데 들이는 비용은 10,405원으로, 이는 유흥을 즐기거나 미용에 들이는 비용의 1/5이라고 한다. 이에 대한 자신의 의견을 쓰시오.(2006)

② 교토의정서에 대해 설명하고 그것이 우리 기업에 미칠 영향과 대응방안을 논하시오.(2004)

③ 공기업은 '철밥통'이라는 여론에 대한 입장을 설명하시오.(2006)

④ 풍력이나 태양열 같은 청정에너지의 경제성과 환경에 대한 상관관계를 논하시오.(2006)

논술 실제 연습 1.

환경NGO의 역할과 사회적 타당성에 대해서 자신의 견해를 1000자 내외로 밝혀라.

논술 실제 연습 2.

정보화 사회가 심화되는 현실에서 인터넷의 올바른 사용과 관련해서 인터넷 실명제에 대한 찬·반 양론을 비교 논하시오.

2. 구술면접

구술면접의 개념

구술면접이란 심층적인 질문을 통해 지원자가 가지고 있는 이해력, 사고력, 응용력, 문제 해결력, 표현력 등 여러 가지 능력을 역시 심층적으로 파악하는 전형의 한 방법이다. 구술면접은 주어진 질문에 대해 글이 아닌 말로 답하는 것이며, 간단한 답변식의 대답이 아닌 나름대로의 구조와 내용을 갖춘 분량으로 답변해야 한다.

구술면접은 직접 사람을 만나보고 그 사람의 자질을 알아보는 시험이다. 면접(Interview)은 어떤 목적과 계획으로 일정한 시간과 공간의 상황에서 면접자와 피면접자가 직접 대면하여 주로 언어의 매체를 통한 어떤 방법과 기술로 질문하는 자극과 답한다는 반응을 얻는 상호관계 행동을 의미한다. 면접관이 면접자를 직접 만나 그의 인품, 언행, 지식, 적성 등을 알아본다. 이때 언어화된 사항만을 확인하는 것이 아니라 비언어적 요소도 평가의 대상이 되고 있음을 명심해야 한다. 처음 면접실에 들어서서 면접장을 벗어나는 동안 평가의 시간이라고 생각하면 된다. 그러므로 자연스럽게 행동하되 긴장감을 유지하고 있어야 한다.

면접실 문을 열고 들어가면 가장 먼저 할 일은 면접관에게 목례한 후 자신의 자리로 들어가 발뒤꿈치는 붙이고 앞은 45도 정도 안정감 있게 벌린다. 손은 바지 옆 라인에 붙이거나 허벅지 위에 올려놓고 시선은 정면을 향한다. 면접관이 질문을 하면 질문을 던진 면접관을 보고 준비한 답변을 겸손하면서도 자신감 있게 말한다. 다른 면접관에게도 차례로 시선을 주면서 나에게 집중할 수 있게 한다. 결론을 말할 땐 처음 질문을 던진 면접관에 시선을 고정한 후 끝맺어야 한다.

면접관의 사소해 보이는 질문도 성의껏 답변해야 한다. 왜냐하면 질문에 답변을 얼마나 능숙하게 하는가도 평가의 대상이지만 답변을 하는 태도도 중요하다. 자신의 경력을 말할 때는 단순한 사실을 늘어놓지 말고 그러한 경험을 통해 깨달은 바가 무엇인지, 앞으로 맡게 될 업무와 어떻게 접목될 수 있는지를 강조한다.

예상하지 못한 질문을 받았을 때는 머뭇거리지 말고 솔직하게 말하라. 다만 거기에서 멈추지 말고 "제가 최근 관심을 가지고 있는 이슈에 대해 말씀드려도 되겠습니까?"라고 말하면 솔직함과 적극성에 점수를 얻을 것이다. 면접을 보는 동안에는 면접관의 눈에만 좋은 모습을 보이면 된다고 생각하겠지만 의외로 도처의 인물들이 주시하고 있음을 잊지 말라. 면접실 밖에서 큰소리로 잡담을 하거나 전화 통화를 하는 경우는 없어야 한다.

구술면접의 목적 및 필요성

요즘은 인사 선발 시험에서 지필 시험 못지않게 구술면접이 강화되는 추세이다. 대학 입학시험에서도 구술면접 배점이 높아지고 있고, 각 기업에서 입사 전형 역시 구술면접 비중이 늘어나고 있다. 이력서와 자기소개서를 통해 지원자의 능력과 자질을 충분히 확인할 수 있는데 굳이 구술면접을 보는 이유가 무엇일까 생각해 보라. 만약 내가 선발권을 가지고 있다면 어떤 방법으로 인재를 가려낼 것인가? 지원자의 감추어진 인간적인 면모를 확인할 수 있는 방법은 무엇일까? 곰곰이 생각해 본다면 요즘 선발과정에서 구술면접이 중요시되는 이유를 알 수 있을 것이다.

인재의 채용은 기업의 가장 중요한 투자 중의 하나이며, 유능한 인재의 확보는 기업의 흥망성쇠와 직결된다. 과거의 경영에서는 설비나 자금 등이 주요 관심사였으나, 최근에는 인재의 확보에 많은 노력을 기울일 정도로 인재의 중요성을 깊이 인식하고 있다. 이러한 경향은 대규모 채용을 벗어나 소수의 인원만을 채용하는 시대로 접어들면서 더욱 강화되고 있다. 소규모 채용은 능력 있는 인재의 필요성을 강화시키고, 따라서 채용에 있어서 보다 많은 노력을 기울이도록 하는 촉진제가 되고 있다.

기업 입장에서의 유능한 인재란 서류나 필기시험에서 높은 점수를 획득한 사람이 아니라, 내부의 잠재력과 가능성을 지닌 사람을 말한다. 면접의 중요성은 다음의 몇 가지 요인으로부터 강조되고 있다. 우선, 서류나 필기시험을 참고로 2~3회의 면접을 실시하여 수험생의 자질과 사람됨을 관찰하고 채용을 결정하는 기업이 늘어나고 있다. 두 번째 요인으로는 기업들이 암기 위주의 지식보다는 잠재력과 의욕을 더욱 중시하고 있다는 것이다. 이에 따라 면접시험도 1회가 아닌 몇 차례에 걸쳐 시행하며, 수험생의 자질을 알 수 있는 다양한 면접기법을 도입하고 있다는 것이다. 세 번째는 자신의 특성과 기업의 문화, 분위기, 특성을 조화시킬 수 있는 사람을 원하는 기업의 요구 때문이다. 면접시험에서의 합격 여부는 수험생의 모든 능력을 평가하고, 그것이 기업의 성장에 도움이 될 수 있는지에 달려 있다. 또한 기업들은 세계화, 국제화 시대에 적응할 수 있는 창의적인 인재를 원한다. 면접시험은 서류나 필기시험을 통해 알아낼 수 없는 이러한 능력들을 발견할 수 있다.

면접관은 가정환경, 성격의 장·단점, 가치관, 취미, 교우관계, 상식 등의 다양한 질문을 한다. 필기시험 성적이 우수하다고 하여 면접시험을 소홀히 하는 것은 매우 잘못된 것이다. 우수한 성적을 받았더라도, 옳지 않은 가치관을 갖고 있거나, 대인관계가 원만하지 않거나, 성격상의 결함이 있거나, 심리적인 불안정성, 제출한 서류와 상반되는 경우 등을 대비하여 기업은 철저한 준비를 통해 면접시험을 실시하고 있다.

기업이 면접시험에 커다란 비중을 두는 이유는 일반적인 지식은 대부분의 수험생들이 갖추고 있을 것이라는 판단하에 이들의 잠재력과 인간성에 더 많은 관심을 두고 있기 때문이다.

최근 들어 대기업들의 신입사원 채용방식이 서류와 필기시험 위주에서 면접시험, 적성검사, 외국어 능력 평가 등으로 크게 바뀌었다. 이러한 급격한 변화의 이유는 기존의 채용방식으로는 수험생의 단편적인 지식 외의 인간성, 성장 가능성, 글로벌 사회에 맞는 경쟁력 등을 파악할 수 없었기 때문이다. 또한 다가올 무한경쟁시대를 대비한 기업의 경영환경 변화에 따라 창의적이고 능동적인 인재의 필요성이 강조되었기 때문이다.

면접시험은 새로운 채용방식 중 가장 높은 비중을 차지하고 있다. 이는 면접시험이 수험생의 창의성, 성격, 추진력, 능동성, 사고력 등을 파악할 수 있는 가장 효과적인 방법이기 때문이다. 출신학교나 학과, 성적 등은 평가의 기준으로 그다지 큰 영향을 주지 않는다. 그보다는 전공, 가정환경 등의 능력 외적인 요소를 배제한 블라인드 인터뷰, 면접관과 함께 하루를 보내며 평가받는 다차원 면접, 수험생들끼리 서로를 평가하는 동료평가면접 등이 더욱 중요한 평가기준으로 이용되고 있다.

면접시험의 강화는 면접시험의 횟수와 시간을 크게 증가시키고 있다. 2회에 걸친 면접은 이미 보편화되어 있으며, 다양한 면접방식이 개발되고 있다. 면접시간에 있어서도 종래의 5분 정도에서 1시간, 특별한 경우에는 하루 종일 걸리는 경우도 있다. 면접관의 구성에 있어서도 기존의 관리자급 이상에서 개성이 뚜렷한 사원면접관제도가 확산되고 있다. 이는 입사 후 같이 일하게 될 사람들의 능력을 파악하고 서로 간의 친밀감을 강화시키는 기회를 제공한다. 면접장소 역시 수험생의 총체적인 모습을 파악하기 위해 기존의 사무실이나 강당을 탈피하여 야외공원, 노래방, 간이주점 등 부담 없고 진솔한 모습을 볼 수 있는 장소가 이용되고 있다. 이런 경우 수험생들은 면접관과 많은 시간을 보내며 평가를 받게 된다.

TIP

구술면접에 많이 나오는 질문

학교생활, 대인관계, 간단한 자기소개, 삶의 목표, 취미, 여가활동, 가족사항, 어린 시절의 추억 등 면접자에 대해 잘 알 수 있는 개인적인 질문도 많다.

구술면접의 유형과 답변방법

기업의 채용방식이 까다로워지면서 최근에는 면접이 취업의 당락을 결정할 만큼 그 비중이 커지고 있다. 2~3회에 걸쳐 진행되는 면접횟수는 기본이며, 20분 내외이던 면접시간도 1시간 이상으로 늘어나는 추세다. 또한 다양한 인재평가를 위해 집단토론면접, 압박면접, 프레젠테이션 면접 등 다양한 면접방식이 도입되고 있다.

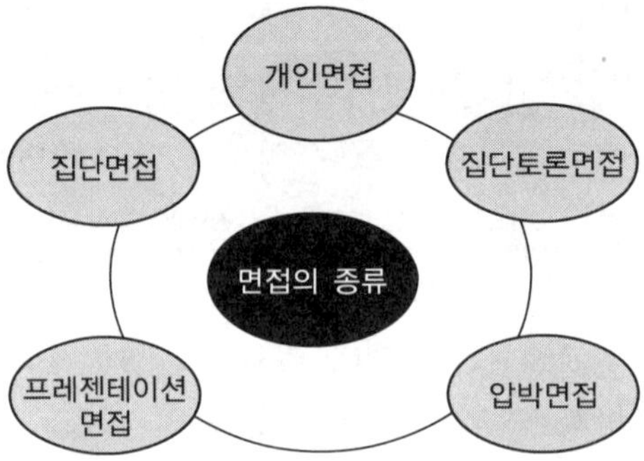

[그림 8-1] 면접의 종류

1) 개별면접

다수의 면접관이 한 사람의 지원자를 대상으로 질문과 응답을 하는 형태의 보편적인 면접방식이다. 면접관이 여러 명이므로 다각도의 질문이 나올 수 있고, 이를 통해 지원자의 다양한 측면을 알아낼 수 있다. 지원자 입장에서는 여러 명으로부터 집중적으로 질문을 받기 때문에 긴장감이 더 클 수밖에 없다. 유의해야 할 사항은 질문에 대한 답변을 할 때, 다수의 면접관이 지켜보고 있다는 것을 인식하고 모든 면접관에게 대답한다는 기분으로 질문에 응해야 한다. 또 개별면접에서는 자칫 대답내용이 길어질 수 있는데 설명하는 방식으로 내용을 끌지 말고 결론을 먼저 제시한 뒤 이에 대한 설명을 붙이는 방식으로 대답하도록 한다. 건강하고 자신 있는 모습을 보이되 '너무 큰 소리로, 너무 빨리, 너무 많이' 말하지 않도록 한다.

2) 집단면접

대기업에서 주로 1차 면접 때 사용하는 방식으로 면접관 여러 명이 지원자 여러 명을 한꺼번에 평가하는 방식이다. 집단면접은 여러 명이 함께 면접을 받기 때문에 개별면접에 비해 압박감이 덜하고 면접관의 입장에서도 지원자들을 서로 비교평가할 수 있다. 주의해야 할 점은 입사지원자들은 서로 비교가 될 수 있으므로 자신의 의견을 명확히 해서 집단 속에 묻히거나 밀려나지 않도록 해야 한다. 또다른 사람의 질문에 나서거나 튀려고 하는 지나친 행동은 삼가도록 한다. 자신에게 질문이 올 때뿐만 아니라 다른 지원자들이 대답할 때도 고개를 살짝 끄덕이는 등 경청하는 모습을 보여주도록 한다.

3) 집단토론면접

일정한 주제나 내용을 가지고 지원자들이 토론을 벌이는 방식이다. 대부분 대기업에서 1차 면접이 끝난 후 다음 단계로 시행하는 면접방식으로 면접관들은 주제만 정해줄 뿐 일체 관여하지 않고 지원자들이 어떻게 토론을 이끌어 가는지 관찰할 뿐이다. 면접관들은 지원자들의 말 한 마디, 의견을 표현하는 방식, 듣는 태도 등 전반적인 것을 평가한다. 토론을 할 때는 자신의 주장을 당당하게 표현하고 다른 사람의 의견은 차분히 듣도록 한다. 간혹 자신과 다른 의견에 대한 반박을 하더라도 감정적으로 흥분하는 것은 절대 금물이며 논리적으로 설득력 있게 말하도록 한다. 또다른 사람의 의견을 들은 후 자신의 뜻대로 결론을 정해버리는 실수는 하지 않도록 한다.

4) 프레젠테이션 면접

여러 주제 중 하나를 선택해 자신이 원하는 방식으로 의견을 펼치는 면접방식이다. 면접관은 지원자의 문제해결능력, 창의력, 전문성, 표현력 등을 중점적으로 평가한다. 프레젠테이션 발표 시에는 먼저 개괄적인 설명을 한 뒤 서너 가지의 핵심을 간결하게 짚도록 한다. 긍정적이고 자신감 있는 목소리를 유지하면서 정보제공뿐 아니라 발표에 흥미를 줄 수 있는 요소를 적절하게 가미하도록 한다. 또 발표과정에서 흐지부지한 의견개진이나 부적절한 용어 사용, 무리한 주장은 하지 않도록 한다. 자신이 발표한 사실을 근거로 결론을 내리되 논리적으로 명확하게 한다. 시선처리에 유의하고 강조부분에서는 적당한 손동작을 활용할 수 있다.

프레젠테이션 면접 답변 요령

- 프레젠테이션 발표 시 정보 제공과 흥미를 줄 수 있도록 한다.
- 긍정적이고 자신감 있는 목소리로 발표한다.
- 프레젠테이션 발표 시 본론에 들어가기 전 간단하게 개괄적인 설명을 한다.
- 핵심은 서너 가지로 간결하게 준비한다.
- 자신의 발표 내용을 근거로 결론을 내리되 짧고 강한 어조를 사용한다.
- 손동작 등 지나치지 않은 제스처를 활용한다.

5) 압박면접

면접관들이 지원자의 약점을 꼬집거나 당황스러운 질문을 던지고 지원자들이 어떻게 대처하는지 평가하는 면접방식이다. 지원자의 위기대처능력과 창의성, 순발력 등을 평가하기 위해 최근 자주 활용되고 있다. 압박형 면접 때는 표정 변화에 유의해야 한다. 예를 들어 "당신은 B학점밖에 안 되는데 어떻게 우리 회사에 지원할 생각을 했습니까?"라며 꼬투리를 잡으면 "성적이 좀 모자라도 사람 사귀는 데는 특기가 있다고 생각합니다. 이 특기를 살리면 학점이 좋은 사람보다 회사에 더 기여할 수 있다고 생각합니다."라는 식으로 의연하게 대답할 수 있어야 한다. 당황스러운 문제해결책을 물을 때는 정답이 아니더라도 재치 있게 대답하도록 하며 잘 모르겠다며 얼버무리는 것은 피하도록 한다. 또 자신의 단점에 관한 질문에서는 반론은 피하고 솔직히 인정한 뒤 단점을 극복하기 위해 어떻게 노력했는지 꼭 덧붙이도록 한다.

구술면접에서 어떻게 말해야 좋은 점수를 받을 수 있을까? 고민이라면, 여유 있게, 간단명료하게 그리고 자신감에 찬 목소리로 대답하라. 구술면접을 통해 평가하고자 하는 것은 지원자의 의사소통 능력이다. 단순히 지식의 정도, 인간성, 임기응변 능력, 말하기 능력을 확인하고 있다고 생각한다면 오산이다. 지금 열거한 사항은 부분적인 것이며, 그 비중은 생각보다 적다. 중요한 것은 조직 사회 내에서 타인과 어떻게 관계 맺기를 하고 소통하며 업무의 효율성을 극대화할 것인가의 여부가 관건이다.

성공적인 면접방법

❶ 답변 준비 시간을 잘 이용하자

면접에서는 대체로 5분 내지 10분 정도 답변을 준비할 수 있는 시간이 주어진다. 이때 질문의 의도와 문제의 핵심을 정확히 파악해야 한다. 답을 외우려고 하지 말고 핵심 단어를 찾고 그 단어들을 연결할 수 있는 연결고리들을 찾는다. 시간적 여유가 더 주어진다면 자신의 견해와 그 근거 등 핵심적인 사항들까지도 정리한다. 자료검토는 할 수 없다.

❷ 핵심 내용의 범위를 최대한 좁혀서 핵심만 간결하게 말하자

추상적인 질문은 구체화시켜 대답하고, 구체적인 사례를 들어 질문하면 일반화, 추상화시켜 대답하자. 그리고 결론부터 말하고 그 근거를 들어 뒷받침해야 한다. 그렇다고 '예', '아니오' 등 단답형으로 말해서는 안 된다.

❸ 적절한 시간적 여유를 가지면서 말하자

흔히 면접에서 면접관이 질문을 하면 마치 기다렸다는 듯이 재빨리 대답해야 하는 줄 알지만 그렇지 않다. 오히려 급히 답변을 하다 보면 자신의 생각을 제대로 표현하지 못할 수 있다. 이럴 때 "잠시 생각을 정리한 후 말씀드리겠습니다."라고 양해를 구한 후 답변을 해도 된다.

잘 아는 문제라 해도 서둘지 말고 잠시 생각하는 시간을 가지면서 질문의 의도를 다시 한 번 생각하는 여유를 갖자. 오히려 실수를 줄일 수 있고 자신이 신중하고도 생각이 깊은 사람임을 드러낼 수 있다.

❹ 반드시 추가질문이 있음을 염두에 두자

대체로 추가질문의 내용은 지원자가 제시한 견해와 반대되는 견해, 즉 반론을 제시하는 경우가 대부분이다. 면접은 문제 제시 → 지원자의 대답 → 면접관의 반론이나 재질문 →지원자의 반론이나 대답의 순서로 진행되는 것이 일반적이다. 추가질문을 받았을 때는 당황하지 말고, 그 질문의 의도를 먼저 파악한 후 앞에서 말한 것과 일관성을 유지하도록 해야 한다. 면접관의 이야기를 듣고 그 말도 옳은 것 같다고 답변을 이랬다저랬다해서는 안 된다.

❺ 곤란한 상황이 연출되었을 때는 재치나 유머를 발휘하자

답이 생각나지 않을 때는 당황하지 말고 "죄송합니다. 생각할 시간을 주시겠습니까?"라고 말한다. 그리고 문제 의도가 무엇인지 다시 생각해 보고, 그 문제에서 반드시 언급되어야 할 가장 핵심이 되는 어휘들을 생각한다. 만약 전혀 생각이 나지 않을 때는 당황하지 말고 "죄송합니다. 생각이 나지 않습니다." 또는 "힌트를 조금만 주시겠습니까?"라고 솔직하게 말한다. 정답을 요구하는 것이 아니라 문제에 접근하는 방식의 논리성과 사고력을 판단하려고 하기 때문에 대부분의 면접관은 힌트를 준다. 그리고 난처한 입장에 처했을 때는 재치와 유머 있는 대답으로 그 상황을 전환하는 것도 한 가지 방법이다.

❻ 또렷한 목소리로 그리고 편안하고도 정감 있는 어조(語調)로 말한다

대체로 시험을 보게 되었을 때 긴장감으로 말꼬리를 흐리거나 입 속으로 웅얼거리는데, 의식적으로 말끝을 분명하게 상대방이 들을 수 있도록 또렷하게 발음해야 한다. 그리고 평상시 말하는 것보다 조금 더 큰 목소리로 말하자. 자신감의 표현으로 받아들여지기 때문이다. 외운 듯이 기계적으로 말하기보다는 편안하고도 정감 있는 어조로 말한다. 표준어를 사용하는 것은 상식이나 어색한 표준어보다는 편안한 사투리가 더 낫다. 사투리 사용은 감점 요소가 아니다.

❼ 논리적 모순을 범했을 때는 "죄송합니다. 다시 말씀드리겠습니다."라고 말한다

만약에 스스로 논리적 모순을 범했다고 생각할 때는 "죄송합니다. 다시 말씀드리겠습니다."라고 하며 논리적 오류를 바로잡는다. 그리고 면접관으로부터 오류를 지적받았을 때는 "죄송합니다. 잠시 생각할 시간을 주시겠습니까?"라고 말하고 자신이 범한 오류를 바로잡는다. 논리적 모순을 찾아내고 그 오류를 바로잡을 수 있다는 것도 실력이 있다는 것을 반증하는 것이 아니겠는가? 또한 질문의 의도를 정확하게 파악하지 못했을 경우에는 "죄송합니다. 다시 한 번 말씀해 주시겠습니까?" 하고 면접관에게 다시 묻는다. 질문의 의도를 잘못 파악해 엉뚱한 대답을 하기보다는 확실히 알고 나서 대답하는 것이 유리하기 때문이다.

답변 시 유의할 점

- 질문의 의도와 내용을 정확히 파악한다.
- 결론부터 이야기한다.
- 핵심만 간결하게 말한다.
- 추가 질문을 의식한다.
- 얼핏 아는 것은 모르는 것만 못하다.
- 지나치게 순응적인 태도는 버린다.
- 논리적이고 체계적인 대답, 그리고 구체적이고 풍부한 사례를 제시한다.
- 잘못을 인정하고 바로잡는다.
- 면접관을 즐겁게 한다.
- 잘 모르는 질문에 대해서도 끝까지 성실하게 답한다.

TIP

면접이 끝나고 나오면서 면접관에게 '수고하셨습니다'라는 인사말을 건네는 경우가 있다. 이는 바른 표현이 아니며 오히려 '고맙습니다'라고 말해야 한다.

실패한 면접의 유형

❶ 지원만 하고 방관형

보통 면접 통보는 전화로 이루어지는 경우가 많은데 시큰둥하게 전화를 받거나 지원한 기업을 기억하지 못해 오히려 지원 여부를 확인하는 경우가 있다. 서류까지 통과시킨 담당자는 당연히 힘이 빠질 수밖에 없다. 지원에서부터 목적의식을 뚜렷이 해야 한다. 이곳저곳 다 서류는 넣어 놓고 어떻게든 되겠지 하는 태도는 실패의 지름길이다.

❷ 무성의한 무심형

이곳저곳에 입사지원서를 내다보면 처음에 가졌던 열정이나 긴장감이 줄어들고 의례적으로 시험에 응하는 경우가 있다. 지원하는 기업명을 쓰지 않거나 전에 입사 지원한 다른 기업명을 그대로 써서 제출하여 면접 때 담당자를 당혹스럽게 하는 경우가 있는데 끝까지 긴장을 늦추지 말아야 한다. 면접 시 갖추어야 할 기본적인 격식을 잊어서는 안 된다.

❸ 요구사항 먼저, 주객전도형

면접을 볼 때 연봉이나 근로조건에 대해 지나친 관심을 보이는 경우 인사 담당자는 부담스러울 수밖에 없다. 자신의 능력에 따른 경제적 보상을 요구하는 것은 당연한 일이다. 그러나 면접 장소에서 노골적으로 경제적인 면에만 연연할 경우 언제든지 조건만 맞으면 다른 곳으로 갈 수 있다는 인상을 줄 수 있으므로 피하는 것이 좋다. 인사 담당자가 물었을 경우 소신껏 답변하는 것은 좋으나 앞서가지는 말자.

❹ 기본적 사항을 무시하는 무법자형

면접시간 15분 전에는 면접장에 미리 도착하는 것이 기본 예의이다. 미리 도착하여 면접 장소와 분위기를 익히게 되면 면접을 할 때 편안하게 할 수 있다. 미리미리 예상 질문에 대한 답변을 정리해 보고, 마음의 안정을 찾으면 자연스럽게 면접에 임할 수 있게 된다. 면접장에 겨우 시간을 맞추거나 늦는다면 면접 전에 이미 감점 대상이다. 또한 기본적인 청결을 신경 쓰지 않으면 실패의 원인이 될 수 있다. 면접을 하러 가면서 입 냄새를 풍긴다든지, 손톱에 때가 껴 있다면 곤란하다.

❺ 가만히 있지 못하는 산만형

옷을 매만지거나 머리를 긁는 행동은 자신 없는 사람으로 보인다. 면접 때는 자신감이 담당자에게 신뢰를 심어줄 수 있기 때문에 신중한 태도가 무엇보다 중요하다. 어쩔 줄 몰라 하거나, 손동작을 부산하게 하거나 다리를 떠는 행위는 산만하게 보일 수 있으므로 피해야 한다. 시선을 이리저리 옮기는 것도 좋은 인상을 주지 못한다.

❻ 하고 싶은 말은 다하는 종달새형

질문에 대한 요점을 먼저 말하고 간단하게 이유를 덧붙이는 방식으로 대답하는 것이 좋다. 답변이 길어지면 자칫 질문에 대한 이해력이 부족하거나 논리적인 사고력이 부족해 보인다. 잘 알지 못하는 질문을 받았다 하더라도 답변을 얼버무리지 않도록 한다. 차라리 모른다는 대답이라도 정확하게 전달하는 편이 낫다. 입 안에서 웅얼거리는 답변은 무기력하고 불성실해 보인다. 질문에 대해 답변을 했다면 쓸데없는 말로 주변을 어수선하게 하지 말라.

❼ 공과 사를 구분 못하는 무개념형

지원자들의 긴장을 풀어 주려고 인사담당자들이 면접 분위기를 편안하게 만드는 경우가 있다. 그렇다고 답변을 하거나 질문을 받을 때 지나치게 편안한 자세를 취하면 안 된다. 대답을 할 때 긴장을 풀고 편안하게 답변을 하라는 것이지 마음을 놓으라는 것이 아니다. 농담을 하거나 인사담당자들의 질문이 끝나기도 전에 대답하는 것은 무조건 감점인 것을 명심한다. 상황에 맞지 않는 농담을 한다거나 예의에 벗어난 말투도 조심해야 한다.

면접에 영향을 미칠 수 있는 특성

면접관이 좋아하는 특성	면접관이 싫어하는 특성
긍정적인 특성	부정적인 특성
1. 명랑 쾌활함	1. 나쁜 발음
2. 수상경력	2. 요란한 옷차림
3. 특출한 재능	3. 작은 목소리
4. 재치, 유머	4. 인사성 없음
5. 풍부한 상식	5. 시선회피
6. 웃는 얼굴	6. 리더십 부족
7. 인사성 있음	7. 잘난 척
8. 강한 주장	8. 긴 설명

면접시험의 순서

❶ 대기실

면접은 대기실에서부터 시작된다고 하여도 과언이 아니다. 따라서 혹시 담당 직원이 없을 때라도 태도와 언행을 조심해야만 한다. 큰 소리로 잡담을 한다거나 남에게 불쾌감을 주는 행동은 좋지 않다. 조용한 태도로 자신의 차례를 가다리면서 긴장을 풀고 다시 한 번 복장을 살핀다. 단추나 혹은 머리가 흐트러졌나, 구두끈이 풀어져 있지 않나 살펴보도록 하며, 예상되는 질문에 대한 대답을 최종적으로 정리하면서 마음을 가다듬는다.

❷ 호출

담당 직원이 이름을 부르면 똑똑히 대답하고 조용히 일어서서 직원이 안내하는 면접실로 간다. 면접실 문을 두세 번 노크한 뒤 문을 열고 들어간다. 들어서면서 면접관을 향해 가벼운 목례를 한다. 인사를 많이 하는 것은 면접관에게 예의바른 사람으로 보일 수 있다.

❸ 입실

면접실에 들어서면 조용히 문을 닫고 정면을 향하여 가볍게 허리를 굽혀 절을 한다. 그리고 면접관이 지시하는 자리로 가서 면접관에게 정중하게 인사를 하고, "○○번 ○○○입니다."라고 자신의 수험번호와 성명을 말한 후 조용히 의자에 앉는다. 앉을 때는 몸이 부자유스럽지 않도록 등받이에 등을 약간 기대는 것이 좋으며, 눈의 시선은 이리저리 돌리지 말고 면접관의 가슴 부근을 본다. 두 손을 무릎 위에 자연스럽게 올려 놓고 질문을 기다린다. 다리를 꼬고 앉거나 벌리고 앉는 것은 상대방을 불쾌하게 할 수 있다.

❹ 질의응답

면접관의 질문이 시작되면 침착하고 밝은 표정으로 상대방의 눈을 주시하면서 질문자를 바라보며 똑똑한 발음으로 대답한다. 너무 빨리 말하거나 우물쭈물하지 말고 질문 내용에 대해 정확하게 대답하는 게 좋다. 시선을 마주치는 것이 부담스럽다면 면접관의 콧등이나 턱 정도를 응시하면 된다.

❺ 퇴실

모든 질문이 끝나면 예의바른 태도로, 들어왔을 때와 반대의 동작을 되풀이하여 조용히 면접실을 나간다. 이때 너무 급히 빠져 나간다거나 문을 꽝 닫는 일이 없도록 하며, 끝까지 신중을 기한다. 문의 손잡이를 문을 닫을 때까지 쥐고 있다가 다 닫고난 다음 살며시 놓으면 소리가 나지 않는다. 문 밖에서도 면접이 끝났다는 안도감에 주변 사람과 큰 소리로 떠들어서는 안 된다.

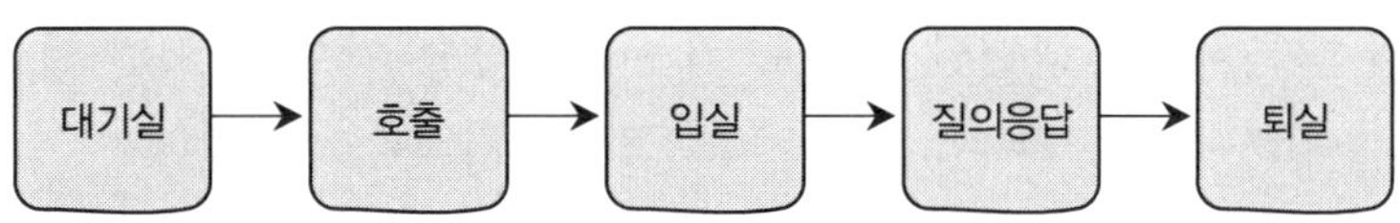

[그림 8-2] 면접의 절차

TIP

면접 전에 익혀 두어야 할 일

- 회사 연혁
- 회장 또는 사장이름, 출신학교, 전공과목 등
- 회사 사훈, 경영이념, 창업정신
- 회사의 대표적 사업모델과 특색
- 업종별 계열별 수와 해외지사 위치 등
- 회사에 대한 평가(장 · 단점)
- 회사의 잠재적 능력개발에 대한 제언

면접에 나오는 예외적 질문

❶ 다시 공부할 계획은 있나요?

이러한 유형의 질문은 일반적으로 직장을 다니다가 학교에 가서 공부를 더 하기 위해 그 회사를 그만두거나 일보다 학습에 더 관심을 갖게 될까 걱정스러워서 묻는 질문이다.

입사를 하고 싶다면 당연히 “일에 대한 바람이나 현재는 일이 매우 중요하다”는 점을 강조해야 한다. 설령, 지금 학교로 돌아가고 싶은 생각이 있다고 하더라도, 직업을 구해야 하는 형편이라면, 우선 입사에 성공한 후 업무에 지장이 없는 범위에서 야간학교를 다니거나 회사에서 제공하는 연수프로그램을 활용하는 방법도 있다. 최근에는 기업체에서 직원의 교육을 적극적으로 권하고 있으므로 입사 후 계획을 세워도 된다.

❷ 전에 이와 같은 일을 해 보셨나요?

지원 분야와 관련한 기술이나 경험을 갖고 있다면, 언제, 어디서, 무엇을, 어떻게 했는지 등에 관해 구체적으로 설명할 수 있어야 한다. 그런 경험이 없다고 해서, "아니오"라고 답하거나 대답을 중단해서는 안 된다.

만일 자신에게 업무가 주어진다면 어떻게 대처하고 해결할 것이지 의지를 밝히면 된다. 면접관이 궁금한 것은 경험의 유무만큼 앞으로 주어질 업무에 대한 태도를 보고 싶은 것이다.

자신이 방금 학교를 졸업해서 직장생활을 한 경험이 없다면, 학교에서나 가정에서 겪은 일들 중에서 자신의 직무와 관련된 경험을 거론해도 좋을 것이다. 모든 일을 쉽게 배울 수 있고, 일을 조절하는 데 아무런 문제가 없음을 피력할 필요도 있다.

❸ 컴퓨터나 다른 사무기기는 사용할 줄 압니까?

이에 대한 대답은 당연히 직무수행과 관련하여 사용해 본 기계나 장비 등에 관한 모든 정보를 포함한다. 또한, 이 직무에 필요할 것으로 생각되는 기능이나 취미 등을 이야기할 수도 있다.

자신이 설계도를 읽고, 어떤 종류의 기계를 고칠 수 있으며, PC를 사용할 수 있다면 면접관에게 전문가답게 설명한다. 직업과 관련하여 할 수 있는 일 모두를 정확히 표현하는 것은 매우 중요하다. 지원자의 실제 업무 능력은 당락을 좌우할 만한 사항이다.

❹ 당신의 약점은 무엇입니까?

이 질문은 답하기 곤란한 질문인데, 약점이 없다고 말하면 솔직하지 못한 것처럼 보이고, 약점이 무엇이라고 말하면 혹시 안 좋은 영향을 미칠 것 같기 때문이다. 가장 좋은 방법은 한 가지 강점을 약점으로 표현하는 것이며, 개개인의 견해에 따라 약점일 수도 있고 강점일 수도 있는 점을 강조한다. 그렇다고 해서 거짓말을 하라는 것이 아니라, 면접관에게 부정적 영향을 미칠 만한 약점은 말하지 말아야 한다는 것이다. 특히 대인관계에 문제가 있거나 치명적인 약점은 피해야 한다.

❺ 그 외 당황스러운 질문들

- 학점이 왜 이렇게 나쁜가?
- 결론이 무엇인가?
- 왜 여자(남자)친구가 없는가?
- 우리 회사보다 규모도 크고 수익성도 좋은 ○○사에 합격한다면 어떻게 할 것인가?
- 인상이 나쁘다는 말을 듣지 않는가?
- 본인이 면접관이라면 어떤 질문을 하겠는가?

(출처: 서울시 취업정보센터)

면접 시의 옷차림

① 깨끗한 옷으로 단정한 인상을 주는 것이 중요하다. 너무 꼭 끼는 옷이나 너무 여유가 있는 옷은 피하도록 하고 몸에 잘 맞는 것이 좋다.

② 단정하고 위엄 있게 보이려면 진한 감청색, 밤색, 회색 계통의 정장이나 원피스를 입는다. 너무 두꺼운 옷감이나 살이 비치는 얇은 감은 피하도록 한다.

③ 블라우스 프릴, 요란한 무늬, 체크무늬 등을 피하고, 소매를 강조하는 것을 피한다. 그러나 예쁜 색깔이나 무늬는 분위기에 활기를 줄 수 있어 좋다.

④ 신발, 스타킹까지 같은 색 계통으로 신어 전체적으로 길어 보이게 한다. 신발은 하이힐, 앞이 트인 것, 줄로 엮은 것, 버클이 있는 것을 피한다.

⑤ 안경테는 검정이나 진한 밤색을 피하고, 밤색 계통의 가벼운 테로 한다.

⑥ 서류 가방은 중간 크기로 하되, 핸드백과 함께 들지 않도록 한다.

⑦ 핸드백에 내용물을 너무 많이 넣어 정돈되지 못한 인상을 남겨서는 안 된다.

⑧ 경쾌한 인상을 주기 위한 액세서리는 좋으나, 심플한 것을 택하고 과도한 장식은 피한다. 단정한 머리, 깨끗한 화장은 머리와 얼굴에 관심을 끌어 전체적으로 정돈된 이미지를 주므로 세심하게 살피도록 한다.

⑨ 너무 짙은 화장은 오히려 거부감을 줄 수 있으므로 피한다.

면접의 평가기준

❶ 태도・예의

회사는 조직이다. 공동으로 일을 하는 장소이다. 어떤 일에서도 사내외의 많은 사람과 접촉한다. 태도가 좋지 않다거나 예의가 부족한 점이 있다면 상사, 동료, 거래처, 소비자에게 불쾌감을 준다. 그 결과 일에 지장이 생길 뿐만 아니라 회사의 품격이 떨어진다. 이 때문에 태도・예의를 채용평가의 대상으로 하는 것은 당연할 것이다.

- 예의가 바른가, 매너를 지니고 있는가?
- 침착한가, 침착하지 않은 점은 없는가?
- 행동은 씩씩하게 하고 있는가, 발랄한가?
- 말투가 밝고 시원스러운가?

라는 관점에서 태도, 예의를 평가한다.

② 인품・성실함

일을 추진하기 위해서 인품・성실함은 대단히 중요하다. 사업은 사람과 사람의 신용관계에서 성립한다. 인품이 좋지 않으면 좋게 갈 수 있는 것도 좋게 갈 수 없게 된다. 실제, 다른 사람으로부터 "저 사람은 인간적으로 신용할 수 없다", "성실함이 부족하다", "진지함을 느낄 수 없다"라는 평을 받게 되면 그 순간부터 일은 순조롭게 진행되지 못한다. 이 때문에

- 성실함, 진지함이 있는가?
- 솔직함이 있는가, 인품이 좋은가?
- 비뚤어진 점은 없는가?
- 신뢰할 수 있는 인물인가?

등의 관점에서 응모자의 인품을 평가한다. 아무리 필기시험의 성적이 우수하다 하더라도 인품이 좋지 않은 응모자는 채용의 대상이 되지 못한다.

③ 협조성

회사에서 일한다고 하는 것은 타인과 함께 일을 하는 것을 의미한다. 사람과 공동으로 일을 추진해 가기 위해서는 협조성이 대단히 중요하다. 협조성이 부족한 사람을 채용하면 직장의 인간관계에 불협화음이 생긴다. 인간관계가 나빠지면 직장 전체의 업무생산성이 저하된다. 이 때문에 협조성이 부족하다고 판단되는 자는 설사 필기시험의 성적이 우수하더라도 혹은 믿을 만한 곳의 소개가 있어도 채용하지 않는 편이 현명하다.

④ 열의・의욕

회사가 지속적으로 성장해 가기 위한 큰 조건은 사원 한 사람 한 사람이 자신의 책임과 역할을 잘 자각하여 일에 적극적, 의욕적으로 노력하는 것이다. 타사와의 경쟁이 치열해지면 질수록, 또 경영환경이 치열해지면 질수록 일에의 적극성이 요구된다.

사원 한 사람 한 사람이 자신의 일에 적극적으로 노력하면 매출의 신장이나 이익의 증가가 자동적으로 확보된다든지, 동업 타사와의 경쟁을 반드시 이긴다고 확답할 수는 없지만 적극적인 자세가 없다면 실적의 향상을 기대할 수 없는 것은 틀림없다. 이 때문에 지원자의 열의・의욕을 평가한다. 열의・의욕은 채용의 가부를 결정하는 데 가장 중시해야 할 판단재료라고 할 수 있다.

❺ 이해력・판단력

일은 일반적으로 상사로부터 지시를 받고, 관련 부서와 연락하며 관련부서의 지시에 따르게 된다. 때로는 거래처나 소비자의 주문에 대답하기도 하고 작업의 매뉴얼을 읽기도 한다. 특히 신입사원이나 하위직의 사람일수록 그런 경향이 강하다. 따라서 이해력・판단력이 중요하다. 이해력・판단력이 부족하다고 하면 업무를 원활하게 처리할 수 없다. 경우에 따라서는 거래처나 소비자에게 대단히 실례를 범하거나 재해나 실수를 저지르거나 한다. 이 때문에 이해력・판단력을 확인한다.

❻ 표현력

회사 입장에서는 일의 추진상황이나 결과를 상사나 관계자에게 정확하게 보고하는 것을 요구한다. 또 거래처나 일반 소비자로부터 상품의 내용이나 기능, 가격, 혹은 거래조건 등에 대해서 무언가 물었을 때에 자신이 알고 있는 정보의 범위에서 정확하게 대답할 필요가 있다. 이 때문에 지원자에 대해 자신의 의견이나 생각을 알기 쉽게, 혹은 간단하게 이야기할 수 있는 능력을 확인한다.

❼ 직업의식

회사는 일정한 목적을 달성하기 위해서 사람이 모여 있는 조직이다. 친목을 목적으로 하는 클럽도 아니고, 자선활동을 하는 단체도 아니다. 취직을 한다고 하는 것은 회사라는 조직 속에서 일을 하는 것을 의미한다. 회사일이 결코 즐거운 것만은 아니다. 직업의식이 확실하지 않다면 채용하더라도 직장의 인간관계에 친숙하지 않거나 아주 사소한 이유로 쉽게 그만둘 가능성이 있다. 이 때문에 응모자에 대해

- 일할 목적이 확실한가?
- 어떤 이유로 회사를 지망했는가?
- 회사에 들어와서 어떤 일을 하기를 원하는가? 자신이 하고 싶은 일을 가지고 있는가?

등의 관점에서 직업의식을 확인한다.

면접 시의 기출문제

1. 우리 회사를 지원한 특별한 이유가 있습니까?
2. 자신의 취미와 특기를 말해 보십시오.
3. 자신의 장·단점을 말해 보십시오.
4. 타인이 바라보는 나는 어떤 사람입니까?
5. 좌절한 적이 있습니까?
6. 자신의 인생관에 대해 얘기해 보십시오.
7. 학교성적에 대해 말해 보십시오.
8. 현재 가장 하고 싶은 일은 무엇입니까?
9. 바람직한 직장인상에 대해 설명해 보십시오.
10. 최근 뉴스에서 가장 관심이 있는 화제는 무엇입니까?
11. 자신의 적성이 어느 부서에 맞다고 생각하십니까?
12. 입사한다면 가장 먼저 하고 싶은 일은 무엇입니까?
13. 사회봉사활동에 참가해 보셨습니까?
14. 휴일에는 주로 무엇을 합니까?
15. 색에 비유한다면 당신은 무슨 색입니까?
16. 최근 읽은 책 중 인상에 남는 책은 무엇입니까?
17. 졸업 논문의 주제는 무엇입니까?
18. 자신을 간단히 소개해 보십시오.
19. 존경하는 인물은?
20. 일에 대한 당신의 사고방식은?
21. 자신의 성장과정을 간략하게 말해 보십시오.
22. 우리 회사에 대해 알고 있는 것이 있습니까?
23. 우리 회사의 이미지를 말씀해 보십시오.
24. 당신의 음주량은 어느 정도입니까?
25. 입사 후 자신이 싫어하는 업무를 맡았을 때 어떻게 하겠습니까?
26. 회사에 어느 정도 공헌할 수 있다고 생각하십니까?
27. 입사 후 자신의 계획을 말해 보십시오.
28. 일에 있어서 과정과 결과 중 어느 점이 더 중요하다고 생각하십니까?
29. 커 오면서 가장 불행했다고 생각되는 시절은?
30. 회사에서 퇴근시간이 늦을 경우가 있는데 이 점을 어떻게 생각하십니까?
31. 학교생활을 통해 기억에 남는 일이 있다면 무엇입니까?
32. 입사했다고 가정하고, 회사에 대해 바라는 점이 있다면 무엇입니까?
33. 경험도 없고 어려운 일을 내일 오전까지 해야 할 경우 어떻게 하겠습니까?
34. 상사와 견해가 다를 때 어떻게 해결하겠습니까?
35. 10년 후 자신에 대해서…

Part Ⅵ

창조적 글쓰기

9장 인터넷 글쓰기

1. 인터넷 글쓰기의 개념

오늘날 지식 기반 정보화 시대라는 말은 이 시대를 상징하는 대표적인 명사가 되었다. 컴퓨터와 인터넷 기술의 고도성장으로 사이버 공간에서 우리는 상상을 초월한 세상을 만나고 있다. 그만큼 자기표현과 의사소통의 방식도 진보되었다고 말할 수 있다.

근래 들어 매스 미디어 중 가장 큰 힘을 발휘하는 것이 바로 인터넷이다. 인터넷(Internet)은 전세계의 컴퓨터가 서로 연결되어 정보를 교환할 수 있는, 하나의 거대한 컴퓨터 통신망이다. 글을 쓴 후 올리기만 하면 네티즌들이 바로 볼 수 있기 때문에 속도 경쟁에서도 인터넷이 단연 으뜸이고, 영향력 또한 크다. 도메인(domain 인터넷 주소)을 검색해서 홈페이지를 열기만 하면 실시간 정보를 얼마든지 접할 수 있다. 그 글의 진실성과 정확성은 열외로 하더라도 그 영향력만은 어느 미디어도 따라올 수 없을 만큼 크다. 따라서 기존의 매스 미디어와 달리 검증된 사람들의 여과장치가 없는 만큼 인터넷을 사용하는 사람들의 윤리적 책임감이 우선시되어야 한다.

인터넷 글쓰기란 인터넷을 활용하여 이루어지는 디지털 글쓰기이다. 책이라는 아날로그 매체를 대신하여 인터넷이 등장했고 이에 따라 워드프로세서라는 디지털 도구를 이용한 디지털 글쓰기가 시작되었다. 이제는 지식 정보 전달과 개인의 생각과 말을 기록하는 일을 인터넷에 의존하게 된 것이다.

인터넷은 디지털 기호를 이용한 통신매체를 통해 일상적인 대화까지도 고정된 문자 텍스트의 형태로 주고받을 수 있게 만들었다. 인터넷 글쓰기의 대표적인 예인 이메일이나 채팅을 통해서 주고받는 사적인 대화는 일정한 형식이 필요하지 않다. 그래서 정리해서 글을 써야 한다는 강박관념에서 벗어나 자신의 생각을 격식 없이 자유롭게 전달하고 남길 수 있다. 이때 글쓰기라고 의식하기보다는 대화를 나눈다고 생각하고, 블로그를 사용할 때는 일기를 쓰는 기분을 만끽하게 된다.

[그림 9-1] 인터넷 글쓰기

2. 인터넷 글쓰기의 목적 및 필요성

우리는 인터넷을 통해 자유로운 세상을 만날 수 있게 되었다. 어느 때보다도 다양성을 인정하고 나와 다른 사람의 의견을 존중하며 그 속에서 정당한 논리를 찾는 사회적 성숙이 요구되고 있는 것이다. 그만큼 통합적 판단력과 비판적 사고력을 사회 전체에 확대하는 변화의 물결이 일어야 한다. 이를 위해서는 인터넷을 이용한 진취적인 의사소통 능력 발휘가 절실히 요구된다.

따라서 종이를 매체로 했던 글쓰기에서 벗어나 인터넷을 활용한 글쓰기를 통해 자유롭고 능동적인 글쓰기를 할 수 있게 되었다. 특히 인터넷 글쓰기라고 할 수 있는 이메일, 게시판, 블로그, 홈페이지 등을 통해 글쓰기 훈련을 자유롭게 하게 됨으로써, 인문적인 교양을 양질의 문화콘텐츠로 개발하는 데 기여하고 있다.

사이버 공간도 하나의 사회이며 상호관계가 이루어지는 곳이므로 지켜야 할 예절을 지켜야 한다. 이를 통해 건전하고 성숙한 사회가 이루어질 수 있는 것이다. 이러한 목표를 달성하기 위해 우리나라는 2000년 6월 15일 정보통신윤리위원회에서 '네티즌 윤리강령'을 선포하고, 2001년 초 교육부에서 '정보통신윤리교육지침'을 마련하여 중고등학교에서 교육을 실시하고 있다.

더욱이 인터넷으로 글쓰기는 수동적인 것이 아니라 자신의 글을 자유롭게 올리면 다른 사람들의 답글을 받을 수 있는 양방향 의사소통 형태를 띤다. 그만큼 글쓰기의 권위를 약화시킨 것도 사실이다. 인터넷 글쓰기에서 작가와 독자는 서로 입장을 바꿔 가며 공동 창작을 한다. 다른 사람의 글을 비판하는 데서부터 시작한 글쓰기가 또다른 글을 낳은 연쇄고리가 되어 작가와 독자의 구별보다는 반응하며 이어서 쓰는 상호텍스트성을 지닌 글쓰기 형태를 만들어 냈다.

네티즌 윤리 강령

네티즌 기본 정신

- 사이버 공간의 주체는 인간이다.
- 사이버 공간은 공동체의 공간이다.
- 사이버 공간은 누구에게나 평등하며 열린 공간이다.
- 사이버 공간은 네티즌 스스로 건전하게 가꾸어 간다.

행동 강령

- 우리는 타인의 인권과 사생활을 존중하고 보호한다.
- 우리는 건전한 정보를 제공하고 올바르게 사용한다.
- 우리는 불건전한 정보를 배격하여 유포하지 않는다.
- 우리는 타인의 정보를 보호하며, 자신의 정보도 철저히 관리한다.
- 우리는 비·속어나 욕설 사용을 자제하고, 바른 언어를 사용한다.
- 우리는 실명으로 활동하며, 자신의 ID로 행한 행동에 책임을 진다.
- 우리는 바이러스 유포나 해킹 등 불법적인 행동을 하지 않는다.
- 우리는 타인의 지적 재산권을 보호하고 존중한다.
- 우리는 사이버 공간에 대한 자율적 감시와 비판활동에 적극 참여한다.
- 우리는 네티즌 윤리 강령 실천을 통해 건전한 네티즌 문화를 조성한다.

또한 인터넷 글쓰기는 읽는 사람을 시청각적으로 즐겁게 해 줄 수 있다. 사진을 넣거나 음악을 삽입하기도 하고, 직접 촬영한 UCC와 같은 동영상을 올려 시청각 효과를 높인다. 즉 입체적 글쓰기가 가능해지고 표현의 폭도 넓어지는 동시에 글 쓰는 이와 글 읽는 이의 입장을 이해할 수 있다.

한편으로는 익명성과 양방향성이 허용되는 사이버 공간에서 개인의 자아는 이성적으로 자유롭다. 특히 답글을 쓰면서 글쓰기에 흥미와 자신감도 높아져서 자신만의 블로그나 미니홈피를 만들어 인터넷 글쓰기의 영역을 넓혀갈 수도 있다. 이제는 글쓰기가 두렵지 않으며 많은 사람들과 교류하는 가운데 완성되는 상호작용적인 글을 쓸 수 있다. 이렇게 글쓰기가 양방향 의사소통을 하게 됨으로써 문자성과 구술성의 통합과 발전이 이루어지고 읽기와 쓰기의 경계도 무너진다. 지식을 공유하듯 글쓰기를 공유하고 공동작업을 하며 글쓰기의 권위를 무너뜨리고 자유로운 글쓰기, 지식의 공동 생산과 소비를 일구어내고 있다. 즉 사람들은 인터넷 글쓰기로 형성된 '온라인 커뮤니티'를 통해 새로운 인간관계를 맺는다. 현대의 특성 중의 하나인 개인화에서 벗어날 수 있는 돌파구를 마련한 셈이다.

3. 인터넷 글쓰기의 유형 및 작성방법

인터넷 글쓰기에 필요한 조건을 알게 되면, 인터넷 글쓰기가 쉬워진다. 우선 자신이 잘 투영된 글을 쓰도록 한다. 자신의 생각과 입장을 명확히 밝히는 글이라면 좋다. 커뮤니티는 개인의 글과 자료가 모여서 이루어진다. 여기서 자신이 가장 즐겨하거나 잘하는 이야기를 지속적으로 쓸 수 있다면 커뮤니티 진입에 성공한 것이라 말할 수 있다.

물론 누구나 읽기 쉬운 글을 써야 한다. 자신이 작성한 글로 평가받는 만큼, 커뮤니티에 속한 사람들이 쉽게 이해할 수 있는 표현을 사용하는 것이 좋다. 또한 나를 대변하는 표현방식을 사용해야 한다. 최근 신세대들 사이에서 새로운 의사소통의 수단으로 유행하고 있는 이모티콘(문자, 기호의 조합을 통해 얼굴을 형상화하여 감정을 표현하는 방법)을 활용할 수도 있다.

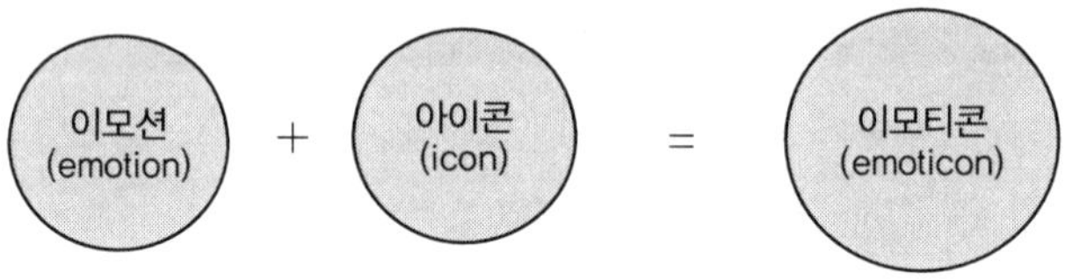

[그림 9-2] 이모티콘의 개념

이모티콘은 온라인 채팅, 이메일, 휴대폰 문자 메시지 등을 사용할 때 글자 대신 기호를 사용하여 함축적인 의미나 자신의 감정을 전달하는 애교스런 표현방법이다. 또한 인터넷에서 이루어지는 의사소통에 정감을 불어넣어 주고 있다. 잘 쓴 이모티콘 하나 열 줄 글 남부럽지 않다고 말할 정도로, 이모티콘 하나가 더 정확한 뜻을 전달할 수 있다. 그렇지만 지나치게 감각적인 기호만을 쓰다 보면 언어적 감각을 잃을 수 있으니 주의가 요망된다.

또한 자신만의 고유한 서명이나 말머리, 말꼬리를 이용할 수도 있다. 또한 자신의 글에 독특한 형식을 부여하여 그 형식을 유지할 수도 있다.

인터넷을 사용하는 사람이라면 네티켓을 지키는 것은 기본이다. 커뮤니티들은 나름대로 글 쓰는 방법에 대한 기본적인 규칙을 가지고 있다.

또한 성실하게 글을 써야 한다. 수많은 사람들이 들고나는 공간이므로 하루에도 수백 개의 글이 올라온다. 따라서 이러한 커뮤니티에서 자신을 드러내고자 한다면 자신의 글에 충실해야 한다. 또한 다른 사람들의 반응이나 답글을 존중해야 한다. 또 새롭게 달린 답글에는 최대한 성실하게 답하도록 한다. 관심을 가져준 사람들의 글이므로 잘 관리할 필요가 있다. 이때 명확한 논지를 가진 타당한 비판은 수용하고, 자신의 의견을 답글로 남긴다. 또 별로 연관이 없다고 생각한다면 "저는 이런 부분에 대해서 이야기하고 싶지 않습

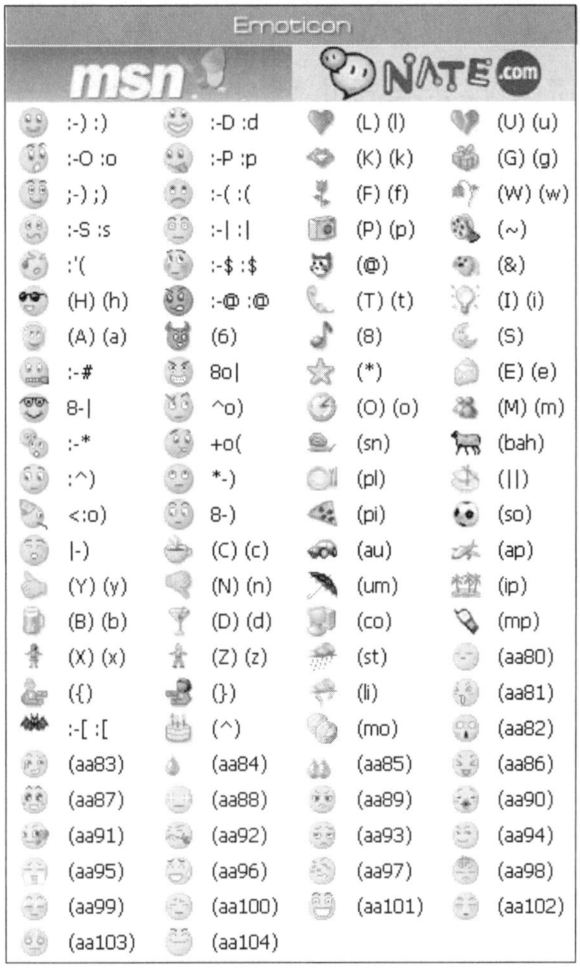

[그림 9-3] 이모티콘 이미지 (MSN:www.nate.com)

니다. 이 부분에 대해 이야기하는 것은 제 글의 목적과는 이러저러해서 어긋납니다." 정도로 입장을 밝히면 좋다.

따라서 인터넷 글쓰기는 다른 사람들과 공유할 수 있는 글을 쓴다는 것임을 잊지 말자. 즉흥적으로 글을 쓰게 되지만, 각종 리뷰나 기획글을 쓸 때는 명확하게 전달할 수 있는 주제를 뽑아서 먼저 소제목을 나열하고 글을 작성하는 것이 좋다. 쉽게 글을 쓸 수 있는 공간이므로 더 정확한 정보를 제공할 수 있도록 해야 한다. 얻어온 정보는 내용의 정확성뿐 아니라 출처도 정확히 밝혀야 한다. 온라인에서 저작권을 보호하기 힘들기 때문에 최소한 정보의 출처를 명시하는 것은 예의다. 아니면 출처가 다른 온라인 커뮤니티나 홈페이지일 경우 간단히 사이트 링크만 걸어줘도 충분하다.

이메일 쓰기

이메일(e-mail)은 컴퓨터 네트워크를 통해 파일이나 메시지를 송・수신하는 것을 말한다. 사전에 따르면 컴퓨터 이용자끼리 네트워크를 통하여 문서나 화상(畫像) 등의 정보를 주고받는 통신 시스템이다. 컴퓨터 통신상에서 자신만의 계정(ID)으로 편지를 주고받을 수 있는 개인 통신방법이다. 인터넷으로 연결되면 누구나 길 건너 또는 지구 반대쪽에 있는 사람들과 실시간으로 의사를 전달할 수 있다.

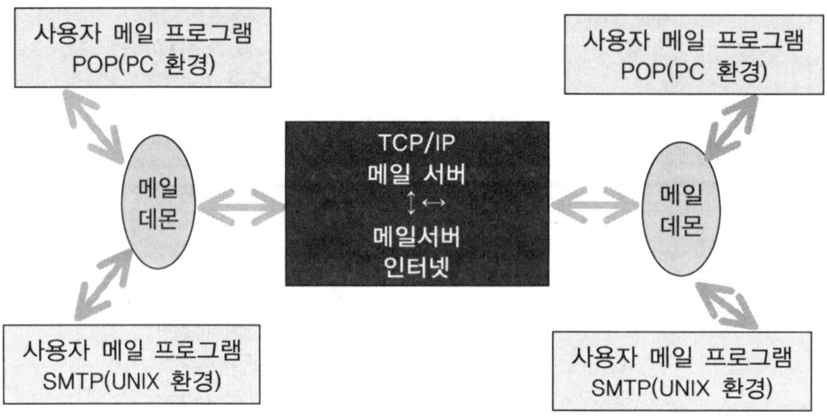

[그림 9-4] 메일과 인터넷의 관계

이메일은 메모와 통지를 보내고 다른 사람과 정보를 주고받는 데도 아주 편리한 수단이다. 또한 현재의 브라우저에 '첨부' 기능이 있어 한글 프로그램이나 마이크로소프트 워드나 다른 워드프로세서 프로그램으로 된 긴 문서를 보낼 수 있어서 시간과 우편요금을 줄일 수 있게 되었다.

이메일 보내기가 너무 쉬워서 때로 글을 쓴다는 느낌이 전혀 들지 않을 때도 있다. 그러나 이메일도 메모나 편지처럼 주의를 요하는 통신문이다. 이메일은 이제 대부분의 회사에서 주된 커뮤니케이션 수단이 되었다. 비용이 들지 않고 신속하고 사용하기 쉽기 때문이다. 하지만 불행하게도 이메일의 속도와 편리함은 이메일을 보내는 사람과 받는 사람 사이에서 오해를 불러일으킬 수도 있다.

이메일을 사용할 때 다음과 같은 점을 주의해야 한다.

- 불필요한 메시지를 주고받으며 시간 낭비를 할 때가 많다.
- 많은 경우 이메일을 대충 써서 보낸다. 마음에 떠오르는 것을 그대로 쓰고 내용이나 구성에 대해서는 살펴보지도 않은 채 그냥 '보내기' 버튼을 눌러 버린다.

- 감정적이거나 분별없는 메시지를 마음을 가라앉히고 차분히 살펴볼 겨를도 없이 보내버리는 경우가 많다.
- 메시지가 의도하지 않은 사람에게 발송되는 경우도 있다. 그래서 부정적인 결과를 낳게 된다.
- 삭제된 이메일이 징계 절차상 복구되거나 법률분쟁에 사용할 목적으로 조사될 수도 있다. 하지만 이런 문제들은 상식적인 센스와 건전한 글쓰기 원리를 적용하여 해결할 수 있다.

이메일의 제목란에 핵심을 적어 넣는다. 메모할 때 제목 붙이기가 중요하듯이, 이메일에서도 제목은 독자의 관심을 불러일으키고 메시지의 내용을 알려주는 기본이 된다. 그러므로 제목은 다음과 같은 목표 가운데 적어도 하나는 충족시켜야 한다. 핵심 메시지를 담을 것, 행동이나 반응을 포함시킬 것, 구체적이되 너무 길지 않게 하라. 수신자가 당신의 메일을 쉽게 저장하거나 찾을 수 있도록 제목을 붙이는 것이 좋다.

제목이 모호하면 정보를 주지 못하는 경우가 많다. 또한 너무 많은 내용을 담은 제목을 붙이려고 하면 이메일의 효과를 감소시킬 수 있다. 만일 제목이 너무 포괄적이고 애매하거나 별 내용이 없다면 독자는 이메일 전체를 읽지 않거나 삭제하고 말 것이다. 바쁜 사람은 하루에 50~100여 통의 이메일을 받는다는 사실을 기억하라. 상대방이 당신의 이메일을 열고 읽도록 하기 위해서는 눈에 띄어야 한다.

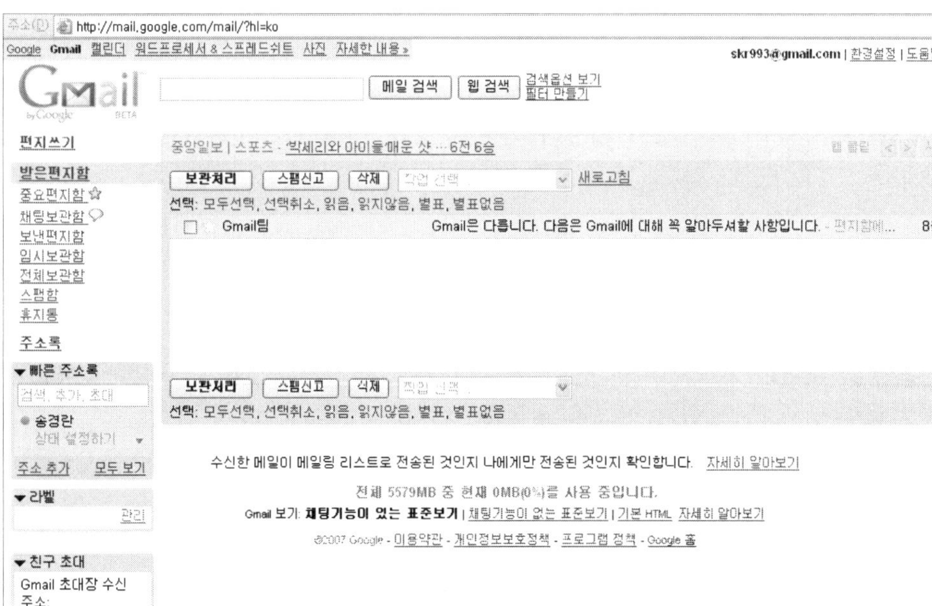

[그림 9-5] 구글 메일 화면

각각의 이메일을 일관된 정보 꾸러미로 취급해야 한다. 각각의 이메일에 하나의 메시지만 적는다면 일관성을 유지할 수 있다. 만일 수신자에게 두 가지 이상의 메시지를 전달한다면 각 메시지를 위해 별도의 이메일을 써서 적당한 제목을 달아 두어야 한다.

TIP

하나의 이메일에는 하나의 메시지만 전달하라!

하나의 이메일에 하나의 메시지만 담으면 두 가지 이점이 있다. 첫째로 수신자가 하나의 메시지를 더 잘 소화하고 답장을 할 수 있다. 둘째로 수신자가 당신의 이메일을 다른 사람에게 계속 전달할 때 필요 없는 다른 메시지를 함께 딸려 보내지 않게 된다.

다음의 여러 메시지가 들어 있는 이메일을 살펴보자.

주 제: 세일즈 미팅이 금요일 오후 3시로 조정되었음
수 신: 강푸름
내 용: 김아름 씨의 시외 출장으로 인해 우리는 일정을 조절할 수밖에 없습니다. 이 메시지를 당신 부서의 회의에 참석할 예정인 사람들에게 전해 주십시오. 한편 박힘찬 씨의 업무 일부를 서어진 씨에게 이관하자는 당신의 제안을 받아들이겠습니다. 그의 분석능력은 아직 부족하므로 당신의 제안에 감사드립니다.

이런 여러 메시지가 담긴 이메일을 여러 사람에게 송신한 결과를 상상할 수 있겠는가? 문서 작성자는 강푸름의 동료들에게 박힘찬의 능력에 관한 자신의 견해를 알려줄 생각은 없었다. 이러한 실수는 두 가지 이상의 화제를 담은 이메일을 작성했을 때 종종 발생할 수 있다.

1) 이메일 메시지 작성요령

이메일은 특별한 안전대책이 요구되는 독특한 의사소통 매체이다. 편지에 속하지만 일정한 형식이 필요한 것은 아니다. 하지만 목적과 내용에 따라 자신의 취향과 받는 이의 성격, 기호에 맞게 특색 있고 다양한 형식과 예의를 갖춘다면 더 효과적이다.

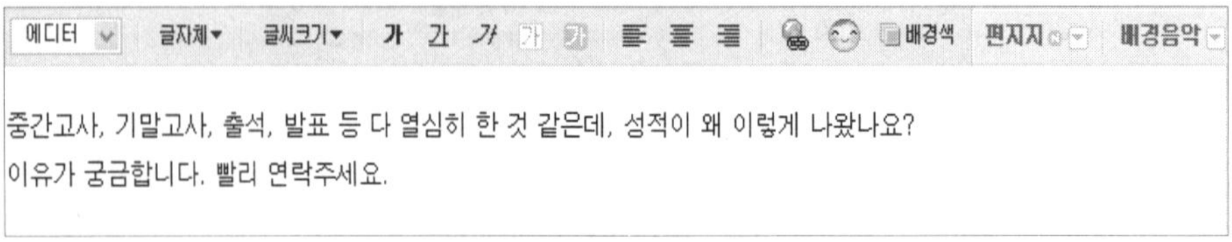

위의 메일 내용은 한 학기 동안 수강한 학생이 성적과 관련하여 교수에게 문의하는 내용을 보낸 것이다. 하지만 여기서 메일을 보낸 학생이 누구인지 분명히 밝히지 않고 아이디만 알 수 있다. 교수에 대한 기본적인 예의를 갖추지 않은 데다 문장도 잘못 썼다. 이를 어떻게 하면 좋을까?

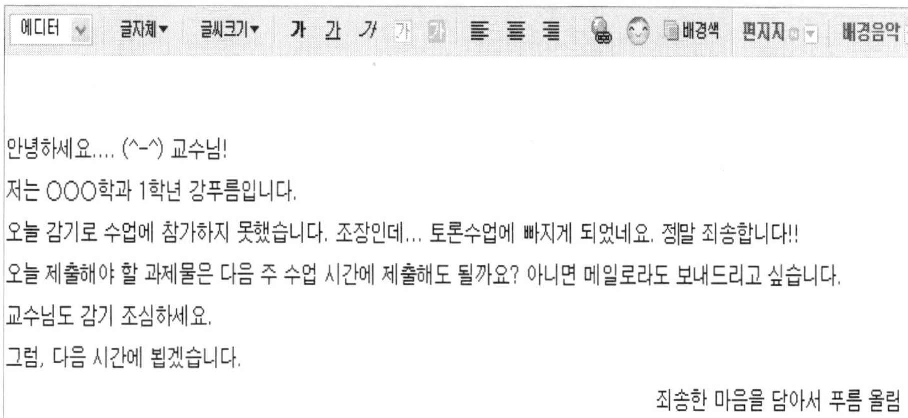

안녕하세요.... (^-^) 교수님!

저는 OOO학과 1학년 강푸름입니다.

오늘 감기로 수업에 참가하지 못했습니다. 조장인데... 토론수업에 빠지게 되었네요. 정말 죄송합니다!!

오늘 제출해야 할 과제물은 다음 주 수업 시간에 제출해도 될까요? 아니면 메일로라도 보내드리고 싶습니다.

교수님도 감기 조심하세요.

그럼, 다음 시간에 뵙겠습니다.

죄송한 마음을 담아서 푸름 올림

자신의 소속과 이름을 밝히고 처음과 끝에도 인사를 썼다. 왜 편지를 보냈는지에 대한 이유도 받는 이에게 간단하고 명확하게 알리고 있다.

- 중요한 메시지를 읽지 않거나 삭제하지 않도록 주제란을 이용해 핵심 내용을 알려라.
- 메시지를 짧게 만들어라. 모든 적절한 정보가 첫 페이지에 보이도록 배열하라.
- 메일 하나에 하나의 화제만 다루어라.
- 보내기 전에 내용을 다시 한 번 검토하고 오탈자는 없는지 확인하라.
- 화가 날 때는 결코 이메일을 보내지 마라. 이렇게 자문해 보라. "이것을 그 사람 앞에서 말할 수 있는가?" 만일 아니라는 대답이 나오면 보내지 마라.
- '보내기' 버튼을 클릭하기 전 마지막 단계에서 주소를 입력하라. 그러면 완성되지 않은 메시지를 보내는 실수를 막을 수 있다.

이메일의 가장 큰 장점은 다른 파일을 첨부할 수 있다는 점이다. 옛날에는 워드로 작성한 파일과 스프레드시트, 오버헤드 프로젝션 페이지와 여러 가지 전자 파일을 인쇄하여 우편이나 팩스로 보내야 했다. 오늘날에는 그런 파일들을 첨부하여 시간과 비용을 절약할 수 있다. 더욱이 그런 파일들은 순식간에 도착한다. 또 한 가지 좋은 점은, 수신자가 그 파일을 수정해서 마찬가지로 빠르고 편리하게 다른 사람에게 보낼 수 있다는 점이다.

문서 외에도 첨부는 긴 메시지와 보고서를 보낼 때 가장 적당하다. 긴 메시지는 스크린에 스크롤링을 해야 하는 번거로움이 있다. 또한 우리가 긴 문서에 사용하는 특별한 포매팅 요소들(굵은 글씨체 제목, 기호, 주석 등)은 이메일 시스템에서 제대로 적용하지 못한다. 그러므로 긴 메시지를 보낼 때는 첨부 파일로 만들어서 보내라. 그리고 이메일 메시지로 수신자에게 첨부한 문서가 무엇에 관한 것인지, 그것을 읽고 어떻게 해야 하는지 알려주면 된다.

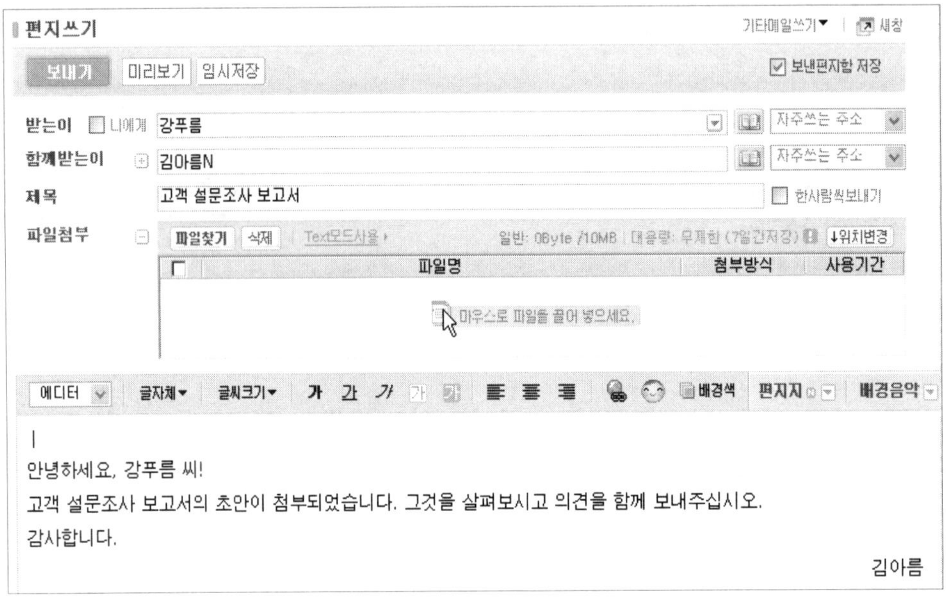

[그림 9-6] 이메일 쓰기 사례

2) 이메일 에티켓

이메일도 지면에 쓰는 편지와 같다. 따라서 내용이 아무리 좋아도 기본 예의를 지키지 않으면 상대방에게 효과적으로 이메일을 전달할 수 없다. 따라서 효과적인 이메일 쓰기를 위해 다음과 같은 이메일 에티켓은 지키도록 하자.

- 가능한 짧고, 간결하고, 이해하기 쉽게 쓴다.
- 제목만 보고도 내용을 짐작할 수 있도록 제목을 잘 달아 준다.
- 본문 서두에 본인이 누구인지 반드시 밝힌다.
- 받는 사람이 읽기 편하도록 줄 간격을 넓게 해 준다.
- 다른 사람에게 불만 사항을 이야기할 때에는 직접적으로 연관된 사람이나 상사를 CC(참조)에 넣지 않도록 한다.

- TO(수신)와 CC(참조)를 잘 구분한다.
- 첨부파일의 용량을 줄여 수신자가 빨리 열어볼 수 있게 한다.
- 회신으로 보낼 것인지, 새로운 메일로 보낼 것인지 신중히 판단한다.
- 주소가 정확한지 확인한다.
- 흥분한 상태에서는 메일을 보내지 않는다.

블로그 사용하기

블로그(blog)는 웹(web)과 일기를 뜻하는 로그(log)의 합성어인 웹로그(weblog)에서 시작되었다. 로그는 컴퓨터에서 시스템에 접속하거나 통신에 접속하는 것을 말한다. 통신망에 접속하는 것을 로그인(log in), 접속을 끊는 것을 로그아웃(log out)이라고 한다. 따라서 블로그에서 로그는 인터넷(웹)이라는 바다에서 사용하는 '항해일지' 또는 '여행일기'이다. 그러므로 네티즌(누리꾼)이 웹에 기록하는 개인 일기나 일지를 뜻하게 된다. 무엇을 기록하거나 이야기하거나 사용자 마음에 달려 있다. 주제를 정해 시사적인 문제나 문화, 경제 등에 대해 다룰 수도 있고, 개인의 일상을 다룰 수도 있다. 이러한 다양성을 추구하는 스토리텔링, 즉 인터넷에 이야기를 기록하는 일이 블로그에서 자유롭게 이루어질 수 있다.

블로그는 현장 중계와 자료 보관실의 기능을 합친 서비스라고 할 수 있다. 즉 블로그는 인터넷의 '정보 공개와 공유'의 정신을 잘 실현해 주는 기능을 담당하고 있다. 이것은 문화 재생산을 위해 지식을 공유하자는 말이지 공짜로 제공하라는 뜻은 아니다. 이것은 정보를 공개하여 더 나은 생산을 위한 바탕을 만들도록 하라는 것이며, 지식을 독점해 과도한 이윤을 추구하지 말라는 것이다.

TIP

학자들이 발견한 물리학 법칙, 수학 법칙, 의학 지식 등을 공개하지 않았다면, 우리는 오늘날 전자, 원자, 페니실린이 무엇인지조차 모르는 무지한 후손이 되었을 것이다.

마치 책을 통해 저자가 지닌 정보와 지식을 공유하듯이, 신문이나 잡지, TV 등을 통해 정보를 공유하듯이, 공개된 매체일수록 성공적인 매체로 살아남는다. 야후나 네이버, 구글, 다음 등이 정보를 모두 공개하고 공유하며 기술을 개발함으로써 성공한 예들이다.

블로그는 쉽게 글쓰기를 도와주는 훌륭한 도구다. 인터넷 게시판에 글을 써서 올릴 수 있는 수준이라면 누구나 만들어 사용할 수 있다. 블로그를 사용하다 보면 글쓰기가 생활화되고 기록이 그만큼 쌓여 개인의 보물창고 노릇을 하게 된다. 그만큼 작가가 아니어도 누구나 손쉽게 글쓰기 욕구를 채울 수 있다.

[그림 9-7] 필자의 블로그 '배워서 나누자'

2003년부터 옥스퍼드 사전에 블로그가 신조어로 오르면서 통용되고 있다. 블로거(bloger)는 블로그를 운영하는 사람 또는 블로그에 글을 올리는 사람을, 블로깅(bloging)은 블로그에 글을 쓰는 행위나 과정을 뜻하는 말로 쓰인다.

특히 막강한 커뮤니티 파워를 자랑하는 포털 사이트들의 블로그 서비스는 사용하기 간편한 데다 뉴스를 비롯한 각종 콘텐츠들과 손쉽게 연동할 수 있다는 장점을 가지고 있다.

[표 9-1] 주요 사이트의 블로그 형태

사이트 종류	도입 이유	구현 형태
대형 포털	네티즌 참여 강화 콘텐츠 생산 및 검색 강화 네트워크 기능과 개인 홈페이지 기능 결합	뉴스 서비스에 블로그 개념 접목 커뮤니티 블로그 개인 홈페이지에 링크 추가
미디어 사이트	열린 게시판의 문제점 보완 트래픽 증가 능동적인 회원 참여 공간 확보	편집 방향성 있는 콘텐츠 블로그 개인 참여형 콘텐츠 블로그
커뮤니티 사이트	커뮤니티 확장성 강화 다수의 능동적 참여 유도 개인 홈페이지 추가	홈페이지와 커뮤니티의 결합 형태

(김익현, 《블로그 파워》, 17쪽)

그 과정에서 무분별한 '펌질' 같은 부작용이 있긴 하지만, 초보 사용자들이 블로그에 친숙해지고, 또 쉽게 블로그 세계에 들어갈 수 있게 해 준다. 더욱이 2003년 7월 전자신문이 일간지 중 최초로 블로그 서비스를 시작한 데 이어 디지털타임즈, 중앙일보, 조선일보, 오마이뉴스, 연합뉴스, 한겨레 등이 블로그 대열에 합류하면서 독자들의 반응과 기사 생산 시너지 효과를 내고 있다.

1) 블로그의 유형

블로그는 전적으로 운영자의 특성, 즉 자신의 관심사, 자신의 견해, 그리고 링크들과 주석에서 보이는 개인적인 성향 등에 기인한다. 그래서 예술가에 대한 난해한 기사에서부터 시사적인 사건에 대한 뉴스 논평, 친구의 사이트에 이르기까지 광범위하게 연결되어 있다. 레베카 블러드는 이를 크게 세 가지로 나누었다.(≪웹로그 핸드북≫, 6~8쪽)

❶ 단순 로그형 블로그(blogs, log style)

2000년 중반까지 주류를 이루던 초기 형태의 블로그로서 주로 짧은 형태의 일지를 닮았다. 글쓴이의 주제는 주로 자신의 일상생활이며, 텍스트에는 하부 링크가 있다. 엔트리(entry: 블로그의 글 또는 글이 게시되는 공간)의 글이 독자에게 뉴스나 잡지 기사를 알려주는 경우에는 링크 문구는 재빠르고 임의적인 해석 같은 느낌을 준다. 블로그 관리를 손쉽게 할 수 있는 툴들이 속속 등장하면서 이런 유형이 급속하게 확산되었다.

❷ 노트북형 블로그(notebooks)

개인적인 듯하면서도 외부 세계에 초점을 맞춘 형태로, 스토리 형식과 공개적인 사색의 공간을 디자인하기도 한다. 주로 하루에 한 주제를 집중적으로 다루는 한 편의 긴 글을 쓰는 형식을 띤다. 이 블로그는 전체 경험의 목록 속에서 개인적 이야기를 선택해 담고 있다. 결국 자신의 일을 분류하는 사람도 그 사이트의 운영자요, 자신을 가장 잘 나타내는 그 커뮤니티를 선택하는 것도 그 운영자이다.

❸ 필터형 블로그(filters)

자신의 일상에서 벗어나 보다 넓은 세계와 연관을 맺으려 한다. 주제 중심적인 블로그의 경우 특정 주제에 관한 모든 뉴스의 출처를 독자에게 끊임없이 제공하려고 한다. 주로 링크를 활용해 주요 이슈에 대해 코멘트하거나 평가하는 등의 방법으로 세상을 향해 발언한다. 특히 필터링은 블로그에서 중요한 역할을 담당한다. 불필요한 정보를 걸러낸 뒤 꼭 필요한 정보만 제공해 주기 때문이다. 링크 기능을 적극 활용해 맥락적인 정보를 제공할 수 있다는 게 장점이다. 특정 사안에 대한 논평이나 반대되는 문서, 정보 등을 나란히 배치함으로써 독자들로 하여금 사건의 맥락을 짐작할 수 있도록 돕는다. 또한 관점뿐만 아니라 정보까지 공유할 수 있다는 점에서 공동 블로그 운영도 이루어지고 있다.

그 밖에 블로그를 주제별로 나누면 여행, 포토, 비즈니스, 결혼, 역사, 유머 등이 있다.

2) 블로그 작성방법

블로그를 사용하는 데는 두 가지 방법이 있다. 그 하나는 전문 사이트에 가입해 블로그 계정을 받아서 사용하는 방법이고, 다른 하나는 블로그 프로그램을 자신의 홈페이지에 설치해 사용하는 방법이다.

전자의 경우, 대형 블로그 사이트에 가입해 사이트에서 제공하는 블로그 도구를 그대로 이용하기만 하면 된다. 회원에 가입하면 바로 사용할 수 있어서 간단하고 편리하다. 그러나 사이트에서 제공하는 기능 외에는 사용할 수 없다는 점이 아쉽다. 초기에는 블로거닷컴(http://www.blogger.com)과 같은 블로그 전문 사이트에서만 블로그 계정을 제공했지만, 요즘은 네이버, 야후, 한미르, 다음 등의 포털 사이트에서도 블로그 계정을 제공하고 있다.

후자의 경우 설치나 운영이 까다롭지만 원하는 형태로 블로그를 운영할 수 있다. 이 방식을 '단독 블로그' 또는 '설치형 블로그', '독립 블로그'라고 한다.

엔트리를 게재하는 것이 아주 익숙해질 때까지 블로그 관리 서비스를 시험하며 시간을 보낸다. 완벽한 개시 서비스를 찾는 과정에서 이쯤 되면 가장 마음에 드는 것이 한두 개

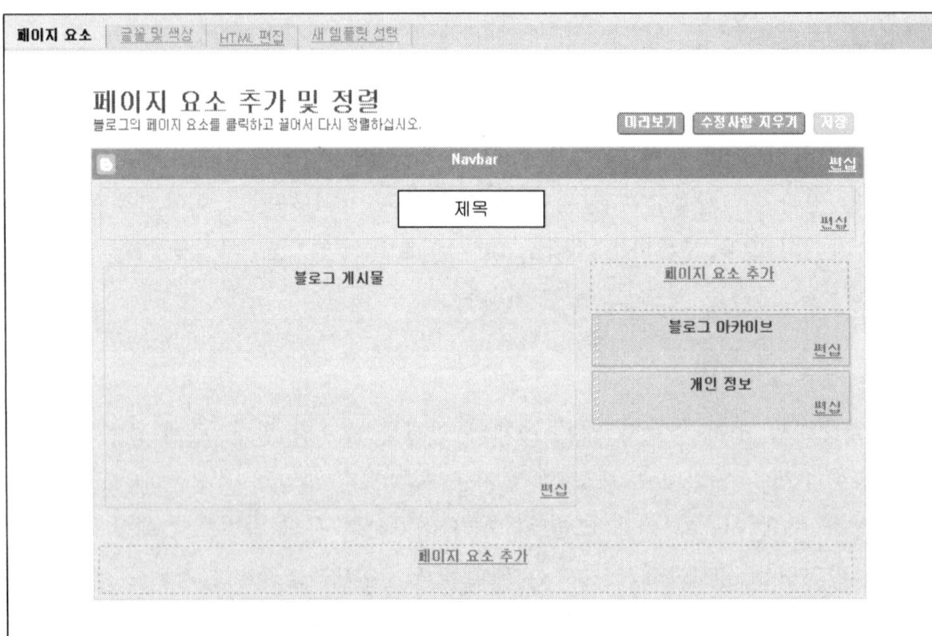

[그림 9-8] 블로그의 페이지 요소(www.google.com)

생길 것이다. 이제 취향에 맞게 페이지 모양을 구성하는 것이 얼마나 쉬운가를 잠시 결정해야 한다. 이용 가능한 사이트의 블로그 페이지 요소를 다음과 같이 고려하여 템플릿을 살펴보고 자신의 블로그에 포함하고 싶은 특정 요소를 생각한다.

블로그의 구성요소를 살펴보면 다음과 같다.

① 아카이브(archives, 지난 글): 블로그는 시간순으로 문서를 작성하므로 시간순 구별이 중요하다. 그래서 지난 문서를 연도, 달, 날짜로 선택할 수 있도록 제공한다. 아카이브 문서를 보관하거나 제공할 것인지 여부는 블로거 개인별 선택 사항이다. 이전의 엔트리를 언급하고 싶을 때 유용하며, 시간이 지나서 이것을 훑어보면 재미있다. 자신의 사이트가 변해온 방식을 살펴볼 수 있다.

② 템플릿(templet, 양식): 블로그 사이트에서 제공하는 이미 만들어진 디자인이나 구성 형식을 이용하는 문서 양식을 말한다. 이러한 양식 중에서 하나를 선택하여 사용하면 되므로 손쉽게 블로그를 사용할 수 있다. 기본 양식은 흰색 바탕에 깔끔한 텍스트 위주로 사이트를 구성하지만, 최근에는 포털 사이트에서 제공하는 템플릿이 다양해지고 있다.

③ 저작권 공고(copyright notice): 만일 다른 사람이 고안한 템플릿을 사용하고 있다면, 자신의 저작권은 자신의 글과 사진과 그 외 고유한 자료에만 적용될 수 있다. 자신이 만든 작품은 그것을 만들 때부터 자동적으로 저작권이 보호된다는 사실을 알아야 한다. 저작권 공고가 자신의 페이지에 어느 정도 합법성을 부여할 수도 있다.

④ 이메일 주소: 블로거들은 대부분 사이트 어딘가에 그들의 이메일 주소를 남긴다. 이렇게 해서 독자는 블로거의 주석에 대한 자신의 생각을 공유할 수 있을 뿐만 아니라, 사이트에 뭔가 문제가 있을 때 블로거에게 알릴 수 있다. 독자들은 블로거가 게재를 고려해 볼 만한 것이라고 생각하는 기사에 대한 링크를 블로거에게 보내 주기도 한다.

⑤ 사이드 바: 정기적으로 방문하는 사이트 수와 글자체 크기를 바탕으로 사이드바에는 미니포털을 만들 다수의 방이 포함될 수 있다. 이러한 미니포털은 선호하는 뉴스 사이트와 일과 관련된 사이트, 그리고 선호하는 블로그 리스트로 링크된다. 자신의 웹사이트 페이지에 정기적으로 방문하는 사이트 목록이 있으면 정말로 편리하다.

⑥ 고유 링크: 각 블로그 엔트리 앞이나 뒤에 있는 링크로서, 독자를 아카이브에 있는 각 블로그의 홈으로 데려 간다.

⑦ 검색: 검색 엔진은 지나간 엔트리를 찾아 자신의 블로그를 검색하는 데 편리할 뿐 아니라 일반적인 웹 검색 엔진을 통해 그곳에 들르게 된 사람들에게도 친절한 안내자 역할을 한다.

⑧ 코멘트 시스템: 토론의 장은 관리가 필요하다는 점, 코멘트 소프트웨어 가운데에는 사이트의 속도를 느리게 하는 것도 있다는 점을 고려하라.

3) 다른 블로그 사이트 블로깅하기

블로그를 만들었다면 자신의 블로그 사이트를 홍보해야 한다. 이때 다른 블로그에 글을 남기는 것은 좋은 방법이다. 게시물을 남기는 방법, 먼댓글을 남기는 방법, 방명록에 글을 남기는 방법이 있다.

다른 블로그 사이트에서 게시물을 읽고 게시물 밑의 [덧글쓰기] 아이콘을 누른다. 내용을 간단하게 입력하고 [덧글 입력] 아이콘을 눌러 등록한다. 덧글은 계속 추가할 수 있다. 덧글을 쓰고 나면 왼쪽에 덧글 쓴 사람의 ID가 표시된다. 이 ID를 선택하면 해당 블로그로 이동이 가능하다. 이렇게 해두면 자기 블로그 방문을 유도할 수 있다.

네이버 블로그는 트랙백을 '엮인글'이라고 표현한다. '엮인글'을 쓸 때는 새 글(포스트) 작성 화면이 나타난다. 뒤에 나오는 댓글 부분을 참조하면 더욱 도움이 될 것이다. 엮인글이 등록되면 서로 엮이는 관계의 네트워크를 형성할 수 있다.

[표 9-2] 덧글과 엮인글의 비교

덧글(코멘트)	엮인글(트랙백)
짧은 글만 작성	장문의 새 글 작성
글로만 작성 가능	사진이나 멀티미디어를 포함해 작성 가능
다른 블로그 사이트의 해당 게시물 밑에 남음	내 블로그의 카테고리에 기록됨

[내 블로그에 담기]를 통해 다른 블로그의 글을 쉽게 퍼갈 수 있다. 이 기능은 다른 블로그 사이트에서 좋은 글을 발견하면 [스크랩하기] 아이콘을 눌러 저장하는 것이다. 네이버 블로그에서는 이 기능을 '이 포스트를…'의 [내 블로그에 담기] 또는 [카페에 담기]로 활용할 수 있다.

이웃 블로그는 자신이 관심을 가지고 링크로 등록한 블로그를 뜻한다. 즉 자신이 마음에 드는 블로그를 즐겨찾기 목록에 추가하는 것이다. 이때 네이버 블로그의 '최근 인기 태그'를 활용하면 관심 있는 블로그를 링크할 수 있다. 이때 태그는 글을 검색할 때 도움을 주고자 만든 일종의 검색어라고 할 수 있다. 이렇게 해서 이웃 블로그를 주제별로 구분하여 그룹으로 만들어 놓으면 편리하다.

[블로그 관리]에서 [환경설정]에 들어가 [이웃 블로그] 시트를 선택한다. [이웃그룹]에서 블로그 사이트 이름을 입력하고 [그룹 추가] 아이콘을 눌러 새로운 그룹을 하나 만든다.

[확인] 아이콘을 눌러 등록을 마친다.

네이버, 다음, SK 커뮤니케이션즈, 엠파스, 야후 등 인터넷 포털 업체들은 1인 미디어 시대의 주도권을 잡기 위해 총력전을 벌이고 있다. 미디어적 성격과 커뮤니케이션 기능을 강화한 새로운 블로그 서비스가 경쟁력을 높이고 있다.

4) 인기 블로그 만들기 10계명

마케팅홍보연구소가 2005년에 발표한 인기 블로그 만들기 10계명과 블로그 홍보 10계명을 소개하면 다음과 같다.

① 블로그를 제대로 기획하고 정성을 다해 만든다. 네티즌의 관심사를 파악하여 카테고리를 만들고 자신만의 콘텐츠를 많이 올린다.

② 핵심 키워드가 검색엔진에 걸리도록 한다. 블로그 제목과 설명, 메뉴 또는 카테고리 등을 검색엔진 마케팅에 입각해 핵심키워드로 구성한다.

③ 하나의 블로그에 하나의 주제만 담는다. 잘 되는 음식점은 전문 메뉴 하나로 승부한다는 것을 잊지 말자.

④ 화제가 될 만한 이야기나 감동적인 콘텐츠를 올린다. 다른 블로그나 미니홈피로 네티즌이 쉽게 전파할 수 있게 많은 사람들이 공감할 이야기를 제공한다. 화제가 되었던 빵집 천사 아가씨의 감동적인 이야기 사례를 상기하자.

⑤ 상업성을 적게 하고 재미있고 유익한 블로그를 만든다. 장사 뉘앙스가 많이 풍기면 네티즌이 처음부터 외면한다. 재미있고 유익한 정보를 전진배치하고 노골적인 홍보를 가급적 배제한다.

⑥ 글보다는 사진, 동영상 멀티미디어를 활용한다. 네티즌에게 호감을 얻으려면 딱딱한 글보다는 사진, 사진보다는 동영상 멀티미디어가 좋다. 동영상 멀티미디어는 동영상만 올리지 말고 밑에 글로 설명문을 달아 검색엔진이 찾게 한다.

⑦ 콘텐츠를 매일 새롭게 올려 자주 오도록 유도한다. 매일 신선한 메뉴로 네티즌을 즐겁게 해 준다.

⑧ 남들이 복사하거나 전파하기 쉽게 해 준다. 누구나 퍼가게 해 준다. 다른 블로그에 옮기기 어렵거나 기술이 필요하다면 전파가 어렵다.

⑨ 짧고 감각적으로 쓰고 보기 좋게 편집해서 올린다. 글이 길면 지루해서 네티즌이 쉽게 떠난다. 보기 좋은 떡이 먹기도 좋다.

⑩ 블로그 운영 내부 가이드라인을 만들고 관리한다. 부정적인 글을 올려도 감정적으로 대응하거나 지우지 말고 진솔하게 대한다.

[그림 9-9] 2007 상반기 올블로그 어워드 탑 100 블로거

TIP

멋지게 블로그를 만들었다면 매년 우리나라에서 개최되는 올블로그 어워드에 도전해 보는 것은 어떨까!

우리나라에서 블로그 사용자가 점차 늘어나게 되자 양질의 콘텐츠를 생산하는 새로운 블로그파워들의 활약도 부각되고 있다. 건전한 블로그 문화를 만들어 가며 우수한 블로그 양성을 위해 올블로그 어워드가 매년 실시되고 있다.

그 중에서 'SK의 이글루스 인수' 사건이 블로거들에게 큰 이슈가 되었으며 UCC와 Web2.0, 된장녀, FTA, 월드컵, 참여정부 관련 글 등 한 해 동안 사회에서 화제가 되었던 글들이 주를 이루었다. 특히 총 100개의 글 중 IT 관련 글이 약 40%를 차지하여 정치(8%), 문화, 경제 등의 다른 분야에 비해 월등히 높은 수치를 나타냈다.

올블로그 어워드 2006 총결산에서 1위를 차지한 '떡이떡이'(http://itviewpoint.com, 세계일보 편집국 인터넷뉴스부 기자)는 IT 관련 소식을 신속하고 정확하게 전해 주어 전문블로거로서의 역할을 톡톡히 해냈으며 이와 더불어 '그만', '송원섭', '이정환' 등 뉴스보다 빠르고 유용한 정보들을 제공해 1인 미디어의 의미를 확산시키는 기자 블로거들도 점차 늘어나고 있다. 한편, 76위에 랭크되어 있는 '청와대 블로그'(http://blog.naver.com/cwdblog)는 블로거들과의 직접적인 소통을 하기 위해 올블로그를 교류의 장으로 적극 활용하고 있는 것을 볼 수 있으며 '메타 블로그를 사로잡는 방법'의 '그로커'(45위, http://grokking.tistory.com), '사진을 잘 찍는 법'의 '우주최강'(34위, http://nitenday.egloos.com) 등 사회적 이슈와 상관없이 사용자가 영양가 있고 가치 있는 글들을 직접 블로그에 생산해 내어 유용하게 사용되고 있는 것을 알 수 있다.

(세계일보 인터넷뉴스부 bodo@segye.com, 팀 블로그 http://in.segye.com/bodo)

미니홈피 활용하기

미니홈피나 블로그 모두 '온라인 1인 미디어(媒體)'라는 점에서 공통점이 있지만 자세히 들여다보면 문화적 차이점이 있다. 미국에서 건너온 블로그가 '광장문화'에 가깝다면 이를 변형한 싸이월드의 미니홈피는 한국형 '방문화'에 가깝다.

우리나라에서는 미니홈피가 블로그란 말과 일맥상통하기도 하며 싸이가 선풍적인 인기를 끌면서 엠파스, 네이버, 파란 등등 많이 생성되고 있다. 최근 섬이란 타이틀을 걸고 대대적인 홍보를 하는 것도 싸이와 경쟁을 하기 위해 만든 것이라 할 수 있다.

특히 블로그 사용자는 주로 남성이 많은 반면 미니홈피를 사용하는 층은 주로 여성들의 비율이 높다는 점도 차이점이다. 900만 명의 회원을 갖고 있는 미니홈피의 최근 이용자 지표를 살펴보면 여성이 55%로 45%를 차지하고 있는 남성보다 많다. 또 10대가 15%, 20대가 66%, 30대 13%, 40대 6% 비율을 기록하고 있다. 특히 주목해야 할 점은 여성 이용자들이 싸이월드 미니홈피로 남성 이용자들을 유입하는 데 결정적인 역할을 했다는 점이다. 작년 2003년 상반기까지 여성과 남성의 비율은 7 대 3 수준으로 여성 사용자가 월등히 많았다. 그러나 그 해 하반기에는 여성과 남성의 비율이 6 대 4로 좁혀졌다.

[그림 9-10] 미니홈피를 제공하는 마이홈피

미니홈피는 바로 작년 8월을 기점으로 대중적 인기를 끌면서 급성장세를 탔다. 20대 여성들의 '방문화'가 싸이월드 미니홈피에 고스란히 담겨 있는 셈이다. 반면 400만 개가 운영되고 있는 네이버(www.naver.com) 블로그의 경우는 그 반대이다. 성별로는 남성이 55%, 여성이 45%이다. 40대의 경우 남성 사용자가 70%로 압도적이다. 작년 10월 기준 네이버 블로그의 남녀 비율은 52 대 48이었다.

홈페이지와 블로그의 차이

홈페이지는 페이지 중심 구조이지만 블로그는 포스트 중심 구조이다. 따라서 홈페이지 운영자들은 새로운 글을 올릴 때는 새로운 페이지를 만들어 주어야 한다. 그만큼 홈페이지 유지, 보수가 어려운 것도 사실이다. 이에 반해 블로그는 글 하나하나가 독립적인 지위를 획득하고 있다. 새롭게 글을 쓰고 싶으면 그냥 그 글 하나를 끼워 넣으면 된다. 그렇기 때문에 홈페이지가 비교적 정적인 구조라면 블로그는 상당히 역동적인 분위기를 풍긴다. 즉 기존 웹사이트는 문서 중심 구조, 페이지 중심 구조였기 때문에 한 번 업데이트하려면 엄청나게 성가셨다. 하지만 블로그는 페이지를 더하는 대신 텍스트와 링크를 곁들이는 방식을 택해 기존 웹사이트의 정적인 한계를 벗어나게 했다.

[표 9-3] 홈페이지와 블로그의 비교

구분	블로그	홈페이지
기본 형식	포스트 중심 구조	페이지 중심 구조
정보 흐름	양방향	일방향
콘텐츠 생산	운영자와 이웃	운영자
유인 방식	링크, RSS, URL 등	URL
주고객	이웃	손님
업데이트 주기	수시	가끔
느낌	역동적	정체적
외부 연결	개방적	폐쇄적
방문 경로	검색/링크	검색/선전
우연한 방문	자주 있음	거의 없음

블로그가 급부상하는 반면 미니홈피의 성장률이 주춤해진 것은 열린 네트워크와 닫힌 네트워크의 차이로 보인다. 블로그가 비교적 다른 블로그와의 이웃맺기가 자유로운 반면, 미니홈피는 서로 잘 알고 있는 사람들 간의 내성적인 커뮤니티 성격이 강하기 때문이다.

실제로 블로그나 미니홈피 이용자들은 상호 동의에 의해 엄선된 1인 네트워크보다는 확장성이 담보된 사회 연결망을 훨씬 선호하는 듯하다. 실제로 네이버의 시행착오와 싸이월드의 변신만 보아도 이를 확인할 수 있다.

네이버는 지난 2005년 초 블로그 서비스 개편을 통해 이웃의 단계를 '이웃'과 '서로 이웃'으로 구분하려고 했다가 거센 항의로 실현하지 못한 적이 있다. 싸이월드의 경우, 블로그와 유사한 서비스를 제공하면서 '일촌 파도타기'를 통해 네티즌 간의 유대감을 돈독히 할 수 있게 하여 대중적인 호응을 얻었다.

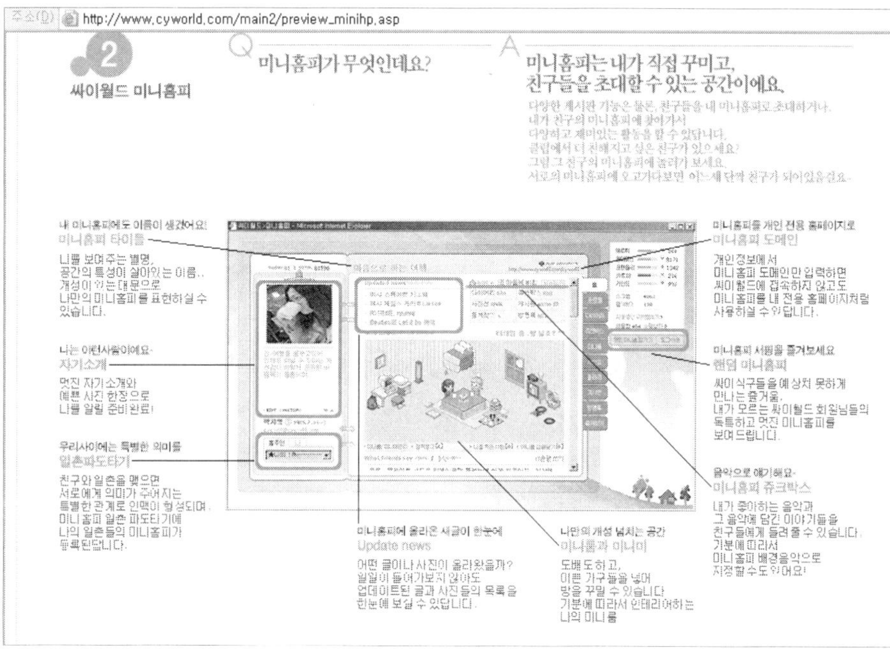

[그림 9-11] 싸이월드 미니홈피 소개

싸이월드의 변신과 네이버의 이웃정책 시행착오는 블로그의 열린 네트워크가 갖는 매력을 상징적으로 보여준다. 또한 블로그와 미니홈피가 네티즌들이 직접 꾸미고 서로를 초대할 수 있는 공간으로서, 함께 활동하면서 네티즌 간의 인맥을 형성하는 1인 미디어 역할을 할 때 디지털 시대와 의사소통하고 있음을 알 수 있다.

댓글 달기

댓글이란 인터넷 게시판이 활성화되면서 나타난 말이다. 인터넷 게시판 이용자들 사이에 주고받는 글쓰기 문화를 통틀어 일컫는 개념으로, 게시물 밑에 짧게 덧붙이는 글이라는 뜻의 코멘트(comment)를 말한다.

PC 통신 시절이나 인터넷 초기의 게시판 시절에는 답글(reply)만 있었다. A 네티즌이 게시판에 글을 올리면 B 네티즌이 이 글에 대한 '답글 쓰기' 아이콘을 눌러 답장을 쓰는 형태였다. 이때 B 네티즌이 쓴 답글도 하나의 게시물로 등록된다. 이렇게 달린 답글 앞에는 이메일과 같이 'Re:'라는 영어 문장이 자동으로 추가된다. 그래서 사람들이 '댓글'은 '대답하다, 응수하다'를 뜻하는 영어 단어 '리플라이'를 줄여서 '리플'이라고 부르게 되었다. 형태상 한자어 접두사 '대(對)'와 사이시옷(ㅅ)+'글'로 분해된다. 뜻대로 해석하면 '대답하는 글, 상대하는 글' 또는 줄여서 '답글' 정도로 풀이된다.

댓글은 대구로 쓴 글이라는 뜻으로, 덧글은 덧붙여 쓴 글의 뜻을 지닌다. 덧글은 A 네티즌의 글 밑에 몇 줄 추가로 쓴 감상문을 의미한다. 따라서 talkback, comment라는 덧글이나 쪽글로 번역할 수 있다.

이때 문제가 되는 것은 댓글의 범위이다. 기존방식의 답글만을 댓글로 볼 것인가, 아니면 덧글 형식도 댓글로 볼 것인가가 문제인 것이다. 사실 원 글에 대구로 쓴 글이 덧글이므로 댓글에 포함시킬 수 있다. 따라서 김중태의 견해대로 원 게시물과 같은 등급과 형식으로 작성된 글을 댓글로 보고, 원 게시물 밑에 몇 줄 추가한 짧은 형식의 덧글로 분류할 수 있다. 블로그 사이트에서 글 밑에 몇 줄의 짧은 감상문을 쓰는 것을 코멘트(덧글)라고 하는데, 글의 특성상 댓글(답글) 기능이 있는 곳이 거의 없으므로 코멘트가 덧글과 댓글의 기능을 모두 수용하고 있다. 따라서 블로그의 글에 다는 코멘트는 댓글이라고 보는 것이 더 타당할 것이다.

댓글을 통한 피드백은 온라인 커뮤니티에서는 다양한 의사소통을 가능하게 한다. 댓글을 달 때는 가장 기본적으로 다른 사람의 글을 읽고 이해하고 나를 이해시키는 작업의 기쁨을 느끼면서 하는 것이 좋다. 내 글이 다른 사람에게 읽힐 만한 가치가 있다고 판단해 주는 사람이 있다는 것이 즐겁다. 또다른 사람은 내 글을 어떻게 읽어줄까 궁금하다.

인터넷 게시판의 익명성을 악용하여 상습적으로 남을 헐뜯거나 허위 사실을 퍼뜨리는 이러한 댓글문화를 가리켜 일명 '악플문화'라 부른다. 사이버 공간을 통해 회원들 또는 불특정 다수의 사용자들 사이에 각종 정보를 주고받을 수 있는 인터넷 게시판이 활성화되면서 나타난 말이다. 인터넷 게시판 이용자들 사이에 주고받는 글쓰기 문화를 통틀어 일컫는 개념으로, 인터넷 문화 또는 인터넷 게시판 문화의 하위 범주에 속한다.

댓글문화에는 긍정적인 측면과 부정적인 측면이 모두 존재하며, 자유로운 토론의 장이 될 수 있는가 하면, 비판을 위한 비판이 아니라 비난을 위한 비판의 장이 될 수도 있는 것이 댓글문화가 가지고 있는 특성이다. 때문에 잘못된 댓글문화를 올바른 방향으로 유도하려는 노력들도 계속되고 있는데, 아직까지는 두 가지 요소가 공존하고 있다. 댓글문화의 부정적인 측면을 문화지체 현상으로 보는 이들도 있다.

댓글이라는 단어가 맨 처음 쓰이게 된 곳은 유즈넷 그룹의 han.rec. 그룹이라 한다. 한 9~10년 전쯤부터 사용해서 지금에 이르게 된 것이다. 유즈넷이라는 곳은 뉴스그룹이라고도 불리며 인터넷 초창기부터 게시판 역할을 하는 곳이다. 유즈넷은 누구나 사용할 수 있지만 네티즌 간의 자율적인 규율이 있어 그를 지키고자 노력하는 곳이다.

댓글에는 댓글, 먼댓글, 덧글, 악플 등이 있다. 일반적으로 짧은 글은 '댓글', 본문과 글자 수가 비슷한 문장에 본문과 같이 보이면 '덧글', 전자메일처럼 본문과 같이 있지 않으면 '답글'이라고 한다.

[그림 9-12] 댓글 유형

댓글이나 덧글은 짧은 글을 작성하기에 적합하다.

1) 트랙백

주인장의 기능 제한으로 대개는 HTML 태그 사용이 제한된다. 따라서 텍스트로 된 글만을 올릴 수 있다. 자신의 홈페이지에도 기록을 남기기 위해서는 해당 게시물에 덧글을 달고 자신의 홈페이지에도 기록해야 하는 수고를 해야 한다. 자신이 작성한 댓글에 대한 추가 반응을 얻기가 어렵고 작성자의 홈페이지 방문을 유도하기 어렵다. 이를 보완한 것이 트랙백이다.

트랙백(trackback, 먼댓글)은 댓글과 덧글 기능의 확장판이라고 볼 수 있다. 기존의 답글과 덧글이 해당 게시판에 독자가 게시물을 읽고 난 뒤 답변이나 감상문을 적는 기능이다. 따라서 덧글은 해당 게시물 밑에만 남겨진다. 하지만 트랙백은 다른 곳에 댓글을 남기는 기능을 한다. 즉 해당 게시물에 대해 댓글이나 덧글을 달되 다른 사이트에서 원격으로 덧글을 다는 행위를 할 수 있다. 트랙백을 우리말로는 엮인글, 이어 말하기, 관련글, 되오름글 등으로 부르기도 한다.

2002년 8월 설치형 블로그를 만들 수 있는 무버블타입(Movable Type) 2.2의 한 기능으로 발표된 국제 규격으로, 서로 다른 서비스나 프로그램 사이에서도 호환이 되는 것이 장점이다. 따라서 자신의 의견을 댓글로만 표현하던 한계에서 벗어나 특정 주제에 대해 좀더 활발하고 진지하게 의견 교환을 할 수 있다. 특히 자신의 의견을 자신의 블로그 공간에 올릴 수 있기 때문에 그 동안 깊이 있는 의견을 덧붙이는 것이 힘들었던 댓글 커뮤니케이션의 한계를 극복할 수 있다는 점에서 인기를 모으고 있다.

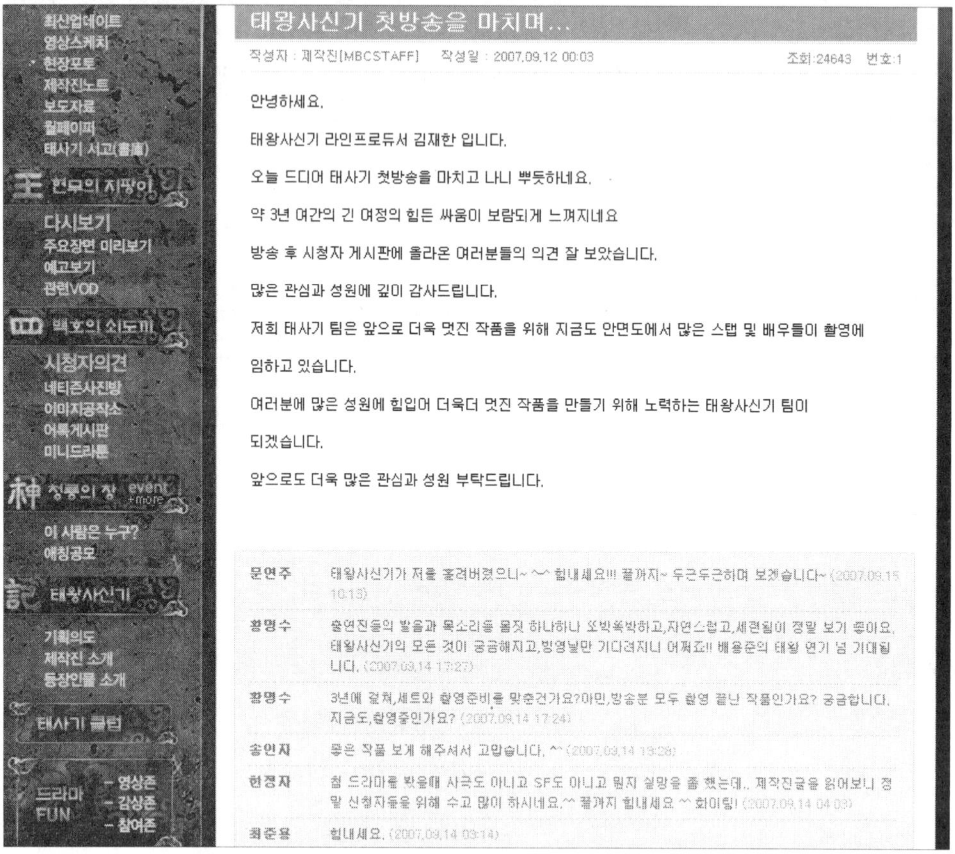

[그림 9-13] 트랙백을 이용한 MBC 드라마 〈태왕사신기〉의 시청자 의견(www.imbc.co.kr, 2007년 9월)

한 마디로 트랙백은 기존 댓글, 덧글 기능의 확장판이다. 기존의 댓글이 독자가 해당 게시판에서 게시물을 읽고 난 뒤 답변이나 감상문을 적는 기능이었다. 따라서 댓글은 해당 게시물 아래에만 남겨졌다. 하지만 트랙백은 이를 좀더 개선한 것으로, 다른 곳에 댓글을 남기는 기능을 한다. 해당 게시물에 댓글을 달긴 달되, 다른 사이트에서 원격으로 달 수 있도록 한 것이다(김중태, 2003, 65쪽). 이에 따라 한두 줄의 짧은 글만 올릴 수 있었던 게시판 댓글과 달리, 트랙백을 이용할 경우에는 사진이나 동영상이 들어간 HTML 문서도 자유자재로 이용할 수 있다.

트랙백을 이용하면 회원의 정보관리, 선택된 회원의 정보 삭제, 회원의 레벨 변경, 회원

추가, 회원의 그룹 이동, 특정 레벨의 회원만 검색할 수 있다. 또 한 페이지당 표시될 회원 수를 지정할 수 있으며, 메일링 리스트 발송이 가능하다.

2) 리뷰 쓰기

리뷰(review) 또한 댓글 쓰기의 일종으로 볼 수 있다. 리뷰란 원래 재음미, 재검토, 비평이나 논평이라는 뜻을 가진 말이다. 그런데 인터넷 글쓰기에서는 특정 상품이나 대상에 관련된 자신의 생각을 인터넷상에 올리는 글을 말한다.

인터넷을 통해 올라가 있는 글들 가운데 책, 영화, 연극, TV 드라마 등의 감상에서부터 제품에 대한 사용 소감까지를 포함해서 리뷰라고 하는 것이다. 일종의 댓글과도 같다. 네티즌들이 작성한 리뷰가 영화의 흥행을 좌지우지하거나 드라마의 결말을 바꾸기도 한다. 또 특정 제품의 판매량에도 영향을 끼친다.

TIP

영화의 경우 네티즌의 열화와 같은 호응을 얻으며 흥행한 심형래 감독의 <디워>를 생각해 보라!

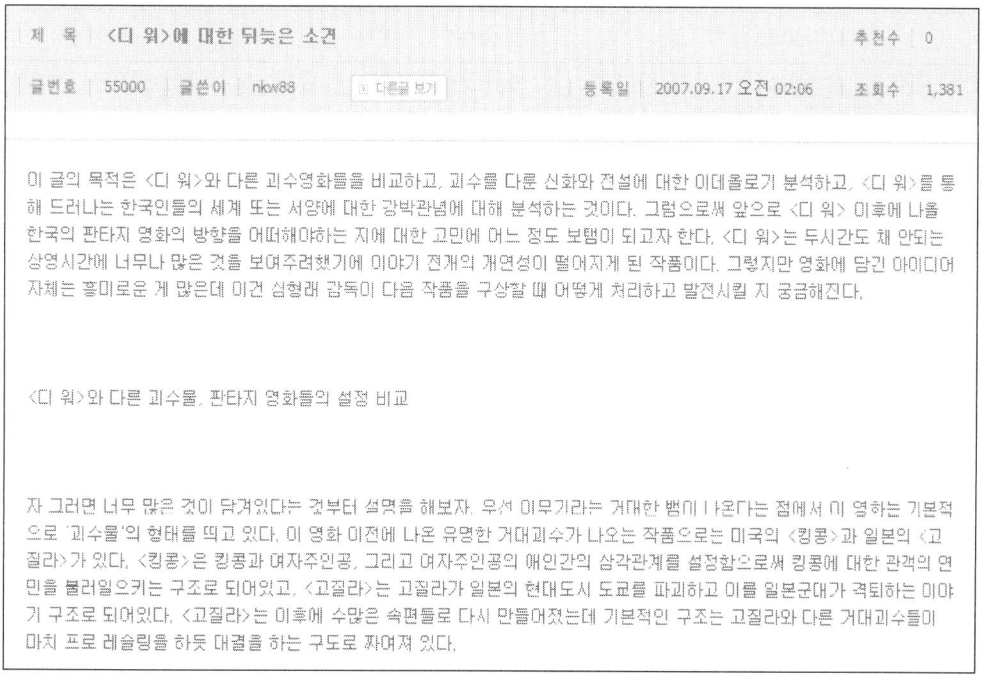

제 목 | <디 워>에 대한 뒤늦은 소견 | 추천수 | 0
글번호 | 55000 | 글쓴이 | nkw88 | 다른글 보기 | 등록일 | 2007.09.17 오전 02:06 | 조회수 | 1,381

이 글의 목적은 <디 워>와 다른 괴수영화들을 비교하고, 괴수를 다룬 신화와 전설에 대한 이데올로기 분석하고, <디 워>를 통해 드러나는 한국인들의 세계 또는 서양에 대한 강박관념에 대해 분석하는 것이다. 그럼으로써 앞으로 <디 워> 이후에 나올 한국의 판타지 영화의 방향을 어떠해야하는 지에 대한 고민에 어느 정도 보탬이 되고자 한다. <디 워>는 두시간도 채 안되는 상영시간에 너무나 많은 것을 보여주려했기에 이야기 전개의 개연성이 떨어지게 된 작품이다. 그렇지만 영화에 담긴 아이디어 자체는 흥미로운 게 많은데 이건 심형래 감독이 다음 작품을 구상할 때 어떻게 처리하고 발전시킬 지 궁금해진다.

<디 워>와 다른 괴수물, 판타지 영화들의 설정 비교

자 그러면 너무 많은 것이 담겨있다는 것부터 설명을 해보자. 우선 이무기라는 거대한 뱀이 나온다는 점에서 이 영화는 기본적으로 '괴수물'의 형태를 띄고 있다. 이 영화 이전에 나온 유명한 거대괴수가 나오는 작품으로는 미국의 <킹콩>과 일본의 <고질라>가 있다. <킹콩>은 킹콩과 여자주인공, 그리고 여자주인공의 애인간의 삼각관계를 설정함으로써 킹콩에 대한 관객의 연민을 불러일으키는 구조로 되어있고, <고질라>는 고질라가 일본의 현대도시 도쿄를 파괴하고 이를 일본군대가 격퇴하는 이야기 구조로 되어있다. <고질라>는 이후에 수많은 속편들로 다시 만들어졌는데 기본적인 구조는 고질라와 다른 거대괴수들이 마치 프로 레슬링을 하듯 대결을 하는 구도로 짜여져 있다.

[그림 9-14] cine21.com 중 네티즌 리뷰 일부

3) 좋은 리뷰 쓰기

리뷰를 잘 쓰려면 먼저 최소한의 형식을 갖추도록 해야 한다. 정해진 형식이 없지만, 다른 독자에게 정보를 제시한다는 점에서 어느 정도의 형식을 갖출 필요가 있다. 만약에 영화 리뷰를 쓴다면, 영화제목, 감독, 배우, 상영관, 러닝타임 등의 기본 정보는 밝혀 주어야 한다. 또 감상면에서 영화기법, 주제의식 등을 구분하여 작성한다면 독자들의 이해를 높일 수 있을 것이다.

그리고 객관적인 관점을 유지하며 리뷰를 작성하도록 한다. 개인의 견해일 수 있지만 일정한 사회적 파장을 일으킬 수 있다. 그러므로 리뷰를 쓰는 사람은 스스로 공정하면서 객관적인 태도를 가지려고 노력해야 한다. 따라서 언어 선택에 신중해야 한다. 인터넷 언어의 남용으로 의사소통의 질서가 혼란해질 수 있기 때문이다.

북리뷰

마인드를 바꾸는 일

하워더 가드너, <체인징 마인드(Changing Minds)>, 재인 2006-03-13

사회생활에 약간의 경험이 있는 사람이거나 자식을 키우고 있는 사람들이라면 어김없이 사람의 마음을 변화시키는 일이 자신이 업무 가운데 매우 중요한 일임을 알고 있을 것이다.

여러분이 물건이나 서비스를 판매하는 세일즈맨이라면 고객의 마음에 영향을 줄 수 있어야 한다. 여러분이 10대의 아이들을 키우는 부모라면 아이들의 마음을 어떻게 사로잡을 것인가를 두고 고민할 때가 많을 것이다. 여러분이 기업을 운영하는 경영자이거나 부하를 둔 중간 간부 이상의 사람이라면 부하들과 여러분 사이의 간격을 줄이기 위해 무던히 노력하고 있을 것이다. 뿐만 아니라 여러분이 경력관리를 위해 무엇인가를 준비해야 한다면 그 선행조건은 마음을 다 잡는 일이라 하겠다.

세상만사는 마음을 변화시키는 일로 통한다. 이런 실질적인 주제에 학술적인 내용을 갖고 접근한 인물이 다중지능이론으로 유명한 하버드대의 심리학과 교수인 하워드 가드너이다. 그의 작품 <체인징 마인드>(재인)은 다소 어렵긴 하지만 풍부한 실전 사례들이 소개되어 있기 때문에 사람의 마음과 직간접으로 연결된 분야에서 일하는 사람들에게 권하고 싶은 책이다.

마음의 변화는 어떻게 일어나는가? 필자는 이 책을 보면서 평소에 갖고 있던 마음에 대한 믿음이나 생각 그리고 내 자신의 개인적인 경험과 상당 부분 일치함을 확인할 수 있었다. 한 개인의 마음 속에서 일어나는 변화는 서서히 축적되어 가는 끝에 어느 순간에 이르게 되면 '마음의 변화'는 마치 급격한 결단처럼 그 모습을 드러내게 된다. 그래서 사람들은 마음의 변화를 급격함이란 단어로 이해하지만 실제로는 그렇지 않다. 꾸준한 축적 이른바 혁명 역량이 축적된 다음에 일어나게 되는 사건이라 할 수 있다.

[그림 9-15] 공병호 북리뷰 (http://www.gong.co.kr)

인터넷 글쓰기 연습 1.

자신의 블로그에 담을 문화콘텐츠로 무엇이 있을지 생각해 보고, 이것을 마인드맵으로 그려 보라.

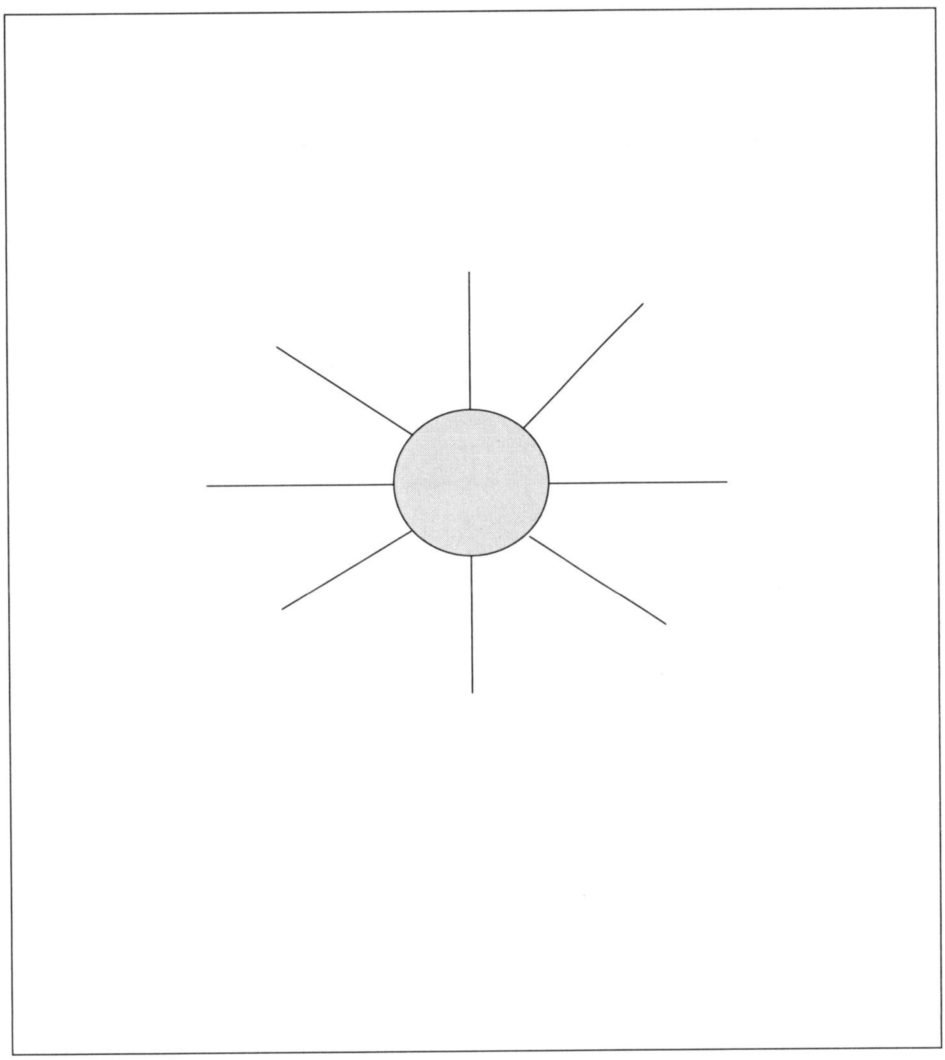

인터넷 글쓰기 연습 2.

자신의 개성이 살아 숨쉬는 블로그를 만들어 보라. 자신의 블로그가 있다면 멋지게 꾸며 보라.

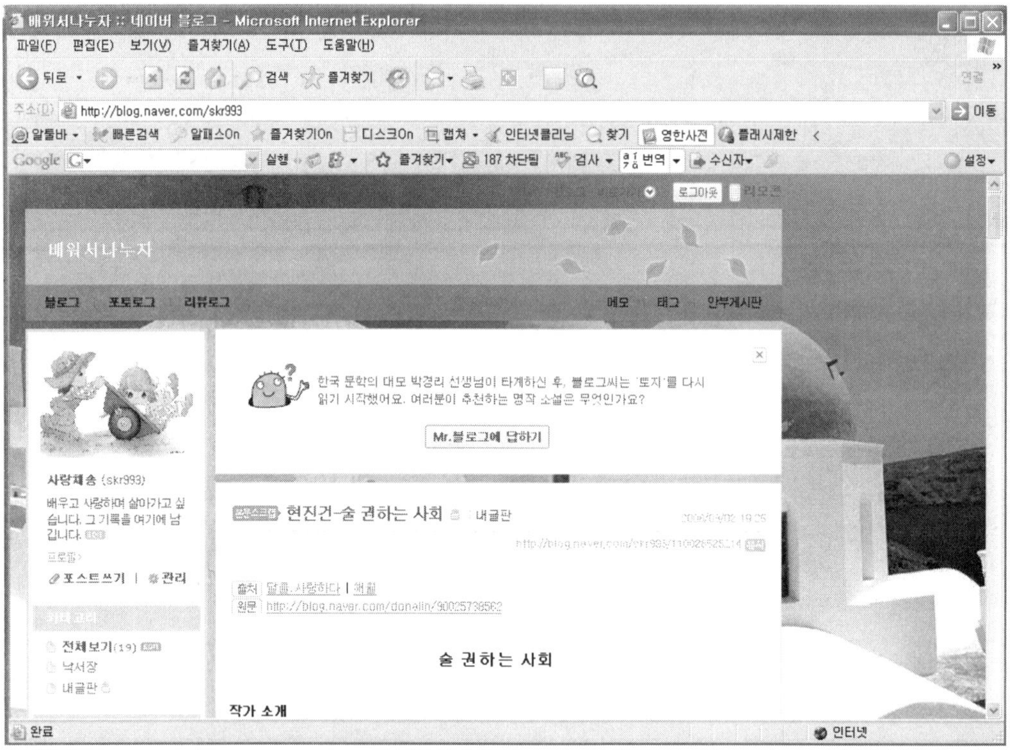

인터넷 글쓰기 연습 3.

자신만의 미니홈피를 만든 후 친구들에게 이에 대한 소개의 글을 이메일로 작성하여 보내라.

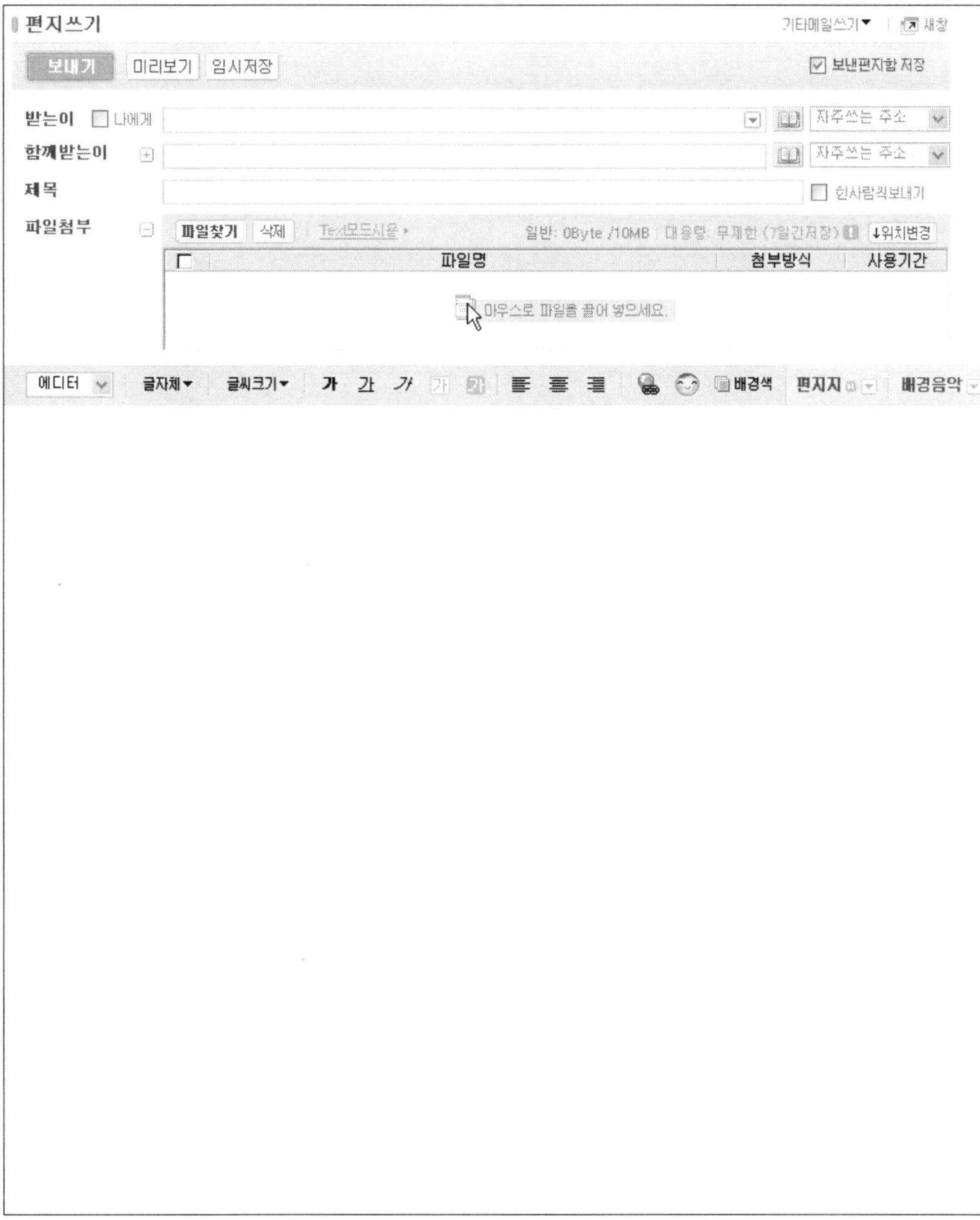

10장 문화콘텐츠와 글쓰기

1. 문화콘텐츠 글쓰기의 개념

문화콘텐츠란 문화의 원형 또는 문화적 요소를 발굴하고 그 안에 담긴 의미와 가치를 찾아내어 매체에 결합하는 새로운 문화의 창조 과정을 의미한다(최연구, 58쪽).

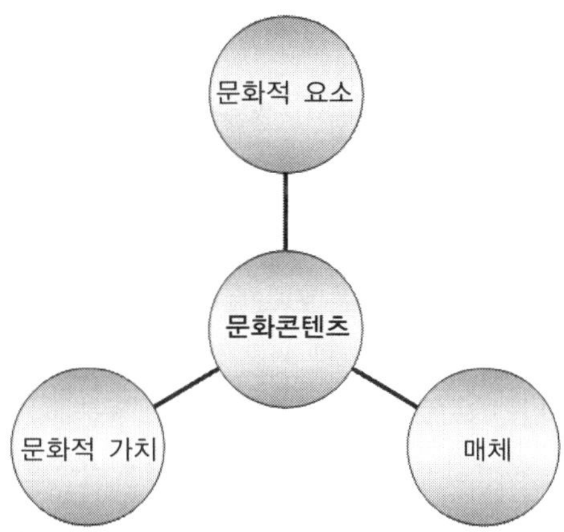

[그림 10-1] 문화콘텐츠의 기본 개념도

문화란 인간이 사회적 관계를 맺고 구성원으로서 행동을 할 때, 요구되고 필요로 하는 가치와 지침 체계로서의 지식, 종교, 도덕, 문학, 예술, 법률 등을 획득하는 능력이다. 요컨대 문화는 인간 삶을 영위하고 유지할 수 있게 하는 중요한 삶의 밑바탕이자 원리인 셈이다. 그런데 문화는 이제 콘텐츠와 결합하며 구체성을 띠게 된다. 콘텐츠란 콘텐트(content)의 복수형으로서 본래 내용이나 목차를 지칭한다. 이러한 콘텐트 개념에 산업이나 상품이라는 개념이 개입됨으로써 콘텐트는 복수화하며 새로운 개념을 얻는다. 아울러 콘텐츠는 매체 기술을 요구하며 매체와 결합된 개념을 확보한다. 이에 따른 콘텐츠는 각종 유무선 통신망을 통해 매매 또는 교환되는 디지털화된 정보를 총칭한다.

문화콘텐츠란 디지털 테크놀로지를 전제로 매체와 결합하여 의미화되는 하나의 기호이다. 사회공동체 삶을 유지하기 위해 필요한 대상으로서, 여가 선용의 대상으로서 의미화되고 인식되었던 문화는 이제 산업으로 인식되면서 그 중요성이 부각되고 있다.

문화콘텐츠는 디지털 콘텐츠라고 하기도 한다. 엄연히 구분되어야 하는 대상이 하나로 불릴 수 있는 것은 그만큼 디지털 기술의 발달과 매체의 영향력이 크기 때문이다. 디지털은 현재 우리 삶의 일상 그 자체가 되어 버렸다. 휴대폰, 디지털 카메라 등등 디지털 매체들은 현재의 우리 삶을 규정짓는 삶 그 자체이자 필수 요소이다. 이러한 디지털 기술이 추구하고 변화해 가는 과정 속에서 삶의 형태는 물론 인간 사고와 의식의 형태도 달라진다. 디지털 매체 속에 수용되고 구성되는 콘텐츠들이 무엇이고 어떠한가에 따라 인간 삶의 양태는 변화하고 있는 것이다. 이처럼 정보지식 기반 사회에서 디지털 기술의 발달은 디지털 콘텐츠를 탄생시킨다. 디지털 콘텐츠의 시작은 그 중요도를 인지시키며 특히 문화콘텐츠 영역에서 중심적 위치를 차지한다. 문화콘텐츠를 디지털 콘텐츠라고 부를 정도로 그 중요성은 더욱 부각된다. 그만큼 문화콘텐츠는 디지털 기술, 과학 기술과 연관을 두고 있기 때문이다.

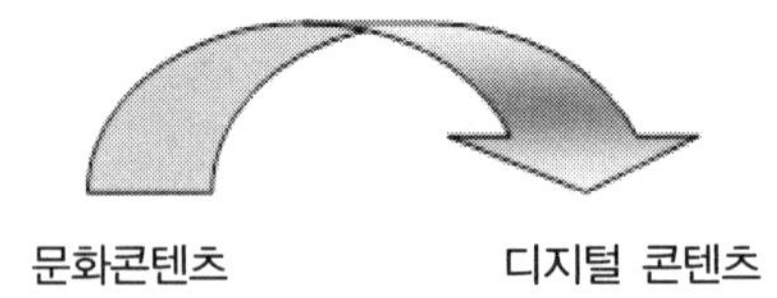

[그림 10-2] 문화콘텐츠의 중요성

그런데 문화콘텐츠의 기반사업 중에서 가장 중요한 부분은 글쓰기이다. 일명 문화콘텐츠 글쓰기는 문화콘텐츠를 구성하고 설계하는 밑바탕의 작업으로서 그 역할이 점차 중요하게 인식되고 있는 실정이다. 아이디어 구상에서 기획 그리고 실제 작성에 이르기까지 문화콘텐츠 글쓰기는 무형의 콘텐츠들을 유형화시키는 주요한 설계작업이라 할 수 있다. 특히 게임, 에듀테인먼트, 영상 등의 분야들은 디지털 기술과 함께 글쓰기를 필요로 한다. 이 분야들은 디지털 기술과 함께 글쓰기가 동시에 성립되어야 완전한 독립체로서 존립할 수 있다. 이러한 지점에서 문화콘텐츠 글쓰기의 중요성은 부각되기 시작한다.

2. 문화콘텐츠 글쓰기의 목적 및 필요성

21세기에 한국은 6가지의 첨단 미래산업 기술을 미래의 주력 산업 형태로 삼는다. IT, BT, NT, ET, ST, CT가 여섯 가지의 미래산업 형태이다. 한국 사회는 21세기에 이 6대 사업을 주요한 목적으로 하고 미래의 희망을 보고 있다. 이 중에서 CT란 Culture Technology로서 문화기술을 의미한다. 미래산업 형태 중의 하나로서 CT 중 콘텐츠에 기반한 산업을 문화콘텐츠 산업이라 한다. 문화콘텐츠 산업은 과학기술과 연관이 있다. 과학기술은 각종 매체의 발달을 가속화하는 원동력이기 때문이다. 실로 문화와 과학이 결합되는 시대에 이른 셈이다. 따라서 전혀 결합될 수 없을 것처럼 보였던 디지털 기술과 문화예술이 하나로서 통합되어 총칭될 수 있는 시기에 도달하였다.

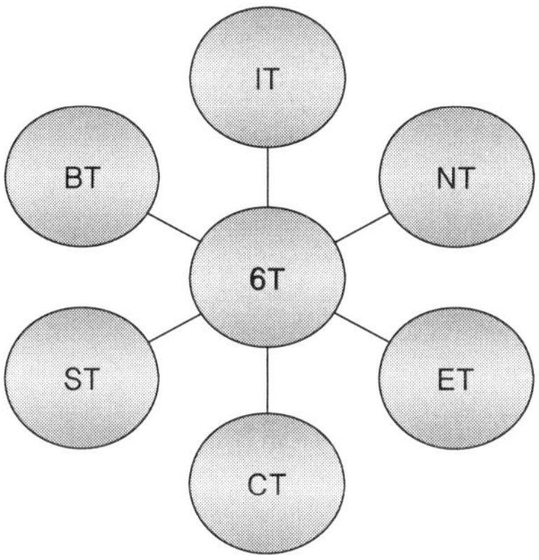

[그림 10-3] 21C 첨단 미래산업 지형도

IT, BT, NT, ET, ST

IT(information technology)란 언제 어디서나 보다 빠르게 보다 많은 정보를 처리하고자 하는 기술로서 정보를 생성, 도출, 가공, 전송, 저장하는 모든 유통과정에서 필요한 기술이다. BT(bio technology)란 살아 있는 생물 혹은 그 일부를 이용하여 인류가 필요로 하는 바람직한 특성을 지닌 제품이나 유기체를 변형하는 기술로서 현재는 BT와 IT가 결합하여 BIT(바이오 정보기술) 기술로 변화하고 있다. NT(nano technology)란 물질을 나노 크기 수준에서 조작, 분석하고 이를 제어할 수 있는 과학과 기술을 의미한다. ET(environment technology)란 환경오염을 감소・예방・복원하는 환경공학 분야로서의 환경기술로서 청정기술, 에너지 기술 및 해양환경기술을 포함한다. ST(space technology)란 인공위성, 로켓, 항공기 등의 개발과 관련된 항공우주기술이자 전자, 반도체, 컴퓨터, 소재 등 관련 첨단기술을 요소로 하는 시스템 기술로, 기술개발 결과가 타 분야에 미치는 파급효과가 매우 큰 종합기술이다.

문화콘텐츠 산업은 21세기 전략산업이다. 한국 사회는 물론 전세계의 각 나라가 모두 주력하고 있는 새로운 21세기 산업 형태이다. 문화는 경제적 가치의 대상으로 인식되었고 경제 발전을 이루어낼 수 있는 새로운 성장 동력으로 자리매김하고 있다. 그 중 문화콘텐츠는 더욱 중요한 입지점을 확보하고 있다. 산업 이전에 문화는 인간 삶의 질을 향상시키고 풍부하게 하는 창조적 산물의 원천이었다. 때로는 인식의 대상으로, 때로는 향유의 대상으로 여겨졌던 문화가 이제는 고부가가치의 원천으로 인식되면서 모든 사회는 문화산업 전략을 세우기 시작한다.

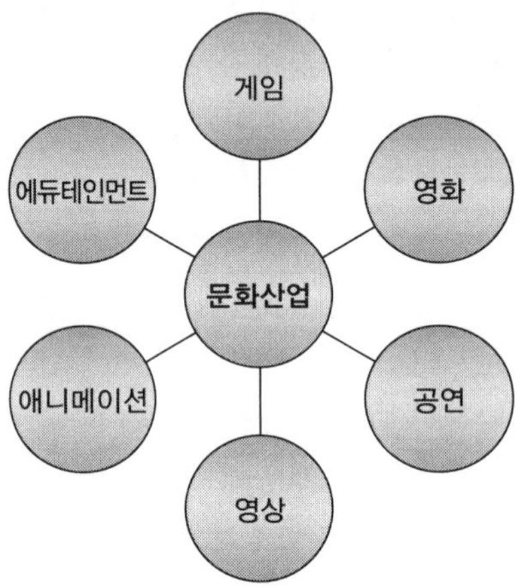

[그림 10-4] 문화산업의 유형들

문화산업의 박차는 또다른 측면에서 여가문화와 관련한다. 정보화 시대에 사람들은 여가에 대한 의식과 태도의 변화를 갖게 된다. 이에 따라 여가의 개념이 달라지는데, 특히 놀이와 환상, 유희는 여가의 한 형태로 인식되고 자기실현을 충족시키기 위한 방편으로 간주되기에 이른다. 기술과 지식을 본위로 하는 하이테크 시대에서 이제 감성과 예술을 중시하는 하이터치 시대로 변화하면서 여가는 물론 문화에 대한 인식의 태도에 큰 변화가 생기게 된 것이다.

문화산업은 창조적 산업이다. 창조적 산업시대에는 창의적인 인재, 창의적인 사고를 요구한다. 따라서 현재 논술은 물론 각종 사회 전반 체계는 창의성 발달과 육성에 촉각을 곤두세우고 있다. 창의성은 인간 사회를 더욱 살찌우게 하고 아름답고 인간답게 만들면서 기쁨을 주기 때문이다. 요컨대 창의성을 기반으로 하는 문화는 인간에게 기쁨과 행복을 가져다준다. 이러한 문화의 중요성이 21세기에는 더욱 절실해지고 중요해졌다. 인간 사회에 기쁨과 행복을 가져다주는 문화는 산업과 경제를 부흥시키고 성장시키는 원천으로서 뿐만이 아니라 부의 획득을 가져다주는 원천이 되었다.

특히 과학기술계도 첨단 기술의 촉진뿐만 아니라 이제는 과학 콘텐츠, 과학 문화콘텐츠에 관심을 갖고 집중하기 시작한다. 과학은 문화의 한 영역이고 문화는 과학을 수용한다. 그러나 과거에 과학과 문화는 서로 통합되지 않은 채, 별개의 영역으로 서로 존재하였다. 그런데 이제는 과학과 문화가 서로 만남의 지점을 확보하려고 한다. 과학과 문화가 조화되고 융합될 때 두 영역은 더욱 발전될 수 있기 때문이다.

과학과 문화가 접점할 수 있는 지점은 바로 기술 발달에 있다. 현재 고부가가치의 문화산업일수록 과학 기술에 의존하려는 것이 일반적이다. 전통적 형태의 문화산업으로는 현재 인간의 욕망을 충족시킬 수 없기 때문이다. 따라서 문화콘텐츠는 21세기 문화산업에 선결 요건이다.

산업 형태로서 문화콘텐츠가 중요한 이유는 우선 반도체나 메모리 등의 제조 분야에 비해 시장 규모의 크기와 점유율이 훨씬 높은 데에 있다. 요컨대 제조 영역보다 문화콘텐츠의 산업적 비중이 더 크다는 사실이다. 또한 문화콘텐츠 산업은 고부가가치의 산업이다. 아이디어 혹은 창의적 발상이 많은 수익을 창출하며 경제를 성장시킬 수 있다. 다음으로 파급효과가 크다는 데에 있다. 소위 윈도 효과가 크다는 점이다. 윈도 효과란 기술적 변화를 거쳐 생산, 유통되면서 새로운 수요를 창출하고 이익을 발생시키는 것을 의미한다. 한마디로 원소스 멀티 유즈(one source multi use)이다. 다음으로 해외시장 진출이 용이하다. 이러한 현실적 맥락에서 문화콘텐츠 산업의 핵심으로서 문화콘텐츠 글쓰기는 더욱 중요해진다.

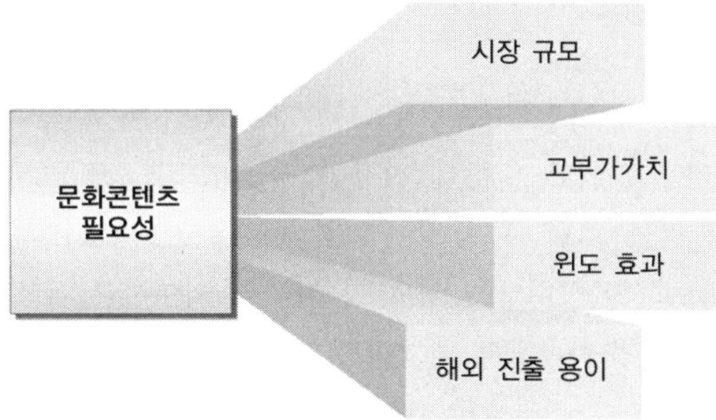

[그림 10-5] 문화콘텐츠의 필요성

3. 문화콘텐츠 글쓰기의 유형 및 작성방법

문화콘텐츠 글쓰기의 유형

문화콘텐츠 글쓰기의 유형에는 여러 가지가 있다. 게임 스토리텔링, 에듀테인먼트 스토리텔링, UCC 스토리텔링, 블로그 스토리텔링, 웹 스토리텔링, 영상 스토리텔링, 공연 스토리텔링 등 많은 분야의 스토리텔링이 존재한다. 이 중 이공계 과학기술과 관련된 것에는 게임 스토리텔링과 에듀테인먼트 스토리텔링이 있다. 이것은 게임과 교육 콘텐츠를 실현시키고 완성하는 중요한 말하기 방식이다. UCC 스토리텔링은 최근에 급속도로 파급되고 있는 분야로서 일반 유저들이 자신의 의식과 마음을 표현하고 전달하기 위해 무수히 생산하고 있는 영역이다.

스토리텔링이란 스토리와 텔링의 두 가지 요소와 자질을 축으로 구성된다. 가령 연극무대의 경우 스토리를 전달하고 실행하는 것은 배우이고, 조명, 음향, 무대의 여러 장치들과 같은 연극적 연출 상황에 해당하는 것은 스토리를 발화하는 형식들이다. 이러한 제반의 여러 형식들이 스토리텔링에 참여하며 스토리를 연극적 형태로 구현해 나가는 것이 연극인 것이다. 기본적인 스토리를 배우, 영상 이미지, 음향, 조명 등을 통해 스토리텔링하는 것은 영화 역시 마찬가지이다.

스토리텔링은 오랜 인류 역사의 담화 양식이자 세계와 인간을 이해하고 구성하는 중요한 형식이다. 중요한 사실은 스토리텔링은 스토리를 근간으로 한다는 점이다. 스토리란 결합된 사건들이 연쇄적으로 이루어져 가는 하나의 형식으로 시간성을 중요하게 생각한다. 인간이 유한한 시간에서 벗어날 수 없듯이 이야기 역시 시간에 기대어 계열적으로, 통합적으로 배열되어 전개되어 나간다. 요컨대 이야기는 시간적 흐름에 따르는 인간의 삶을 모방하고 재현한 형태인 것이다. 그런데 시간이 거듭나고 진행되는 동안 스토리는 당면한 시대의 시, 공간성에 맞는 스토리텔링을 구사한다.

스토리텔링이란 스토리를 발화하는 행위 그 자체를 의미한다. 소설, 희곡, 영화 등은 하나의 장르이자 매체로서 스토리텔링 형식이자 그 자체이다. 스토리를 슬프게, 우습게, 공포스럽게 만들어가는 것도 스토리텔링이다. 스토리의 성격과 특징을 잘 고려하여 이를 어떻게 전달할 것인지에 주력하는 것이 바로 스토리텔링이고 많은 스토리텔러들은 이것에 관심을 갖고 고민을 한다. 스토리텔링은 매체를 달리하며 동 시대의 스토리를 욕망하는 사람들에게 스토리를 효과적으로 전달하기 위해 형식적 변화를 거듭하며 현재에 이르고 있다. 연극 스토리텔링, 영화 스토리텔링, 소설 스토리텔링 등등 무수한 형태의 스토리텔링 방식들이 발전하고 진화하며 스토리 전달에 주력하고 고심한다.

그런데 정보화 사회에 들어서서 디지털기술과 결합한 새로운 스토리텔링이 등장하는데,

바로 디지털 스토리텔링이다. 디지털 스토리텔링이란 디지털 기술과 환경을 수단으로 이루어지는 스토리텔링이다. 게임, 모바일 영화, 웹 에듀테인먼트, 웹 BI 등이 디지털 스토리텔링에 해당한다. 기존의 영화나 애니메이션도 현재는 디지털 기술과 환경을 중요 표현 수단으로 수용하고 있으므로 디지털 스토리텔링의 영역에 포함시킬 수 있다.

그러나 디지털 스토리텔링이 상호작용성을 특징으로 하는 점에 있어서는 영화나 애니메이션을 영역으로 수용하기에 어려운 점이 있다. 디지털 스토리텔링은 디지털 콘텐츠의 일부로서 디지털 사회에 인간이 의사소통을 가능케 하는 커뮤니케이션의 한 양식이다. 새로운 사회에 걸맞는 의사소통은 디지털 기술과의 결합을 통해 구현되어 나가기 시작한다. 디지털 스토리텔링은 인간이 체험할 수 없는 영역을 디지털 기술을 바탕으로 하여 창조하여 인간의 무한한 상상력과 꿈을 확장시키고 있다.

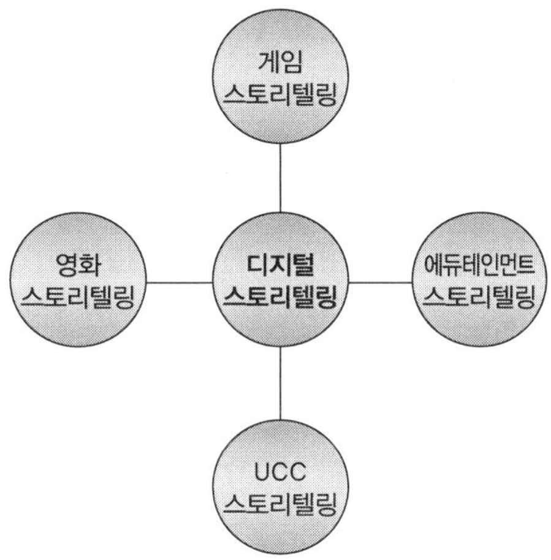

[그림 10-6] 디지털 스토리텔링의 유형

1) 에듀테인먼트 스토리텔링

에듀테인먼트란 에듀케이션(교육)과 엔터테인먼트를 결합시킨 신조어이다. 이는 학습 활동에 흥미와 재미를 첨가하여 학생들의 참여와 흥미를 유발하는 새로운 형태의 교육이다. 에듀테인먼트가 디지털 환경과 기술에 결합하여 탄생시킨 것은 바로 디지털 에듀테인먼트이다. 디지털 에듀테인먼트는 디지털 스토리텔링에 기반한다. 디지털 환경과 매체에 적합한 형태의 스토리텔링인 디지털 스토리텔링이 교육적 형태와 환경에 수용되어 이루어진 것이 바로 디지털 에듀테인먼트이다. 디지털 에듀테인먼트는 디지털 스토리텔링, 교육 그리고 재미를 기반하는 놀이 형태의 새로운 교육적 환경이자 시스템이다. 이것은 새로운 21세기 교육적 환경에 맞추어 출현하면서 특히 학습실행의 시간과 공간적 제약을 자유롭게 만드는 장점을 갖춘다.

에듀테인먼트 스토리텔링은 에듀테인먼트와 디지털 스토리텔링이 결합된 형식으로, 재미와 교육(학습목표 완성)을 목표로 한다. 재미 위주, 또는 학습 위주의 편향된 형태로 치중되는 것은 에듀테인먼트의 본질과 목적에서 벗어난다. 따라서 에듀테인먼트 스토리텔링은 교육적 의도를 관철시키면서 동시에 그 의도가 노골적으로 드러나지 않게 학습의 효과를 이루는 형식으로 진행될 수 있도록 초점을 맞추어야 한다. 요컨대 학습적인 '과제'를 제공하고 부여하며 학습의 재미를 부가시키면서 종국에는 학습의 성과를 유도해야 한다.

2) 게임 스토리텔링

게임은 엔터테인먼트의 중심이다. 게임 콘텐츠란 게임 기술과 콘텐츠가 융합되어 나타난 형태이자 산업이다. 21세기 콘텐츠 산업의 중심에는 게임산업이 자리를 차지하고 있다. 그만큼 게임은 21세기의 경제적 원동력으로서 한국의 문화산업 발전에 중요한 역할을 할 것으로 기대되고 있다. 이처럼 게임의 중요성만큼 게임 스토리텔링의 필요성이 동시에 제기되면서 게임 스토리텔링은 디지털 스토리텔링의 분야로서 입지를 넓히고 있다.

게임 스토리텔링이란 게임을 스토리텔링하는 것이다. 게임 스토리텔링 형식에는 게임의 근간을 이루는 시나리오뿐만 아니라 게임의 기술적 형태들이 포함된다. 게임기술에는 전자정보 기술공학과 프로그래밍 방법, 영상기술, 그래픽 기술이 있다. 이 기술에 콘텐츠를 접목하여 이루어진 것이 게임 콘텐츠이다. 게임 스토리텔링을 이해하기 위해서는 기술에 대한 이해도가 중요하다. 에듀테인먼트 스토리텔링과 마찬가지로 디지털 기술과 결합하여 이루어지기 때문에 기술에 대한 이해도는 필수적으로 인지되어야 한다. 게임 콘텐츠를 바탕으로 시나리오화하고 이를 게임적으로 스토리텔링화하는 과정에 반드시 주지되어야 하는 점은 기술적 인식 기반이고, 기술적으로 구현하고 실행할 수 있는지를 가늠하며 타진해 나가는 것이 게임 스토리텔링의 관건이라 할 수 있다. 따라서 게임 스토리텔링은 협업적인 체제를 통해 더욱 구현 가능해진다.

3) UCC 스토리텔링

UCC란 User Created Contents의 약자이다. 다시 말해서 사용자가 손수 제작하거나 생산해낸 콘텐츠를 의미한다. 게시판의 댓글, 각종 패러디 이미지, 블로그, 미니홈피, 개인 쇼호스트 쇼핑몰, 자작 카툰 등이 이에 해당한다. UCC는 과거의 콘텐츠가 전문 분야의 인력들을 중심으로 생산되었던 것과 달리 일반인들 누구나가 콘텐츠를 생산하고 제작할 수 있게 된 시대적인 환경과 여건 속에서 출현한 새로운 형식이자 매체라 할 수 있다. 특히 과거에 텍스트나 단순 이미지로 제작되었던 것과 달리 최근에 이르러 각종 포털 사이트들이 이미지나 동영상과 관련한 콘텐츠를 제공하며 UCC는 급속도로 활성화되고 붐을 이루고 있다. 자기표현을 할 수 있는 멀티미디어 수단을 쉽게 획득할 수 있게 된 사용자들은 자신의 창조적인 상상력을 동원하며 의사 표현에 능동적으로 가담하고 있다.

특별하거나 의미 있는 UCC 동영상들이 인터넷 공간에서 부유하며 많은 사용자들의 관심을 받자 상업적으로 활용되면서 UCC는 하나의 부가가치를 창출할 수 있는 영역으로 인식되고 있다. 따라서 UCC 스토리텔링의 필요성에 대한 인식의 증대와 함께 다양한 형태의 스토리텔링 방식들이 만들어지고 있다. 그런데 UCC는 영상을 기반으로 한다는 점에서 어느 정도는 영상 스토리텔링과 연계한다. 앞으로 더욱 기발하고 혁신적인 형태의 UCC 스토리텔링이 구현될 것이라고 기대하지만 현재 UCC 스토리텔링은 동영상 프로그램과 기술적 방식에 의존하고 있기 때문에 이를 중심으로 논의해야 할 필요성이 생긴다.

UCC 동영상을 만드는 데는 여러 가지 프로그램이 필요하고 촬영도구들이 있어야 한다. 실제 UCC 스토리텔링의 형식에는 이러한 기술적 형태들이 주요 요소이다. 기술적인 체제에 대한 인지와 이해를 바탕으로 UCC 스토리텔링은 이루어질 수 있기 때문이다. 여기에 UCC 시나리오나 촬영 콘티 등의 방식들이 중요한 요소로 부각된다. UCC 스토리텔링은 이러한 요소들의 종합적인 형태로서 인식되고 이해될 때 비로소 자신의 의미와 가치를 창출할 수 있다.

문화콘텐츠 글쓰기의 작성방법

1) 게임 및 에듀테인먼트 스토리텔링

에듀테인먼트 스토리텔링은 일명 '퀘스트 스토리텔링(quest storytelling)'이다. 에듀테인먼트 스토리텔링은 이러한 퀘스트 스토리텔링 형태를 따라야 한다. 퀘스트란 게임 안에서 주어진 임무 또는 목적을 위해 수행하는 모든 행위를 말한다. 가령 목표 지점이 누군가를 구해내거나 보물과 같은 것을 찾는 것이라고 정해지고 나면 이를 위한 퀘스트는 여러 가지 형태로 진행된다. 퀘스트는 캐릭터 단독 혹은 협력체제의 다수가 수행하는 형식으로 진행된다. 혼자이든 여럿이든 퀘스트를 수행하는 것은 게임이나 에듀테인먼트 스토리텔링에서는 기본이다.

가령 용가리에게 잡혀간 평강공주가 있다고 상정하자. 평강공주를 구하기 위하여 어떤 퀘스트를 설정할 것인가를 생각해 보는 것은 스토리텔링의 재미와 관계된다. 퀘스트의 라인이 재미있고 즐거울수록 유저의 감정이입의 몰입도는 달라지기 때문이다. 온달왕자는 국경 너머 용가리가 살고 있는 성에 갇혀 있는 평강공주를 구출하기 위해 여행 준비를 마치고 떠나려 한다. 그런데 평강공주를 구출하기까지의 여정은 그리 간단치만은 않다. 우선 국경을 넘어야 하는데 국경에는 용가리 부하들인 도룡뇽 전사들이 많이 즐비하게 보초를 서고 있다. 온달은 이 도룡뇽 전사와 싸워 이기거나 모르게 잠입하여 국경을 넘거나 하는 등의 여러 방법들을 고민해야 한다. 따라서 어떤 퀘스트들을 만들어서 스토리텔링화할 것인가를 설정하고 작성해야 하는지 스토리텔러는 집중해야 한다.

[그림 10-7]은 평강공주 구출하기의 전체 퀘스트 구성도이다. 전체 스토리텔링은 다섯 가지의 시퀀스로 이루어진다. 그리고 다섯 가지의 하위 항목에 세부 퀘스트들을 만들어 상위 퀘스트의 목표를 달성시킬 수 있도록 적절하게 배치해야 한다. 전체의 큰 맥락에서 위와 같은 퀘스트 형태로 진행되는 하위 퀘스트를 어떻게 만들어서 설정할 것인가를 스토리텔러는 결정해야 할 것이다.

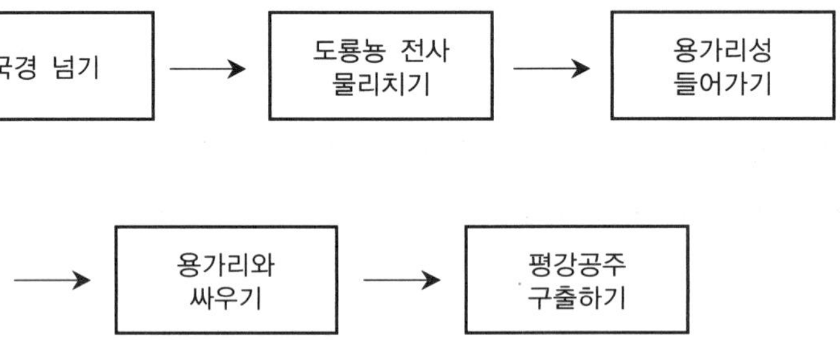

[그림 10-7] 평강공주 구출하기 퀘스트 전체 조감도

[그림 10-8]은 '평강공주 구출하기'에서 도룡뇽 전사 물리치기 퀘스트의 하위 퀘스트들을 구성한 설계이다. 도룡뇽을 만나 싸워서 물리치는 것이 이 시퀀스에서의 중요 목표 지점인데 이를 위한 세부 퀘스트는 세 가지 형태로 설정된다. 이 퀘스트 맥락에서는 도룡뇽의 숫자와 약점 그리고 이길 수 있는 도구를 얻어 내는 것이 목적이다. 따라서 유저는 이 목적을 달성하기 위해 세 가지 퀘스트 행위를 수행해야 한다. 이때 퀘스트 행위의 중요도에

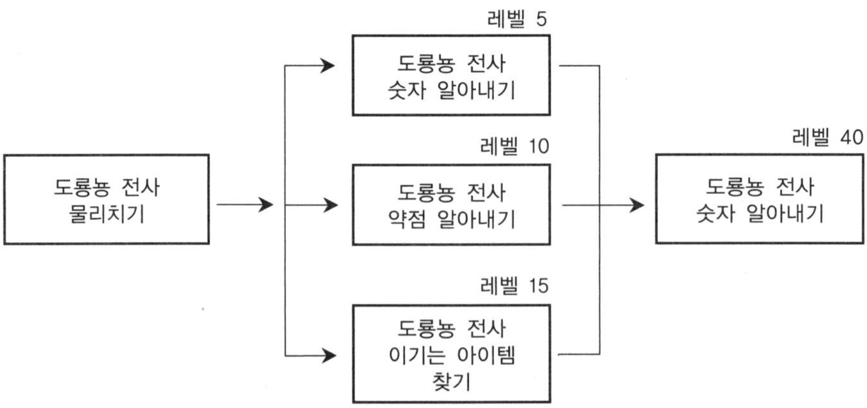

[그림 10-8] 국경 넘기 퀘스트의 구성도

따라 레벨의 수치가 달라진다. 보다 많은 레벨 수치를 얻기 위해서는 레벨 수치가 높은 퀘스트를 달성해야 한다.

퀘스트 스토리텔링은 시작에서 엔딩에 이르기까지 수많은 작은 퀘스트들의 연속으로 이루어지면서 진행된다. 게임이나 에듀테인먼트 스토리텔링은 기본적으로 게임의 목적이나 학습의 목표점에 도달하여 임무를 완성해 내기 위한 퀘스트 형식으로 이루어진다. 따라서 기본적으로 에듀테인먼트와 게임 스토리텔링은 퀘스트 스토리텔링 형태로 진행되도록 체제를 갖추어야 한다.

퀘스트란 설정된 상황에 관련되는 이야기를 제공하는 수단이다. 주로 아이템 찾기, 모아오기, 사냥하기, 퀴즈풀기, 전투하기, 통과하기 등의 형태로 이루어지고 각 퀘스트들은 서로 체인 형태로 얽혀 진행되어 간다. 그런데 보다 적극적으로 퀘스트 스토리텔링이 구현되기 위해서는 몇몇 요소들이 필요한데 바로 캐릭터, 아이템, 공간, 규칙, 상호작용성이다. 퀘스트 스토리텔링의 실제 구현 요소로서 이들을 체계적으로 구축하는 것은 에듀테인먼트와 게임 스토리텔링을 효율적으로 성공시키는 중요한 사실이다.

TIP

우리의 하루 일상이 어떤 퀘스트 방식으로 이루어지고 있는지를 생각해 보라.
하루 일과를 위의 그림처럼 만들자.

❶ 시놉시스를 작성하라

시놉시스란 완벽한 형태의 시나리오를 작성하기 이전에 전체 맥락에 관한 줄거리나 특성, 목적 등과 관련한 사실들을 간략하게 기술하는 글이다. 앞으로 진행될 이야기나 플레이의 목적, 방향성 등을 알려 주는 지침이자 나침반 역할을 하면서 시나리오의 중심 뼈대를 잡아가는 과정이다. 시놉시스가 쓰여지지 않는 것보다 쓰여졌을 때가 전체적인 윤곽을 잡아가는 데에 훨씬 편리하다. 대체적으로 시놉시스는 A4 용지 한 장에서 여러 장에 이르기까지 다양하게 쓰여진다. 장수가 많아질수록 상세하게 계획이 설정된다고 가정할 때 시놉시스의 분량은 어느 정도 철저한 준비와 계획을 이루는 설계와 관련된다. 그러나 한 장 안에 전체적인 계획과 윤곽을 서술할 수 있다면 훨씬 효과적이다. 분량이 짧아 성의 없어 보이게 하지 않고 짧더라도 실속 있고 알차게 기술되었다면 그것은 좋은 시놉시스라고 할 수 있다.

시놉시스에 기술해야 하는 사항들은 여러 가지가 있지만 일반적으로 플레이의 목적, 장르, 주제, 소재, 공간, 캐릭터, 아이템, 규칙 그리고 대략의 줄거리 등과 관련한 것들을 기술한다.

- 제목 :
- 장르 :
- 주제 :
- 소재 :
- 배경 :
- 캐릭터 :
- 아이템 :
- 규칙 :
- 줄거리 :

등으로 나누어 기술하고 이 외에 추가할 사항들을 선정하여 시놉시스로 완성한다. 가령 '평강공주 구출하기' 플레이를 시놉시스로 만들면 다음과 같다.

시놉시스

○ 제목: 평강공주 구출하기
○ 장르: 게임(어드벤처)
○ 주제: 평강공주를 구출하여 왕국의 평화를 가져온다.
○ 소재: 납치와 구출
○ 배경: 고구려 시대. 판타스틱한 분위기 설정. 불을 뿜어내는 용가리가 나온다.
○ 캐릭터: 온달, 평강, 용가리, 도룡뇽 전사, 요정들, 동물들
○ 아이템: 약, 칼, 방패 등등
○ 규칙: 평강을 구출하기 위해서는 온달의 진심 어린 사랑이 있어야 한다.
사랑을 얻는 과정에 각종 아이템을 획득해야 하는 규칙을 설정한다.
○ 줄거리: 용가리에게 평강공주가 잡혀간 이후 왕국은 혼란에 빠진다. 매일 천둥 번개가 치고 홍수가 나면서 백성들의 불안은 가중되어 간다. 온달은 왕국의 평화를 지키기 위해 평강공주를 구하러 용가리의 성으로 간다. 용가리와 싸움을 하는 온달. 그러나 진정한 사랑을 얻어야 평강공주를 구할 수 있다.

시놉시스를 작성할 때 가장 중요한 사실은 기획의도를 밝혀야 한다는 점이다. 기획의도란 이 게임이나 학습과제를 왜 만들었는지, 그 효과는 무엇인지, 그리고 특성은 무엇인지를 밝히는 부분이다. 따라서 시놉시스를 작성할 때 빼놓지 말아야 하는 사항이 기획의도이고 요즈음에는 기획의도와 기획력을 중요하게 생각하는 추세이다.

기획의도에서 꼭 서술되어야 하는 사항 중 하나는 왜 기획을 하는지, 그럼으로써 얻어지는 성과는 무엇인지를 밝혀야 한다. 가령 수학 연산 에듀테인먼트 스토리텔링의 기획의도를 서술할 때 빠져서는 안 되는 사항은, 이 플레이를 통해서 수학 연산을 어떤 방식으로 익히고 효과는 어떻게 얻을 수 있는지와 관련한 것이다. 또한 수학 연산 과제를 수행해 나가기 위해 어떤 그래픽 기술과 프로그램 기술을 함께 사용하고 있는지도 서술되어야 한다.

'평강공주 구출하기'의 기획의도는 과연 무엇일까. 이 플레이가 다른 동종 형식의 플레이와 변별되는 점은 무엇인가? 한 번 상상을 해보고 기획의도를 작성해 보자.

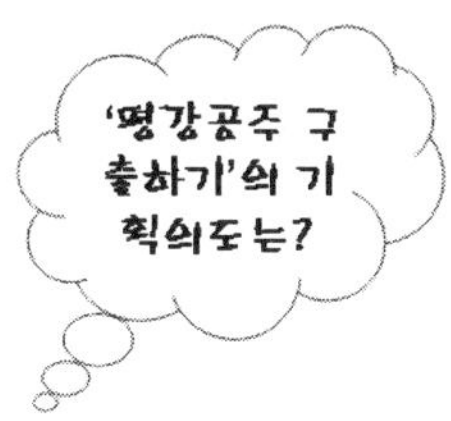

❷ 캐릭터를 구성하라

캐릭터는 유저가 몰입할 대상이다. 다시 말해 유저의 분신체로서 일명 아바타라고 할 수 있다. 아바타[1]란 사이버 공간에서 사용자의 역할을 대신하는 애니메이션 캐릭터이다. 따라서 아바타는 유저 자신을 직접적으로 노출하고 연계할 수 있는 자질과 속성을 지녀야 한다. 캐릭터 역시 아바타처럼 유저가 몰입될 수 있을 정도로 구성되어야 한다. 외모, 성격, 행동, 능력 등의 여러 가지 자질들이 유저와 동일시할 수 있는 대상으로 설정되어야 퀘스트의 과정을 충실하게 수행해 나갈 수 있기 때문이다. 특히 에듀테인먼트 스토리텔링에서의 캐릭터는 교육을 완수하는 캐릭터이다. 에듀테인먼트의 궁극적 목적은 재미와 함께 교육적 완성도에 있기 때문이다. 단순한 오락적 재미뿐만 아니라 학습자로서의 캐릭터 자질을 갖추는 작업이 중요하다. 유저에게 매력적이고 흥미를 일으킬 만한 캐릭터의 구성

1) 원래 고대 인도 아리아어인 산스크리트로 '하강'이라는 뜻의 아바타라(Avatara)는 힌두교에서 세상의 특정한 죄악을 물리치기 위해 신이 인간이나 동물의 형상으로 나타나는 것을 말한다. 그런데 인터넷에서 가상현실 게임이나 채팅 등을 즐길 때 사용자를 대신하는 그래픽 아이콘을 지칭하는 의미로 영어식 발음인 아바타로 쓰이게 되었다.

은 에듀테인먼트 스토리텔링의 목표를 한 발자국 다가서는 계기를 마련해 준다.

캐릭터는 다양하고 복잡하게 기본 기승전결 스토리 구조에 다양한 스토리 구조가 입혀지는 형태에서 플레이의 흐름을 주도적으로 이끌어가는 역할을 하도록 구성된다. 캐릭터는 퀘스트의 목표를 달성하고 완수하는 인물이기 때문에 결국 목적으로서의 주제를 완성하는 인물이다. 캐릭터가 어떤 인물이냐에 따라 유저들의 몰입도 정도가 결정될 정도로 캐릭터 구현은 중요하다. 그렇다면 어떤 캐릭터여야 하는가? 캐릭터를 어떻게 설정해야 하는가?

물론 이 캐릭터를 시각적으로 형상화하는 것은 그래픽 디자이너이므로 실제 그림으로서 형상화하는 것까지 고민할 필요는 없다. 문제는 그러한 캐릭터가 어떠한 자질과 성격을 가지고 여러 퀘스트와 임무를 완수해 가느냐가 중요하고, 이 캐릭터가 유저와 동일시될 수 있는 인물로서 어떻게 그려지는가, 어느 정도 몰입할 수 있는가가 관건이다.

따라서 스토리텔러는 캐릭터의 여러 가지 특성과 자질들을 구현하는 데에 골몰해야 한다. 영화나 드라마에서 어떤 캐릭터들이 나를 몰입시키고 동일시하도록 했는가를 생각해 보라. 모든 시청자나 관객들이 몰두하는 캐릭터는 각각이다. 그러나 공통적으로 한 캐릭터에게 공감하고 그의 모든 행위들을 이해할 수 있는 최저의 기반이라는 게 있다. 이 기반이 어느 정도의 보편성과 설득력을 얻을 수 있는가에 따라 캐릭터 설정의 성공 여부는 결정된다. 결국 시대와 유저의 욕구에 어느 정도 기반을 하고 있는가의 상태에 따라 캐릭터 설정은 달라진다.

이에 대한 답은 없다. 결국 스토리텔러의 욕구와 감각 그리고 본능에 따라 이루어진다. 감각과 본능을 익혀야 하는 것이 우선인데 이 부분은 스토리텔러의 몫이다. 스스로 시대적 감각과 요구를 감지하여 스토리텔링할 수밖에 없다. 어떠한 방법도 교육적 형태도 제시할 수 없는 것이 이 부분이다. 그러나 끊임없이 캐릭터를 설정하고 고민하는 과정에서 해소될 여지는 어느 정도 있다. 따라서 이야기를 구축하고 스토리텔링화하는 작업을 부단히 해 나가야 하는 것이 요구될 수밖에 없다.

기본적인 캐릭터를 어떻게 설정해야 하는가? 우선 자신이 설정한 캐릭터를 리스트화하고 캐릭터의 신상명세서를 작성해야 한다.

평강공주 구출하기

이름: 온달
성별: 남자
나이: 24세
국가: 고구려
인종: 황인종
혈액형: O형
생년월일: 000년 모월 모일
출생지: 평안도 000
교육 정도: 배운 것이 부족함
가족 관계: 늙은 노모 그리고 본인
성격: 단순하고 무식하지만 효심이 깊음
의리가 있고 자신이 믿는 바를 실천하는 능력이 뛰어남
친구 관계: 바보라고 동네에서 불렸기 때문에 또래 동무는 없음
동물들과 교감할 수 있는 능력이 있어 동물 친구들이 많음
현재 소망하는 일: 늙은 노모를 정성껏 보살피는 것과 평강공주를 구출하여
위기에서 모면하도록 하는 것

[그림 10-9] 캐릭터 온달의 신상명세서

이와 같은 온달의 신상명세서를 리스트화하여 온달 캐릭터를 구축하고 온달이 갖고 있는 세계관, 가치관까지 첨가하여 구성해 나가야 한다. 온달 캐릭터의 설정이 구체적이고 명확할수록 시각적으로 형상화하기가 편해진다. 위의 리스트에는 온달의 외모적 특성에 대해서는 언급이 되지 않았는데 온달의 의상, 키, 모습 등이 리스트에 작성된다면 온달 캐릭터는 구체성을 얻을 수 있다. 스토리텔러는 자신이 만들고 형상화할 캐릭터가 어떤 인물인지, 어떤 인물적 특성을 지니고 있는지를 설정할 필요가 있다.

TIP

캐릭터 박스를 만들어 채워 넣자. 키는? 몸무게는? 즐겨 입는 옷은? 좋아하는 색깔은? 습관은? 등등

[표 10-1] 캐릭터 박스

	캐릭터
특징	1. 2. 3. 4. 5. ......

❸ 아이템을 구성하라

아이템은 캐릭터가 취득해 나가는 대상물이다. 캐릭터가 소유하거나 들고 다닐 수 있는 물건들을 지칭하여 부르는 말로 플레이의 성취를 돕거나 캐릭터의 능력 수치를 높이는 데에 주로 활용된다. 이것은 마치 도깨비방망이나 흥부의 박처럼 캐릭터가 소망하거나 필요할 때 문제를 해결해 주는 열쇠처럼 기능한다. 플레이를 수행하는 데에 있어 아이템은 일종의 보상물이다. 플레이 자체는 재미있는 행위이지만 그것에 대한 보상이나 답례가 주어질 때 플레이의 상승 효과는 매우 커진다. 따라서 아이템을 어떻게 설정하여 캐릭터에게 제공하느냐의 문제는 플레이 성패 여부로까지 이어지는 본질적인 사항이다.

어린 시절 시험 성적이 오르면 부보님께서 맛있는 요리를 사주시거나 원하던 물건을 사주셨던 것을 기억해 보라. 더욱 칭찬과 보상을 받기 위해 그 이후에도 시험 성적을 올리려고 얼마나 열심히 공부를 했던가를 생각해 보면 아이템은 중요한 역할을 하는 기능 요소라 할 수 있다. 아이템의 질적 여부에 따라 플레이와 학습 과제의 수행 능력은 달라진다. 따라서 아이템은 플레이와 학습 수행의 동기를 부여하는 중요한 역할을 담당한다.

이 아이템은 학습 과제를 수행해 나가는 데에 영향을 미치기 때문에 잘 구성되어야 한다. 유저의 게임에 대한 재미, 몰입 정도 그리고 학습 동기와 학습 효과를 결정짓는 중요한 요소이기 때문에 아이템이 어떻게 구성되고 수용되는가에 따라 재미와 학습의 기대 효과는 달라질 수 있다. 요컨대 아이템은 학습 과제를 수행하는 도구이자 결과에 대한 평가를 객관적으로 만드는 중요한 학습체이다. 따라서 아이템은 유저의 학습 욕망을 잘 자극하고 만들 수 있도록 구성되어야 한다. 아이템 취득 자체의 즐거움이 학습 행동의 결정적 인자가 될 수 있으므로 그 중요성은 지대해진다. 어떤 아이템이어야 하는가? 어떤 아이템이 적절한가?

아이템 리스트를 작성하자.

[표 10-2] 아이템 리스트

'평강공주 구출하기'의 아이템 리스트

퀘스트 \ 아이템	투시경	칼	폭 탄
도룡뇽 숫자 알기	○	×	×
도룡뇽 약점 알기	○	×	×
도룡뇽 물리치기	○	○	○

④ 공간을 구성하라

공간은 매우 중요하다. 캐릭터가 행동하고 플레이하는 세계이기 때문이다. 캐릭터가 플레이하는 세계는 유저의 세계이기도 하다. 따라서 유저가 즐겁고 편안한 마음으로 플레이할 수 있는 세계의 구현은 게임이나 학습과제를 완벽하게 수행해 내는 데에 지대한 영향을 끼친다. 특히 에듀테인먼트의 경우 이것은 현실세계에서 학생들이 직접 학습을 하는 학교와 같기 때문이다. 실제 학습 환경의 조성이 학생들에게 학습 욕구와 동기 부여에 큰 영향을 끼치는 것처럼 공간의 구성은 유저들이 즐거워하고 교육을 받고 싶은 곳으로 만들어져야 한다. 다시 말해서 공간은 학습 수행이 이루어지는 본격적인 장소이기 때문에 유저의 감정이입이 될 수 있는 공간으로 만들어져야 한다. 그것이 일상적 공간의 형태를 띠든, 허구적 공간의 형태를 띠든 간에. 게임 플레이를 적극적으로 하거나 학습 과제 수행을 열심히 해 나가는 데에 완벽한 공간의 구성과 구현은 유저의 임무 완수에 결정적인 영향을 끼친다.

따라서 공간은 재미있는 사건이 발생할 수 있으면서 교육적 체험이 가능할 수 있는 곳이어야 한다. 특히 체험하기 힘든 공간을 구현할 수 있으면 재미와 흥미를 불러일으킬 수 있다. 가보지 않은 미지의 세계 혹은 환상의 세계에서 이루어지는 학습 수행을 상상해 보라. 얼마나 즐겁고 신이 날 것인가! 그러나 보다 중요한 것은 교육을 하고자 하는 콘텐츠가 그 공간에서 실효성 있게 이루어질 수 있는가의 문제이다. 꿈의 공간이 교육적 공간으로서 탈바꿈할 수 있다면 공부는 재미날 것이다.

가령 평강공주를 감금하고 있는 용가리의 성은 어떻게 생겼을까? 무시무시한가 아니면 환상적인가. 온달이 살고 있는 세계는 어떤 모습인가. 온통 숲으로 둘러싸여 있는가 아니면 용암이 흐르고 있는가. 공간의 구성은 온갖 상상력을 통해 구성될 수 있다. 그러나 중요한 사실은 공간을 설정할 때 플레이의 목적, 주제에 맞게 구성되어야 한다는 것이다. 주제나 목적에 맞지 않게 시각적 흥미와 관심에만 천착하여 공간이 구성된다면 유저가 플레이 세계에 공감하며 몰입할 수 있는 정도는 현저히 낮아질 수 있다.

한편 공간은 은유적 복합성을 지녀야 한다. 그것이 물리적으로 가상의 공간으로서만 제시되지 말고 실제 우리 현실의 삶을 은유화하고 반영하는 공간으로서 창조되어야 현실감을 얻고 더욱 몰두할 수 있는 설득력을 확보한다. 특히 사이버 스토리텔링 공간의 특징은 인과적이지 않다. 따라서 선조적인 이야기에 따라 인과적으로 스토리는 배치되지 않고 공간은 우연성이 연속되는 장소로 설정된다. 그것은 안정된 일상과 탈일상성을 동시에 지니고 있다. 사이버 세계는 실제 현실 세계와 다른 방식으로 운용되는 것이 일반적이다. 이 부분이 사이버 세계에 속하고 싶어하고 머무르고 싶어하는 소망의 지점일지도 모른다.

그러나 엄격하게 말하면 사이버 세계는 현실 세계의 밖이다. 어느 순간 이것이 현실이 아니라고 여겨질 때 사이버의 현실감은 재로 남아 버릴지도 모른다. 따라서 가상적 현실 세계일지라도 현실 삶의 기반 위에 있어야 한다. 유저는 끊임없이 현실과 비현실의 경계를 오고 가며 아슬아슬한 삶의 긴장감을 느끼며 자신을 세계 어딘가에 위치시킬 수 있다.

'평강공주 구출하기'에서 온달이 수행하는 퀘스트들이 펼쳐지는 공간을 구성해 보자.

국경 넘기 → 용가리성 들어가기 → 용가리와 싸우기 → 평강공주 구출하기로 진행되는 플레이의 공간을 살펴보면 공간은 크게 세 곳으로 설정된다. 국경, 용가리성 밖 그리고 용가리성 안으로 나누어진다. 세 공간은 온달의 싸움과 갈등을 일으키는 주요한 곳으로 현동화(現動化)하면서 플레이를 가능케 하는 세계이다.

이 세 공간을 가지고 공간을 설계하면 다음과 같다.

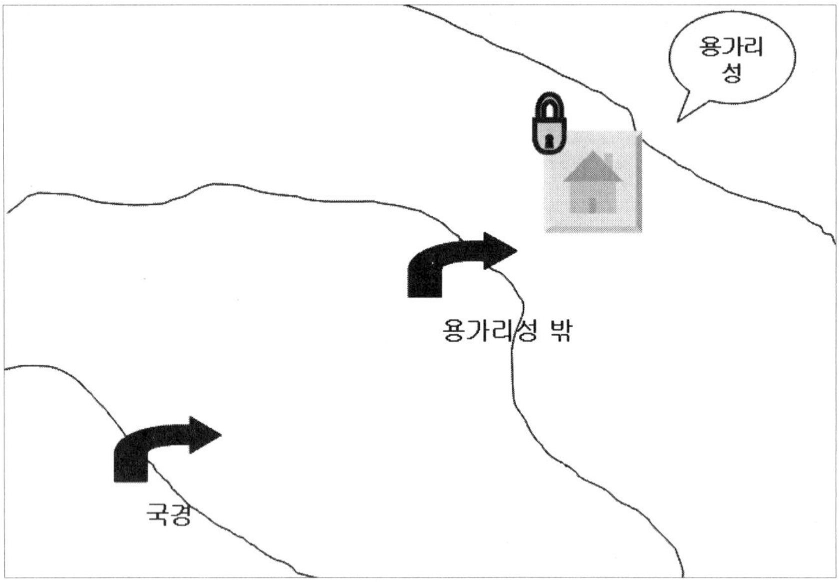

[그림 10-10] 공간 설계 구성도

'평강공주 구출하기'의 공간 설계 리스트

1. 국경: 국경은 온달이 용가리성으로 가기 전에 통과해야 할 중요한 관문이다. 이곳에는 도룡뇽 전사들이 숨어서 감시를 하고 있기 때문에 온달에게는 위험한 지역이다.
2. 용가리성 주변: 용가리성 밖은 삼엄한 경계로 살벌한 분위기이다. 곳곳에 온달이 성 안으로 들어갈 수 없는 늪, 자갈밭, 지뢰밭 등이 펼쳐진다.
3. 용가리성 내부: 평강공주가 있는 곳. 온달은 성 안으로 들어가야 하는데 곳곳에 온달이 평강공주를 구출하지 못하도록 장애물들이 숨어 있다.

❶ 규칙 만들기

임무를 설정해야 하고 이를 수행하는 데에 있어 룰이 있어야 한다. 룰이란 규칙이고 이것은 세계를 일정하게 유지하고 보존할 수 있도록 마련된 삶의 원리이자 기준이다. 인간 세계에도 자연세계에도 그리고 삼라만상 우주에도 룰이 존재하고 룰을 바탕으로 세계가 운용된다. 규칙으로서의 룰이 존재하지 않거나 룰을 따르지 않는다면 그 세계는 혼란에 빠지거나 혼돈 속에 갇혀 버릴 수 있다. 따라서 세계를 구성하는 개체들은 세계가 주관하는 내재적 법칙과 질서에 따라 자신의 존재적 위치를 설정해야 한다. 자신의 존재감은 세계와의 관계 속에서 위치지워질 수 있기 때문이다. 그런데 이러한 룰은 현실뿐만 아니라 가상의 세계에도 엄연히 존재한다. 가상의 세계일지라도 엄연히 삶의 법칙과 규칙은 존재하고 이 규칙을 준수해야 가상적 삶의 세계 안에서 삶을 구현할 수 있는 기회를 얻을 수 있다.

게임이나 에듀테인먼트 스토리텔링은 이러한 규칙을 만들어 가상적 현실의 공간을 구성해야 한다. 규칙은 가상적 삶을 운용하고 관장하는 주요한 원리이기 때문이다. 그리고 유저는 이처럼 구성된 세계의 규칙을 따르면서 자신이 가야 할 길과 방향 지점을 정해야 한다. 규칙이 유저의 흥미와 관심을 끌고 재미있을수록 임무 수행의 과정은 즐거울 것이다. 그것이 때로는 전진의 방해물이 된다 하더라도 완수 후의 즐거움을 배가시킬 수 있는 것이라면 어려운 규칙이라도 즐거울 수 있다.

그런데 규칙은 나름대로 원칙을 갖고 있다. 그것은 철저히 진행되는 스토리의 범위 내에서 구성되어야 한다는 점이다. 요컨대 축구는 손으로 공을 만지거나 잡았을 때 큰 범칙을 얻는다. 축구는 발로 하는 경기라는 규칙을 세웠기·때문이다. 따라서 다른 어떤 범칙을 하는 것보다 손을 사용했을 경우 큰 문제제기를 받는다. 손이 아닌 발로 하는 경기라는 규칙은 축구라는 게임을 관장하는 커다란 세계의 법칙이다. 이러한 규칙은 세계 내에서 일관성을 확보하고 세계를 유지시킬 수 있는 요소로 작용한다.

게임이나 학습과제를 수행하는 데에 있어서 플레이의 중요한 규칙은 무엇인가? 어떤 플레이 방식으로 게임과 학습과제를 실행해 나갈 것인가? 이 플레이를 관장하고 통어할 만한 가장 큰 룰은 무엇이어야 하는가를 생각해야 한다. 그리고 이것을 중심적인 위치에 두고 세계를 이루어 가는 규칙으로 설정해야 한다.

한편 이와 같이 중심적인 자리에 놓인 규칙은 전체 맥락에 두루 적용될 수 있도록 설정되어야 한다. 가령 손을 사용할 수 없도록 하는 축구의 경우 유일하게 손을 이용할 수 있는 규칙이 따로 정해져 있다. 골키퍼는 날아오는 공을 막기 위해 신체의 어느 부위든지 사용해도 무방하다. 이것은 이미 축구라는 게임 플레이가 이루어지기 이전에 설정된 축구의 규칙이다. 이것이 전체 맥락에서 두루 적용된다면 모든 선수가 손을 사용할 수 있다는 것으로 이해될 수 있고 결국 축구가 아닌 핸드볼로 경기의 운용은 바뀔 것이다. 손을 사용할 수 있다는 규칙은 전체 규칙의 틀을 구성하는 과정에서 오로지 골키퍼에게만 적용된 범위이다. 그리고 이것은 축구 플레이가 진행되는 동안 전체 맥락에서 꼭 지켜야 하는 준칙으로 자리잡는다.

이러한 규칙을 구성하는 기준점들이 만들어져야 한다. 다음 스테이지로 넘어가기 이전에 현재 스테이지에서 어떤 규칙을 준수하고 플레이를 할 것인가에 대한 원칙이 마련되지 않으면 유저들은 플레이의 혼란스러움을 느낄 것이다.

온달이 평강공주를 구하러 갈 때 스테이지마다 어떤 규칙을 어기고 지키면서 나갈 것인가에 대한 모색이 이루어져야 한다. 한 스테이지에서 할애할 수 있는 시간은? 사용할 수 있는 아이템의 숫자는? 칼은 몇 번 휘둘러야 하는가? 등등의 규칙들이 먼저 마련되어야 한다. 온달이 평강공주를 구하러 가는 도중에 가장 엄격하게 지켜야 할 규칙은 무엇일까? 가령 평강공주를 구하기 위해 필요한 가장 큰 규칙은 '사랑'이어야 한다는 것을 설정할 수도 있다. 혹시라도 온달이 출세를 하기 위해서 평강공주를 구출하는 것은 아닐까? 따라서 사랑을 해야 한다는 규칙을 가장 크게 설정해 놓을 수도 있다. 온달에게 사랑하는 마음이 있어야 용가리에게서 평강공주를 구해낼 수 있다는 등등의 규칙들을 만들 수 있다.

❷ 상호작용성

유저들의 참여로 스토리텔링이 완성되는 것이 게임이나 에듀테인먼트 스토리텔링의 중요한 특성이다. 하나의 문제를 해결하기 위해 게임이나 플레이의 캐릭터에게 유저들이 여러 가지의 다른 상황을 요구하며 즉각 반응하는 인터랙티버티를 갖는다. 이러한 상호작용성이 반영되어야 한다. 학습과제를 수행할 때 유저와의 긴밀한 접촉과 상호작용은 매우 중요하다.

TIP

어떤 장소에서, 어떤 놀이를 하고 어떤 칭찬과 상을 받았을 때 얼마나 즐겁고 행복했던가. 이것이 게임과 에듀테인먼트 스토리텔링의 키포인트이다.

❸ 세부 시나리오를 만들어라

다음의 시나리오는 '평강공주 구출하기'의 장면들을 구체적으로 만든 부분이다. 첫 번째 시나리오는 오프닝 데모 장면을 구성한 것이고, 두 번째 시나리오는 용가리성 안에서 온달이 수세에 몰렸을 때, 조력자의 도움을 받는 두 장면으로 구성한 것이다. 세부 사항을 디테일하게 작성하여 플레이를 진행할 수 있도록 작성하였다.

# 1	오프닝 데모
'평강공주 구출하기'의 오프닝 데모가 펼쳐진다.	

# 2	두 개의 탑 1

내용: 흰 수염을 길게 날리는 ○○와 검은 머리를 날리는 ○○가 싸움을 한다.
누군가가 죽어야 싸움이 끝난다.
배경 설정: 높은 뾰족탑이 하늘을 찌를 듯 솟아 있다.
첨탑 위로 까마귀가 떼지어 빙빙 돌고 있다.

대사: 흰수염의 ○○가 바닥에 쓰러진 후 대사 시작
흰수염: "너의 검은 욕망이 이 세상을 멸망시키리라."
검은 머리: "하하하, 그러니 니가 없어져야 겠다."

아이템: 지팡이: 싸움의 수단-까마귀 한 마리가 물어다 줌.

흰수염은 온달의 조력자이고 검은머리는 용가리를 조정하는 배후 인물로 온달이 상대하기에 벅찬 캐릭터이다. 따라서 온달을 돕기 위해 흰수염이 싸움을 펼친다.

# 2	두 개의 탑 2

내용: 나무 요정을 타고 있는 ○○와 ○○가 두 개의 탑 앞에 있는 물탱크로 가서 물을 뿜어내려 한다. 오크들을 모두 사라지게 하기 위해.
배경 설정: 하늘에 까마귀가 떼지어 빙빙 돌고 있고 오크들이 두 개의 탑 아래에서 전쟁을 위한 무기들을 만들고 있다.

대사: 물탱크 앞에 가서 오크를 없앤 후 대사 시작
나무 요정: "여기다, 이제 물을 쏟아 내기만 하면 된다."
○○: "오크다."

아이템: 코르크 마개: 물탱크 뽑기-오크를 죽인 후 획득함.

위의 시나리오들을 지도로 그리면 다음과 같이 만들어진다. 탑 내부와 외부에서 일어나고 있는 동시 상황을 설계 도면으로 작성하는 것이 필요하고 이 도면을 바탕으로 프로그램과 그래픽 등의 플레이 기술 방식들이 작동된다.

맵 구성 I

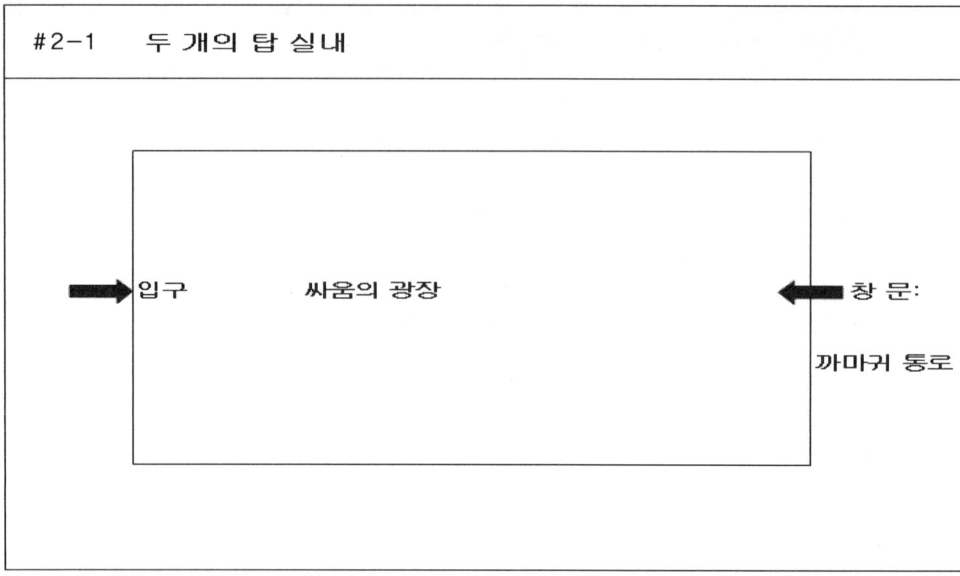

맵 구성 II

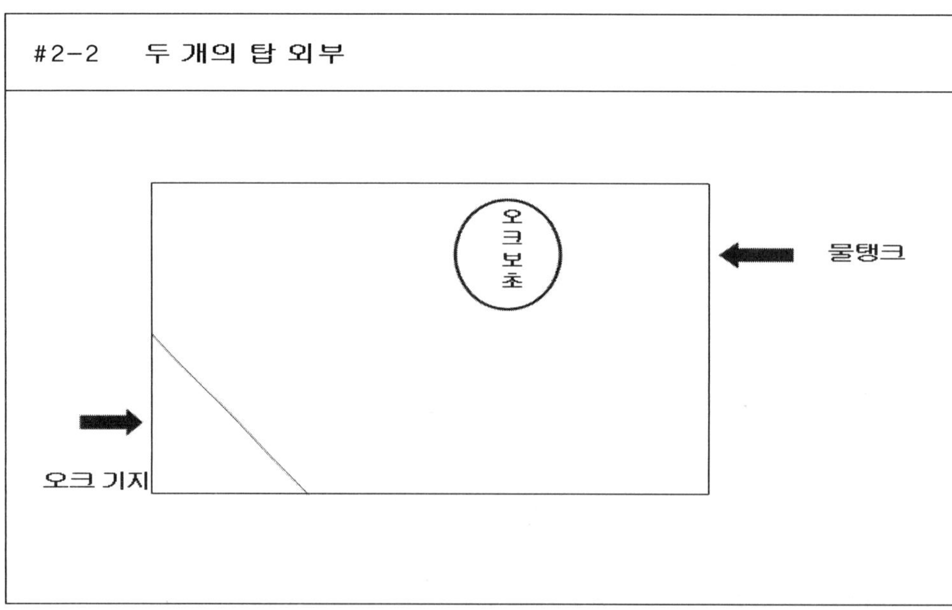

플로 차트

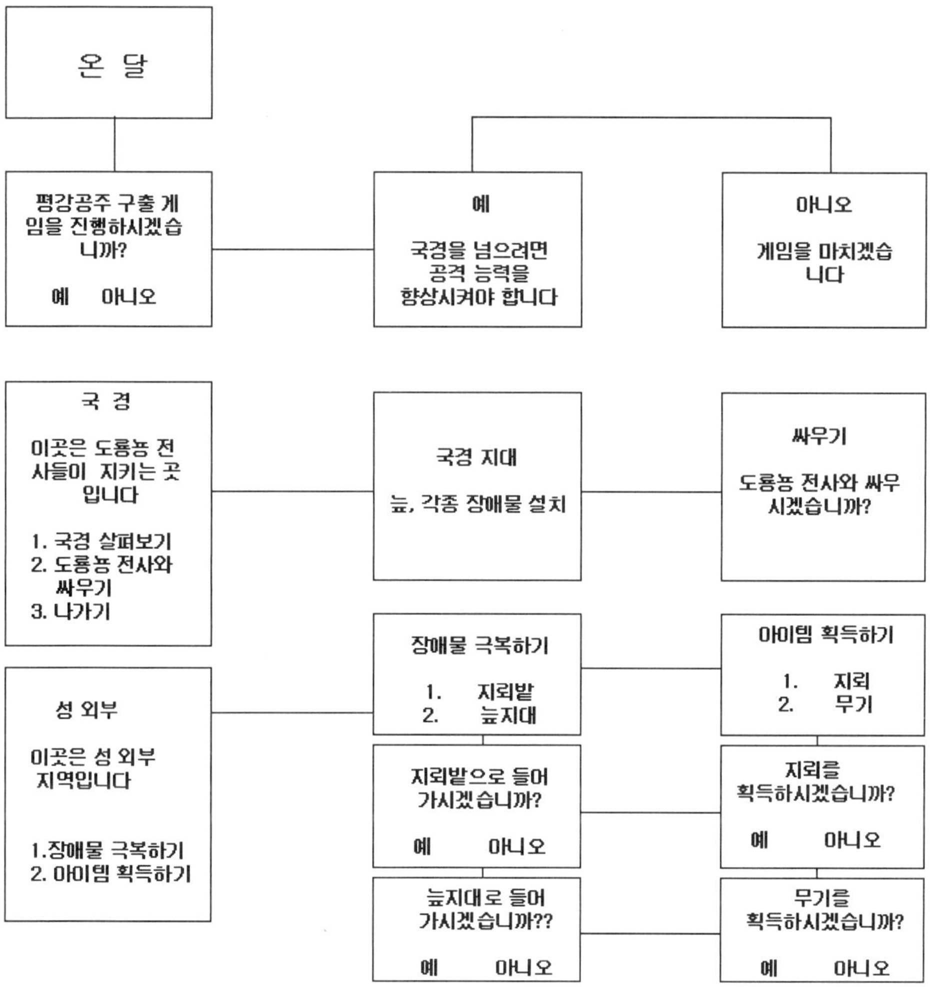

플로 차트란 흐름도 또는 순서도를 말한다. 게임 스토리가 진행되는 과정을 연결선과 연결 기호들을 이용하여 만든 일종의 전개도이다. 이것은 컴퓨터 공학에서 알고리즘을 표현하는 방식과 연관되는데, 특히 게임을 기획하고 만들기 위한 기초 설계작업이므로 중요하다. 위의 플로 차트는 게임 <평강공주 구출하기>의 과정을 그린 전개도이다. 온달이 평강공주를 구출하기 위해서는 각 스테이지(단계)마다 제시된 문항에 대해 대답을 해야 하고 선택한 상황에 따라 다음 스테이지로 넘어감으로써 '평강공주 구출'의 궁극적인 목적을 달성할 수 있다. 플로 차트는 게임의 진행과정은 물론, 게임 스토리텔링 구성의 중요한 기초작업으로서 역할을 한다.

UCC 스토리텔링의 작성방법

UCC 스토리텔링은 영상을 제작하는 과정과 동일하다. 따라서 영상 스토리텔링의 방식을 따르면 스토리텔링이 완성될 수 있다. 우선 UCC 동영상을 만드는 순서는 다음과 같다.

> 프로그램 설치와 소스 구하기 → 동영상 촬영 → 동영상 편집 → 사운드 편집: 프리미어 프로 2.0 → 동영상 올리기

의 순서로 UCC 동영상은 만들어지고 진행된다. 그런데 위의 과정을 순차적으로 진행하기 위해서는 먼저 시나리오가 구성되어야 한다. 시나리오를 구성하기 전에 먼저 콘티를 짜고 스토리보드를 만드는 작업이 선행되어야 한다. 이것은 실제 작업현장에서의 일을 최소화하고 일의 효율성을 위해서이다.

촬영 콘티 만들기

우선 촬영할 장소를 먼저 물색해야 한다. 촬영 장소가 한 곳이라면 문제가 없지만 여러 곳에 걸쳐 촬영을 하게 될 경우, 장소의 섭외부터 장소 활용 부분에 이르기까지 준비되고 계획되어 있어야 촬영의 문제를 최소화할 수 있다. 특히 촬영 주제를 잘 고려하여 세밀하게 항목화하여 콘티를 만들어야 한다.

- 촬영 주제는?
- 촬영 목적은?
- 촬영 장소는?
- 촬영 계획은?
- 촬영 일자는? 시간은?
- 촬영 스텝진은?

등등의 촬영 스케치 계획을 미리 계획해야 한다. 그리고 실제로 촬영할 내용에 관한 콘티를 미리 작성해서 진행 순서에 맞추어 촬영을 하면 된다. 이것은 시간의 효율성과 일의 능률성을 고려한 사실에서 비롯된다.

- 몇 장면을 촬영할 것인가?
- 한 장소에서 어느 정도 분량의 촬영을 할 것인가?
- 배우는 몇 명이 있어야 하는가?
- 필요한 소품은?
- 스토리를 구성하였는가?

등등의 콘티가 작성되어 이에 따라 영상물을 만들어 간다. 스토리 내용은 기술과 함께 대략적인 그림을 그려 구성하면 더욱 효율적일 수 있다. 구체적인 촬영 내용의 윤곽이 시각적으로 형상화되기 때문이다. 간단한 스토리 소개와 연출적 상황을 스케치해 보자.

스토리 사례

아름과 보람의 이별 여행

아름은 곧 대학교 졸업을 앞두고 있다. 그런데 아름은 졸업과 동시에 해외 유학을 가기로 계획 중이다. 아름은 자신이 사랑하고 있는 보람과 헤어져야 하는 것이 안타깝다. 복학생 보람은 아름을 만나 사랑을 나누었지만 아름과 헤어져야 한다는 사실에 괴롭다. 자신의 꿈을 위해 떠나려는 아름을 붙잡을 수 없는 보람은 갈등한다. 아름은 졸업을 앞두고 보람과의 추억을 만들려 한다. 아름은 3일간의 여행을 준비한다. 외진 섬에 들어가서 보람과 즐거운 추억을 만들려는 아름.....

대강의 스토리는 이렇게 진행되는데 이때 제일 먼저 작업할 것은 우선 이야기를 시퀀스별로 나누어 순서화시키는 것이다. 3일간의 여행 이야기이니만큼 하루하루의 이야기를 3단 구성화하여 시나리오를 작성해 보자. 모든 이야기에는 시작과 끝이 있으므로 이러한 순서에 맞추어 시나리오를 작성하면 다음과 같다.

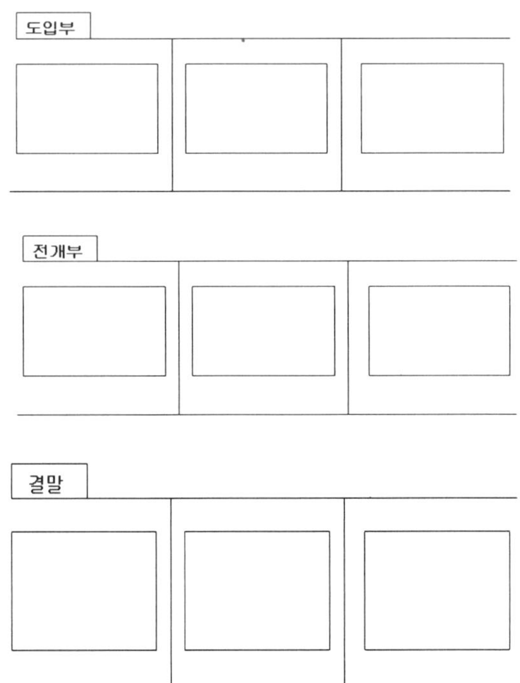

[그림 10-11] 도입부 – 전개부 – 결말 구성도

'도입-전개부-결말' 형식에 맞추어 위의 이야기를 구성하면 '여행을 떠남-여행을 즐김-여행을 마침'의 형태로 대략적으로 구도화된다. 다음 단계에서는 이를 좀더 세분화하여 구성해 보자.

도입부, 전개부, 결말의 이야기를 세 단계로 나누어 세분화된 이야기를 구성해 보자.

도입부의 이야기는 여행을 떠나는 것이니 떠나기 전의 여러 상황과 광경을 기술하면 된다. 가령 짐을 꾸린다든가 배를 탄다든가 혹은 섬에 도착하는 장면을 단계적으로 나누어 기술하면 된다. 도입부는 이런 방식으로 해서 '짐을 꾸리다-배를 타다-섬에 도착하다'의 내용으로 작성될 수 있다. 그리고 도입 이야기는 3일간의 이야기 중 하루의 이야기로 설정하면 좋다. 전개부 역시 중요한 에피소드별로 내용을 작성할 수 있다. 두 번째 날의 이야기로 구성할 때, 아름과 보람의 추억과 사랑이 담길 수 있는 내용을 풍부하게 담으면 된다. 아름과 보람이 산으로 놀러 갔다가 비를 맞고 피하는 장면을 그려 보자. 이 장면은 어딘가 소설 '소나기'와 닮아 있지 않은가. '산으로 가다-비를 맞다-비를 피하다'의 단계별 이야기 구성이 두 번째 이야기에서 가능해진다. 마무리 단계인 세 번째 날의 이야기는 추억을 뒤로 하고 섬을 떠나 이별을 하는 장면으로 그려질 수 있다. '배를 타다-섬을 떠나다-징표를 주다'와 같은 내용으로 마지막 날의 여정을 구성해 보자. 처음 도입부의 내용과 수미일치하면서 추억과 사랑을 마무리하는 내용으로 구성된다. 특히 아름이 보람에게 자신의 사랑을 맹세할 수 있는 징표로서 목걸이를 건네는 장면은 이 이야기의 클라이맥스이다.

[그림 10-12] 스토리보드 사례

위의 이야기는 단순한 이야기이다. 그러나 나름대로 의미 있는 주제와 메시지가 담겨 있다. 위에서 구성한 단계별 이야기를 스토리보드로 작업을 하여 촬영하기 전에 미리 준비한다면 작업은 수월해질 것이다. 위의 이야기는 다음과 같이 스토리보드로 만들어질 수 있다.

문자로 쓴 부분을 원화로 스케치하여 구체적으로 각각의 장면을 구성해 보자. 위의 스토리보드는 총 60분 동안의 이야기를 작성하고 있다. 크게 여섯 개의 시퀀스로 나누어 균등하게 10분 정도의 시간을 배치하고 아름과 보람의 이별 이야기를 담아 내고 있다. 스토리보드를 작성할 때에는 이와 같이 구체적으로 한 장면 한 장면씩을 만들어 가면서 이야기를 구상해야 한다. 화면마다 주제와 구성 정도를 설정해 놓고 스토리라인을 잡아가야 한다. 또한 화면에 대한 대략적인 설명과 이야기 구성을 하면서 스토리보드를 만들어 가야 한다. 스토리보드를 작성할 때 명확한 기준표나 작성 기준은 경우에 따라 달라진다. 그러나 대략 이상과 같은 형태로 스토리보드를 작성하여 촬영에 임하면 영상 구성은 밀도감 있게 이루어질 수 있다. 그림 그리기에 자신이 없더라도 대략적으로 구도를 잡으면서 원화작업을 해 보자. 그러면 영상적으로 장면이 구성되고 설정될 수 있다.

학교명	촬영 장소	연출자	스텝진
	외딴 섬	아름	아름, 보람, 힘찬
촬영 주제	사랑과 이별		
취재 계획	졸업식 며칠 전		

순서	화 면 (약화로 그리기)	C.W. (카메라워크)	자막	해설 또는 대사 (내레이션)	시간
1		Midium Shot	여행 첫날	아름과 보람은 외딴 섬으로 여행을 가기 위해 짐을 꾸리고 배를 탄다.	10분
2		Long Shot	여행 첫날	아름과 보람은 드디어 외딴 섬에 도착한다.	10분
3		Close-up Shot	여행 둘째 날	아름과 보람은 산으로 올라가 즐겁게 하루를 보내다가 비를 맞는다.	10분
4		Long Shot	여행 둘째 날	아름과 보람은 비를 피하기 위해 커다란 나무 아래로 피한다.	10분
5		Midium Shot	여행 셋째 날	아름과 보람은 짐을 꾸리고 서울로 오기 위해 배를 탄다.	10분
6		Midium Shot	여행 셋째 날	아름과 보람은 섬을 뒤로 하고 배 위에서 서로의 사랑을 확인하는 징표를 주고받는다.	10분

문화콘텐츠 글쓰기 연습 1.

다음 글을 읽고 캐릭터의 신상명세서를 작성하라(상상력을 발휘하여 기술할 것).

홍길동은 조선조 세종 때 서울에 사는 홍판서의 시비 춘섬의 소생인 서자다. 홍판서가 용꿈을 꾸어 길몽이기에 본부인을 가까이하려 하였으나, 응하지 않으므로 춘섬과 관계를 하여 길동을 낳았다. 길동은 어려서부터 도술을 익히고 장차 훌륭하게 될 기상을 보였으나, 천생인 탓으로 아버지를 아버지라 부르지 못하고, 형을 형이라 부르지 못하는 한을 품는다. 가족들은 길동의 비범한 재주가 장래에 화근이 될까 두려워하여 자객을 시켜 길동을 없애려 한다. 길동은 위기에서 벗어나 집을 나와서 방랑의 길을 떠난다. 그러다가 도적의 소굴에 들어가 힘을 겨루어 두목이 된다. 먼저 기이한 계책으로 해인사의 보물을 탈취하고 활빈당이라 자처하며 기계와 도술로써 팔도지방 수령들의 재물을 탈취하여 빈민에게 나누어 주고 백성의 재물은 추호도 다치지 않는다. 길동은 함경도 감영의 불의의 재물을 탈취하면서 '아무 날 전곡을 도적한 자는 활빈당 행수 홍길동'이라는 방을 붙여 둔다. 함경감사가 도적을 잡는 데 실패하자 조정에 장계를 올려 좌우 포청으로 하여금 홍길동이라는 대적을 잡으라고 한다. 팔도가 다같이 장계를 올리는데 도적의 이름이 홍길동이요, 도적당한 날짜가 한날 한시였다. 국왕이 길동을 잡으라는 체포명령을 전국에 내렸으나 길동의 도술을 당해낼 수 없어서 홍판서를 회유하고 길동의 형 인형도 가세하여 길동의 소원을 들어주기로 하고 병조판서를 제수, 회유하기로 한다. 길동은 서울에 올라와 병조판서가 된다. 그 뒤 길동은 고국을 떠나 남경으로 가다가 산수가 수려한 율도국을 발견, 요괴를 퇴치하여 볼모로 잡혔던 미녀를 구하고 율도국 왕이 된다. 마침 아버지의 부음을 듣고 고국으로 돌아와 삼년상을 치른 뒤 율도국으로 돌아가 나라를 잘 다스린다.

(출처: 다음 커뮤니케이션 신지식 편)

문화콘텐츠 글쓰기 연습 2.

다음 줄거리를 가지고 게임이나 에듀테인먼트 스토리를 만들기 위한 공간을 구성해 보라.

옛날 큰 홍수가 져서 세상은 온통 바다가 되고 사람들은 씨가 마르게 되었다. 오직 한 오누이만이 살아 남아 백두산 같은 높은 산꼭대기에 닿게 되었다. 홍수가 끝나고 오누이는 산을 내려왔으나 사람 그림자도 볼 수 없었다. 그냥 있으면 인간의 씨가 없어지게 되는데 그렇다고 오누이끼리 결혼할 수도 없어서 그들은 오랫동안 사람들을 찾아 여기저기 돌아다녔으나 나이만 들어갈 뿐, 어쩔 수가 없어서 오빠는 숫맷돌(맷돌 아랫부분), 동생은 암맷돌(맷돌 위부분)을 들고 마주 선 두 산봉우리로 올라갔다. 오누이는 기도하였다. 그리고 맷돌을 굴렸다. 그러자 두 맷돌 부분이 착 달라 붙었고 그들은 하늘의 뜻을 알아차리고 결혼해서 인간의 씨를 불려 나가게 되었다.

(홍수설화와 오누이)

문화콘텐츠 글쓰기 연습 3.

다음 이야기를 가지고 스토리보드를 작성해 보자. 다음 장에 나오는 스토리보드 구성항에 맞추어 기술하자.

옛날 어떤 부자가 광주 북촌에 살았는데, 용모 단정한 딸 하나가 있었다. 한번은 아비에게 이르기를 매양 보랏빛 옷차림의 사내가 찾아와 잠자리를 같이 한다 하였다. 아비가 긴 실에 바늘을 꿰어 주며 그 옷에 찔러 두라 하였다. 딸이 아비 말대로 하였다. 다음날 아침에 그 실을 따라 북쪽 담장 밑에 이르니 커다란 지렁이 한 마리가 허리를 바늘에 찔린 채 죽어 있었다. 그 딸이 잉태하여 아들을 낳았다. 열다섯이 되자 스스로 견훤이라 일컬었다.

(출처: [삼국유사 권2]의 〈후백제 견훤〉)

스 토 리 보 드

작성자 : (2008년 월 일)

주제		화면 제목		화면 번호	

화면 구성

화면 설명

[연 결 화 면]

L1		L6		L11		L16	
L2		L7		L12		L17	
L3		L8		L13		L18	
L4		L9		L14		L19	
L5		L10		L15		L20	

부 록

국어 어문 규정

1. 한글 맞춤법
2. 표준어 규정
3. 표준 발음법
4. 외래어 표기법
5. 국어의 로마자 표기법

국어 어문 규정*

1. 한글 맞춤법

총칙

제1항 한글 맞춤법은 표준어를 소리대로 적되, 어법에 맞도록 함을 원칙으로 한다.

제2항 문장의 각 단어는 띄어 씀을 원칙으로 한다.

제3항 외래어는 '외래어 표기법'에 따라 적는다.

소리에 관한 것

제6항 'ㄷ, ㅌ' 받침 뒤에 종속적 관계를 가진 '-이(-)'나 '-히-'가 올 적에는 그 'ㄷ, ㅌ'이 'ㅈ, ㅊ'으로 소리 나더라도 'ㄷ, ㅌ'으로 적는다. (ㄱ을 취하고, ㄴ을 버림.)

ㄱ	ㄴ
맏이	마지
해돋이	해도지
굳이	구지
같이	가치
끝이	끄치
핥이다	할치다
걷히다	거치다
닫히다	다치다
묻히다	무치다

제10항 한자음 '녀, 뇨, 뉴, 니'가 단어 첫머리에 올 적에는 두음법칙에 따라 '여, 요, 유, 이'로 적는다.

다만, 다음과 같은 의존 명사에서는 '냐, 녀' 음을 인정한다.

냥(兩)　　　냥쭝(兩-)　　　년(年)(몇 년)

* 국립국어원 자료를 참고로 하였음.

[붙임 1] 단어의 첫머리 이외의 경우에는 본음대로 적는다.

남녀(男女) 당뇨(糖尿) 결뉴(結紐) 은닉(隱匿)

[붙임 2] 접두사처럼 쓰이는 한자가 붙어서 된 말이나 합성어에서, 뒷말의 첫소리가 'ㄴ' 소리로 나더라도 두음법칙에 따라 적는다.

신여성(新女性) 공염불(空念佛) 남존여비(男尊女卑)

[붙임 3] 둘 이상의 단어로 이루어진 고유 명사를 붙여 쓰는 경우에도 [붙임 2]에 준하여 적는다.

한국여자대학 대한요소비료회사

제11항 한자음 '랴, 려, 례, 료, 류, 리'가 단어의 첫머리에 올 적에는 두음법칙에 따라 '야, 여, 예, 요, 유, 이'로 적는다.

다만, 모음이나 'ㄴ' 받침 뒤에 이어지는 '렬, 률'은 '열, 율'로 적는다. (ㄱ을 취하고, ㄴ을 버림.)

ㄱ	ㄴ
나열(羅列)	나렬
치열(齒列)	치렬
비열(卑劣)	비렬
규율(規律)	규률
분열(分裂)	분렬
선열(先烈)	선렬
진열(陳列)	진렬
선율(旋律)	선률
비율(比率)	비률
실패율(失敗率)	실패률
전율(戰慄)	전률
백분율(百分率)	백분률

[붙임 2] 외자로 된 이름을 성에 붙여 쓸 경우에도 본음대로 적을 수 있다.

신립(申砬) 최린(崔麟) 채륜(蔡倫) 하륜(河崙)

[붙임 3] 준말에서 본음으로 소리나는 것은 본음대로 적는다.

국련(국제연합) 대한교련(대한교육연합회)

[붙임 4] 접두사처럼 쓰이는 한자어가 붙어서 된 말이나 합성어에서 뒷말의 첫소리가 'ㄴ' 또는 'ㄹ' 소리가 나더라도 두음법칙에 따라 적는다.

역이용(逆利用) 연이율(年利率) 열역학(熱力學)

해외여행(海外旅行)

[붙임 5] 둘 이상의 단어로 이루어진 고유 명사를 붙여 쓰는 경우나 십진법에 따라 쓰는 수도 [붙임 4]에 준하여 적는다.

서울여관 신흥이발관 육천육백육십육(六千六百六十六)

제12항 한자음 '라, 래, 로, 뢰, 루, 르'가 단어 첫머리에 올 적에는 두음법칙에 따라 '나, 내, 노, 뇌, 누, 느'로 적는다. (ㄱ을 취하고, ㄴ을 버림.)

ㄱ	ㄴ
낙원(樂園)	락원
내일(來日)	래일
노인(老人)	로인
뇌성(雷聲)	뢰성
누각(樓閣)	루각
능묘(陵墓)	릉묘

[붙임 1] 단어의 첫머리 이외의 경우에는 본음대로 적는다.

쾌락(快樂)	극락(極樂)	거래(去來)	왕래(往來)
부로(父老)	연로(年老)	지뢰(地雷)	낙뢰(落雷)
고루(高樓)	광한루(廣寒樓)	동구릉(東九陵)	가정란(家庭欄)

[붙임 2] 접두사처럼 쓰이는 한자가 붙어서 된 단어는 뒷말을 두음법칙에 따라 적는다.

내내월(來來月) 상노인(上老人) 중노동(重勞動) 비논리적(非論理的)

형태에 관한 것

제15항 용언의 어간과 어미는 구별하여 적는다.

[붙임 2] 종결형에서 사용되는 어미 '-오'는 '-요'로 소리 나는 경우가 있더라도 그 원형을 밝혀 '오'로 적는다. (ㄱ을 취하고, ㄴ을 버림.)

ㄱ	ㄴ
이것은 책이오.	이것은 책이요.
이리로 오시오.	이리로 오시요.
이것은 책이 아니오.	이것은 책이 아니요.

[붙임 3] 연결형에서 사용되는 '이요'는 '이요'로 적는다.

이것은 책이요, 저것은 붓이요, 또 저것은 먹이다. (○)

이것은 책이오, 저것은 붓이오, 또 저것은 먹이다. (×)

제18항 다음과 같은 용언들은 어미가 바뀔 경우, 그 어간이나 어미가 원칙에 벗어나면 벗어나는 대로 적는다.

[붙임] 다음과 같은 말에서도 'ㄹ'이 준 대로 적는다.

마지못하다	마지않다
(하)다마다	(하)자마자
(하)지 마라	(하)지 마(아)

제22항 용언의 어간에 다음과 같은 접미사들이 붙어서 이루어진 말들은 그 어간의 원형을 밝히어 적는다.

2. '-치-, -뜨리-, -트리-'가 붙는 것

놓치다	덮치다	떠받치다	받치다
밭치다	부딪치다	뻗치다	엎치다
부딪뜨리다/부딪트리다		쏟뜨리다/쏟트리다	
젖뜨리다/젖트리다		찢뜨리다/찢트리다	
흩뜨리다/흩트리다			

[붙임] '-업-, -읍-, -브-'가 붙어서 된 말은 소리대로 적는다.

미덥다	우습다	미쁘다

제23항 '-하다'나 '-거리다'가 붙는 어근에 '-이'가 붙어서 명사가 된 것은 그 어간의 원형을 밝히어 적는다. (ㄱ을 취하고, ㄴ을 버림.)

ㄱ	ㄴ
깔쭉이	깔쭈기
꿀꿀이	꿀꾸리
눈깜짝이	눈깜짜기
더펄이	더퍼리
배불뚝이	배불뚜기
삐죽이	삐주기
살살이	살사리
쌕쌕이	쌕쌔기
오뚝이	오뚜기
코납작이	코납자기
푸석이	푸서기
홀쭉이	홀쭈기

제25항 '-하다'가 붙는 어근에 '-히'나 '-이'가 붙어서 부사가 되거나, 부사에 '-이'가 붙어서 뜻을 더하는 경우에는 그 어근이나 부사의 원형을 밝히어 적는다.

1. '-하다'가 붙는 어근에 '-히'나 '-이'가 붙는 경우

급히	꾸준히	도저히	딱히
어렴풋이	깨끗이		

[붙임] '-하다'가 붙지 않는 경우에는 소리대로 적는다.

갑자기	반드시(꼭)	슬며시

2. 부사에 '-이'가 붙어서 역시 부사가 되는 경우

곰곰이	더욱이	생긋이
오뚝이	일찍이	해죽이

제28항 끝소리가 'ㄹ'인 말과 딴 말이 어울릴 적에 'ㄹ' 소리가 나지 아니하는 것은 아니 나는 대로 적는다.

다달이(달-달-이)	따님(딸-님)	마되(말-되)
마소(말-소)	무자위(물-자위)	바느질(바늘-질)
부나비(불-나비)	부삽(불-삽)	부손(불-손)
소나무(솔-나무)	싸전(쌀-전)	여닫이(열-닫이)
우짖다(울-짖다)	화살(활-살)	

제29항 끝소리가 'ㄹ'인 말과 딴 말이 어울릴 적에 'ㄹ' 소리가 'ㄷ' 소리로 나는 것은 'ㄷ'으로 적는다.

반짇고리(바느질~)	사흗날(사흘~)	삼짇날(삼질~)	섣달(설~)
숟가락(술~)	이튿날(이틀~)	잗주름(잘~)	푿소(풀~)
섣부르다(설~)	잗다듬다(잘~)	잗다랗다(잘~)	

제30항 사이시옷은 다음과 같은 경우에 받치어 적는다.

1. 순 우리말로 된 합성어로서 앞말이 모음으로 끝난 경우

(1) 뒷말의 첫소리가 된소리로 나는 것

고랫재	귓밥	나룻배	나뭇가지
냇가	댓가지	뒷갈망	맷돌
머릿기름	모깃불	못자리	바닷가
뱃길	볏가리	부싯돌	선짓국
쇳조각	아랫집	우렁잇속	잇자국
잿더미	조갯살	찻집	쳇바퀴
킷값	핏대	햇볕	혓바늘

(2) 뒷말의 첫소리 'ㄴ, ㅁ' 앞에서 'ㄴ' 소리가 덧나는 것

멧나물　아랫니　텃마당　아랫마을
뒷머리　잇몸　깻묵　냇물
빗물

(3) 뒷말의 첫소리 모음 앞에서 'ㄴㄴ' 소리가 덧나는 것

도리깻열　뒷윷　두렛일　뒷일
뒷입맛　베갯잇　욧잇　깻잎
나뭇잎　댓잎

2. 순 우리말과 한자어로 된 합성어로서 앞말이 모음으로 끝난 경우

(1) 뒷말의 첫소리가 된소리로 나는 것

귓병　머릿방　뱃병　봇둑
사잣밥　샛강　아랫방　자릿세
전셋집　찻잔　찻종　촛국
콧병　탯줄　텃세　핏기
햇수　횟가루　횟배

(2) 뒷말의 첫소리 'ㄴ, ㅁ' 앞에서 'ㄴ' 소리가 덧나는 것

곗날　제삿날　훗날　툇마루
양칫물

(3) 뒷말의 첫소리 모음 앞에서 'ㄴㄴ' 소리가 덧나는 것

가욋일　사삿일　예삿일　훗일

3. 두 음절로 된 다음 한자어

(1) 뒷말의 첫소리가 된소리로 나는 것

곳간(庫間)　셋방(貰房)　숫자(數字)　찻간(車間)
툇간(退間)　횟수(回數)

제31항 두 말이 어울릴 적에 'ㅂ' 소리나 'ㅎ' 소리가 덧나는 것은 소리대로 적는다.

1. 'ㅂ' 소리가 덧나는 것

댑싸리(대ㅂ싸리)　멥쌀(메ㅂ쌀)　볍씨(벼ㅂ씨)　입때(이ㅂ때)
입쌀(이ㅂ쌀)　접때(저ㅂ때)　좁쌀(조ㅂ쌀)

2. 'ㅎ' 소리가 덧나는 것

머리카락(머리ㅎ가락)　살코기(살ㅎ고기)
수캐(수ㅎ개)　수컷(수ㅎ것)　수탉(수ㅎ닭)　안팎(안ㅎ밖)
암캐(암ㅎ개)　암컷(암ㅎ것)　암탉(암ㅎ닭)

제38항 'ㅏ, ㅗ, ㅜ, ㅡ' 뒤에 '-이어'가 어울려 줄어질 적에는 준 대로 적는다.

본말	**준말**
싸이어	쌔어 싸여
보이어	뵈어 보여
쏘이어	쐬어 쏘여
누이어	뉘어 누여
뜨이어	띄어
쓰이어	씌어 쓰여
트이어	틔어 트여

제39항 어미 '-지' 뒤에 '않-'이 어울려 '-잖-'이 될 적과 '-하지' 뒤에 '않-'이 어울려 '-찮-'이 될 적에는 준 대로 적는다.

본말	**준말**
그렇지 않은	그렇잖은
적지 않은	적잖은
만만하지 않다	만만찮다
변변하지 않다	변변찮다

제40항 어간의 끝음절 '하'의 'ㅏ'가 줄고 'ㅎ'이 다음 음절의 첫소리와 어울려 거센소리로 될 적에는 거센소리로 적는다.

본말	**준말**
간편하게	간편케
연구하도록	연구토록
가하다	가타
다정하다	다정타
정결하다	정결타
흔하다	흔타

[붙임 1] 'ㅎ'이 어간의 끝소리로 굳어진 것은 받침으로 적는다.

않다	않고	않지	않든지
그렇다	그렇고	그렇지	그렇든지
아무렇다	아무렇고	아무렇지	아무렇든지
어떻다	어떻고	어떻지	어떻든지
이렇다	이렇고	이렇지	이렇든지
저렇다	저렇고	저렇지	저렇든지

[붙임 2] 어간의 끝 음절 '하'가 아주 줄 적에는 준 대로 적는다.

본말	준말
거북하지	거북지
생각하건대	생각건대
생각하다 못해	생각다 못해
깨끗하지 않다	깨끗지 않다
넉넉하지 않다	넉넉지 않다
못하지 않다	못지 않다
섭섭하지 않다	섭섭지 않다
익숙하지 않다	익숙지 않다

[붙임 3] 다음과 같은 부사는 소리대로 적는다.

결단코 결코 기필코 무심코
아무튼 요컨대 정녕코 필연코
하마터면 하여튼 한사코

띄어쓰기

제42항 의존 명사는 띄어 쓴다.

아는 것이 힘이다. 나도 할 수 있다.
먹을 만큼 먹어라. 아는 이를 만났다.
네가 뜻한 바를 알겠다. 그가 떠난 지가 오래다.

제43항 단위를 나타내는 명사는 띄어 쓴다.

한 개 차 한 대 금 서 돈 소 한 마리
옷 한 벌 열 살 조기 한 손 연필 한 자루
버선 한 죽 집 한 채 신 두 켤레 북어 한 쾌

다만, 순서를 나타내는 경우나 숫자와 어울려 쓰이는 경우에는 붙여 쓸 수 있다.

두시 삼십분 오초 제일과 삼학년 육층
1446년 10월 9일 2대대 16동 502호 제1어학실습실
80원 10개 7미터

제44항 수를 적을 적에는 '만(萬)' 단위로 띄어 쓴다.

십이억 삼천사백오십육만 칠천팔백구십팔
12억 34만 7898

제45항 두 말을 이어 주거나 열거할 적에 쓰이는 말들은 띄어 쓴다.

국장 겸 과장	열 내지 스물
청군 대 백군	책상·걸상 등이 있다.
이사장 및 이사들	사과·배·귤 등등
사과·배 등속	부산·광주 등지

제46항 단음절로 된 단어가 연이어 나타날 적에는 붙여 쓸 수 있다.

그때	그곳
좀더	큰것
이말	저말
한잎	두잎

제47항 보조 용언은 띄어 씀을 원칙으로 하되, 경우에 따라 붙여 씀도 허용한다.

(ㄱ을 원칙으로 하고, ㄴ을 허용함.)

ㄱ	ㄴ
불이 꺼져 간다.	불이 꺼져간다.
내 힘으로 막아 낸다.	내 힘으로 막아낸다.
어머니를 도와 드린다.	어머니를 도와드린다.
그릇을 깨뜨려 버렸다.	그릇을 깨뜨려버렸다.
비가 올 듯하다.	비가 올듯하다.
그 일은 할 만하다.	그 일은 할만하다.
일이 될 법하다.	일이 될법하다.
비가 올 성싶다.	비가 올성싶다.
잘 아는 척한다.	잘 아는척한다.

다만, 앞말에 조사가 붙거나 합성 동사인 경우, 그리고 중간에 조사가 들어갈 적에는 그 뒤에 오는 보조 용언은 띄어 쓴다.

잘도 놀아만 나는구나!	책을 읽어도 보고….
네가 덤벼들어 보아라.	강물에 떠내려가 버렸다.
그가 올 듯도 하다.	잘난 체를 한다.

제48항 성과 이름, 성과 호 등은 붙여 쓰고, 이에 덧붙는 호칭어, 관직명 등은 띄어 쓴다.

김양수(金良洙) 서화담(徐花潭) 채영신 씨 최치원 선생

박동식 박사 충무공 이순신 장군

다만, 성과 이름, 성과 호를 분명히 구분할 필요가 있을 경우에는 띄어 쓸 수 있다.

남궁억/남궁 억 독고준/독고 준 황보지봉(皇甫芝峰)/황보 지봉

제49항 성명 이외의 고유 명사는 단어별로 띄어 씀을 원칙으로 하되, 단위별로 띄어 쓸 수 있다. (ㄱ을 원칙으로 하고, ㄴ을 허용함.)

ㄱ	ㄴ
대한 중학교	대한중학교
한국 대학교 사범 대학	한국대학교 사범대학

제50항 전문 용어는 단어별로 띄어 씀을 원칙으로 하되, 붙여 쓸 수 있다. (ㄱ을 원칙으로 하고, ㄴ을 허용함.)

ㄱ	ㄴ
만성 골수성 백혈병	만성골수성백혈병
중거리 탄도 유도탄	중거리탄도유도탄

그 밖의 것

제51장 부사의 끝음절이 분명히 '이'로만 나는 것은 '-이'로 적고, '히'로만 나거나 '이'나 '히'로 나는 것은 '-히'로 적는다.

1. '이'로만 나는 것

가붓이	깨끗이	나붓이	느긋이
둥긋이	따뜻이	반듯이	버젓이
산뜻이	의젓이	가까이	고이
날카로이	대수로이	번거로이	많이
적이	헛되이	겹겹이	번번이
일일이	집집이	틈틈이	

2. '히'로만 나는 것

극히	급히	딱히	속히
작히	족히	특히	엄격히
정확히			

3. '이, 히'로 나는 것

솔직히	가만히	간편히	나른히
무단히	각별히	소홀히	슬슬히
정결히	과감히	꼼꼼히	심히
열심히	급급히	답답히	섭섭히
공평히	능히	당당히	분명히
상당히	조용히	간소히	고요히
도저히			

제52항 한자어에서 본음으로도 나고 속음으로도 나는 것은 각각 그 소리에 따라 적는다.

본음으로 나는 것

승락(×) → 승낙(承諾)(○)	만란(×) → 만난(萬難)(○)
안령(×) → 안녕(安寧)(○)	분로(×) → 분노(忿怒)(○)
토논(×) → 토론(討論)(○)	오육십(×) → 오륙십(五六十)(○)

속음으로 나는 것

수낙(×) → 수락(受諾)(○)	쾌낙(×) → 쾌락(快諾)(○)
허낙(×) → 허락(許諾)(○)	곤난(×) → 곤란(困難)(○)
논난(×) → 논란(論難)(○)	의녕(×) → 의령(宜寧)(○)
의론(×) → 의논(議論)(○)	오유월(×) → 오뉴월(五六月)(○)
목과(×) → 모과(木瓜)(○)	십왕(×) → 시왕(十王)(○)
십월(×) → 시월(十月)(○)	초팔일(×) → 초파일(初八日)(○)
희노애락(×) → 희로애락(喜怒哀樂)(○)	십방정토(×) → 시방정토(十方淨土)(○)
회녕(×) → 회령(會寧)(○)	대노(×) → 대로(大怒)(○)

제53항 다음과 같은 어미는 예사소리로 적는다. (ㄱ을 취하고, ㄴ을 버림.)

ㄱ	ㄴ
-(으)ㄹ거나	-(으)ㄹ꺼나
-(으)ㄹ걸	-(으)ㄹ껄
-(으)ㄹ게	-(으)ㄹ께
-(으)ㄹ세	-(으)ㄹ쎄
-(으)ㄹ세라	-(으)ㄹ쎄라
-(으)ㄹ수록	-(으)ㄹ쑤록
-(으)ㄹ시	-(으)ㄹ씨
-(으)ㄹ지	-(으)ㄹ찌
-(으)ㄹ지니라	-(으)ㄹ찌니라
-(으)ㄹ지라도	-(으)ㄹ찌라도
-(으)ㄹ시어나	-(으)ㄹ찌어다
-(으)ㄹ지언정	-(으)ㄹ찌언정
-(으)ㄹ진대	-(으)ㄹ찐대
-(으)ㄹ진저	-(으)ㄹ찐저
-올시다	-올씨다

다만, 의문을 나타내는 다음 어미들은 된소리로 적는다.

-(으)ㄹ까?	-(으)ㄹ꼬?	-(스)ㅂ니까?
-(으)리까?	-(으)ㄹ쏘냐?	

제54항 다음과 같은 접미사는 된소리로 적는다. (ㄱ을 취하고 ㄴ을 버림.)

ㄱ	ㄴ
심부름꾼	심부름군
익살꾼	익살군
일꾼	일군
장난꾼	장난군
지게꾼	지겟군
때깔	땟갈
빛깔	빛갈
성깔	성갈
귀때기	귓대기
볼때기	볼대기
판자때기	판잣대기
뒤꿈치	뒷굼치
팔꿈치	팔굼치
이마빼기	이맛배기
코빼기	콧배기
객쩍다	객적다
겸연쩍다	겸연적다

제55항 두 가지로 구별하여 적던 다음 말들은 한 가지로 적는다. (ㄱ을 취하고 ㄴ을 버림.)

ㄱ	ㄴ
맞추다(입을 맞춘다. 양복을 맞춘다)	마추다
뻗치다(다리를 뻗친다. 멀리 뻗친다)	뻐치다

제56항 '-더라, -던'과 '-든지'는 다음과 같이 적는다.

1. 지난 일을 나타내는 어미는 "-더라, -던"으로 적는다. (ㄱ을 취하고 ㄴ을 버림.)

ㄱ	ㄴ
지난 겨울은 몹시 춥더라.	지난 겨울은 몹시 춥드라.
깊던 물이 얕아졌다.	깊든 물이 얕아졌다.

그렇게 좋던가?	그렇게 좋든가?
그 사람 말 잘하던데!	그 사람 말 잘하든데!
얼마나 놀랐던지 몰라.	얼마나 놀랐든지 몰라.

2. 물건이나 일의 내용을 가리지 아니하는 뜻을 나타내는 조사와 어미는 "(-)든지"로 적는다. (ㄱ을 취하고 ㄴ을 버림.)

ㄱ	ㄴ
배든지 사과든지 마음대로 먹어라	배던지 사과던지 마음대로 먹어라
가든지 오든지 마음대로 해라	가던지 오던지 마음대로 해라

제57항 다음 말들은 각각 구별하여 적는다.

가름	둘로 가름
갈음	새 책상으로 갈음하였다.
거름	풀을 썩인 거름
걸음	빠른 걸음
거치다	영월을 거쳐 왔다.
걷히다	외상값이 잘 걷힌다.
걷잡다	걷잡을 수 없는 상태
그러므로(그러니까)	그는 부지런하다. 그러므로 잘 산다.
그럼으로(써)	그는 열심히 공부한다.
그럼으로(써)	은혜에(그렇게 하는 것으로) 보답한다.
노름	노름판이 벌어졌다.
놀음(놀이)	즐거운 놀음
느리다	진도가 너무 느리다.
늘이다	고무줄을 늘인다.
늘리다	수출량을 더 늘린다.
다리다	옷을 다린다.
달이다	약을 달인다.
다치다	부주의로 손을 다쳤다.
닫히다	문이 저절로 닫혔다.
닫치다	문을 힘껏 닫쳤다.
마치다	벌써 일을 마쳤다.
맞히다	여러 문제를 더 맞혔다.
목거리	목거리가 덧났다.

목걸이	금 목걸이, 은 목걸이
바치다	나라를 위해 목숨을 바쳤다.
받치다	우산을 받치고 간다.
받히다	쇠뿔에 받혔다.
밭치다	술을 체에 밭친다.
반드시	약속은 반드시 지켜라.
반듯이	고개를 반듯이 들어라.
부딪치다	차와 차가 마주 부딪쳤다.
부딪히다	마차가 화물차에 부딪혔다.
부치다	힘이 부치는 일이다.
	편지를 부치다.
	논밭을 부친다.
	빈대떡을 부친다.
	식목일에 부치는 글
	회의에 부치는 안건
	인쇄에 부치는 원고
	삼촌 집에 숙식을 부친다.
붙이다	우표를 붙이다.
	책상을 벽에 붙였다.
	흥정을 붙인다.
	불을 붙인다.
	감시원을 붙인다.
	조건을 붙인다.
	취미를 붙인다.
	별명을 붙인다.
시키다	일을 시킨다.
식히다	끓인 물을 식히다.
아름	세 아름 되는 둘레
알음	전부터 알음이 있는 사이
앎	앎이 힘이다.
안치다	밥을 안친다.
앉히다	윗자리에 앉힌다.
어름	두 물건의 어름에서 일어난 현상

얼음	얼음이 얼었다.
이따가	이따가 오너라.
있다가	돈은 있다가도 없다.
저리다	다친 다리가 저린다.
절이다	김장 배추를 절인다.
조리다	생선을 조린다. 통조림, 병조림
졸이다	마음을 졸인다.
주리다	여러 날을 주렸다.
줄이다	비용을 줄인다.
하노라고	하노라고 한 것이 이 모양이다.
하느라고	공부하느라고 밤을 새웠다.
-느니보다(어미)	나를 찾아 오느니보다 집에 있거라
-는 이보다(의존 명사)	오는 이가 가는 이보다 많다.
-(으)리만큼(어미)	나를 미워하리만큼 그에게 잘못한 일이 없다.
-(으)ㄹ 이만큼(의존 명사)	찬성할 이도 반대할 이만큼이나 많을 것이다.
-(으)러(목적)	공부하러 간다.
-(으)려(의도)	서울 가려 한다.
-(으)로서(자격)	사람으로서 그럴 수는 없다.
-(으)로써(수단)	닭으로써 꿩을 대신했다.
-(으)므로(어미)	그가 나를 믿으므로 나도 그를 믿는다.
(-ㅁ, -음)으로(써)(조사)	그는 믿음으로(써) 산 보람을 느꼈다.

2. 표준어 규정

총칙

제1항 표준어는 우리 나라에서 교양 있는 사람들이 두루 쓰는 현대 서울말로 정함을 원칙으로 한다.

제2항 외래어는 따로 사정한다.

발음 변화에 따른 표준어 규정

제3항 다음 단어들은 거센소리를 가진 형태를 표준어로 삼는다. (ㄱ을 표준어로 삼고, ㄴ을 버림.)

ㄱ	ㄴ	비 고
끄나풀	끄나불	
나팔꽃	나발꽃	
녘	녁	동~, 들~, 새벽~, 동틀~
부엌	부억	
살쾡이	삵괭이	
칸	간	1. ~막이, 빈 ~, 방 한 ~ 2. '초가삼간, 윗간'의 경우에는 '간'임.
털어먹다	떨어먹다	재물을 다 없애다

제5항 어원에서 멀어진 형태로 굳어져서 널리 쓰이는 것은, 그것을 표준어로 삼는다. (ㄱ을 표준어로 삼고, ㄴ을 버림.)

ㄱ	ㄴ	비 고
강낭콩	강남콩	
고삿	고샅	겉-, 속-
사글세	삭월세	'월세'는 표준어임.
울력성당	위력성당	떼를 지어서 으르고 협박하는 일

다만, 어원적으로 원형에 더 가까운 형태가 아직 쓰이고 있는 경우에는, 그것을 표준어로 삼는다. (ㄱ을 표준어로 삼고, ㄴ을 버림.)

ㄱ	ㄴ	비 고
갈비	가리	-구이, -찜, 갈빗대
갓모	갈모	1. 사기 만드는 물레 밑고리

		2. 갓 위에 쓰는 유지로 만든 우비
굴젓	구젓	
말결	말겻	
물수란	물수랄	
밀뜨리다	미뜨리다	
적이	저으기	적이나, 적이나하면
휴지	수지	

제6항 다음 단어들은 의미를 구별함이 없이, 한 가지 형태만을 표준어로 삼는다. (ㄱ을 표준어로 삼고, ㄴ을 버림.)

ㄱ	ㄴ	비 고
돌	돐	생일, 주기
둘째	두째	'제2, 두 개째'의 뜻
셋째	세째	'제3, 세 개째'의 뜻
넷째	네째	'제4, 네 개째'의 뜻
빌리다	빌다	1. 빌려주다, 빌려오다. 2. '용서를 빌다'는 '빌다'임.

다만, '둘째'는 십 단위 이상의 서수사에 쓰일 때에 '두째'로 한다.

ㄱ	ㄴ	비 고
열두째		열두 개째의 뜻은 '열둘째'로.
스물두째		스물두 개째의 뜻은 '스물둘째'로.

제7항 수컷을 이르는 접두사는 '수-'로 통일한다. (ㄱ을 표준어로 삼고, ㄴ을 버림.)

ㄱ	ㄴ	비 고
수꿩	수퀑, 숫꿩	'장끼'도 표준어임.
수나사	숫나사	
수놈	숫놈	
수사돈	숫사돈	
수소	숫소	'황소'도 표준어임.
수은행나무	숫은행나무	

다만 1. 다음 단어에서는 이 접두사 다음에서 나는 거센소리를 인정한다. 접두사 '암-'이 결합되는 경우에도 이에 준한다. (ㄱ을 표준어로 삼고, ㄴ을 버림.)

ㄱ	ㄴ	비 고
수캉아지	숫강아지	

수캐	숫개
수컷	숫것
수키와	숫기와
수탉	숫닭
수탕나귀	숫당나귀
수톨쩌귀	숫돌쩌귀
수퇘지	숫돼지
수평아리	숫병아리

다만 2. 다음 단어의 접두사는 '숫-'으로 한다. (ㄱ을 표준어로 삼고, ㄴ을 버림.)

ㄱ	ㄴ	비 고
숫양	수양	
숫염소	수염소	
숫쥐	수쥐	

제8항 양성모음이 음성모음으로 바뀌어 굳어진 다음 단어는 음성모음 형태를 표준어로 삼는다. (ㄱ을 표준어로 삼고, ㄴ을 버림.)

ㄱ	ㄴ	비 고
깡충깡충	깡총깡총	큰말은 '껑충껑충'임.
-둥이	-동이	← 童-이. 귀-, 막-, 선-, 쌍-, 검-, 바람-, 흰-
발가숭이	발가송이	센말은 '빨가숭이', 큰말은 '벌거숭이, 뻘거숭이'임
보퉁이	보통이	
봉죽	봉족	← 奉足, -꾼, -들다
뻗정다리	뻗장다리	
아서, 아서라	앗아, 앗아라	하지 말라고 금지하는 말
오뚝이	오똑이	부사도 '오뚝이'임.
주추	주초	← 柱礎. 주춧-돌

다만, 어원의식이 강하게 작용하는 다음 단어에서는 양성모음 형태를 그대로 표준어로 삼는다. (ㄱ을 표준어로 삼고, ㄴ을 버림.)

ㄱ	ㄴ	비 고
부조(扶助)	부주	-금, 부좃술
사돈(査頓)	사둔	밭-, 안-
삼촌(三寸)	삼춘	시-, 외-, 처-

제9항 'ㅣ' 역행 동화 현상에 의한 발음은 원칙적으로 표준 발음으로 인정하지 아니하되, 다만 다음 단어들은 그러한 동화가 적용된 형태를 표준어로 삼는다. (ㄱ을 표준어로 삼고, ㄴ을 버림.)

ㄱ	ㄴ	비 고
-내기	-나기	서울-, 시골-, 신출-, 풋-
냄비	남비	
동댕이치다	동당이치다	

[붙임 1] 다음 단어는 'ㅣ' 역행 동화가 일어나지 아니한 형태를 표준어로 삼는다. (ㄱ을 표준어로 삼고, ㄴ을 버림.)

ㄱ	ㄴ	비 고
아지랑이	아지랭이	

[붙임 2] 기술자에게는 '-장이', 그 외에는 '-쟁이'가 붙는 형태를 표준어로 삼는다. (ㄱ을 표준어로 삼고, ㄴ을 버림.)

ㄱ	ㄴ	비 고
미장이	미쟁이	
유기장이	유기쟁이	
멋쟁이	멋장이	
소금쟁이	소금장이	
담쟁이덩굴	담장이덩굴	
골목쟁이	골목장이	
발목쟁이	발목장이	

제10항 다음 단어는 모음이 단순화한 형태를 표준어로 삼는다. (ㄱ을 표준어로 삼고, ㄴ을 버림.)

ㄱ	ㄴ	비 고
괴팍하다	괴퍅하다/괴팩하다	
-구먼	-구면	
미루나무	미류나무	← 美柳-
미륵	미력	← 彌勒. -보살, -불, 돌-
여느	여늬	
온달	왼달	만 한 달
으레	으례	
케케묵다	켸켸묵다	

허우대	허위대	
허우적허우적	허위적허위적	허우적거리다

제11항 다음 단어에서는 모음의 발음 변화를 인정하여, 발음이 바뀌어 굳어진 형태를 표준어로 삼는다. (ㄱ을 표준어로 삼고, ㄴ을 버림.)

ㄱ	ㄴ	비 고
-구려	-구료	1. 깍쟁이 깍정이 도토리, 상수리 등의 받침은 '깍정이'임. 2. 서울-. 알-, 찰-
나무라다	나무래다	
미수	미시	미숫가루
바라다	바래다	'바램(所望)'은 비표준어임.
상추	상치	-쌈
시러베아들	실업의아들	
주책	주착	← 主着. -망나니, -없다
지루하다	지리하다	← 支離
튀기	트기	
허드레	허드래	허드렛물, 허드렛일
호루라기	호루루기	

제12항 '웃-' 및 '윗-'은 명사 '위'에 맞추어 '윗-'으로 통일한다. (ㄱ을 표준어로 삼고, ㄴ을 버림.)

ㄱ	ㄴ	비 고
윗넓이	웃넓이	
윗눈썹	웃눈썹	
윗니	웃니	
윗당줄	웃당줄	
윗덧줄	웃덧줄	
윗도리	웃도리	
윗동아리	웃동아리	준말은 '윗동'임.
윗막이	웃막이	아래윗막이
윗머리	웃머리	
윗목	웃목	
윗몸	웃몸	-운동

ㄱ	ㄴ	비고
윗바람	웃바람	
윗배	웃배	
윗벌	웃벌	
윗변	웃변	수학 용어
윗사랑	웃사랑	
윗세장	웃세장	
윗수염	웃수염	
윗입술	웃입술	
윗잇몸	웃잇몸	
윗자리	웃자리	
윗중방	웃중방	

다만 1. 된소리나 거센소리 앞에서는 '위-'로 한다. (ㄱ을 표준어로 삼고, ㄴ을 버림.)

ㄱ	ㄴ	비 고
위짝	웃짝	
위쪽	웃쪽	
위채	웃채	
위층	웃층	
위치마	웃치마	
위턱	웃턱	-구름[상층운(上層雲)]

다만 2. '웃-'으로 굳어진 정도가 큰 다음 단어는 '웃'으로 발음되는 형태를 표준어로 삼는다. (ㄱ을 표준어로 삼고, ㄴ을 버림.)

ㄱ	ㄴ	비 고
웃국	윗국	
웃기	윗기	
웃돈	윗돈	
웃비	윗비	-걷다
웃어른	윗어른	
웃옷	윗옷	

제13항 한자 '구(句)'가 붙어서 이루어진 단어는 '귀'로 읽는 것을 인정하지 아니하고, '구'로 통일한다. (ㄱ을 표준어로 삼고, ㄴ을 버림.)

ㄱ	ㄴ	비 고
구법(句法)	귀법	

구절(句節)	귀절	
구점(句點)	귀점	
결구(結句)	결귀	
경구(警句)	경귀	
경인구(警人句)	경인귀	
난구(難句)	난귀	
단구(短句)	단귀	
단명구(短命句)	단명귀	
대구(對句)	대귀	-법(對句法)
문구(文句)	문귀	
성구(成句)	성귀	-어(成句語)
시구(詩句)	시귀	
어구(語句)	어귀	
연구(聯句)	연귀	
인용구(引用句)	인용귀	
절구(絶句)	절귀	

다만, 다음 단어는 '귀'로 발음되는 형태를 표준어로 삼는다. (ㄱ을 표준어로 삼고, ㄴ을 버림.)

ㄱ	ㄴ	비 고
귀글	구글	
글귀	글구	

제16항 준말과 본말이 다 같이 널리 쓰이면서 준말의 효용이 뚜렷이 인정되는 것은, 두 가지를 다 표준어로 삼는다. (ㄱ은 본말이고, ㄴ은 준말임.)

ㄱ	ㄴ	비 고
거짓부리	거짓불	작은 말은 '가짓부리, 가짓불'임.
노을	놀	저녁-
막대기	막대	
망태기	망태	
머무르다	머물다	모음 어미가 연결될 때에는 준말의 활용형을 인정하지 않음.
서두르다	서둘다	
서투르다	서툴다	

석새삼베	석새베	
시누이	시뉘/시누	
오누이	오뉘/오누	
외우다 외다 외우며,	외워: 외며, 외어	
이기죽거리다	이죽거리다	
찌꺼기	찌끼	'찌꺽지'는 비표준어임.

제17항 비슷한 발음의 몇 형태가 쓰일 경우, 그 의미에 아무런 차이가 없고 그 중 하나가 더 널리 쓰이면, 그 한 형태만을 표준어로 삼는다. (ㄱ을 표준어로 삼고, ㄴ을 버림.)

ㄱ	ㄴ	비 고
거든-그리다	거둥-그리다	1. 거든하게 거두어 싸다. 2. 작은말은 "가든-그리다"임.
구어-박다	구워-박다	사람이 한 군데에서만 지내다.
귀-고리	귀엣-고리	
귀-띔	귀-틤	
귀-지	귀에-지	
까딱-하면	까땍-하면	
꼭두-각시	꼭둑-각시	
내색	나색	감정이 나타나는 얼굴빛
내숭-스럽다	내흉-스럽다	
냠냠-거리다	얌냠-거리다	냠냠-하다
냠냠-이	냠얌-이	
너[四]	네	~돈, ~말, ~발, ~푼
넉[四]	너/네	~냥, ~되, ~섬, ~자
다다르다	다닫다	
댑-싸리	대-싸리	
더부룩-하다	더뿌룩-하다/듬뿌룩-하다	
-던	-든	선택, 무관의 뜻을 나타내는 어미는 '-든'임. 가-든(지) 말-든(지), 보-든(가), 말-든(가)
-던가	-든가	
-던걸	-든걸	
-던고	-든고	

-던데	-든데	
-던지	-든지	
-(으)려고	-(으)ㄹ려고/-(으)ㄹ라고	
-(으)려야	-(으)ㄹ려야/-(으)ㄹ래야	
망가-뜨리다	망그-뜨리다	
멸치	며루치/메리치	
반빗-아치	반비-아치	'반빗' 노릇을 하는 사람. 찬비(饌婢) '반비'는 밥짓는 일을 맡은 계집종
보습	보십/보섭	
본새	뽄새	
봉숭아	봉숭화	'봉선화'도 표준어임.
뺨-따귀	뺌-따귀/뺨-따구니	'뺨'의 비속어임.
뻐개다[斫]	뻐기다	두 조각으로 가르다.
뻐기다[誇]	뻐개다	뽐내다
사자-탈	사지-탈	
상-판대기	쌍-판대기	
서[三]	세/석	~돈, ~말, ~발, ~푼
석[三]	세	~냥, ~되, ~섬, ~자
설령(設令)	서령	
-습니다	-읍니다	먹습니다, 갔습니다, 없습니다, 있습니다, 좋습니다 모음 뒤에는 '-ㅂ니다'임.
시름-시름	시늠-시늠	
씀벅-씀벅	썸벅-썸벅	
아궁이	아궁지	
아내	안해	
어-중간	어지-중간	
오금-팽이	오금-탱이	
오래-오래	도래-도래	돼지 부르는 소리
-올시다	-올습니다	
옹골-차다	공골-차다	
우두커니	우두머니	작은말은 '오도카니'임.
잠-투정	잠-투세/잠-주정	
재봉-틀	자봉-틀발~, 손~	

짓-무르다	짓-물다	
짚-북데기	짚-북세기	'짚북더기'도 비표준어임.
쪽	짝 편(便)	이~, 그~, 저~ 다만, '아무-쪽'은 '짝'임.
천장(天障)	천정	'천정부지(天井不知)'는 '천정'임
코-맹맹이	코-맹녕이	
흉-업다	흉-헙다	

제18항 다음 단어는 ㄱ을 원칙으로 하고, ㄴ도 허용한다.

ㄱ	ㄴ	비 고
네	예	
쇠-	소-	-가죽, -고기, -기름, -머리, -뼈
괴다	고이다	물이 ~, 밑을 ~.
꾀다	꼬이다	어린애를 ~, 벌레가 ~.
쐬다	쏘이다	바람을 ~.
죄다	조이다	나사를 ~.
쬐다	쪼이다	볕을 ~.

어휘 선택의 변화에 따른 표준어 규정

제20항 사어(死語)가 되어 쓰이지 않게 된 단어는 고어로 처리하고, 현재 널리 사용되는 단어를 표준어로 삼는다. (ㄱ을 표준어로 삼고, ㄴ을 버림.)

ㄱ	ㄴ	비 고
난봉	봉	
낭떠러지	낭	
설거지하다	설겆다	
애달프다	애닯다	
오동나무	머귀나무	
자두	오얏	

3. 표준 발음법

총칙

제1항 표준 발음법은 표준어의 실제 발음을 따르되, 국어의 전통성과 합리성을 고려하여 정함을 원칙으로 한다.

제7항 긴소리를 가진 음절이라도, 다음과 같은 경우에는 짧게 발음한다.

1. 단음절인 용언 어간에 모음으로 시작된 어미가 결합되는 경우

감다[감 : 따]-감으니[가므니] 밟다[밥 : 따]-밟으면[발브면]

신다[신 : 따]-신어[시너] 알다[알 : 다]-알아[아라]

다만, 다음과 같은 경우에는 예외적이다.

끌다[끌 : 다]-끌어[끄 : 러] 떫다[떨 : 따]-떫은[떨 : 븐]

벌다[벌 : 다]-벌어[버 : 러] 썰다[썰 : 다]-썰어[써 : 러]

없다[업 : 따]-없으니[업 : 쓰니]

2. 용언 어간에 피동, 사동의 접미사가 결합되는 경우

감다[감 : 따]-감기다[감기다] 꼬다[꼬 : 다]-꼬이다[꼬이다]

밟다[밥 : 따]-밟히다[발피다]

다만, 다음과 같은 경우에는 예외적이다.

끌리다[끌 : 리다] 벌리다[벌 : 리다] 없애다[업 : 쌔다]

[붙임] 다음과 같은 합성어에서는 본디의 길이에 관계 없이 짧게 발음한다.

밀-물 썰--물 쏜--살--같이 작은--아버지

받침의 발음

제8항 받침소리로는 'ㄱ, ㄴ, ㄷ, ㄹ, ㅁ, ㅂ, ㅇ'의 7개 자음만 발음한다.

제10항 겹받침 'ㄳ', 'ㄵ', 'ㄼ, ㄽ, ㄾ', 'ㅄ'은 어말 또는 자음 앞에서 각각 [ㄱ, ㄴ, ㄹ, ㅂ]으로 발음한다.

넋[넉] 넋과[넉꽈] 앉다[안따] 여덟[여덜]

넓다[널따] 외곬[외골] 핥다[할따] 값[갑]

없다[업 : 따]

다만, '밟-'은 자음 앞에서 [밥]으로 발음하고, '넓-'은 다음과 같은 경우에 [넙]으로 발음한다.

(1) 밟다[밥 : 따] 밟소[밥 : 쏘] 밟지[밥 : 찌] 밟는[밥 : 는 → 밤 : 는] 밟게[밥 : 께] 밟고

[밥 : 꼬]

(2) 넓-죽하다[넙쭈카다] 넓-둥글다[넙뚱글다]

제11항 겹받침 'ㄺ, ㄻ, ㄿ'은 어말 또는 자음 앞에서 각각 [ㄱ, ㅁ, ㅂ]으로 발음한다.

닭[닥] 흙과[흑꽈] 맑다[막따] 늙지[늑찌]
삶[삼 :] 젊다[점 : 따] 읊고[읍꼬] 읊다[읍따]

다만, 용언의 어간 발음 'ㄺ'은 'ㄱ' 앞에서 [ㄹ]로 발음한다.

맑게[말께] 묽고[물꼬] 얽거나[얼꺼나]

소리의 동화

제19항 받침 'ㅁ, ㅇ' 뒤에 연결되는 'ㄹ'은 [ㄴ]으로 발음한다.

담력[담 : 녁] 침략[침냑] 강릉[강능] 항로[항 : 노]
대통령[대 : 통녕]

[붙임] 받침 'ㄱ, ㅂ' 뒤에 연결되는 'ㄹ'도 [ㄴ]으로 발음한다.

막론[막논 → 망논] 백리[백니 → 뱅니] 협력[협녁 → 혐녁] 십리[십니→심니]

제20항 'ㄴ'은 'ㄹ'의 앞이나 뒤에서 [ㄹ]로 발음한다.

(1) 난로[날 : 로] 신라[실라] 천리[철리] 광한루[광 : 할루] 대관령[대 : 괄령]

(2) 칼날[칼랄] 물난리[물랄리] 줄넘기[줄럼끼] 할는지[할른지]

[붙임] 첫소리 'ㄴ'이 'ㅀ', 'ㄾ' 뒤에 연결되는 경우에도 이에 준한다.

닳는[달른] 뚫는[뚤른] 핥네[할레]

다만, 다음과 같은 단어들은 'ㄹ'을 [ㄴ]으로 발음한다.

의견란[의 : 견난] 임진란[임 : 진난] 생산량[생산냥] 결단력[결딴녁]
공권력[공꿘녁] 동원령[동 : 원녕] 상견례[상견녜] 횡단로[횡단노]
이원론[이 : 원논] 입원료[이붠뇨] 구근류[구근뉴]

소리의 첨가

제30항 사이시옷이 붙은 단어는 다음과 같이 발음한다.

1. 'ㄱ, ㄷ, ㅂ, ㅅ, ㅈ'으로 시작하는 단어 앞에 사이시옷이 올 때는 이들 자음만을 된소리로 발음하는 것을 원칙으로 하되, 사이시옷을 [ㄷ]으로 발음하는 것도 허용한다.

냇가[내 : 까 / 낻 : 까] 샛길[새 : 낄 / 샏 : 낄] 빨랫돌[빨래똘 / 빨랟똘]
콧등[코뜽 / 콛뜽] 깃발[기빨 / 긷빨] 대팻밥[대 : 패빱 / 대 : 팯빱]
햇살[해쌀 / 핻쌀] 뱃속[배쏙 / 밷쏙] 뱃전[배쩐 / 밷쩐]

고갯짓[고개찓 / 고갣찓]

2. 사이시옷 뒤에 'ㄴ, ㅁ'이 결합되는 경우에는 [ㄴ]으로 발음한다.

콧날[콛날 → 콘날]　　아랫니[아랟니 → 아랜니]　툇마루[퇻 : 마루 → 퇸 : 마루]
뱃머리[밷머리 → 밴머리]

3. 사이시옷 뒤에 '이' 소리가 결합되는 경우에는 [ㄴㄴ]으로 발음한다.

베갯잇[베갠닏 → 베갠닏]　　깻잎[깯닙 → 깬닙]　나뭇잎[나묻닙 → 나문닙]
도리깻열[도리깯녈 → 도리깬녈]　　뒷윷[뒫 : 뉻 → 뒨 : 뉻]

4. 외래어 표기법

외래어 표기의 기본 원칙

제1항 외래어는 국어의 현용 24자모만으로 적는다.

제2항 외래어의 1음운은 원칙적으로 1기호로 적는다.

제3항 받침에는 'ㄱ, ㄴ, ㄹ, ㅁ, ㅂ, ㅅ, ㅇ'만을 적는다.

제4항 파열음 표기에는 된소리를 쓰지 않는 것을 원칙으로 한다.

제5항 이미 굳어진 외래어는 관용을 존중하되, 그 범위와 용례는 따로 정한다.

인명, 지명 표기의 원칙

제1절 표기 원칙

제1항 외국의 인명, 지명의 표기는 원기의 원칙, 표기 일람표, 표기 세칙의 규정을 따르는 것을 원칙으로 한다.

제2항 표기 세칙에 포함되어 있지 않은 언어권의 인명, 지명은 원지음을 따르는 것을 원칙으로 한다.

Ankara 앙카라 / Gandhi 간디

제3항 원지음이 아닌 제3국의 발음으로 통용되고 있는 것은 관용을 따른다.

Hague 헤이그 / Caesar 시저

제4항 고유 명사의 번역명이 통용되는 경우 관용을 따른다.

Pacific Ocean 태평양 / Black Sea 흑해

제2절 동양의 인명, 지명 표기

제1항 중국 인명은 과거인과 현대인을 구분하여 과거인은 종전의 한자음대로 표기하고, 현대인은 원칙적으로 중국어 표기법에 따라 표기하되, 필요한 경우 한자를 병기한다.

제2항 중국의 역사 지명으로서 현재 쓰이지 않는 것은 우리 한자음대로 하고, 현재 지명과 동일한 것은 중국어 표기법에 따라 표기하되, 필요한 경우 한자를 병기한다.

제3항 일본의 인명과 지명은 과거와 현대의 구분 없이 일본어 표기법에 따라 표기하는 것을 원칙으로 하되, 필요한 경우 한자를 병기한다.

제4항 중국 및 일본의 지명 가운데 한국 한자음으로 읽는 관용이 있는 것은 이를 허용한다.

東京 도쿄, 동경 / 京都 교토, 경도 / 上海 상하이, 상해 / 臺灣 타이완, 대만 / 黃河 황허, 황하

제3절 바다, 섬, 강, 산 등의 표기 세칙

제1항 '해', '섬', '강', '산' 등이 외래어에 붙을 때에는 띄어 쓰고, 우리말에 붙을 때에는 붙여 쓴다.

카리브 해 / 북해 / 발리 섬 / 목요섬

제2항 바다는 '해(海)'로 통일한다.

홍해 / 발트 해 / 아라비아 해

제3항 우리나라를 제외하고 섬은 모두 '섬'으로 통일한다.

타이완 섬 / 코르시카 섬 (우리나라 : 제주도, 울릉도)

제4항 한자 사용 지역(일본, 중국)의 지명이 하나의 한자로 되어 있을 경우, '강', '산', '호', '섬' 등은 겹쳐 적는다.

온타케 산(御岳) / 주장 강(珠江) / 도시마 섬(利島) / 하야카와 강(早川) / 위산 산(玉山)

제5항 지명이 산맥, 산, 강 등의 뜻이 들어 있는 것은 '산맥', '산', '강' 등을 겹쳐 적는다.

Rio Grande 리오그란데 강 / Monte Rosa 몬테로사 산 / Mont Blanc 몽블랑 산 / Sierra Madre 시에라마드레 산맥

5. 국어의 로마자 표기법

표기의 기본 원칙

제1항 국어의 로마자 표기는 국어의 표준 발음법에 따라 적는 것을 원칙으로 한다.

제2항 로마자 이외의 부호는 되도록 사용하지 않는다.

표기 일람

제1항 모음은 다음 각 호와 같이 적는다.

1. 단모음

ㅏ	ㅓ	ㅗ	ㅜ	ㅡ	ㅣ	ㅐ	ㅔ	ㅚ	ㅟ
a	eo	o	u	eu	i	ae	e	oe	wi

2. 이중 모음

ㅑ	ㅕ	ㅛ	ㅠ	ㅒ	ㅖ	ㅘ	ㅙ	ㅝ	ㅞ	ㅢ
ya	yeo	yo	yu	yae	ye	wa	wae	wo	we	ui

[붙임 1] 'ㅢ'는 'ㅣ'로 소리 나더라도 'ui'로 적는다.

보기 광희문 Gwanghuimun

[붙임 2] 장모음의 표기는 따로 하지 않는다.

제2항 자음은 다음 각 호와 같이 적는다.

1. 파열음

ㄱ	ㄲ	ㅋ	ㄷ	ㄸ	ㅌ	ㅂ	ㅃ	ㅍ
g, k	kk	k	d, t	tt	t	b, p	pp	p

2. 파찰음

ㅈ	ㅉ	ㅊ
j	jj	ch

3. 마찰음

ㅅ	ㅆ	ㅎ
s	ss	h

4. 비음

ㄴ	ㅁ	ㅇ
n	m	ng

5. 유음

ㄹ
r, l

[붙임 1] ‘ㄱ, ㄷ, ㅂ’은 모음 앞에서는 ‘g, d, b’로, 자음 앞이나 어말에서는 ‘k, t, p’로 적는다. ([ ] 안의 발음에 따라 표기함.)

보기 구미 Gumi 영동 Yeongdong
백암 Baegam 옥천 Okcheon
합덕 Hapdeok 호법 Hobeop
월곶[월곧] Wolgot 벚꽃[벋꼳] beotkkot
한밭[한받] Hanbat

[붙임 2] ‘ㄹ’은 모음 앞에서는 ‘r’로, 자음 앞이나 어말에서는 ‘l’로 적는다. 단, ‘ㄹㄹ’은 ‘ll’로 적는다.

보기 구리 Guri 설악 Seorak
칠곡 Chilgok 임실 Imsil
울릉 Ulleung 대관령[대괄령] Daegwallyeong

표기상의 유의점

제1항 음운 변화가 일어날 때에는 변화의 결과에 따라 다음 각 호와 같이 적는다.

1. 자음 사이에서 동화 작용이 일어나는 경우

보기 백마[뱅마] Baengma 신문로[신문노] Sinmunno
종로[종노] Jongno 왕십리[왕심니] Wangsimni
별내[별래] Byeollae 신라[실라] Silla

2. ‘ㄴ, ㄹ’이 덧나는 경우

보기 학여울[항녀울] Hangnyeoul 알약[알략] allyak

3. 구개음화가 되는 경우

보기 해돋이[해도지] haedoji 같이[가치] gachi
맞히다[마치다] machida

4. 'ㄱ, ㄷ, ㅂ, ㅈ'이 'ㅎ'과 합하여 거센소리로 소리 나는 경우

[보기] 좋고[조코] joko　　놓다[노타] nota
잡혀[자펴] japyeo　　낳지[나치] nachi

다만, 체언에서 'ㄱ, ㄷ, ㅂ' 뒤에 'ㅎ'이 따를 때에는 'ㅎ'을 밝혀 적는다.

[보기] 묵호 Mukho　　집현전 Jiphyeonjeon

[붙임] 된소리되기*는 표기에 반영하지 않는다.

[보기] 압구정 Apgujeong　　낙동강 Nakdonggang
죽변 Jukbyeon　　낙성대 Nakseongdae
합정 Hapjeong　　팔당 Paldang
샛별 saetbyeol　　울산 Ulsan

제2항 발음상 혼동의 우려가 있을 때에는 음절 사이에 붙임표(-)를 쓸 수 있다.

[보기] 중앙 Jung-ang　　반구대 Ban-gudae
세운 Se-un　　해운대 Hae-undae

제3항 고유 명사는 첫 글자를 대문자로 적는다.

[보기] 부산 Busan　　세종 Sejong

제4항 인명은 성과 이름의 순서로 띄어 쓴다. 이름은 붙여 쓰는 것을 원칙으로 하되 음절 사이에 붙임표(-)를 쓰는 것을 허용한다.(( )안의 표기를 허용함.)

[보기] 민용하 Min Yongha (Min Yong-ha)
송나리 Song Nari (Song Na-ri)

(1) 이름에서 일어나는 음운 변화는 표기에 반영하지 않는다.

[보기] 한복남 Han Boknam (Han Bok-nam)
홍빛나 Hong Bitna (Hong Bit-na)

(2) 성의 표기는 따로 정한다.

제5항 '도, 시, 군, 구, 읍, 면, 리, 동'의 행정 구역 단위와 '가'는 각각 'do, si, gun, gu, eup, myeon, ri, dong, ga'로 적고, 그 앞에는 붙임표(-)를 넣는다. 붙임표(-) 앞뒤에서 일어나는 음운 변화는 표기에 반영하지 않는다.

[보기] 충청북도 Chungcheongbuk-do　　제주도 Jeju-do
의정부시 Uijeongbu-si　　양주군 Yangju-gun
도봉구 Dobong-gu　　신창읍 Sinchang-eup
삼죽면 Samjuk-myeon　　인왕리 Inwang-ri

---

* <한글 맞춤법> 규정의 '제3장 소리에 관한 것' 중 제1절 된소리 제5항 참조.

당산동 Dangsan-dong	봉천1동 Bongcheon 1(il)-dong
종로 2가 Jongno 2(i)-ga	퇴계로 3가 Toegyero 3(sam)-ga

[붙임] '시, 군, 읍'의 행정 구역 단위는 생략할 수 있다.

보기		
	청주시 Cheongju	함평군 Hampyeong
	순창읍 Sunchang	

제6항 자연 지물명, 문화재명, 인공 축조물명은 붙임표(-) 없이 붙여 쓴다.

보기		
	남산 Namsan	속리산 Songnisan
	금강 Geumgang	독도 Dokdo
	경복궁 Gyeongbokgung	무량수전 Muryangsujeon
	연화교 Yeonhwagyo	극락전 Geungnakjeon
	안압지 Anapji	남한산성 Namhansanseong
	화랑대 Hwarangdae	불국사 Bulguksa
	현충사 Hyeonchungsa	독립문 Dongnimmun
	오죽헌 Ojukheon	촉석루 Chokseongnu
	종묘 Jongmyo	다보탑 Dabotap

제7항 인명, 회사명, 단체명 등은 그동안 써 온 표기를 쓸 수 있다.

제8항 학술 연구 논문 등 특수 분야에서 한글 복원을 전제로 표기할 경우에는 한글 표기를 대상으로 적는다. 이때 글자 대응은 제2장을 따르되 'ㄱ, ㄷ, ㅂ, ㄹ'은 'g, d, b, l'로만 적는다. 음가 없는 'ㅇ'은 붙임표(-)로 표기하되 어두에서는 생략하는 것을 원칙으로 한다. 기타 분절의 필요가 있을 때에도 붙임표(-)를 쓴다.

보기		
	집 jib	짚 jip
	밖 bakk	값 gabs
	붓꽃 buskkoch	먹는 meogneun
	독립 doglib	문리 munli
	물엿 mul-yeos	굳이 gud-i
	좋다 johda	가곡 gagog
	조랑말 jolangmal	없었습니다 eobs-eoss-seubnida

부 칙

1. (시행일) 이 규정은 고시한 날부터 시행한다.
2. (표지판 등에 대한 경과 조치) 이 표기법 시행 당시 종전의 표기법에 의하여 설치된 표지판(도로, 광고물, 문화재 등의 안내판)은 2005. 12. 31.까지 이 표기법을 따라야 한다.
3. (출판물 등에 대한 경과 조치) 이 표기법 시행 당시 종전의 표기법에 의하여 발간된 교과서 등 출판물은 2002. 2. 28.까지 이 표기법을 따라야 한다.

참고문헌

강심호, 『디지털 에듀테인먼트 스토리텔링』, 살림, 2006.

건국대학교 글쓰기연구회, 『글쓰기의 기술』, 파미르, 2006.

김성묘, 『인터넷 글쓰기』, 서울출판미디어, 2003.

김승종, 『창의적 발상과 문화콘텐츠 작법』, 글누림, 2006.

김양호, 조동춘, 『화술과 인간관계』, 산수야, 2007.

김영민, 『대한민국 1% 핵심인재를 위한 기획 특강』, 새로운 제안, 2006.

김영진 외 2인, 『자기 표현과 글쓰기』, 한올, 2006.

김영주, 『블로그 : 1인 미디어의 가능성과 한계』, 한국언론재단, 2005.

김용환, 『실전에 강한 기획안과 기획서 작성법』, 2005.

김익수, 『비즈니스 글쓰기의 기술』, 하이파이브, 2004.

김익현, 『블로그 파워』, 커뮤니케이션북스, 2005.

김정남, 김정현, 『게임의 운명을 결정하는 상상력과 기획』, 사이버출판사, 2006.

김중태, 『나는 블로그가 좋다: 나를 표현하는 나만의 공간』, 이비컴, 2004.

나가야마 요시아키 · 야마자키 아카시, 정은영 역, 『청중의 마음을 사로잡는 프레젠테이션 전략 & 실무 기술 200』, 길벗, 2005.

노상도, 『이공계 대학생을 위한 과학기술 문서 작성 – 발표와 커뮤니케이션』, 시그마프레스, 2005.

박승억 외 3인, 『토론과 논증』, 형설출판사, 2005.

서울시립대학교 교양교재편찬위원회, 『新대학인의 글쓰기』, 서울시립대학교, 2005.

선용빈, 김유택 역, 『엔지니어를 위한 문서 작성 지침』, 홍릉과학사, 2001.

손대현 편저, 『문화를 비즈니스로 승화시킨 엔터테인먼트산업』, 김영사, 2004.

우한용 외 5인, 『인터넷 시대의 글쓰기와 표현교육』, 서울대학교출판부, 2006.

유혜숙 외 2인, 『움직이는 말하기』, 집문당, 2005.

이강룡, 『인터넷시대의 글읽기 블로그시대의 글쓰기』, KT문화재단, 2005.

이승일 · 윤주희, 『청중의 마음을 사로잡는 프레젠테이션』, 길벗, 2003.

이용갑, 『기획으로 승부하라! 최강의 기획서』, 아라크네, 2006.

이인화, 『디지털 스토리텔링』, 황금가지, 2003.

이주행 외 12인, 『화법 교육의 이해』, 박이정, 2004.

이진훈, 『내가 만드는 UCC 세상을 움직이는 UCC』, 성안당, 2007.

이창호, 『스피치 달인의 생산적 말하기』, 북포스, 2006.
임재춘, 『한국의 이공계는 글쓰기가 두렵다』, 마이넌, 2003.
전경원, 『창의성 교육의 이론과 실제』, 창지사, 2006.
정승혜, 문금현, 『대학생을 위한 화법 강의』, 태학사, 2000.
조은하, 『시나리오 작법: 구성편』, 한국 게임산업개발원 부설 게임아카데미, 2005.
진 젤라즈니, 김한영 역, 『최고의 비즈니스맨이 되려면 프리젠테이션으로 말하라』, 씨앗을 뿌리는 사람, 2001.
_________, 안진환 역, 『맥킨지, 발표의 기술』, 스마트비즈니스, 2006.
최기호 외 5인, 『인터넷 글쓰기의 달인』, 세종서적, 2005.
최연구, 『문화콘텐츠란 무엇인가』, 살림, 2006.
현대경영연구소, 『최고의 기획 만들기 비결』, 승산서관, 2005.
황남성, 『기술 커뮤니케이션』, 북스힐, 2007.
Dale Carnegie, 최염순, 『카네기 스피치 & 커뮤니케이션』, 씨앗을 뿌리는 사람, 2004.
Martin Bryan, 윤희원 역, 『좋은 화법과 화법지도』, 교육과학사, 1999.
Paul Krieger 외 1인, 백미숙 역, 『스피치 핸드북 : 21세기 CEO는 자기 표현에 강하다』, 일빛, 2001.
Rebecca Blood, 정명진 역, 『블로그: 1인 미디어 시대』, 전자신문사, 2003.

찾아보기

ㄱ

ㄴ

ㄷ

ㄹ

ㅁ

ㅈ

ㅊ

ㅋ

ㅌ

이공계 글쓰기

값 16,000 원

제 1 판 1 쇄 2008 년 5 월 28 일 발행
제 1 판 2 쇄 2010 년 9 월 3 일 발행

인지 생략

著 者 김소은·송경란·장미영
發行人 金 洪 錫
發行處 淸 文 閣

경기도 파주시 교하읍 문발리 파주출판도시 513-7
(등록1975. 05. 21. 제406-2005-000049호)
Tel. 031) 955-1451~7 Fax. 031) 955-1458
Homepage : http://www.cmgbook.co.kr
E-mail : cmgbook@cmgbook.co.kr

ISBN : 978-89-92592-64-2